国家社会科学基金项目结项成果

当代
埃及民生研究
（1952~2018）

陈天社　等/著

A Study of
People's Livelihood
in Contemporary Egypt （1952-2018）

社会科学文献出版社
SOCIAL SCIENCES ACADEMIC PRESS (CHINA)

国家社会科学基金项目结项成果

"中原历史文化"研究丛书第 13 - 2 - 9 卷

本书获郑州大学中原历史文化一流学科经费资助、获河南省优势特色学科建设工程一期建设学科"中原历史文化"特色学科群经费资助,系教育部国别和区域研究备案中心郑州大学埃及研究中心建设阶段性成果

目　录

导　论

一　选题价值与意义

民生问题与国民的基本生活息息相关，涉及领域广泛，是关乎国家政治与社会稳定的大事，也是学界关注的重要领域。

悠久的历史、灿烂的文化、独特的战略地位以及在中东地区显著的影响力，使埃及一直是国内外学界研究的重点，国内外学界已出版了大量著作，发表的论文更是不计其数。2011年初埃及剧变之后，埃及政局跌宕起伏，使埃及又一次成为国际社会关注的焦点，埃及剧变的原因与影响、埃及政局的变化成为国内外学界埃及研究的热点，民生就是研究视角之一。

研究埃及民生问题，具有显著的现实价值和意义。一是民生问题是国别和区域研究的重要方面，研究埃及民生问题，可从一个侧面阐释当代埃及现代化进程，有助于深入探究2011年埃及剧变及之后埃及局势动荡的深层次社会原因。1798年，拿破仑远征埃及，对埃及产生了一系列冲击，刺激埃及人觉醒，埃及开启了现代化之路，但屡遭挫折。穆罕默德·阿里的现代化改革，在西方列强的干预下以失败告终。随后，近代埃及当政者的西化改革，不仅没能实现埃及的富国强兵，反而使埃及沦为西方列强的半殖民地、殖民地。进入20世纪，埃及人民为实现民族独立而不懈奋斗，终于在纳赛尔时期实现了独立自主。纳赛尔时期以来，为实现现代化，埃及进行了多种现代化模式的探索。纳赛尔奉行阿拉伯社会主义，推行国有化与工业化，但埃及却陷入困境。萨达特在十月战争后推行开放政策，使埃及走上了外向型经济发展道路，这一战略被穆巴拉克政府所沿袭。客观而言，埃及的现代化道路探索取得了不小的成就，但也困难重重、弊端日显，穆巴拉克政权最终被埃及人民所抛弃。穆巴拉克政权的倒台，因素复杂，而民生问题没有处理好是关键因素之一。通过研究埃及民生问题，可以总结埃及现代化道路探索的利弊得失，也可探究穆巴拉克政权倒台以及之后埃及局势动荡的深层次社会原因。

二是研究埃及民生问题，有助于研究和观察中东国家的政治与社会变迁，进一步深化对中东国家的研究和认识。中东地区自古为兵家必争之地，历来是国际政治与国内外学界关注的焦点领域之一。第二次世界大战后，中东地区的重大事件、突发事件层出不穷，一直吸引着国际社会的目光。2010年底至2011年初，被称为"阿拉伯之春"的阿拉伯剧变与大动荡又一次成为全世界关注的焦点。直至今日，这一场大动荡仍未平息。中东国家的发展历程与当前局势的演变，有纷繁复杂的因素，这些都是学界有待继续深入研究的命题。

独特的战略位置，赋予埃及超越其自身实际力量的影响力，使埃及成为具有国际影响力的地区大国。在中东地区，埃及具有独特的话语权与影响力，称其为中东政治的中心也不为过，其也是研究、理解中东的一个重要切入点。就中东国家而言，实现现代化依然是其时代任务，其现代化道路探索普遍面临诸多困境，民生问题也是该地区国家发展面临的困境。就发生剧变的阿拉伯国家来说，民生问题也是关键因素之一。研究埃及民生问题，可为探究中东其他国家的现代化道路，特别是解读发生剧变的阿拉伯国家的发展以及政局演变提供有益的借鉴。

二　国内外研究状况

民生领域涉及问题广泛，本课题把研究范围限定在与埃及普通民众生计直接关联，对埃及政治、经济与社会有重大影响的关键民生领域，涵盖就业、补贴、教育、住房与医疗卫生五方面。

1. 埃及官方资料与国际机构研究报告、文件

埃及官方定期会发布各种统计数据与调查数据。如埃及中央公共动员与统计局（Central Agency for Public Mobilization and Statistics）以阿拉伯文和英文发布的《统计年鉴》（*Statistical Yearbook*）①，就是埃及官方发布的年度综合数据，包括地理与气候、人口、劳动力、农业与土地开垦、工业与石油、住房、交通与通信、价格、财政与银行、教育、卫生、旅游、文化与信息、司法与公共安全、协会与联合会、社会关爱、贸易、国家账户、阿拉伯与外国投资、环境统计、公共指标、国际统计数据等方面，其中许多方面都涉及民生领域。阿拉伯埃及共和国新闻部新闻总署发行的《埃及年鉴》② 中也有大量民生领域的进展情况。此外，埃及定期进行人口统计与卫生调查，发布相关数据。笔者收集到的就有 1988 年、1992 年、1995 年、2000 年、2005 年、2008 年的人口统计与卫生调查结果③。埃及卫生与人口部与世界卫生组织合作出版的报告《埃及药物概况》④ 对埃及医药状况做了细致介绍，包括埃及基本的人口卫生状况、医药生产与销售、药品的选择与使用、公共机构中药品的采购和配送、政府的医药管理政策及影响因素等。

---

① Central Agency for Public Mobilization and Statistics（Egypt），*Statistical Yearbook*, 2011 – 2018.

② 阿拉伯埃及共和国新闻部新闻总署：《埃及年鉴》，埃及驻华使馆新闻处，2000 ~ 2009。

③ "Egypt 1988: Results from the Demographic and Health Survey," *Studies in Family Planning*, Vol. 21, No. 6, 1990; "Egypt 1992: Results from the Demographic and Health Survey," *Studies in Family Planning*, Vol. 25, No. 4, 1994; "Egypt 1995: Results from the Demographic and Health Survey," *Studies in Family Planning*, Vol. 28, No. 3, 1997; "Egypt 2000: Results from the Demographic and Health Survey," *Studies in Family Planning*, Vol. 33, No. 3, 2002; "Egypt 2005: Results from the Demographic and Health Survey," *Studies in Family Planning*, Vol. 37, No. 4, 2006; "Democratic Republic of Egypt 2008: Results from the Demographic and Health Survey," *Studies in Family Planning*, Vol. 41, No. 2, 2010.

④ The Ministry of Health（Egypt）and World Health Organization, *Egypt Pharmaceutical Country Profile*, Egypt: World Health Organization Egypt Country Office, 2011.

　　一些国际机构长期关注埃及民生各领域。如世界银行、国际劳工组织就是其中著名的机构。美国加利福尼亚大学学者本特·汉森（Bent Hansen）为世界银行、国际劳工组织提供了许多关于埃及就业的研究报告。如他为世界银行提供的研究报告《埃及劳动力市场纵览》（*The Egyptian Labor Market：An Overview*）分析了 20 世纪 60～80 年代埃及劳动力市场结构、就业与失业、工资、农业劳动力市场等情况。[①]他为世界银行提供的另一份研究报告《完全就业经济及其对外部震动的回应：第二次世界大战以来的埃及劳动力市场》（*A Full Employment Economy and its Responses to the External Shocks：The Labor Market in Egypt from World War Ⅱ*）分析了第二次世界大战至 20 世纪 80 年代埃及的工资与就业状况，重点分析了财政赤字、战争对埃及就业的影响。[②] 本特·汉森与国际劳工组织发展政治部主任萨米尔·拉德万（Samir Radwan）为国际劳工组织撰写的研究报告《80 年代埃及不断变化的经济中的就业机会与平等：劳动力市场问题》（*Employment Opportunities and Equity in A Changing Economy：Egypt in the 1980s，A Labour Market Approach*）研究了 20 世纪 60 年代到 80 年代初埃及的就业与平等问题，主要包括埃及劳动力市场问题、收入分配与贫困问题、就业政策与平等问题。[③] 开罗大学的希巴·纳赛尔（Heba Nassar）为国际劳工组织就业部门提供的就业工作文件《埃及的增长、就业政策及其与经济的关系》（*Growth，Employment Policies and Economic Linkages：Egypt*）分析了穆巴拉克时期埃及的劳动力市场、就业与增长、经济政策与工作创造、工作质量与

① Bent Hansen, *The Egyptian Labor Market：An Overview*, Report No. DRD160, Washington, D. C.：The World Bank, 1985.

② Bent Hansen, *A Full Employment Economy and Its Responses to the External Shocks：The Labor Market in Egypt from World War Ⅱ*, Report No. DRD253, Washington, D. C.：The World Bank, 1986.

③ Bent Hansen and Samir Radwan, *Employment Opportunities and Equity in A Changing Economy：Egypt in the 1980s, A Labour Market Approach*, Geneva：International Labour Office, 1982.

贫困等问题。① 扎纳提（El-Zanaty）与助手为国际劳工组织提供的就业政策文件《由学校到工作的过渡：埃及的证据》（*School-to-Work Transition：Evidence from Egypt*）聚焦埃及由学校到工作的过渡阶段。②

在食品补贴领域，世界粮食计划署（World Food Programme）、联合国粮农组织（Food and Agriculture Organization of the United Nations）、国际食物政策研究所（International Food Policy Research Institute）、世界银行等对此予以密切关注，发布了不少研究报告或文件。如世界粮食计划署的文件《埃及食品补贴的脆弱性分析与述评》（*Vulnerability Analysis and Review of Food Subsidy in Egypt*）研究分析了埃及民众在食品安全方面的脆弱性以及与食品补贴体制持续存在的关系，也探讨了埃及政府补贴计划的利弊。③ 在世界银行，有关埃及食品补贴的文件也不少。如世界银行顾问施洛姆·以扎基（Shlomo Yitzhaki）提交的文件《补贴对埃及基本食品商品的影响》（"On the Effect of Subsidies to Basic Food Commodities in Egypt"）分析了 20 世纪 80 年代埃及一些基本食品补贴分配的影响。④ 世界银行的文件《埃及走向更积极的社会政策：补贴和社会安全网》（*Egypt-Toward A More Effective Social Policy：Subsidies and Social Safety Net*）着眼于改进埃及的实物补贴和社会安全网制度，认为食品补贴是社会安全网的重要部分。⑤ 该机构的另一文件《埃及的食品补贴：受益和损耗》（*Egypt's Food Subsidies：Benefit Incidence and*

① Heba Nassar, *Growth, Employment Policies and Economic Linkages：Egypt*, Employment Sector Employment Working Paper No. 85, Geneva：International Labour Office, 2011.

② El-Zanaty and Associates, *School-to-Work Transition：Evidence from Egypt*, Geneva：International Labour Office, 2007.

③ World Food Programme, *Vulnerability Analysis and Review of Food Subsidy in Egypt*, Egypt：WFP, 2005.

④ Shlomo Yitzhaki, "On the Effect of Subsidies to Basic Food Commodities in Egypt," *Oxford Economic Papers*, Vol. 42, No. 4, 1990.

⑤ The World Bank, *Egypt-Toward A More Effective Social Policy：Subsidies and Social Safety Net*, Report No. 33550 – EG, Washington, D. C.：Social and Economic Development Group, Middle East and North Africa, The World Bank, 2005.

Leakages）详尽研究了埃及食品补贴的效益与损耗问题，认为它在稳定政治、减缓贫困等方面有积极作用，但也存在花费巨大、浪费严重、效率低下等弊端。[1]

国际食物政策研究所是研究食品政策的重镇，对埃及食品补贴政策进行了大量深入的研究。如该研究所的格兰特·M. 斯告比（Grant M. Scobie）在研究报告《埃及食品补贴对外汇与贸易的影响》（*Food Subsidies in Egypt: Their Impact on Foreign Exchange and Trade*）中分析了 20 世纪 80 年代初及以前的埃及食品补贴政策对外汇与贸易的影响，认为它也影响到埃及工业的发展，使许多公司难以进口原材料。[2] 该研究所塔玛尔·古特纳（Tamar Gutner）提交的讨论文件《埃及食品补贴的政治经济改革》（*The Political Economy of Food Subsidy Reform in Egypt*）从政治经济学角度探讨了埃及的食品补贴改革问题，认为埃及食品补贴具有政治敏感性。[3] 此外，哈罗德·阿尔德曼（Harold Alderman）等的《埃及食品补贴和配给卡体制说明》（*Egypt's Food Subsidy and Rationing System: A Description*）研究了埃及食品补贴的起源和配给卡制度[4]，阿克赫特·U. 艾赫迈德（Akhter U. Ahmed）等的《埃及食品补贴制度的结构、运行与改革选择》（*The Egyptian Food Subsidy System: Structure, Performance, and Options for Reform*）分析了埃及食品补贴制度的结构、

---

[1] The World Bank, *Egypt's Food Subsidies: Benefit Incidence and Leakages*, Report No. 57446-EG, Washington, D. C.: Social and Economic Development Group, Middle East and North Africa, The World Bank, 2010.

[2] Grant M. Scobie, *Food Subsidies in Egypt: Their Impact on Foreign Exchange and Trade*, Research Report 40, Washington, D. C.: International Food Policy Research Institute, 1983.

[3] Tamar Gutner, *The Political Economy of Food Subsidy Reform in Egypt*, FCND Discussion Paper No. 77, Washington, D. C.: International Food Policy Research Institute, 1999.

[4] Harold Alderman, Joachim Von Braun and Sakr Ahmed Sakr, *Egypt's Food Subsidy and Rationing System: A Description*, Washington, D. C.: International Food Policy Research Institute, 1982.

取得的成绩与改革方案①。

对埃及住房，世界银行也非常关注。世界银行的报告《阿拉伯埃及共和国的住房机制分析：最终正式文件》(*Arab Republic of Egypt：Analysis of Housing Supply Mechanisms，Final Note*) 研究了埃及住房政策的演变和城镇地区的正规住房、非正规住房问题等。② 世界银行发布的文件《阿拉伯埃及共和国可付得起的住房政策下一步举措建议与国家住房工程：与按揭关联的补贴与住房供应考虑》(*Arab Republic of Egypt-Next Step Recommendations for Affordable Housing Policy and the National Housing Program：Mortgaged-Link Subsidies and Housing Supply Considerations*) 研究了埃及国家住房工程取得的进展及下一步措施。③ 由世界银行住房政策顾问戴维·希姆斯（David Sims）与哈兹姆·阿卜德·法塔赫（Hazem Abd-El Fattah）撰写、联合国人居署（United Nations Human Settlements Programme）应埃及政府请求为其准备的文件《埃及住房概述》(*Egypt Housing Profile*) 在概要介绍埃及的住房政策之后，详细分析了存量房、住房供应和需求的差距、城镇住房土地规划、金融与信贷、基础设施等住房领域的情况。④

此外，经济合作与发展组织（Organization for Economic Co-operation and Development）和国际复兴开发银行（International Bank for Reconstruction and

① Akhter U. Ahmed, Howarth E. Bouis, Tamar Gutner, Hans Löfgren, *The Egyptian Food Subsidy System：Structure，Performance，and Options for Reform*, Research Report 119, Washington, D. C.：International Food Policy Research Institute, 2001.

② The World Bank, *Arab Republic of Egypt：Analysis of Housing Supply Mechanisms，Final Note*, Report No. 41180, Washington, D. C.：Sustainable Development Department, Middle East and North Africa, The World Bank, 2007.

③ The World Bank, *Arab Republic of Egypt-Next Step Recommendations for Affordable Housing Policy and the National Housing Program：Mortgaged-Link Subsidies and Housing Supply Considerations*, Report No. 45113–EG, Washington, D. C.：Sustainable Development Department, Middle East and North Africa, The World Bank, 2008.

④ David Sims and Hazem Abd-El Fattah, *Egypt Housing Profile*, Nairobi：United Nations Human Settlements Programme, 2016.

Development）／世界银行出版的《埃及高等教育》（*Higher Education in Egypt*）探讨了穆巴拉克时期埃及高等教育制度及其发展战略、质量与效果、财政支持与改革。[①]

2. 埃及与其他阿拉伯国家学者的代表性成果

埃及与其他阿拉伯国家学者非常关注埃及民生领域，取得不少成果。在就业方面，开罗大学学者马赫茂德·阿卜德－法迪尔（Mahmoud Abd-Fadil）所著的《纳赛尔主义的政治经济：1952～1972年上埃及就业与收入分配研究》（*The Political Economy of Nasserism： A Study in Employment and Income Distribution Policies in Urban Egypt，1952-72*）研究了纳赛尔时期上埃及城镇的正规就业结构、非正规就业结构、工资政策、个人收入与消费分布、税收结构与税负、城镇社会消费变化等。[②] 希巴·汉都萨（Heba Handoussa）与基里安·波特（Gillian Potter）主编的《90年代的埃及：就业与结构调整》（*Employment and Structural Adjustment， Egypt in the 1990s*）是1988年12月在开罗举行的"90年代的埃及：就业战略"会议的论文集，主要探讨了埃及各行业的就业状况与经济改革。[③] 在代表性论文方面，开罗美国大学公共政策和行政学院的加达·巴索姆（Ghada Barsoum）教授在其论文《公共部门成为埃及青年就业选择：公共服务动机理论的意义》（"The Public Sector as the Employer of Choice among Youth in Egypt：The Relevance of Public Service Motivation Theory"）中对埃及年轻人选择去国有企业或者政府机

---

① Organization for Economic Co-operation and Development and International Bank for Reconstruction and Development/The World Bank, *Higher Education in Egypt*, Paris： OECD Publishing, 2010.

② Mahmoud Abd-Fadil, *The Political Economy of Nasserism： A Study in Employment and Income Distribution Policies in Urban Egypt, 1952-72*, New York： Cambridge University Press, 1980.

③ Heba Handoussa and Gillian Potter, eds., *Employment and Structural Adjustment, Egypt in the 1990s*, Cairo： The American University in Cairo Press, 1991.

关等公共部门就业的倾向进行了研究。[1] 开罗美国大学教授巴巴拉·K. 拉尔森（Barbara K. Larson）在《埃及农村妇女的工作与地位》（"Women's Work and Status in Rural Egypt"）一文中研究了埃及农村妇女的就业与地位。[2]

在食品补贴方面，代表性的成果有爱资哈尔大学学者古达·阿卜德尔–哈利克（Gouda Abdel-Khalek）和卡利玛·库雷叶姆（Karima Korayem）所著的《埃及的财政措施：公共债务和食品补贴》（*Fiscal Policy Measures in Egypt：Public Debt and Food Subsidy*），该书研究了埃及食品补贴政策的演变，特别关注了食品补贴政策对低收入群体和贫困人群的影响。[3] 阿拉伯学者发表了大量有关埃及食品补贴制度的论文。如卡利玛·库雷叶姆在《埃及的食品补贴和社会援助计划：评估和政策选择》（"Food Subsidy and Social Assistance Programmes in Egypt：Assessment and Policy Options"）一文中分析了食品补贴的结构和演变。[4] 埃及扎加齐格大学（Zagazig University）学者索尼娅·N. 阿里（Sonia N. Ali）和国际食物政策研究所的理查德·H. 亚当斯（Richard H. Adams, JR）的论文《埃及的食品补贴制度：运行及对收入分配的影响》（"The Egyptian Food Subsidy System：Operation and Effects on Income Distribution"）分析了埃及食品补贴制度及其对收入分配的影响。[5] 开罗大学学者拉查·拉马丹（Racha Ramadan）与法国学者阿尔班·托

[1]　Ghada Barsoum, "The Public Sector as the Employer of Choice among Youth in Egypt：The Relevance of Public Service Motivation Theory," *International Journal of Public Administration*, Vol. 39, No. 3, 2016.

[2]　Barbara K. Larson, "Women's Work and Status in Rural Egypt," *NWSA Journal*, Vol. 3, No. 1, 1991.

[3]　Gouda Abdel-Khalek and Karima Korayem, *Fiscal Policy Measures in Egypt：Public Debt and Food Subsidy*, Cairo：The American University in Cairo Press, 2000.

[4]　Karima Korayem, "Food Subsidy and Social Assistance Programmes in Egypt：Assessment and Policy Options," *CROP Poverty Brief*, March 2011.

[5]　Sonia N. Ali and Richard H. Adams, JR, "The Egyptian Food Subsidy System：Operation and Effects on Income Distribution," *World Development*, Vol. 24, No. 11, 1996.

马斯（Alban Thomas）合写的论文《埃及食品补贴及计划改革的影响评估：混合需求路径》（"Evaluating the Impact of Reforming the Food Subsidy Program in Egypt：A Mixed Demand Approach"）研究了埃及食品补贴制度改革的问题。① 开罗美国大学学者约翰·威廉·萨里维拉基斯（John William Salevurakis）和萨哈尔·穆罕默德·阿卜德尔-哈雷姆（Sahar Mohamed Abdel-Haleim）的论文《埃及面包补贴：选择社会稳定还是财政责任》（"Bread Subsidies in Egypt：Choosing Social Stability or Fiscal Responsibility"）分析了埃及面包补贴的两难困境，但认为补贴的廉价面包对埃及社会的稳定做出了很大的贡献。②

在教育方面，埃及艾因夏姆斯大学学者纳格瓦·莫加希德（Nagwa Megahed）编写的《埃及革命时期的教育：冲突中教育的对立》（*Education during the Time of the Revolution in Egypt：Dialectics of Education in Conflict*）探讨了 2011 年埃及革命期间埃及教育的对立问题。③ 亚历山大大学学者哈立德·萨拉赫·哈纳菲·马赫茂德（Khaled Salah Hanafy Mahmoud）在其论文《当代全球趋势下的埃及中等技术教育发展分析研究》（"The Development of the Egyptian Technical Secondary Education Considering Some Contemporary Global Trends：An Analytical Study"）中研究了埃及中等技术教育问题。④ 阿联酋裔美籍学者布拉德雷·J. 库克（Bradley J. Cook）的论文《伊斯兰与埃及高等教育：学生态度》（"Islam and Egyptian Higher Education：Student Attitudes"）研究了埃及学生关于

① Racha Ramadan and Alban Thomas, "Evaluating the Impact of Reforming the Food Subsidy Program in Egypt：A Mixed Demand Approach," *Food Policy*, Vol. 36, No. 5, 2011.

② John William Salevurakis and Sahar Mohamed Abdel-Haleim, "Bread Subsidies in Egypt：Choosing Social Stability or Fiscal Responsibility," *Review of Radical Political Economics*, Vol. 40, No. 1, 2008.

③ Nagwa Megahed, ed., *Education during the Time of the Revolution in Egypt：Dialectics of Education in Conflict*, Rotterdam：Sense Publishers, 2017.

④ Khaled Salah Hanafy Mahmoud, "The Development of the Egyptian Technical Secondary Education Considering Some Contemporary Global Trends：An Analytical Study," *European Journal of Social Science Education and Research*, Vol. 5, No. 3, 2018.

伊斯兰教对埃及高等教育的影响的态度。① 阿联酋大学学者阿里·S. 易卜拉欣（Ali S. Ibrahim）的论文《埃及教育变迁与决策中的政治》（"The Politics of Educational Transfer and Policymaking in Egypt"）探讨了埃及教育变迁与决策。②

在住房方面，贝鲁特阿拉伯大学学者艾哈迈德·M. 索利曼（Ahmed M. Soliman）是长期研究埃及住房问题的专家。他的著作《可能的出路：埃及城市中非正规住宅的正规化》（*A Possible Way Out：Formalizing Housing Informality in Egyptian Cities*）正文共分十章，以开罗、亚历山大和坦塔三个城市为例，系统研究了埃及住房问题，特别是非正规住房问题。③ 他还发表了大量相关论文，如《与基层建立联系：埃及城市住房的合法化进程》（"Building Bridges with the Grassroots：Housing Formalization Process in Egyptian Cities"）④、《埃及住房机制评论》（"Housing Mechanism in Egypt：A Critique"）⑤、《埃及自建房屋的经历》（"The Egyptian Episode of Self-build Housing"）⑥、《埃及城镇贫困人口的住房：当前政策评论》（"Housing the Urban Poor in Egypt：A Critique of Present Policies"）⑦ 等。也有其他埃及学者研究住房问题。如瓦埃勒·

① Bradley J. Cook, "Islam and Egyptian Higher Education：Student Attitudes," *Comparative Education Review*, Vol. 45, No. 3, 2001.
② Ali S. Ibrahim, "The Politics of Educational Transfer and Policymaking in Egypt," *Prospects*, Vol. 40, No. 4, 2010.
③ Ahmed M. Soliman, *A Possible Way Out：Formalizing Housing Informality in Egyptian Cities*, Dallas·Lanham·Boulder·New York·Oxford：University Press of America, 2003.
④ Ahmed M. Soliman, "Building Bridges with the Grassroots：Housing Formalization Process in Egyptian Cities," *Journal of Housing and the Built Environment*, Vol. 27, No. 2, 2012.
⑤ Ahmed M. Soliman, "Housing Mechanisms in Egypt：A Critique," *The Netherlands Journal of Housing and Environmental Research*, Vol. 4, No. 1, 1989.
⑥ Ahmed M. Soliman, "The Egyptian Episode of Self-build Housing," *Habitat International*, Vol. 36, No. 2, 2012.
⑦ Ahmed M. Soliman, "Housing the Urban Poor in Egypt：A Critique of Present Policies," *International Journal of Urban and Regional Research*, Vol. 12, No. 1, 1988.

法赫米（Wael Fahmi）与凯斯·萨顿（Keith Sutton）合写的论文《大开罗的住房危机：从内城到新社区的空间竞争》（"Greater Cairo's Housing Crisis: Contested Spaces from Inner City Areas to New Communities"）研究了埃及的房屋空置问题，着重介绍了 1941 年以来埃及关于住房问题的政策以及出台的系列法律，还研究了埃及青年的住房问题。① 开罗大学学者 N. 阿卜德尔 - 卡德（N. Abdel-Kader）与 S. 埃托尼（S. Ettouney）合写的论文《发展中不断增加的住房成就：进程与产品评论》（"Developing Incremental Housing Developments: A Critique of the Process and Products"）研究了埃及的非正规住房问题。② 艾因夏姆斯大学研究员加达·法鲁克·哈桑（Ghada Farouk Hassan）的论文《房屋供给可能途径的缺点与先决条件：埃及经验》（"The Enabling Approach for Housing Supply: Drawback & Prerequisites—Egyptian Experiences"）探讨了埃及政府在住房供给中的角色。③

在医疗卫生方面，开罗美国大学学者萨米哈·卡特沙（Samiha El Katsha）与苏珊·瓦茨（Susan Watts）合著的《性别、行为和健康：埃及农村血吸虫病的传播与控制》（*Gender, Behavior, and Health: Schistosomiasis Transmission and Control in Rural Egypt*）重点关注了血吸虫病在埃及农村地区的传播及其防治措施。④ 亚历山大大学学者 M. 沙兹利（M. El-Shazly）等合写的论文《发展中国家糖尿病的卫生保健：以埃及为例》（"Health Care for Diabetic Patients in Developing Countries: A Case

---

① Wael Fahmi and Keith Sutton, "Greater Cairo's Housing Crisis: Contested Spaces from Inner City Areas to New Communities," *Cities*, Vol. 25, No. 5, 2008.

② N. Abdel-Kader and S. Ettouney, "Developing Incremental Housing Developments: A Critique of the Process and Products," *International Journal for Housing Science*, Vol. 39, No. 1, 2015.

③ Ghada Farouk Hassan, "The Enabling Approach for Housing Supply: Drawbacks & Prerequisites—Egyptian Experiences," *Alexandria Engineering Journal*, Vol. 50, No. 4, 2011.

④ Samiha El Katsha and Susan Watts, *Gender, Behavior, and Health: Schistosomiasis Transmission and Control in Rural Egypt*, Cairo: The American University in Cairo Press, 2002.

from Egypt"）分析了埃及糖尿病的护理、检测、治疗等状况。① 埃及独立顾问多阿·M. 奥拉比（Doaa M. Oraby）的论文《埃及青年的性与生殖健康：青年关爱诊所的角色与贡献》（ "Sexual and Reproductive Health among Young People in Egypt：The Role and Contribution of Youth-Friendly Services"）专门研究了埃及青少年的性与生殖健康服务问题，重点关注的是青年关爱诊所在解决青少年性与生殖健康服务问题方面的角色与作用。② 埃及学者萨尔玛·B. 加拉勒（Salma B. Galal）与纳吉亚·加玛勒（Nageya Al-Gamal）在《埃及城市和农村家庭健康问题和医疗服务选择的比较研究》（ "Health Problems and the Health Care Provider Choices：A Comparative Study of Urban and Rural Households in Egypt"）一文中对埃及城市与农村家庭在健康问题和医疗机构选择上的做法做了比较研究。③ 贝鲁特美国大学的学者马尔万·哈瓦加（Marwan Khawaja）等合写的论文《埃及剖宫产的决定因素：人口统计与健康调查的证据》（ "Determinants of Caesarean Section in Egypt：Evidence from the Demographic and Health Survey"）对埃及妇女的剖宫产状况进行了研究。④

3. 西方学界代表性研究成果

埃及是西方学者中东研究的重点，民生问题也得到西方学者的广泛关注。在就业领域，美国明尼苏达大学（University of Minnesota）胡伯特·H. 哈姆弗雷公共事务学院（Hubert H. Humphrey School of Public

① M. El-Shazly, M. Abdel-Fattah, A. Zaki, R. Bedwani, S. Assad, G. Tognoni and A. Nicolucci, "Health Care for Diabetic Patients in Developing Countries：A Case from Egypt," *Public Health*, Vol. 114, No. 4, 2000.

② Doaa M. Oraby, "Sexual and Reproductive Health among Young People in Egypt：The Role and Contribution of Youth-Friendly Services," *Sex Education：Sexuality, Society and Learning*, Vol. 13, No. 4, 2013.

③ Salma B. Galal and Nageya Al-Gamal, "Health Problems and the Health Care Provider Choices：A Comparative Study of Urban and Rural Households in Egypt," *Journal of Epidemiology and Global Health*, Vol. 4, No. 2, 2000.

④ Marwan Khawaja, Tamar Kabakian-Khasholian, Rozzet Jurdi, "Determinants of Caesarean Section in Egypt：Evidence from the Demographic and Health Survey," *Health Policy*, Vol. 69, No. 3, 2004.

Affairs）学者拉贵·阿萨阿德（Ragui Assaad）是研究埃及劳动力与就业问题的著名学者，如他主编的《埃及劳动力市场再探讨》（*The Egyptian Labor Market Revisited*）基于 1988 年、1998 年、2006 年三次对埃及劳动力市场情况的专家组调查结果，对 1988～2006 年的埃及劳动力市场情况进行分析，包括《1988～2006 年埃及经济中的劳动力供应、就业与失业》等 7 篇论文。[①] 拉贵·阿萨阿德与卡洛林·克拉夫特（Caroline Krafft）主编的《革命时期埃及劳动力市场》（*The Egyptian Labor Market in an Era of Revolution*）收录了有关埃及 1988～2012 年就业情况的 13 篇论文。[②] 拉贵·阿萨阿德还发表了诸多有关埃及就业问题的论文，如《埃及劳动力市场中公共部门聘用与赔偿的后果》（"The Effects of Public Sector Hiring and Compensation Policies on the Egyptian Labor Market"）[③]、《埃及建筑部门求职中劳动力市场中的正规与非正规机构》（"Formal and Informal Institutions in the Labor Market, with Applications to the Construction Sector in Egypt"）[④] 等。

　　除了美国学者，其他西方学者也发表了许多有关埃及就业的论文。如英国学者莫纳·萨义德（Mona Said）在论文《贸易改革、就业质量与埃及在工作的贫困人口的工资：制造业方面数据中的证据》（"Trade Reform, Job Quality and Wages of the Working Poor in Egypt: Evidence from Manufacturing Panel Date"）中集中研究了 1998～2006 年私有化与贸易自由化对埃及制造业中在工作的贫困人口的工资与就业质量的影响。[⑤]美国

① Ragui Assaad, ed., *The Egyptian Labor Market Revisited*, Cairo: The American University in Cairo Press, 2009.
② Ragui Assaad and Caroline Krafft, eds., *The Egyptian Labor Market in an Era of Revolution*, Oxford: Oxford University Press, 2015.
③ Ragui Assaad, "The Effects of Public Sector Hiring and Compensation Policies on the Egyptian Labor Market," *The World Bank Economic Review*, Vol. 11, No. 1, 1997.
④ Ragui Assaad, "Formal and Informal Institutions in the Labor Market, with Applications to the Construction Sector in Egypt," *World Development*, Vol. 21, No. 6, 1993.
⑤ Mona Said, "Trade Reform, Job Quality and Wages of the Working Poor in Egypt: Evidence from Manufacturing Panel Date," *The Journal of Developing Areas*, Vol. 46, No. 2, 2012.

新罕布什尔大学教授詹姆斯·托斯（James Toth）在《骄傲、深闺制度还是收入：什么在维持埃及农村劳动力的性别差异?》（"Pride, Purdah, or Paychecks: What Maintains the Gender Division of Labor in Rural Egypt?"）一文中探究了埃及乡村就业市场的性别差异，着重分析了埃及女性在就业市场中的弱势地位及其形成因素。①

在食品补贴领域，国际食物政策研究所的汉斯·劳夫格伦（Hans Löfgren）和国际货币基金组织经济学家莫阿塔兹·赛义德（Moataz El-Said）合写的论文《埃及食品补贴：改革方案、分配与福利》（"Food Subsidies in Egypt: Reform Options, Distribution and Welfare"）关注了埃及食品补贴改革问题。② 学者塔玛尔·古特纳（Tamar Gutner）在《食品补贴改革的政治经济：以埃及为例》（"The Political Economy of Food Subsidy Reform: The Case of Egypt"）中也探讨了埃及的食品补贴制度改革问题。③ 美国农业部国际农业发展专家雷切尔·特里古（Rachel Trego）在论文《食品价格剧烈波动期间埃及食品补贴制度的功能》（"The Functioning of the Egyptian Food-Subsidy System during Food-Price Shocks"）中研究了埃及的食品补贴制度的演变以及 2007～2008 年国际粮食危机期间埃及食品补贴制度在平抑食品价格剧烈波动方面的作用。④

在教育领域，美国学者多纳德·马尔科姆·里德（Donald Malcolm Reid）的《开罗大学与现代埃及的形成》（Cairo University and the Making of Modern Egypt）探讨了开罗大学对现代埃及形成的影响。⑤ 美国密苏里大学（University of Missouri）学者朱迪斯·科奇兰（Judith Cochran）著

① James Toth, "Pride, Purdah, or Paychecks: What Maintains the Gender Division of Labor in Rural Egypt?" *International Journal of Middle East Studies*, Vol. 23, No. 2, 1991.
② Hans Löfgren and Moataz El-Said, "Food Subsidies in Egypt: Reform Options, Distribution and Welfare," *Food Policy*, Vol. 26, No. 1, 2001.
③ Tamar Gutner, "The Political Economy of Food Subsidy Reform: The Case of Egypt," *Food Policy*, Vol. 27, No. 5-6, 2002.
④ Rachel Trego, "The Functioning of the Egyptian Food-Subsidy System during Food-Price Shocks," *Development in Practice*, Vol. 21, No. 4-5, 2011.
⑤ Donald Malcolm Reid, *Cairo University and the Making of Modern Egypt*, New York: Cambridge University Press, 1990.

的《埃及政治危机的教育根源》（*Educational Roots of Political Crisis in Egypt*）从教育方面探讨埃及国内危机。① 美国康涅狄格大学（University of Connecticut）学者 M. A. 费克什（M. A. Faksh）的论文《埃及教育制度历史调查》（"An Historical Survey of the Educational System in Egypt"）回顾了埃及现代教育制度的演变。② 意大利学者、联合国经济与社会事务部顾问法特玛·H. 赛义德（Fatma H. Sayed）的《埃及教育的演变：西方影响与国内政策改革》（*Transforming Education in Egypt：Western Influence and Domestic Policy Reform*）研究了埃及教育的演变以及西方国家对埃及国内政策的影响。③ 美国学者埃米利·卡皮托（Emily Cupito）与开罗美国大学学者瑞·朗斯滕（Ray Langsten）合写的论文《埃及高等教育的包容性》（"Inclusiveness in Higher Education in Egypt"）探讨了1988～2005 年埃及高等教育录取中的性别问题。④

在住房领域，美国学者拉贵·阿萨阿德与卡洛林·克拉夫特、多米尼科·J. 罗兰都（Dominique J. Rolando）合写的经济研究论坛工作文件《埃及、约旦与突尼斯婚姻期住房市场的角色》（*The Role of Housing Markets in the Timing of Marriage in Egypt，Jordan，and Tunisia*）研究了埃及、约旦与突尼斯婚姻期的住房市场的作用。⑤

在医疗卫生领域，美国学者拉文·库赫恩克（Laverne Kuhnke）所著的《在危险中生存：19 世纪埃及公共卫生》（*Lives at Risk：Public Health in Nineteenth-Century Egypt*）研究了 19 世纪埃及的公共医疗卫生体

① Judith Cochran, *Educational Roots of Political Crisis in Egypt*, Lanham, MD：Lexington Books, 2008.

② M. A. Faksh, "An Historical Survey of the Educational System in Egypt," *International Review of Education*, Vol. 22, No. 2, 1976.

③ Fatma H. Sayed, *Transforming Education in Egypt：Western Influence and Domestic Policy Reform*, Cairo：The American University in Cairo Press, 2006.

④ Emily Cupito and Ray Langsten, "Inclusiveness in Higher Education in Egypt," *High Education*, Vol. 62, No. 2, 2011.

⑤ Ragui Assaad, Caroline Krafft, Dominique J. Rolando, *The Role of Housing Markets in the Timing of Marriage in Egypt，Jordan，and Tunisia*, Working Paper No. 1081, Giza：The Economic Research Forum, 2017.

系，介绍了外国领事为保护本国人所设立的检疫局及其在埃及的活动，也研究了阿里政权的医疗卫生政策。① 西方学者还发表了大量与埃及医疗卫生相关的论文。如美国学者卡思瑞因·M. 扬特（Kathryn M. Yount）等的《埃及和突尼斯老年人中医疗保健的性别与使用》（"Gender and Use of Health Care among Older Adults in Egypt and Tunisia"）分析了埃及和突尼斯的老年人使用医疗卫生服务的差异及其形成因素等。② 美国学者 A. K. 南达库玛尔（A. K. Nandakumar）等合写的论文《埃及门诊服务的利用及其对政府在医疗保健供应中扮演的角色的意义》（"Utilization of Outpatient Care in Egypt and its Implications for the Role of Government in Health Care Provision"）分析了埃及医疗门诊服务的利用情况，认为大多数穷人仍旧选择私人付费的医疗门诊服务，这是埃及医疗卫生公共政策的失败。③ 美国北佛罗里达大学学者多纳德·罗伯特·哈雷（Donald Robert Haley）与萨玛·A. 拜格（Sama A. Bég）在《复苏之路：埃及的医疗改革》（"The Road to Recovery：Egypt's Healthcare Reform"）一文中分析了埃及的医疗改革。④ 德国学者克里斯丁·A. 哲里科（Christian A. Gericke）也关注埃及的医疗改革。他在《埃及财政支持医疗保健：当前的问题与改革选择》（"Financing Health Care in Egypt：Current Issues and Options for Reform"）一文中分析了埃及的医疗改革问题。⑤ 他的另

---

① Laverne Kuhnke, *Lives at Risk： Public Health in Nineteenth-Century Egypt*, Berkeley and Los Angeles：University of California Press, 1990.

② Kathryn M. Yount, Emily M. Agree, Cesar Rebellon, "Gender and Use of Health Care among Older Adults in Egypt and Tunisia," *Social Science & Medicine*, Vol. 59, No. 12, 2004.

③ A. K. Nandakumar, Mukesh Chawla, and Maryam Khan, "Utilization of Outpatient Care in Egypt and Its Implications for the Role of Government in Health Care Provision," *World Development*, Vol. 28, No. 1, 2000.

④ Donald Robert Haley and Sama A. Bég, "The Road to Recovery：Egypt's Healthcare Reform," *The International Journal of Health Planning and Management*, Vol. 27, No. 1, 2012.

⑤ Christian A. Gericke, "Financing Health Care in Egypt：Current Issues and Options for Reform," *Journal of Public Health*, Vol. 14, No. 1, 2006.

一篇论文《埃及与古巴医疗保健的比较：埃及医疗卫生改革的教训》（ "Comparison of Health Care Financing in Egypt and Cuba：Lessons for Health Reform in Egypt"） 对埃及与古巴的医疗改革进行了比较，并总结了埃及医疗改革的经验教训。①

此外，西方高校的一些博士、硕士学位论文也关注埃及民生领域。如英国格拉斯哥大学（University of Glasgow）阿卜德尔·哈米德·哈萨巴拉·卡夫雷维（Abdel Hamid Hassaballa El Kafrawy）的博士学位论文《埃及住房政策与金融：不断扩大的按揭信贷探索》（Housing Policy and Finance in Egypt：Extending the Reach of Mortgage Credit）研究了埃及住房政策的演变以及住房市场的按揭信贷问题。② 美国麻省理工学院建筑系萨米亚·阿布·费图·托尔巴·萨克尔（Samia Abou El Fetouh Tolba Sakr）的硕士学位论文《埃及开罗存量公共住房使用中的改进》（In-use Modification of Existing Public Housing in Cairo，Egypt）分析了埃及开罗的存量公共住房存在的问题，并提出了改进建议。③ 美国哥伦比亚大学建筑系穆斯塔法·阿卜德尔·哈立克·穆拉德（Moustafa Abdel Khalek Mourad）的硕士学位论文《需要新方法：论埃及非正规定居点建设环境与埃及住房政策》（The Need for A New Approach：Analysis of the Built Environment of Informal Settlements and Housing Policy in Egypt）分析了埃及非正规住房的演变过程与公共住房政策。④

---

① Christian A. Gericke, "Comparison of Health Care Financing in Egypt and Cuba：Lessons for Health Reform in Egypt," *Eastern Mediterranean Health Journal*, Vol. 11, No. 5 - 6, 2005.

② Abdel Hamid Hassaballa El Kafrawy, Housing Policy and Finance in Egypt：Extending the Reach of Mortgage Credit, Dissertation for Degree of Doctor of Philosophy, University of Glasgow, 2012.

③ Samia Abou El Fetouh Tolba Sakr, In-use Modification of Existing Public Housing in Cairo, Egypt, Dissertation for Degree of Master of Science, Massachusetts Institute of Technology, 1983.

④ Moustafa Abdel Khalek Mourad, The Need for A New Approach：Analysis of the Built Environment of Informal Settlements and Housing Policy in Egypt, Dissertation for Degree of Master of Science, Columbia University, 1983.

4. 国内代表性研究成果

国内学界也关注到埃及民生领域，代表性成果如下。上海财经大学李超民编著的《埃及社会保障制度》系统研究了埃及社会保障制度的演变及各项具体保障制度，包括养老保险制度、劳动保障与失业保险制度、医疗保险制度、社会救助政策、慈善与宗教捐助管理政策、住房保障政策，以及妇女、儿童、青年的社会保障制度，并分析了埃及社会保障制度的特点。① 北京第二外国语学院戴晓琦著的《阿拉伯社会分层研究：以埃及为例》探讨了穆罕默德·阿里时期以来埃及的社会分层问题，其中涉及就业问题。② 浙江师范大学季诚钧等的《埃及高等教育研究》聚焦埃及高等教育的诸多方面，涉及埃及高等教育的历史沿革、发展现状、教育体制与结构、质量保障、宗教教育、国际合作等。③ 李乾正、陈克勤的《当代埃及教育概览》④，王素、袁桂林的《埃及教育》⑤ 也简要介绍了埃及教育概况。中国社会科学院世界历史研究所毕健康的《埃及现代化与政治稳定》从现代化角度探讨埃及的政治稳定问题，其中研究了失业、贫困问题对埃及政治稳定的影响。⑥

国内学者发表了不少相关论文，如佟应芬的《中东妇女就业状况喜与忧》⑦、陈静的《当代埃及妇女发展问题研究》⑧、张小建的《埃及的就业与职业培训》⑨、钱艾琳的《小议埃及的补贴问题》⑩、李晶与党榕的《开罗城市化进程中的贫民窟问题研究》⑪、杨善发的《埃及的医疗卫

① 李超民编著《埃及社会保障制度》，上海人民出版社，2011。
② 戴晓琦：《阿拉伯社会分层研究：以埃及为例》，宁夏人民出版社，2013。
③ 季诚钧、徐少君、李旭：《埃及高等教育研究》，中国社会科学出版社，2010。
④ 李乾正、陈克勤：《当代埃及教育概览》，河南教育出版社，1994。
⑤ 王素、袁桂林：《埃及教育》，吉林教育出版社，2000。
⑥ 毕健康：《埃及现代化与政治稳定》，社会科学文献出版社，2005。
⑦ 佟应芬：《中东妇女就业状况喜与忧》，《西亚非洲》2001 年第 4 期。
⑧ 陈静：《当代埃及妇女发展问题研究》，《西北民族研究》2004 年第 4 期。
⑨ 张小建：《埃及的就业与职业培训》，《中国培训》1997 年第 3 期。
⑩ 钱艾琳：《小议埃及的补贴问题》，《亚非纵横》2002 年第 2 期。
⑪ 李晶、党榕：《开罗城市化进程中的贫民窟问题研究》，《都市文化研究》2016 年第 1 期。

生改革与民主化困境》① 等。

国内也有一些研究生的学位论文涉及埃及民生问题，如王小玲的硕士学位论文《纳赛尔时期埃及女性教育与就业问题探析（1952－1970)》②、刘冰洁的硕士学位论文《20世纪60－80年代埃及住房问题研究》③ 等。

总的来看，埃及民生问题已引起国内外学界的高度关注，已取得了不少研究成果，一些成果有重要参考价值。但不论是成果数量还是研究深度，国内学者明显都要比国外学者弱。一是一般性介绍多，深入的学术研究少；二是对穆巴拉克时期关注多，对纳赛尔时期、萨达特时期的研究比较少；三是就事论事的多，整体、宏观性研究少。可见，民生问题是埃及研究中亟须加强研究的领域。

三　主要研究内容、基本研究思路与方法

1. 主要研究内容

本书主要阐述1952年七月革命以来埃及民生领域的发展状况，揭示埃及民生领域发展进程中存在的主要问题及其成因，总结埃及处理民生问题的利弊得失，旨在从民生层面探析埃及现代化进程，客观评析当代埃及发展历程，进而判断埃及政治与社会的未来发展动向。研究重点是穆巴拉克时期的埃及民生问题，探寻2011年埃及剧变及穆巴拉克时期之后埃及动荡的深层次原因。

民生领域广泛，而本书把研究范围限定在就业、补贴、教育、住房与医疗卫生五方面。时间范围限定在1952～2018年，但为使研究内容完整，本书对1952年之前的状况做了简要回顾，个别地方也论及2018年之后。

主要研究以下五方面内容：（1）1952年七月革命以来埃及民生领域

---

① 杨善发：《埃及的医疗卫生改革与民主化困境》，《中国农村卫生事业管理》2013年第2期。

② 王小玲：《纳赛尔时期埃及女性教育与就业问题探析（1952－1970)》，硕士学位论文，河北师范大学，2012。

③ 刘冰洁：《20世纪60－80年代埃及住房问题研究》，硕士学位论文，北京外国语大学，2014。

的发展状况；（2）埃及历届政府在民生各领域的政策与举措；（3）埃及民生各领域在发展中存在的主要问题及其成因；（4）埃及民生问题的影响；（5）埃及应对民生问题的经验教训与启示。

2. 基本研究思路与方法

本书的基本研究思路与方法是：以唯物史观为指导，以历史学实证方法为主要研究方法，通过对翔实丰富的资料进行深入分析和研究，广泛吸收国内外学者的研究成果，以得出合理的结论。

本书立足于现状，将历史与现实相结合，分纳赛尔时期、萨达特时期、穆巴拉克时期、穆巴拉克时期之后四个时期，探讨埃及民生各领域取得的进展与存在的问题，重点研究穆巴拉克时期埃及民生各领域的政策、取得的进展、存在的问题及其成因；在厘清埃及民生各领域发展演变的基础上，揭示民生问题对埃及政治、经济与社会的影响，揭示埃及应对民生问题对中国等广大发展中国家的启示。

四　创新之处

一是从现代化视角来研究埃及民生问题。自穆罕默德·阿里时期以来，如何实现现代化一直是埃及面临的时代任务。国内外学界对埃及现代化进程的研究已有不少成果，但更多的是集中在政治、经济与军事方面，对民生领域的研究明显薄弱。本书把埃及民生问题置于埃及现代化进程之中，既充实了埃及现代化进程研究的内容，也有助于埃及现代化道路探索。

二是研究内容有拓展。目前学界对埃及民生领域的研究重点更多的是放在政府层面，本书除了关注政府层面在民生领域的工作，还对青年、女性的民生状况与困境以及非政府组织在民生领域的相关活动与作用予以关注。这些领域是国内外学界研究较弱的领域，本书有助于全面深化埃及民生问题的研究。

三是从民生领域看穆巴拉克政权倒台的深层次因素。执政长达30年的穆巴拉克政权几乎一夜之间被推翻，其中原因非常复杂。本书以民生问题为视角，揭示穆巴拉克政权失去民心，最终被民众放弃的深层次原因，这有助于从一个新的角度解读 2011 年埃及剧变以及穆巴拉克时期之后埃及的发展变化，加深对埃及当前发展态势的理解。

五　数据说明

有关埃及统计中的年份与数据，各资料表述不一。1979 年及以前，埃及财政预算为自然年；1980 年起实行跨年制。1980 年及之后，埃及中央公共动员与统计局以阿拉伯文和英文发布的《统计年鉴》（*Statistical Yearbook*）与阿拉伯埃及共和国新闻部新闻总署发行的《埃及年鉴》的年份通常表述为当年/次年（如 1990 年表述为"1990/1991 年"），相关数据实际上也是跨年数据。为表述统一，除非特别说明，本书正文中与埃及经济、教育与社会等方面统计数据有关的年份均表述为当年，但 1979 年及之前的"年"是指自然年份，而 1980 年及之后的"年"实际上是指跨年。如 1990 年实际上是 1990/1991 年。为区分财年、学年，表述为当年/次年财年（学年），如 1995/1996 财年（学年）。埃及财年为当年 7 月 1 日至次年 6 月 30 日，学年为当年 10 月至次年 7 月。为尊重原有文献表述，相关表格、注释保持原有文献表述。

另，各种文献对埃及民生领域的分类与数据不一，许多数据无法辩析，本书的数据主要是说明基本情况，故一些数据尊重原资料，未完全统一；还有一些文献中的数据计算错误，笔者酌情予以修订，与引用文献中的分类与数据并不完全一致。特此说明。

第一章

当代埃及就业状况与困境

就业乃民生之本，不仅关系到国民的经济收入与生活水平，也直接关系到一个国家的政治稳定、经济与社会发展，可谓关系全局的大事。1952年七月革命以来，埃及历任当政者都高度重视就业问题，采取了许多举措，但历任当政者都未能有效解决就业问题，该问题依然是令埃及当政者头疼之事。

第一节　纳赛尔时期与萨达特时期埃及就业状况

一　1952年以前埃及就业状况

埃及在传统上是个农业国。1952年以前，农业是埃及劳动力就业的主要领域。1897年，埃及劳动力人数为301.34万人，占埃及总人口的31%，其中农业捕鱼人口为204.96万人，占总劳动力的68%。[①] 另据1932年3月提交给埃及首相的报告，1927年埃及有劳动力584.6万人，其中农业劳动力为352万人。[②]

在穆罕默德·阿里时期，埃及才兴起了现代工业。1897～1947年，埃及工业劳动力人数翻了一番多，但占劳动力总数的比例变化不大，为

---

① 戴晓琦：《阿拉伯社会分层研究：以埃及为例》，第175页。
② 戴晓琦：《阿拉伯社会分层研究：以埃及为例》，第49页。

10.6%～12.3%。[①] 另有资料认为，埃及1907年的工业与采矿工人为38万人，1917年增至48.9万人，1927年为29.8万人，1937年为34.1万人。其占雇用工人总数的比例：1927年为49%，1937年为58.5%，1947年达71.8%。[②]

此外，手工业、运输、社会公共服务及自由职业、家庭服务也是埃及劳动力就业的重要领域。1877年，埃及手工业者有9.7万人，1927年增至19.5万人，1947年为27.8万人。[③] 1897～1947年，埃及运输领域的劳动力由24.2万人增加到82.4万人，增长了两倍多，但占劳动力总数的比例仅由8%增长到12.1%；社会公共服务及自由职业者人数增长了一倍，由25.5万人增加到51.5万人，所占比例却由8.5%降至7.5%；家庭服务领域的劳动力由12.1万人增加到38.2万人，所占比例由4%提高到5.6%。[④]

二 纳赛尔时期埃及就业格局

1952年七月革命标志着埃及进入新的历史时期，纳赛尔走上埃及历史舞台的中央。纳赛尔当政时期（1952～1970）是埃及剧烈变革的时期。纳赛尔奉行阿拉伯社会主义，在经济上推行土地改革和国有化，大力推动工业化，打下当代埃及经济发展的基础。纳赛尔政府也非常重视就业问题。在埃及第一个国民经济发展五年（1960～1965）计划中，其计划五年内增加就业人数100万人，其中的50%安置在农村、20%安置在工矿企业，后实际解决了就业人数130万人。[⑤] 在20世纪60年代，埃及决定对大学、中学毕业生实行统一分配工作。

纳赛尔的政治经济改革，对埃及就业格局产生重大影响。其一，从就业产业结构来看，第一产业的农业仍为就业主渠道，但农业就业人数

---

① 戴晓琦：《阿拉伯社会分层研究：以埃及为例》，第175页。
② 戴晓琦：《阿拉伯社会分层研究：以埃及为例》，第51页。
③ 戴晓琦：《阿拉伯社会分层研究：以埃及为例》，第50页。
④ 戴晓琦：《阿拉伯社会分层研究：以埃及为例》，第175页。
⑤ 杨灏城、江淳：《纳赛尔和萨达特时代的埃及》，商务印书馆，1997，第109页。

占总劳动力的比例不断下降。经过 1952 年、1961 年和 1969 年三次土地改革，埃及地主阶级大幅度被削弱，占地超过 100 费丹（1 费丹约合 4200 平方米）的地主基本上被"消灭"，大部分无地或者少地的农民分得了土地。据统计，1953~1970 年，埃及政府分地 81.75 万费丹，占全国耕地面积的 12.5%，受益者 34.2 万户，约 170 万人。[1] 土地改革使埃及一大部分雇农获得了土地，农业成为埃及农村劳动力就业的主渠道。据 1957 年 11 月的统计，埃及就业人数为 671 万人，其中农业工人 364.87 万人，工业和建筑业工人共 72.5 万人，商业企业工作人员共 71.59 万人，农业就业人数占就业总人数的 54.4%。[2] 但农业劳动力的数量及所占比例不断下降。1960~1966 年，埃及农业工人占总劳动力的比例从 19% 降到 17%；埃及长期农业工人由 151.9 万人降到 132.3 万人，占农业劳动力的比例由 34.5% 降到 33.5%[3]；埃及农业工人收入占农业收入的比例由 7.1% 升至 8.7%，占国民收入的比例由 1.9% 升到 2.4%。[4] 农业所创造的就业机会呈减少趋势。在埃及第一个国民经济发展五年计划中，农业为埃及创造了约 50.6 万个就业机会，占同期创造的就业机会的 38.9%；而在埃及第二个国民经济发展五年计划中，埃及农业仅创造了 17.1 万个就业机会。[5]

在埃及农村，仍有一部分雇农和赤贫农没有得到土地。季节工、流动工和长期工是他们的主要就业形式与谋生手段。有学者估计，这类人在 1950 年为 121.7 万户，占农户总数的 44%，土地改革后一度有所下降，1961 年和 1965 年分别为 97 万户和 82.5 万户，占农户总数的 30% 和 28%，后随着人口增加，1970 年回升至约 127.9 万户，

① Robert Mabro, *The Egyptian Economy*, *1952 - 1972*, Oxford: Clarendon Press, 1974, p. 254.
② 世界知识年鉴编辑委员会编《世界知识年鉴（1957）》，世界知识出版社，1957，第268页。
③ 戴晓琦：《阿拉伯社会分层研究：以埃及为例》，第76页。
④ 戴晓琦：《阿拉伯社会分层研究：以埃及为例》，第77页。
⑤ 毕健康：《埃及现代化与政治稳定》，第330~331页。

占农户总数的 33%。① 由于工作不稳定，赤贫农中的长期失业者占相当比例，1961 年占 16%，1965 年占 14%，1970 年占 30%；半失业者不计其数。②

其二，从就业增长趋势来看，工业与服务业的就业增长较快。1947～1960 年，埃及劳动力总量增长了 11%，但农业、林业与渔业的就业人数只增长了 8%，而工业领域的采矿业、制造业的就业人数分别增长了62% 和 27%；除了商业，其他服务行业就业人数的增长均超过了劳动力总量增长，其中水电煤气行业增长了 61%，建筑行业增长了 41%，运输业也增长了 28%。虽然增长幅度比较大，但这些行业实际的就业人数与所占比例并不高。如在 1960 年，采矿业与制造业共有就业者 73.4 万人，约占当年劳动力总量的 9.5%；建筑行业只有 15.9 万人，约占 2.1%；运输业有 26 万人，约占 3.4%；而农业、林业与渔业的就业人数高达440.6 万人，约占 57%。这说明，这些行业发展并不快，不能有效吸纳大量劳动力来就业，尤其是工业，与国家对工业的巨大投入不相称。③

纳赛尔时期，政府部门与国有企业成为就业重要渠道。1961 年，埃及政府宣布，每一个大学、中学毕业生都可以到政府部门任职。为解决这些人的就业，埃及政府不断增加行政部门。在 20 世纪 60 年代，埃及建立了包括 34 个政府部门和国有企业的 44 个国家机构，行政部门和公共管理部门（不包括国有企业）的人数从 1962 年的 77 万人上升到 1970年的 130 万人，这一时期的年增长率为 6.9% 左右，④ 其中高级官员的增长尤为迅速。1963～1970 年，埃及全国就业人数增长了 20%，而高级官员增长了 97%，专业人员增长了 90%，技术人员增长了 60%。⑤ 另据谢里夫·哈塔特的估计，1952～1968 年，埃及国有企业工人由 30 万人增加到 80 万人。阿迪尔·沙班则估计，在 1959 年，国企工人占埃及工人

① Robert Mabro, *The Egyptian Economy*, *1952－1972*, p. 81.
② 杨灏城、江淳：《纳赛尔和萨达特时代的埃及》，第 151 页。
③ 戴晓琦：《阿拉伯社会分层研究：以埃及为例》，第 77 页。
④ Robert Mabro, *The Egypt Economy*, *1952－1972*, p. 331.
⑤ 杨灏城、江淳：《纳赛尔和萨达特时代的埃及》，第 174 页。

总数的 10%，1971 年增长至 12.5%；1968 年，埃及有劳动力 730 万人，国有企业有工人 78.9 万人。①

其三，从职业来看，体力劳动者人数呈下降趋势，而非体力劳动者人数呈上升趋势。从表 1 – 1 中可以看出，1947 ~ 1971 年，随着人口的增加，尽管有起伏，埃及各个职业的就业人数总体上呈增加态势，但从占劳动力总数的比例来说，体力劳动者所占比例在降低，由 85.9% 降到 79.1%，而非体力劳动者所占比例总体上在增长，从 11.7% 增长到 18.2%。各具体职业的就业人数与其占劳动力总数的比例则有差异。在体力劳动者中，手工业者人数变化不大，由 149 万人增加到 154.7 万人，所占比例由 20.1% 降到 18.4%，但 1966 年略有增加，增加到 173.3 万人，占 20.7%；服务人员同期由 63 万人增加到 76.5 万人，所占比例由 8.5% 略增到 9.1%；而务农人员人数由 423.2 万人增加到 433.7 万人，但所占比例却由 57.2% 降到 51.6%。在非体力劳动者中，技术人员和办公人员的人数增加较多。1947 ~ 1971 年，技术人员虽然占劳动力总数的比例仅由 2.6% 提高到 5.5%，但人数却由 18.9 万人增加到 46.2 万人；而办公人员所占比例由 1.9% 提高到 5.1%，人数由 14 万人猛增到 42.9 万人。同期管理人员人数变化较大，但所占比例不高；商人人数变化不大，但所占比例除 1960 年外均在 6% 左右。

表 1 –1　1947 ~ 1974 年埃及不同职业的就业规模与比例

单位：万人，%

职业	1947 年		1960 年		1966 年		1971 年		1974 年	
	数量	占比	数量	占比	数量	占比	数量	占比	数量	占比
技术人员	18.9	2.6	28.5	3.7	40	4.8	46.2	5.5	52.2	5.8
管理人员	6.3	0.8	8.5	1.1	15	1.8	16.2	1.9	9.1	1
办公人员	14	1.9	28.5	3.7	45.8	5.5	42.9	5.1	50.7	5.6

---

① 戴晓琦：《阿拉伯社会分层研究：以埃及为例》，第 78 页。

续表

职业	1947 年		1960 年		1966 年		1971 年		1974 年	
	数量	占比	数量	占比	数量	占比	数量	占比	数量	占比
商人	47.6	6.4	62.6	8.1	52.5	6.2	48	5.7	76.9	8.5
非体力劳动者总计	86.8	11.7	128.1	16.6	153.3	18.3	153.3	18.2	188.9	20.8
手工业者	149	20.1	149.1	19.3	173.3	20.7	154.7	18.4	199.9	22.0
服务人员	63	8.5	68.8	8.9	70.1	8.4	76.5	9.1	82.6	9.1
务农人员	423.2	57.2	410.3	53.1	419.8	50.2	433.7	51.6	412.6	45.5
体力劳动者总计	635.2	85.9	628.2	81.2	663.2	79.3	664.9	79.1	695.1	76.6
不确定者	17.5	2.4	17	2.2	20	2.4	22.7	2.7	23.5	2.6
总计	739.5	100	773.3	100	836.5	100	840.9	100	907.5	100

注：因四舍五入，个别数据有出入，各项百分比之和不一定等于100%。

资料来源：1947 年、1960 年、1966 年埃及人口统计，埃及国家统计局1971 年、1974 年劳动力抽样调查，转引自〔埃及〕赛阿德丁·易卜拉欣《社会流动和收入分配》，载〔埃及〕焦代·阿卜杜哈里格《埃及收入分配下的政治经济》，埃及图书出版总社，1993，第640 页；戴晓琦：《阿拉伯社会分层研究：以埃及为例》，第176 页。

纳赛尔时期埃及实行低工资制度，各行业的工资及其增长有差别。如在1964～1969 年，埃及制造业与矿业[①]从业人员人均年工资由181.3 埃镑增至191.8 埃镑，建筑行业从业人员的人均年工资由155.6 埃镑增至184.6 埃镑，电力业每位工人的年均工资由261.1 埃镑增至276.3 埃镑，商业从业人员人均年工资由139.4 埃镑增至158 埃镑，公共部门每位员工的年均工资由231 埃镑增加至246.2 埃镑，交通、通信与仓储业从业人员人均年工资由262.5 埃镑降至245.7 埃镑，住房业从业人员人均年工资由85.7 埃镑降至78.5 埃镑。[②]

---

① 此处行业划分和以下电力业的表述等与表1－2 的行业划分不是来自同一资料，也不是同一时期，因此表述不尽一致。

② Mahmoud Abd-Fadil, *The Political Economy of Nasserism: A Study in Employment and Income Distribution Policies in Urban Egypt, 1952－72*, p. 36.

三　萨达特时期埃及就业格局

1970 年 9 月，纳赛尔突然离世，萨达特继任埃及总统。在上任初期，萨达特基本上延续了纳赛尔的政策。1973 年十月战争后，萨达特的对内对外政策得到了重大调整。1974 年，萨达特发表了《十月文件》，将之作为改革的总纲领。在经济领域，埃及实行经济开放政策，重在吸引外国投资，鼓励发展私营经济，埃及经济走上了与纳赛尔时期不同的发展之路，石油、苏伊士运河、侨汇和旅游业逐渐成为国民经济发展的四大支柱产业。到 1980 年，这四大产业的总收入达64.1 亿美元。[1] 在埃及经济战略发生调整的背景下，埃及就业格局也发生了一些新变化。

其一，埃及就业人数和最低月工资都有较大幅度增长。1971 年，埃及就业总量为 825.25 万人，1979 年增加到 956.53 万人，年均增长1.8%（劳动力总量由 1971 年的 840.6 万人增加到 1979 年的 1002.4 万人，年均增长 2.2%）[2]，1981 年再增加到 1168.5 万人[3]。在最低月工资方面，1971 年 5 月为 5 埃镑，1981 年 7 月增至 25 埃镑，十年增长了4 倍。[4]

其二，公共部门就业人数有所增加，私人部门就业人数大涨。在纳赛尔时期，政府部门和国有企业是埃及人首选的就业单位，这一状况在萨达特时期依旧。1971～1979 年，在埃及政府部门就业的人数由 127.05万人增加到 206.53 万人，年均增长 7.2%，占就业总量的比例由 15.4%提高到 21.9%。[5] 表 1-2 显示，在 1976 年，埃及就业人口为 1023.01 万

[1] 世界知识年鉴编委会编《世界知识年鉴（1982）》，世界知识出版社，1982，第224 页。
[2] Bent Hansen and Samir Radwan, *Employment Opportunities and Equity in A Changing Economy: Egypt in the 1980s*, *A Labour Market Approach*, p. 59.
[3] 杨灏城、江淳：《纳赛尔和萨达特时代的埃及》，第 363 页。
[4] 杨灏城、江淳：《纳赛尔和萨达特时代的埃及》，第 363 页。
[5] Bent Hansen and Samir Radwan, *Employment Opportunities and Equity in A Changing Economy: Egypt in the 1980s*, *A Labour Market Approach*, p. 59.

人，在政府部门就业的人数为 178.61 万人，占就业人口的 17.46%；国有企业有 96.46 万人，占就业人口的 9.43%。① 根据 1976 年埃及人口普查，在埃及就业人口中，在非农业部门中的公共部门就业的占 30.4%，其中政府部门占 20.1%，国有企业占 10.3%；在农业部门就业人口中，在公共部门就业的占 0.9%。② 萨达特政府改变了纳赛尔时期的集中管理、统一预算的管理模式，规定每个单独的国有企业独立核算，自负盈亏，独立制定自己的工资标准。1966～1976 年，埃及国有企业的就业人数增长率为 28.5%。③ 另有学者估计，埃及 1968 年有劳动力 730 万人，其中国有企业员工 78.9 万人，占总劳动力的 10.8%。④ 到 1975 年，埃及国有企业产值 32.05 亿埃镑，就业人数 101.4 万人；到 1979 年，埃及国有企业产值和就业人数分别增加到 64.57 亿埃镑、122.3 万人，就业人数比 1975 年增长了 20.6%。⑤ 有学者估计，在 1960～1966 年，埃及国有企业就业量年增长率为 8.7%；据埃及国有企业信息中心的数据，1974～1979 年，埃及国有企业就业量每年增长约 5%。⑥

表 1－2　1976 年埃及就业人口分布

单位：万人，%

	人数	比例
政府部门	178.61	17.46
国有企业	96.46	9.43
私人部门	735.58	71.90

---

① Bent Hansen and Samir Radwan, *Employment Opportunities and Equity in A Changing Economy: Egypt in the 1980s, A Labour Market Approach*, p. 63.

② Bent Hansen, *The Egyptian Labor Market: An Overview*, p. 3.

③ Bent Hansen and Samir Radwan, *Employment Opportunities and Equity in A Changing Economy: Egypt in the 1980s, A Labour Market Approach*, p. 64.

④ 戴晓琦：《阿拉伯社会分层研究：以埃及为例》，第 78 页。

⑤ 杨灏城、江淳：《纳赛尔和萨达特时代的埃及》，第 360 页。

⑥ Ragui Assaad, "The Effects of Public Sector Hiring and Compensation Policies on the Egyptian Labor Market," *The World Bank Economic Review*, Vol. 11, No. 1, 1997, p. 92.

续表

	人数	比例
合作经济	1.85	0.18
外资与国际经济	0.5	0.05
其他	10.01	0.98
合计	1023.01	100

资料来源：Bent Hansen and Samir Radwan, *Employment Opportunities and Equity in A Changing Economy: Egypt in the 1980s, A Labour Market Approach*, p. 63。

私人部门就业人数大涨。纳赛尔时期，由于大力推行国有化，埃及私营经济滞后，吸纳劳动力不足。随着萨达特政府鼓励私营经济发展，埃及的私营经济开始在经济中发挥重要作用，也成为就业的重要领域。表1-2显示，根据1976年埃及人口普查，该年私人部门就业人数为733.58万人，占就业人口的71.90%。在埃及就业人口中，非农业部门中的私人部门占26.3%，其中个体户（self-employed）占9.2%，雇主占1.9%，雇员占15.2%；在农业部门中的私人部门占42.5%，其中雇员占22.6%，农场主占19.9%。[1]

埃及私人部门就业行业广泛。以1976年埃及非农业部门私人部门的就业状况为例，从事贸易相关行业的就业人口比例，在城镇为29.1%，乡村为37.7%；从事销售、买卖行业的就业人口比例，在城镇为24.6%，乡村为22.6%；从事建筑业的就业人口比例，在城镇为15.7%，乡村为18.6%；从事交通运输业的就业人口比例，在城镇与乡村均为14.6%；从事食品与饮料加工业的就业人口比例，在城镇为7.2%，乡村为8.2%；从事机器修理行业的就业人口比例，在城镇为6.7%，乡村为4.5%；从事裁缝、制衣行业的就业人口比例，在城镇为10.7%，乡村为12.3%；从事烹饪行业的就业人口比例，在城镇为5.3%，乡村为2.5%。[2] 1979年，在私人部门就业的有680.69万人，

---

[1] Bent Hansen, *The Egyptian Labor Market: An Overview*, p. 3.

[2] Bent Hansen, *The Egyptian Labor Market: An Overview*, p. 8.

占就业总量 1069.45 万人的 63.6%。埃及私人部门的就业情况是：农业部门 405.13 万人，占农业部门就业总量的 97.3%；采矿业 8500 人，占采矿业就业总量的 24.9%；制造业 52.59 万人，占制造业就业总量的 40%；建筑业 10.1 万人，占建筑业就业总量的 16%；交通与通信行业 15.33 万人，占交通与通信行业就业总量的 30.3%；贸易与金融行业 97.93 万人，占贸易与金融行业就业总量的 85%；住房业 14.22 万人，占住房业就业总量的 91.7%；社会服务业 84.54 万人，占社会服务业就业总量的 32.6%；在石油、公共事业两行业中没有私人部门。[1]

此外，由于吸引外国资本投资，埃及也建立了一些外资与合资企业，也有少量劳动力在外资与合资企业中工作。

其三，海外就业人数大量增加。在 1973 年以前，埃及赴海外求职者并不多。1968～1973 年，离开埃及赴海外求职者共 11.08 万人，最多的 1971 年为 24581 人，最少的 1972 年仅 9643 人。[2]赴海外求职者主要从事医疗卫生、科研、管理、商业、服务、农业、建筑等领域的工作。1974 年，埃及解除了对劳工移民的限制，加上 1973 年石油价格的上涨，阿拉伯产油国家对劳动力的需求旺盛，大量埃及人到海湾阿拉伯国家就业。1970～1978 年，埃及在阿拉伯产油国的劳工由数万人增加到百余万人。[3] 赴海外就业的埃及劳工主要是男性，多为技术或非技术人才。到 20 世纪 70 年代后期，埃及 10% 的农业工人和 50% 的建筑业工人都在国外。[4]在海外的工作者的收入比在埃及国内的收入要高很多。如在 1977 年，建筑业从业者在埃及国内的月均工资为 34 埃镑，而在阿拉伯产油国的从业者的月均工资为 336.2 埃镑（按照埃及官方

---

[1] Bent Hansen and Samir Radwan, *Employment Opportunities and Equity in A Changing Economy: Egypt in the 1980s*, *A Labour Market Approach*, p. 63.

[2] Bent Hansen and Samir Radwan, *Employment Opportunities and Equity in A Changing Economy: Egypt in the 1980s*, *A Labour Market Approach*, p. 85.

[3] 杨灏城、江淳：《纳赛尔和萨达特时代的埃及》，第 363 页。

[4] Hassan Y. Aly and Michael P. Shields, "A Model of Temporary Migration: The Egyptian Case," *International Migration*, Vol. 34, No. 3, 1996, p. 439.

汇率换算）；在大学的工作者分别为 200.4 埃镑、1235.9 埃镑；教师分别为 52.8 埃镑、494.1 埃镑。①大量劳动力到海外工作，导致埃及国内农业和建筑业劳动力短缺，国内实际工资上涨。②由于大量的农村男性去国外务工，许多农村家庭中的女性开始从事田地耕作等工作。

其四，从就业行业分布来看，第三产业就业人数增加，农牧业依然是埃及就业的主行业，但比例下降。表1-3反映了1976年埃及劳动力在各行业的具体就业状况。从中可以看出，农牧业就业者高达488.1万人，占劳动力总数的47.58%；而工业领域就业者不够多，仅140.33万人，占13.68%；第三产业就业者达378.7万人，占36.92%。到1980年，埃及的劳动力结构是：农牧业占24.1%，制造业与采矿业占11.1%，第三产业占53.7%。③可见，农牧业在埃及就业格局中依然占相当大的比例，但所占比例下降，而第三产业上升很快，已成为就业的主渠道。

表1-3　1976年埃及劳动力的就业行业分布

单位：万人，%

行业	人数	比例
农牧业	488.1009	47.58
采矿工业	3.3831	0.33
加工工业	136.9482	13.35
电力	6.1761	0.60
建筑业	42.5084	4.14

---

① Bent Hansen and Samir Radwan, *Employment Opportunities and Equity in A Changing Economy: Egypt in the 1980s*, *A Labour Market Approach*, p. 91.

② Carrie R. Wickham, *Mobilizing Islam: Religion, Activism and Political Change in Egypt*, New York: Columbia University Press, 2002, p. 35.

③ Bent Hansen, *The Egyptian Labor Market: An Overview*, p. 25.

续表

行业	人数	比例
商业、餐饮和饭店	86.1286	8.40
交通运输、仓储业	48.2253	4.70
金融保险业	8.8392	0.86
社会服务	186.8289	18.21
其他	18.6438	1.82
合计	1025.7825	100

资料来源：世界银行《埃及结构调整期间的扶贫问题》，1991，转引自毕健康《埃及现代化与政治稳定》，第321页。

其五，城乡就业存在明显差异。据1976年埃及人口普查，在城镇地区就业人口中，非农业部门占90.8%，农业部门占9.2%；而在乡村地区就业人口中，非农业部门只占28.1%，农业部门达71.9%。城乡就业结构也有显著差异。在非农业部门就业人口中，城镇地区的公共部门占49.4%（其中政府部门占30.8%，国有企业占18.6%），私人部门占41.3%（其中个体户占14.2%，雇主占3%，雇员占24.1%）；而乡村地区的公共部门为14.1%（其中政府部门占10.9%，国有企业占3.2%），私人部门占13.7%（其中个体户占5%，雇主占1%，雇员占7.7%）。在农业部门就业人口中，城镇地区的公共部门占0.7%，私人部门占10.3%（其中雇员占4.2%，农场主占6.1%）；而乡村地区的公共部门占0.9%，私人部门占71.2%（其中雇员占37.9%，农场主占33.3%）。[1] 可见，在萨达特时期，埃及城镇地区就业以非农业部门为主；而乡村地区以农业部门为主；在非农业部门中，城镇地区在公共部门就业的人口比例远远超过乡村地区，城镇地区私人部门就业的人口比例也远远超过乡村地区；在农业部门中，城镇地区就业人口比例较低，乡村地区则主要在私人农业部门就业。

此外，在萨达特晚期，埃及失业问题开始显现。在1960年，埃及失

---

[1]　Bent Hansen, *The Egyptian Labor Market: An Overview*, pp. 4–5.

业人数为 17.5 万人，失业率为 2.2%；1976 年失业人数和失业率分别上升到 85 万人和 7.7%。[1] 到 1980 年，埃及失业人口 53.59 万人，失业率为 5.2%。[2] 从此，严重的失业问题成为长期困扰埃及发展的难题。

第二节　穆巴拉克时期埃及就业状况

一　就业政策与举措

穆巴拉克时期的埃及政府高度重视就业问题，把解决就业问题放在优先位置。如 1999 年 10 月上任的奥贝德政府就宣布，2000 年 6 月 30 日前创造 65 万个就业机会，其中政府部门吸收 15 万人，社会发展基金会创造 20 万个就业机会，私人部门创造 20 万个，政府和私人部门通过职业培训创造 10 万个就业机会。[3] 2004 年 7 月开始任职的纳齐夫总理一上任便强调，政府的总体目标之一就是不断创造新的就业机会，把扩大就业定位为其 10 项工作重点之一。

人力与移民部是埃及直接负责就业事务的部门。该部主要负责监控劳动力市场需求，定期发布岗位空缺信息，保证国内劳动力市场供求平衡，也负责监控全国的职业培训中心。该部下设劳资办公室，各省也设有劳资办公室派出机构。该部定期发布《全国就业快报》。此外，青年与体育部负责埃及青年的就业培训，鼓励建立不同部门的就业培训机构。青年与体育部还与下一代基金会合作培训毕业生（分别提供培训资金的 20% 和 80%），使其掌握外语知识和计算机知识，提升个人技能。

在穆巴拉克执政的 30 年里，埃及政府在就业问题上主要采取了以下举措。

---

[1]　Heba Handoussa and Gillian Potter, eds., *Employment and Structural Adjustment, Egypt in the 1990s*, p. 44.

[2]　Bent Hansen, *The Egyptian Labor Market: An Overview*, p. 11.

[3]　毕健康：《埃及现代化与政治稳定》，第 316 页。

1. 以立法规范劳动关系

埃及对劳动关系非常重视，颁布了《劳工法》(The Labor Law, 1981 年通过，即 1981 年第 137 号法；2003 年重新修订，即 2003 年第 12 号法)① 等一系列法律与规定，对劳动雇用、薪酬福利、离职与休假、劳动合同终止、解雇和减少工作岗位以及失业、工伤、社会保险等进行了规范。

埃及《劳工法》规定：劳动关系的生效以劳资双方签订劳动合同为准，劳务外包属非法活动；禁止雇主以性别、种族和言行、宗教等为由进行歧视性劳动雇用；签订的劳动合同必须是书面合同，以阿拉伯文本签署，一式三份，雇主、求职者和劳动保险机构各执一份；劳动雇用合同应载明试用期为三个月，这期间雇主有权不付报酬、不事前通知而解雇试用期人员；如果没有书面劳动合同，受雇方需以人证等各种方式证明雇用行为之存在；任何希望求职的埃及公民必须首先到当地劳资办公室登记；雇主若没有劳动雇用许可证，在雇用行为开始后的 15 日内必须到劳资办公室登记。《劳工法》对劳动合同的终止有严格规定，如除了限定条款合同的终止，雇主不得无故解除劳动合同；除非雇员犯有严重过失，无限定条款合同下的职工或限定条件到期前的合同职工均不得被解雇；无论是雇主还是职工，解除合同都须事先告知。

埃及保障妇女、儿童、残疾人的劳动权益。早在纳赛尔时期，埃及就针对女性劳动者出台了一系列政策，保证男女劳动者在工资和雇用方面拥有平等地位，保护女性劳动者的合法权益。例如，规定孕妇休产假、规定企业建立托儿所等。纳赛尔政府规定国家为中学毕业生在政府和国有企业安排工作后，大量女性进入了以前由男性占主导地位的政府部门和工商企业工作。学校、医院、纺织厂、食品加工厂和家电厂出现一大批女性员工。穆巴拉克时期颁布的《劳工法》规定：限制妇女值夜班或从事有损妇女身体和心理健康的工作；除农业劳动外，禁止企业雇用童

---

① 《劳工法》内容主要参阅李超民编著《埃及社会保障制度》，第 134～146 页，下文不再做注释。

工（指年龄未满14周岁者或已过入学年龄但未满18周岁者），但就业培训可从12岁就开始；童工每天工作不得超过6小时，工作期间应当有一次就餐休息时间，连续工作不得超过4小时，不得在超市工作，不得在周末和节假日工作，不得在晚上7点至清晨7点加夜班。对于残疾人就业，《劳工法》规定不得解雇残疾职工以及部分伤残职工，尤其是在本企业、事业单位能够胜任其他岗位工作的残疾职工。

埃及对劳动报酬等也有详细规定。如针对劳动报酬，2003年第12号法规定设立全国工资理事会，由其确定最低工资、最低年薪和全国的工资增长机制。针对加班费，埃及规定白天的加班费为基本工资的35%，晚上的加班费为基本工资的70%；节日加班除了获得加班费，职工还可以调休一天。

2. 建设新城镇，鼓励中小企业发展，实施一系列就业计划

建设新城镇是埃及促进经济发展、改变人口分布格局以及解决就业问题的重大战略，开始于萨达特时期，穆巴拉克时期继续推进。斋月十日城是埃及建设的第一座新城。到2009年，埃及的新城市和新城区有22个。[1] 从表1-4中可以看出，埃及在新城镇建设方面投入巨大财力，新城镇也提供了一些就业机会。1982~2002年，埃及共投资234.817亿埃镑，共建设工厂2723家，共提供就业机会25.22万个。当然，各新城镇发展也不平衡。斋月十日城获得的投入最多，发展最好，提供的就业机会也最多，达11.17万个。

表1-4　1982~2002年埃及新城工厂数量、投资、产值与就业机会

新城	工厂数量（家）	投资（亿埃镑）	产值（亿埃镑）	就业机会（万个）
斋月十日城	997	148.508	160.555	11.17
萨达特城	278	22.229	10.901	2.02
十月六日城	657	34.431	61.102	7.45

---

[1] 阿拉伯埃及共和国新闻部新闻总署：《埃及年鉴（2009）》，埃及驻华使馆新闻处，2009，第135~136页。

续表

新城	工厂数量(家)	投资(亿埃镑)	产值(亿埃镑)	就业机会(万个)
萨利赫亚城	54	3.941	7.45	0.48
阿拉伯塔城	374	10.347	11.695	1.95
杜米亚特新城	142	1.373	1.259	0.46
班尼·斯维夫新城	40	0.142	0.393	0.15
巴达尔城	83	3.558	2.594	0.64
努巴利亚城	25	0.286	0.275	0.04
阿卜尔城	66	9.942	12.769	0.84
米亚新城	7	0.06	0.15	0.02
总计	2723	234.817	269.143	25.22

资料来源：阿拉伯埃及共和国信息部国家新闻总署《埃及二十一年成就（1981－2002)》，埃及驻华使馆新闻处，2002，第48页。

　　鼓励中小企业发展是埃及发展经济和解决就业的重要一环。为促进中小企业的发展，埃及政府出台了许多举措：工业主管机构统一部署，统一调配物力和财力，制定有力措施来促进埃及私营中小企业的发展；集中力量推动埃及私营中小企业提升产品竞争能力，特别是对能够发挥埃及本地优势的产业和产品给予重点支持；营造对私营企业发展更有利的政策环境，简化办企业和引进外资和技术的手续，尽量排除可能影响私营中小企业发展的障碍；开辟工业特区，为私营中小企业的发展提供必要的硬件条件；强化对企业的商业服务，扩大市场渠道；争取利用欧盟的财政支持，发展新技术产业和重点企业；根据国际市场的要求，改革商业贸易规则，疏通外贸渠道；最大限度地鼓励出口，减少对外贸易逆差，繁荣市场；提高埃及的产品生产水平，争取逐步达到国际水平；建立和完善国际技术与商业信息服务系统，为企业提供必要的信息服务；等等。① 到2004年，非农业部门的私营中小企业提供的工作机会超过埃

---

① 陈铄：《埃及扶持中小企业发展的举措》，《全球科技经济瞭望》2002年第9期，第24页。

及全国工作机会的85%。①

社会发展基金会是埃及推动发展小企业的主要机构。该基金会是根据1991年第40号总统令建立的，由埃及政府和世界银行、欧盟、阿拉伯基金会共同出资建立，直属埃及总理，其基本战略是支持建立和发展小企业以解决埃及失业问题，首先是在青年和妇女中宣扬企业文化理念，提高他们对小企业的认识，鼓励他们克服自卑心理，自主创业。社会发展基金会设立了公共部门工作、社区开发、企业开发、就业与再培训、机构发展等5个综合项目及人口活动子项目，还资助建立了一批妇女职业中心。1992～1996年，社会发展基金会在18个国际组织和国家中筹集7.5亿美元，实际使用7亿美元，其中的70%用于创造新的就业机会，4年共创造了35万个就业机会。② 2005年9月至2009年3月，社会发展基金会通过40.1亿埃镑的小微项目，提供了99.71万个永久性和直接就业机会；通过4.07亿埃镑的社会和人类发展项目，提供就业机会18.43万个。③

中小企业特别是小微企业已成为埃及经济和就业的主要领域之一。1977年，埃及小企业有70万家，占整个生产组织的94%，小企业雇用工人人数占雇用工人总数的40%；到1986年，小企业数量升至100万家，占整个生产组织的94%；1996年，小企业数量达300万家，占整个生产组织的92%，小企业雇用工人人数占雇用工人总数的52%。1976年，小企业雇用工人人数为100万人，1986年增加到150万人，1996年达500万人。④ 到1998年，埃及有中小企业330万家，解决就业人口730万人，年均增长2.8%，占就业总人口的38%。⑤ 到1998年，小微企业解决了埃及70%的贫困人口的就业问题。⑥

① 阿拉伯埃及共和国新闻部国家新闻总署：《埃及年鉴（2004）》，埃及驻华使馆新闻处，2004，第266页。
② 张小建：《埃及的就业与职业培训》，《中国培训》1997年第3期，第50页。
③ 阿拉伯埃及共和国新闻部新闻总署：《埃及年鉴（2009）》，第115页。
④ 戴晓琦：《阿拉伯社会分层研究：以埃及为例》，第114页。
⑤ 李超民编著《埃及社会保障制度》，第126页。
⑥ 《埃及发展小企业增加就业机会》，《领导决策信息》1998年第29期，第19页。

为促进就业，埃及实施了一系列就业计划，主要有如下三个。（1）生产家庭计划。该计划由埃及社会事务部于1964年推出，在穆巴拉克时期依然延续，主要是向收入不足100埃镑的贫困家庭提供小额金融服务，目标是通过培育埃及家庭和个人的能力，带动开发人力资源，为社会成员创造就业机会，提高个人和家庭的市场价值与投资价值，开发当地资源等。到1996年，该计划的受益者达到100万人。该计划推动了家庭内就业，提高了贫困者的家庭收入。（2）全国农村共同发展计划（即日升计划）。该计划由埃及村庄重建与发展组织于1994年创设，原计划分四个阶段执行到2017年，目的是缩小城乡差距。从1995年到1997年，该计划共投入5.26亿埃镑，在埃及全国创造永久就业岗位30881个，临时工作岗位24343个。[①] 此外，埃及设立了地方发展基金，旨在通过便利贷款支持各地经济发展，贷款上限5万埃镑，主要用于最贫困阶层，特别是为女户主家庭和具有特殊需要的家庭提供小型项目，向其子女提供生产工作机会，以帮助其提高家庭收入。在2008年，地方发展基金提供贷款项目9632个，贷款总额3300万埃镑，提供就业机会9779个。[②] （3）千家工厂和商业市场计划。这一计划于2005年起开始实施，原计划实施到2011年。到2008年，已经建设工厂2700家，投入627亿埃镑，提供就业机会27.8万个。截至2008年，该计划已经开始投入实际生产的工厂数量为1327家，投资总额为380亿埃镑，吸纳工人14.8万人；扩建已有工厂1373家，投资总额250亿埃镑，吸纳工人13万人。[③]

此外，为了扩大就业，穆巴拉克政府一方面控制工资适度增长，节省财力，根据岗位和职能，尽可能实行一岗多人制度，促进更多人口就

---

① Naglaa El-Ehwany and Heba El-Laithy, *Poverty*, *Employment and Policy-Making in Egypt*, *A Country Profile*, Cairo: International Labour Office Area Office in Cairo, North Africa Multi-Disciplinary Advisory Team, 2001, pp. 24–31.
② 阿拉伯埃及共和国新闻部新闻总署：《埃及年鉴（2009）》，第147页。
③ 阿拉伯埃及共和国新闻部新闻总署：《埃及年鉴（2009）》，第77页。

业，即所谓的低工资高就业政策；另一方面实施就业与示范扶贫政策。①自1983年以来，在适宜开发的沙漠地区，埃及政府投资进行土地改良，并配套建设相关基础设施，然后将改造好的耕地分配给无地农民，分给每个劳动力20亩左右，让其分30年还款，月均还款18埃镑，30年后分配的耕地为个人拥有，以此帮助贫困户实现从无地到有地，从无收入到有收入，逐步解决其就业与脱贫问题。此外，埃及政府将改造好的土地分配给大学毕业生，每个学生35亩左右。若干个相关专业的学生可组成小团体，开展农业生产、医疗、教学工作，并吸纳贫困劳动力参加生产，让其获得报酬。

穆巴拉克时期之后，埃及政府依然重视就业问题。2012年，埃及政府出台了新的地区发展规划以及一揽子工程项目计划，旨在吸引投资和增加就业岗位，预计在未来30年将会为埃及提供50万个新的就业岗位，重新安置超过150万人口。该计划的第一阶段是开发塞得港东部地区，第二阶段工程被称为上埃及走廊发展计划。② 2016年12月，埃及与挪威签署120万美元援款协议，用以在曼努菲亚（Menoufiya）等省实施"埃及青年就业机遇"项目。该项目将向这些省的青年提供培训，以提升青年的生产能力和创新能力，并对青年所建立的小微企业提供支持。

3. 加强职业规划与培训，鼓励海外就业

埃及《劳工法》对雇主对职工的培训有规定，如规定职工应经适当培训后才得上岗；雇主应告知职工工作的相关风险；雇主应要求职工进行劳动保护，并进行训练。③

埃及大力加强职业规划与培训和具体指导。埃及成立了一个以总理为首，由20个部门部长组成的人力资源开发与培训计划委员会（办公室设在人力与移民部），负责制定国家培训计划与就业规划，研

① 李春和：《非洲三国开展扶贫工作的做法与经验》，《北方经济》2008年第19期，第57页。

② 胡英华：《埃及出台地区发展新规划》，《经济日报》2012年10月9日，第4版。

③ 李超民编著《埃及社会保障制度》，第142页。

究制定开发与使用人力资源的方针政策，利用职业信息，指导各部门开展培训，制定培训资金筹集和使用计划。委员会的办公室负责调查研究，跟踪国际标准，每 4 个月召开一次各部门的专家会议，通报情况，研究对策；每年 10 月向委员会会议提供报告，提出建议。同时，在各地建立地区级委员会，负责当地的职业培训指导，动员和协调社会各方面力量共同搞好人力资源开发工作。埃及人力与移民部组织三种职业培训：一是针对 20～45 岁劳动者的 8 个月的促成培训；二是针对 12～20 岁失学青少年的 9 个月的学徒培训；三是针对大专毕业生的专业培训，政府鼓励大专毕业生进入劳动力市场，逐步改变过去由政府分配的办法。政府还建立了流动培训中心，就是用汽车把培训教师和培训设施送到边远地区培训学徒和青年。① 在 20 世纪 90 年代，埃及中央财政每年投入经费 800 万埃镑用于培训设施建设和培训经费补贴，埃及各部门及地方办有职业培训中心 788 个，每年培训人员总量达 10.6 万人。② 一些埃及企业也开始向劳工提供职业培训。2008 年的世界企业调查显示，22% 的埃及企业提供正规的职业技能培训，高于中东地区 10% 的平均水平。但埃及中小企业提供的职业培训远少于大企业，100 人以上规模的企业中有 33% 提供职业培训，5～19 人规模的小企业中提供培训的只有 13%。非正规部门则基本不提供职业劳工培训，而中小企业和非正规部门恰恰是埃及农村劳工的主要就业选择。③

到 2001 年，埃及有职业培训中心 482 个，分散在人力与移民部，社会事务部，住房、公共设施与城镇发展部，农村发展部，交通部，青年与体育部等部门之下，可容纳 11.3 万名学员，2001 年培训学员 14.8 万名。④ 2008 年，埃及共有职业培训中心 938 个，隶属于 28 家机构，可满足

① 张小建：《埃及的就业与职业培训》，《中国培训》1997 年第 3 期，第 49 页。
② 张小建：《埃及的就业与职业培训》，《中国培训》1997 年第 3 期，第 50 页。
③ 毕健康、陈勇：《当代埃及国内劳工移民与工业化问题评析》，《阿拉伯世界研究》2017 年第 6 期，第 17 页。
④ 阿拉伯埃及共和国信息部国家新闻总署：《埃及二十一年成就（1981–2002）》，第 82 页。

10.2 万人的培训量，2008 年的培训人数为 15.9 万人。①

此外，埃及政府还专门制定了旅游从业人员培训计划，指定教育学院和培训机构进行教育培训，规定导游要拿到中专以上文凭才有资格上岗。

埃及劳动力大规模海外就业是在 1973 年石油危机后才开始的。穆巴拉克时期，埃及大力鼓励劳动力海外就业。人力与移民部设有移民就业司，负责收集国外用人信息，指导中介公司培训海外就业人员，协助解决劳动争议。埃及鼓励各类中介公司从事海外就业中介，并可依法收取 1% 的劳务费。

在 20 世纪 80 年代，埃及采取了一系列措施来加强劳务输出和提高海外劳工的法律和经济地位。主要有：①国防部规定凡居住在国外并拥有双重国籍的埃及人可免服兵役，该规定的实行使以往年轻人为了不中断在国外的工作而不得不放弃埃及国籍的现象大为减少；②政府保障本国公民从国外汇款给国内亲属的合法权利，以杜绝一些银行投机分子从中牟利；③允许回国的埃及人用可自由兑换的货币在特设的免税区内购物，使他们不必把国家急需的硬通货花在国外；④每两年在开罗举行一次在海外工作的埃及人大会，由居住或工作在世界各地的埃及人团体推派代表参加，政府有关部门倾听他们对国内建设的建议和其他要求。②

埃及海外就业人数总体上在增加，但波动比较大。据埃及中央公共动员与统计局的一份报告，1976 年埃及出国劳务人员为 142.5 万人，到 1984 年高达 344.3 万人。这批劳工大部分在阿拉伯国家，主要在伊拉克、沙特阿拉伯及科威特等国。③ 1990 ~ 1995 年，在海外工作的埃及劳务人员为 498 万人，2000 ~ 2005 年为 291 万人，2007 年猛增到 670 万人，

---

① 阿拉伯埃及共和国新闻部新闻总署：《埃及年鉴（2009）》，第 115 页。
② 雅莎：《埃及促进劳务输出的几项措施》，《外国经济与管理》1988 年第 3 期，第 23 页。
③ 蒋大鼎：《埃及劳务出口潮》，《世界知识》1989 年第 21 期，第 26 页。

2010 年达 910 万人，2011 年又降到 730 万人。[①]

关于埃及海外就业者的就业结构，没有整体的统计和分析，但从一些资料中可看出一些端倪。1975 年，在科威特外来劳工中，"根据技术水平的职业分布为：埃及劳工中有 10.5% 属于最高的职业层次（需要理工大学和文科大学程度的职业层次）"。在不要求熟练程度的职业层次中，埃及劳工占 34.9%。[②] 在海湾阿拉伯国家工作的埃及与其他阿拉伯国家的劳工主要分布在建筑业、服务业（如教育、卫生、民政服务）、保险和银行业等领域。1989 年，在伊拉克的 85 万名埃及劳工中，51.8% 为农业工人、生产和交通运输工人。[③] 到 1998 年，埃及劳动力在阿拉伯国家中数量最多，为 1161.7 万人，年均增长率为 2.7%，男女劳动力之比为 8.55∶1。[④]

4. 推动女性、大学毕业生与退伍军人就业

埃及非常重视女性的工作权利。纳赛尔时期颁布的《劳工法》赋予了妇女工作的权利。1981 年的《劳工法》（1981 年第 137 号法）规定，妇女在产假期间享有正常工资待遇，妇女员工数量超过 100 人的公司必须配备相应的托儿机构，免费照看员工子女。2003 年修订的《劳工法》（2003 年第 12 号法）规定：在夜间（晚 7 点至次日早 7 点）和对妇女健康有害的情况下，不得雇用女工；由人力与移民部部长颁布条例，明确禁止雇用妇女的行业和工种；禁止雇用在分娩后 45 天内的妇女；禁止解雇产假期间的妇女或与其终止劳动合同。此外，该法规定女工在妊娠后 24 个月内（在规定的假期之外），每天可享有两次哺乳的权利，每次不少于半小时，该法允许女工将两次哺乳时间合并使用，两次哺乳时间可

① 杨光：《埃及的人口、失业与工业化》，《西亚非洲》2015 年第 6 期，第 128～129 页。

② 〔埃及〕J. A. 穆阿维德：《劳工流动与阿拉伯国家的团结进程》，柳笛译，《民族译丛》1994 年第 1 期，第 17 页。

③ 毕健康：《埃及现代化与政治稳定》，第 337 页。

④ 蔡英鹄、徐昌强：《阿拉伯国家的劳动力状况》，《阿拉伯世界》1998 年第 3 期，第 18 页。

占用工作时间，且不得扣除其工资等。①

　　为提高妇女就业水平，穆巴拉克政府推行了许多措施：设置专项预算，促进妇女在各行各业的就业；建立了"小额融资计划"，帮助妇女购买房产和土地；利用社会发展基金增加妇女获得贷款的机会；改革宏观政策，向妇女提供生产资料、信贷、就业机会等。埃及政府还与世界银行合作，共同制定"减贫战略"（Poverty Reduction Strategy），为妇女等弱势群体提供帮助；制订针对贫困家庭的各项计划，通过《家庭保险基金法》（Law for the Family Insurance Fund），制定经济社会农业政策以解决女户主家庭的贫困问题；促进投资建设基础设施，解决贫困。此外，埃及政府还推出多个旨在扶持女性就业的项目。如通过职工社会保障计划，妇女可以在休病假时以及产前或产后50天内领取75%的工资和产假补贴；一旦失业，妇女可连续28个月领失业前最后一个月工资的60%作为失业补贴。1996年，埃及开始实行"穆巴拉克社会融合计划"（Mubarak Program for Social Integration），为孤儿、寡妇以及离婚妇女提供经济援助。埃及政府还建立了小型企业妇女发展中心，推出使6000户家庭受益的女户主家庭项目，在4700多个村庄开展特困农村帮扶项目等。② 埃及女性的就业比例有所提高。1996/1997年至2001/2002年，就业的埃及女性劳动力占总劳动力的比例由15.27%上升到17.7%。③

　　埃及着力增强大学生就业能力。如2004年的埃及高等教育政策未来计划提出，要指导教育机构根据国内劳动力市场需求，提供新的专业和技术培训，根据国际教育和训练标准培养合格毕业生。同时，积极利用现代信息技术改善教学条件，拓展学生技能。为此，高等教育部和微软公司签订合作协议，利用微软公司的技术和开发的产品保证

①　《埃及新劳工法》，非洲商务网，http://www.caam.org.cn/guowaizhengce/20090625/1805028786.html，最后访问日期：2016年6月25日。
②　阿拉伯埃及共和国新闻部新闻总署：《埃及年鉴（2009）》，第183页。
③　阿拉伯埃及共和国信息部国家新闻总署：《埃及二十一年成就（1981－2002）》，第85页。

大学毕业生获得最新的工具和各种训练，使他们能够应对未来的全球市场。埃及还提出 21 世纪大学俱乐部计划，其目的是在大学营造信息社区，以提高年轻毕业生的能力。高等教育部还和阿拉伯工业化组织等协同实施一项计划，为每位大学生提供一台计算机。此外，大学和科研中心还和交通部签署了 21 项协议，每年为 3 万名大学毕业生提供训练。①

埃及实施了专门针对毕业生的各种就业计划，主要如下。（1）国家安置毕业生的穆巴拉克项目。国家鼓励大学生开发荒地，政府免费提供土地与基础设施，让大学生成为小农场主。（2）小型工业项目安置计划。国家提供借贷与小型工业项目，鼓励青年自主创业，使他们成为小型企业主。（3）海外工作计划。鼓励大学毕业生前往其他阿拉伯国家工作，通过技术输出带动劳务输出。2007 年，埃及政府提供 73 万个就业机会，其中国外就有 15 万个。（4）国家培训毕业生计划。对毕业生进行再次培训，使他们获得工作技能，并使培训基地与工作单位建立起密切的联系。②

由于埃及退役军官的工资待遇较高，退役军官再就业并不困难，埃及政府一般不负责具体安置工作，但为退役军官自主就业提供方便。少数少将以上的职务较高的退役军官，出任政府部长、省长，国有企业董事长，驻外大使等职。

埃军注重对退役军官，尤其是需要二次就业的退役军官，进行就业训练或培训。就业培训分两步进行。第一步是在军官服役期间，有意识地增加通用知识和技能的教育训练，打好军官的文化、专业和技能基础。如埃及在军队中建立了各种各样的军官文化学校，由专人负责制订计划，聘请军队和地方有关专家授课，组织军官学习科学文化知识和外语等军地通用知识。第二步是提供退役前和退役后的职业训练。退役前的培训

---

① 季诚钧、徐少君：《埃及高等教育的问题及应对措施》，《教育发展研究》2007 年第 17 期，第 60 页。

② 季诚钧、徐少君：《埃及高等教育的问题及应对措施》，《教育发展研究》2007 年第 17 期，第 61 页。

由军队负责，退役后的培训由地方组织实施，以使退役军官获得参加社会工作的必要技能。[1]

此外，埃及的许多非政府组织也在为解决下层群体的就业问题而努力，提供职业培训，甚至直接提供就业岗位。到 21 世纪初，埃及针对下层群体提供职业培训与就业补助的非政府组织有 7207 个，非政府组织仅在 2006 年就创造了 10 万个就业岗位。[2]

二　就业特点

穆巴拉克时期，埃及就业呈现以下特点。

1. 就业人数大幅度增加，但性别差异显著

随着埃及人口的增加，劳动力数量增加。1981～2002 年，埃及劳动力总数由 1109.2 万人增加到 1966.6 万人，增加了 857.4 万人。[3] 到 2008 年，埃及劳动力总数已达 2360 万人。[4] 与此同时，埃及就业人数也不断攀升。1981 年，埃及就业总人数为 1052.2 万人，到 1991 年，增加到 1374.2 万人。[5] 2005 年，埃及的劳动力总数与就业总人数均超过 2000 万人，分别达到 2201 万人、2001 万人；2008 年埃及劳动力总数与就业总人数再度攀升，分别达到 2360 万人、2150 万人。[6] 表 1-5 的统计数据尽管与《埃及年鉴》中的统计数据有出入，但仍然可以看出，埃及的劳动力总数与就业总量均增加比较快。从表 1-5 中可以看出，2000～2008 年，埃及的劳动力由 1890.11 万人增加到 2465.13 万人，增加了 575.02 万人；同期就业总量也相应增加，由 1720.31 万人增加到 2250.73 万人，

---

① 邓宝双：《埃及军官退役保障制度》，《中国人才》2005 年第 22 期，第 43 页。

② 《2008 年埃及人力资源发展报告》，第 65、69 页，转引自戴晓琦《阿拉伯社会分层研究：以埃及为例》，第 157 页。

③ 阿拉伯埃及共和国信息部国家新闻总署：《埃及二十一年成就（1981-2002）》，第 24 页。

④ 阿拉伯埃及共和国新闻部新闻总署：《埃及年鉴（2009）》，第 57 页。

⑤ 阿拉伯埃及共和国信息部国家新闻总署：《埃及二十一年成就（1981-2002）》，第 24 页。

⑥ 阿拉伯埃及共和国新闻部新闻总署：《埃及年鉴（2009）》，第 57 页。

增加了 530.42 万人。

表 1 - 5 还反映出，埃及劳动力与就业情况有显著的性别差异。一是男性劳动力为埃及劳动力的主体，女性劳动力所占比例不高。2000年，男性劳动力人数占埃及劳动力总数的 77.78%，而女性劳动力人数只占 22.22%。到 2008 年，埃及男女劳动力人数占劳动力总数的比例分别为 77.56%、22.44%，变化不大。二是尽管男女劳动力人数均有增加，但增长幅度不同。2000～2008 年，埃及男性劳动力由1470.18 万人增加到 1912 万人，增加了 441.82 万人，而同期女性劳动力由 419.93 万人增加到 553.13 万人，仅增加了 133.2 万人，最高的 2007 年也才 569.17 万人。三是男女劳动力的就业情况差异相当大。2000 年，埃及男性就业人数为 1395.85 万人，女性就业人数为 324.46万人；到 2008 年，埃及男性就业人数达 1804.17 万人，女性就业人数为 446.56 万人。2000～2008 年，男性就业人数增加了 408.32 万人，而女性就业人数仅增加了 122.1 万人。

2011 年后，埃及就业的性别差异依旧显著。据埃及国家统计局公布的 2012 年末数据，埃及总人口为 9200 万人，劳动力总数为 2689.1 万人，就业总人数为 2349.1 万人，其中男性就业人数为 1884.1 万人，女性就业人数仅为 465 万人。[①] 2014 年，埃及 15 岁及以上就业人口中，男性为 1906 万人，而女性为 481.8 万人；15～64 岁的失业人口中，男性为210.5 万人，而女性为 159 万人，失业率方面男性为 9.9%，而女性为24.8%。2017 年，男性就业人数为 2083.2 万人，而女性为 513.1 万人；15～64 岁的男性失业人数为 175.4 万人，失业率为 7.8%，而女性失业人数为 155.5 万人，失业率为 13.3%。[②]

---

① 埃及国家统计局公布的 2012 年末埃及就业数据，转引自戴晓琦《阿拉伯社会分层研究：以埃及为例》，第 181～182 页。

② "4－1 Quarterly Estimates of Labor Force Status by Sex（2014－2017），" in Central Agency for Public Mobilization and Statistics（Egypt），*Statistical Yearbook（2018）*，2018.

表 1－5 2000～2008 年埃及男女劳动力数量、就业与失业情况

单位：万人，%

年份		2000	2001	2002	2003	2004	2005	2006	2007	2008
劳动力	男	1470.18	1521.29	1553.39	1583.87	1587.9	1678.7	1776.71	1816.74	1912
	女	419.93	412.66	434.29	452.09	499.23	500.46	51.11	569.17	553.13
	合计	1890.11	1933.95	1987.68	2035.96	2087.13	2179.16	1827.82	2385.91	2465.13
就业者	男	1395.85	1436.11	1455.07	1465.2	1493.65	1559.26	1655.93	1708.97	1804.17
	女	324.46	319.55	330.55	346.69	378.1	374.91	388.43	463.42	446.56
	合计	1720.31	1755.66	1785.62	1811.89	1871.75	1934.17	2044.36	2172.39	2250.73
失业者	男	74.35	85.18	98.32	118.67	94.26	119.42	120.77	107.77	107.84
	女	95.45	93.12	103.74	105.4	121.13	125.55	122.68	105.75	106.56
	合计	169.8	178.3	202.06	224.07	215.39	244.97	243.45	213.52	214.4
失业率	男	5.06	5.6	6.33	7.49	5.94	7.11	6.8	5.93	5.64
	女	22.73	22.57	23.89	23.31	24.26	25.09	24	18.58	19.26
	整体	8.98	9.22	10.17	11.01	10.32	11.24	13.32	8.95	8.7

资料来源：转引自戴晓琦《阿拉伯社会分层研究：以埃及为例》，第180页。

2. 公共部门就业人数总体上呈增加态势，私人部门成为促进就业的主体力量

自纳赛尔时期起，公共部门就是埃及劳动力就业的重要领域，穆巴拉克时期也是如此，公共部门的就业人数不断增加。据埃及中央公共动员与统计局的《1952~1992 年统计年鉴》和《1992~1998 年统计年鉴》，埃及公共部门就业人员在 1990 年为 458.3 万人，1991 年为 477.6 万人，1992 年为 494.2 万人，1993 年为 506.4 万人，1994 年 521.6 万人，1995 年 538.6 万人，1996 年 554.1 万人，1997 年 580.2 万人，1998 年为 572.3 万人。[①]

另外，埃及公共部门就业人数的增加情况也可从表 1-6 中看出。表 1-6 表明，1980/1981 财年至 2002/2003 财年，尽管个别财年有所下降，但埃及政府部门的就业人数基本上呈增加趋势，由 198 万人增加到 530.9 万人；国有企业的就业人数各财年不一，但基本上在 90 万人以上，最多的 1990/1991 财年达 142.6 万人。不仅就业人数增加，政府部门就业人数占就业总量的比例也在持续提高。从表 1-7 中可以看出，1990~2003 年，埃及公共部门的就业人数占就业总量的比例为 32%~35%，但政府部门的比例一直在提高，由 22% 提高到 29%。

表 1-6　1980/1981 财年至 2002/2003 财年埃及各就业部门就业人数

单位：万人

财年	政府部门	国有企业	正规私人部门	非正规私人部门	其他	总计
1980/1981	198	133.7	660.4		2.5	994.6
1990/1991	331.3	142.6	957.4		17.6	1448.9
1995/1996	395.5	135.8	956.5		18	1505.8
1996/1997	437.5	87.7	356.2	677.4	2.4	1561.2
1997/1998	442.8	129.4	361.2	683.1	4.6	1621.1
1998/1999	438.4	116.2	416.2	683.5	3.8	1658.1

---

① 埃及中央公共动员与统计局：《1952~1992 年统计年鉴》，开罗，1993，第 334 页；埃及中央公共动员与统计局：《1992~1998 年统计年鉴》，开罗，1999，第 307 页，转引自毕健康《埃及现代化与政治稳定》，第 271 页。

续表

财年	政府部门	国有企业	正规私人部门	非正规私人部门	其他	总计
1999/2000	445.9	109.2	417.9	734.9	5.7	1713.6
2001/2002	445.7	92.5	502.9	753.9		1795
2002/2003	530.9	90	504.7	687.5		1813.1

资料来源：〔埃及〕阿卜杜法塔赫·杰巴勒《衰退与发展：当代埃及经济问题》，金字塔政治与战略研究中心，2004，第137页，转引自戴晓琦《阿拉伯社会分层研究：以埃及为例》，第181页。

表1-7　1990～2003年埃及各就业部门就业人数占就业总量的比例

单位：%

	1990年	1995年	1999年	2000年	2003年
政府部门	22	26	27	28	29
国有企业	10	9	6	6	6
公共部门小计	32	35	33	34	35
私人部门	67	63	66	65	64
投资	1	2	1	1	1
总计	100	100	100	100	100

资料来源：Central Agency for Public Mobilization and Statistics（Egypt），*Labor Force Sample Survey*，Various Issue，http://www.capmas.gov.eg，转引自李超民编著《埃及社会保障制度》，第123页。

　　20世纪90年代埃及开启经济改革，国有企业私有化是经济改革的重要内容。到2003年6月底，埃及已有194家国有企业被私有化，共获得资金166.19亿埃镑。[1] 随着国有企业的私有化，国有企业中的就业人数不断减少。1993年，埃及国企员工为134万人，1994年为131.7万人，1995年为128.1万人，1996年为124.9万人，1997年为120.1万人，1998年已减至110.6万人。[2] 不仅人数减少了，埃及国有企业就业人

---

[1]　戴晓琦：《阿拉伯社会分层研究：以埃及为例》，第92页。

[2]　埃及中央公共动员与统计局：《1992～1998年统计年鉴》，开罗，1999，第307页，转引自毕健康《埃及现代化与政治稳定》，第281页。

数占就业总量的比例也下降了不少。从表1－7中可以看出，埃及国有企业就业人数占就业总量的比例已由1990年的10%下降到2003年的6%。

　　萨达特时期的政府开始鼓励私营经济发展，穆巴拉克延续了这一政策。在穆巴拉克时期，私人部门成为埃及经济发展的主要动力。到2002年，埃及国内生产净值约3745亿埃镑，而私营企业的贡献率为66.4%。[1] 到2008年，私人投资占埃及国内生产总值的11%[2]，私人部门的贡献额达1431亿埃镑，占国内生产总值的87%。[3] 到2018年5月，埃及私人部门占埃及经济的75%。[4] 随着私营经济的发展，私人部门也成为埃及就业的主渠道。从表1－6中可以看出，1980/1981财年至2002/2003财年，正规私人部门就业人数庞大，最多的1990/1991财年，达957.4万人；最少的1996/1997财年也有356.2万人。除了正规私人部门，每年还有六七百万的人员在非正规私人部门就业。[5] 从就业比例来看，从20世纪80年代起，私人部门就成为埃及促进就业的主体力量。1981年，私人部门就业量占埃及就业总量的66.4%，1988年达到72.8%，而同期政府部门就业占比由19.9%略降至18%，国有企业占比由13.4%降至8.1%。[6] 从表1－7中可以看出，1990～2003年，私人部门就业人数占埃及就业总量的63%～67%。[7] 私人部门的就业年增长率也超过总就业年增长率。如在1998～2006年，埃及私人部门有薪就业人

---

[1] 阿拉伯埃及共和国新闻部新闻总署：《埃及年鉴（2003）》，埃及驻华使馆新闻处，2003，第57页。

[2] 阿拉伯埃及共和国新闻部新闻总署：《埃及年鉴（2009）》，第58页。

[3] 阿拉伯埃及共和国新闻部新闻总署：《埃及年鉴（2009）》，第75页。

[4] 《埃军工生产部长称私营经济占埃经济的75%》，中国驻埃及大使馆经济商务参赞处，http://eg.mofcom.gov.cn/article/jmxw/201805/20180502747941.shtml，最后访问日期：2018年5月31日。

[5] 戴晓琦：《阿拉伯社会分层研究：以埃及为例》，第181页。

[6] Ragui Assaad, "The Effects of Public Sector Hiring and Compensation Policies on the Egyptian Labor Market," *The World Bank Economic Review*, Vol. 11, No. 1, 1997, p. 92.

[7] Central Agency for Public Mobilization and Statistics (Egypt), *Labor Force Sample Survey*, Various Issue, http://www.capmas.gov.eg, 转引自李超民《埃及社会保障制度》，第123页。

数年增长率为 5.3%，而同期埃及就业总人数年增长率为 4.6%，劳动力总数年增长率为 3.5%。[①] 私人部门的就业者，主要是在员工少于 10 人的企业里工作。以建筑业为例，就业于员工少于 10 人的私人企业的人数比例，1972 年为 59%，1975 年增长到 66%，1978 年为 70%，1982 年为 80%，1984 年为 78%；同期建筑业就业人数也不断增加，分别为 12.31 万人、16.4 万人、26.84 万人、44.93 万人、47.51 万人。[②]

3. 第一产业和第三产业是就业主渠道，但各行业就业所占比例差异较大

作为第一产业的农牧业一直是埃及经济的重要部门和就业的大户，但所占比例不断下降，穆巴拉克时期也延续了这一趋势。从表 1-8 中可以看出，在穆巴拉克当政的前二十年，埃及各行业的就业人数都在持续增加，这主要是由于随着人口增加，劳动力不断增加。1981/1982 财年到 1991/1992 财年，再到 2001/2002 财年，埃及农业就业人数不断增加，由 410 万人增加到 455.2 万人，再增加到 511.9 万人。但农业就业人数占就业总人数的比例不断下降，同期由 39% 降到 33.1%，再降到 28.5%。从表 1-8 中还可以看出，1981/1982 财年至 2001/2002 财年，工矿业就业人数由 127.8 万人增加到 240.5 万人。同期第三产业中的生产服务业与社会服务业就业人数由 452.8 万人增加到 874.9 万人。可见，服务业成为埃及就业的主渠道。但在具体行业中，就业状况有所不同。如石油和电力两个部门，虽然就业人数增长幅度非常大，都翻了一倍多，但实际就业人数增加并不多。而建筑，贸易与金融，社会个体服务，政府服务、社会保险和公业部门，虽然增幅不大，但就业人数实际增加非常多。1981/1982 财年至 2001/2002 财年，建筑部门的就业人数增加了 95.3 万人，贸易与金融部门增加了 87.7 万人，社会个体服务部门增加了 69.7 万人，而政府服务、社会保险和公业部门更是增加了 209.6 万人。

---

① Ragui Assaad, *Unemployment and Youth Insertion in the Labor Market in Egypt*, Working Paper No. 118, Cairo: The Egyptian Center for Economic Studies, 2007, p. 22.

② Heba Handoussa and Gillian Potter, eds., *Employment and Structural Adjustment, Egypt in the 1990s*, p. 131.

表1-8　1981/1982 财年至 2001/2002 财年埃及就业人数及部门分布

单位：万人

经济部门	就业人数		
	1981/1982 财年	1991/1992 财年	2001/2002 财年
农业	410	455.2	511.9
工矿业	127.8	170.6	240.5
石油	2.2	3.5	5.8
电力	6.3	10.4	13.6
建筑	53.1	85.8	148.4
商业总数	599.4	725.5	920.2
交通运输	39.9	60	82.9
贸易与金融	107.3	140.4	195
旅游、饭店、餐饮	10.4	15.1	15
生产服务业总数	157.6	215.5	292.9
房地产	16.8	20.2	24.3
社会个体服务	87.3	121.9	157
政府服务、社会保险和公业	191.1	291.1	400.7
社会服务业总数	295.2	433.2	582
总数	1052.2	1374.2	1795

资料来源：阿拉伯埃及共和国信息部国家新闻总署《埃及二十一年成就（1981 - 2002）》，第 26 页。

尽管表 1-9 的就业行业分类与前述资料不尽一致，但也可从中了解埃及的就业情况。可以看出，埃及劳动力就业的最大部门是农业，但农业就业比例呈持续下降趋势，由 1990/1991 财年的 33.7% 降至 2006/2007 财年的 27%；第二位是公共服务、社会保险与政府服务部门，比例变化不大，占 25% 左右；第三位是矿业部门，总体上呈缓慢上升趋势，同期由 11% 提高到 13.2%；第四位是贸易、金融与保险部门，也总体上呈缓慢增长趋势，同期由 8.6% 增长到 10.2%。建筑部门也呈上升态势，同期由 5.3% 增至 7.9%；住房与房地产部门增长了一倍，但所占比例不大；个人与社会服务部门则总体上呈下降趋势，同期由 8.1% 下降至 6.5%；制造业、电力、交通、通信、酒店与餐饮等部门变化不大。

表1-9 1990/1991财年至2006/2007财年埃及各经济部门的就业比例

单位：%

财年	1990/1991	1991/1992	1994/1995	1995/1996	1998/1999	1999/2000	2001/2002	2002/2003	2004/2005	2005/2006	2006/2007
农业	33.7	33.1	31.3	30.6	29.3	28.9	28.4	28.1	27.6	27.3	27
矿业	11	10.9	11.4	11.5	11.9	12.1	12.3	12.5	12.8	13	13.2
制造业	0.3	0.3	0.3	0.3	0.3	0.3	0.3	0.3	0.4	0.5	0.5
电力	0.7	0.8	0.8	0.8	0.8	0.8	0.8	0.8	0.8	0.8	0.8
建筑	5.3	5.5	6.1	6.3	7.2	7.6	7.8	7.8	7.8	7.8	7.9
交通	3.5	3.6	3.6	3.7	3.7	3.8	3.9	3.9	4	4.1	4
通信	0.6	0.6	0.6	0.6	0.6	0.6	0.7	0.7	0.7	0.7	0.8
苏伊士运河	0.1	0.1	0.1	0.1	0.1	0.1	0.1	0.1	0.1	0.1	0.1
贸易、金融与保险	8.6	8.5	8.9	9	9.3	9.4	9.5	9.8	10	10.1	10.2
酒店与餐饮	1.1	1.1	0.9	0.9	1.2	1.2	1.2	1.3	1.5	1.6	1.7
住房与房地产	1.5	1.5	1.4	1.4	1.4	1.4	1.4	3.3	3.3	3.3	3.3
公共服务、社会保险与政府服务	25.4	25.9	26.3	26.6	26.3	26.1	26.4	25	24.4	24	23.5
个人与社会服务	8.1	8.1	8.3	8.3	7.9	7.8	7.3	5.7	6	6.2	6.5
总计	100	100	100	100	100	100	100	100	100	100	100

注：因四舍五入，各项百分之和不一定等于100%。

资料来源：Heba Nassar, *Growth, Employment Policies and Economic Linkages：Egypt*, p. 40。

　　自穆巴拉克晚期以来，埃及的就业结构没有大的变化。如在 2006 年，埃及就业总人数为 2137.1 万人，其中第一产业 538.8 万人，第二产业 311.7 万人，第三产业 1286.6 万人。[①] 在 2008 年，埃及农牧业对国内生产总值的贡献率为 14%，农牧业的工人占劳动力总数的 31%[②]；埃及新增就业机会 15.8 万个，其中工业部门提供的就业机会为 5.5 万个，占就业机会总数的 36%[③]；工业部门劳动力总数为 300 万人[④]。到 2012 年末，埃及总人口 9200 万人，劳动力 2689.1 万人，就业总人数 2349.6 万人，其中男性就业人数 1884.5 万人，女性就业人数 465 万人，城市就业人数 986.3 万人，农村就业人数 1363.3 万人。[⑤]

　　从萨达特晚期到 20 世纪 90 年代初，埃及就业结构的变化趋势是：农牧业就业人数所占比例不断下降，而工业领域基本不变或变化不大，而服务业急剧上升。穆巴拉克后期，这一趋势继续延续。1998～2012 年，农牧业就业人数平均约占埃及就业人数的 20%，制造业与矿业由 16% 降到 14%，建筑业由 7% 上升到 11%，交通与仓储业由 5% 增长到 7%，批发与零售业由 13% 增长到 15%，公共管理业由 12% 降至 8%，教育业由 12% 略降至 11%。[⑥] 到 2014 年，埃及就业主要行业结构是：农牧业就业人数为 669.35 万人，占 27.5%；制造业与采石业 275.56 万人，占 11.3%；建筑业 274.19 万人，占 11.3%；批发、零售与摩托车修理业 271.32 万人，占 11.2%；教育业 229.32 万人，占 9.4%；交通与仓储业 175.57 万人，占 7.2%；公共管理、国防与社会团结业 191.3 万人，占 7.9%；其他行业如水和天然气供应、电力、金融、

① Ragui Assaad, "Labor Supply, Employment, and Unemployment in Egyptian Economy, 1988－2006," in Ragui Assaad, ed., *The Egyptian Labor Market Revisited*, p. 49.

② 阿拉伯埃及共和国新闻部新闻总署：《埃及年鉴（2009）》，第 64 页。

③ 阿拉伯埃及共和国新闻部新闻总署：《埃及年鉴（2009）》，第 58 页。

④ 阿拉伯埃及共和国新闻部新闻总署：《埃及年鉴（2009）》，第 74 页。

⑤ 埃及国家统计局公布的 2012 年末埃及就业数据，转引自戴晓琦《阿拉伯社会分层研究：以埃及为例》，第 181～182 页。

⑥ Ragui Assaad and Caroline Krafft, "The Structure and Evolution of Employment in Egypt: 1998－2012," in Ragui Assaad and Caroline Krafft, eds., *The Egyptian Labor Market in an Era of Revolution*, p. 42.

房地产、娱乐等的占比较低。①

此外，在穆巴拉克时期，埃及失业率长期维持在高位，有大量失业者。1981~2001 年，埃及失业人数由 57 万人增加到 178 万人，失业率由 5.1% 上升到 9%。② 在 2000~2008 年，各年份埃及的失业人数基本在 200 万人以上，2005 年高达约 245 万人。女性失业严重，同期女性失业率基本在 20% 以上，比男性失业率高 3~4 倍，2005 年甚至高达 25.1%。③

穆巴拉克政权倒台后，这一局面没有明显改观。据埃及国家统计局公布的 2012 年末的埃及就业数据，失业总人数为 339.5 万人（失业率为 12.6%），男性失业率为 9.2%，女性失业率为 24.1%。④ 据埃及政府的统计，2018 年全年失业率为 9.9%；2019 年第一季度失业率为 8.1%，约有 226.7 万名失业工人。⑤ 埃及的工资水平也不高。埃及工资在 20 世纪 70 年代中期开始增长，但在 80 年代中期到 90 年代中期呈下降趋势。1994/1995 年，不论是在公共部门还是在私人部门，埃及的实际工资水平只有 1985 年的 2/3；在 1991 年，埃及私人部门的年均实际工资为 1982 年的 55.6%。⑥ 按 2005 年的固定价格计算，2010 年埃及的最低年工资为 336 美元，远低于中国同年的 1728 美元，在非洲也属于低工

① "4 – 4 Estimates of Employment Persons (15 Years Old and Over) by Sex, Industry, & Governorate 2014," in Central Agency for Public Mobilization and Statistics (Egypt), *Statistical Yearbook(2015)*, 2015.

② 阿拉伯埃及共和国信息部国家新闻总署:《埃及二十一年成就 (1981 – 2002)》，第 26 页。

③ 戴晓琦:《阿拉伯社会分层研究: 以埃及为例》，第 180 页。

④ 埃及国家统计局公布的 2012 年末埃及就业数据，转引自戴晓琦《阿拉伯社会分层研究: 以埃及为例》，第 181~182 页。

⑤《埃及 2019 年第二季度失业率降至 7.5%》，中国驻埃及大使馆经济商务参赞处，http://eg. mofcom. gov. cn/article/jmxw/201908/20190802889972. shtml，最后访问日期: 2019 年 8 月 31 日。

⑥ Samir Radwan, "Towards Full Employment: Egypt into the 21ˢᵗ Century," in *Distinguished Lecture Series 10*, Cairo: The Egyptian Center for Economic Studies, 1997, p. 11.

资水平。[1]

总体而言，穆巴拉克政府非常重视就业问题，出台、实施了许多就业举措，但整体效果不理想，就业发展不平衡，而长期存在的高失业率，则成为穆巴拉克政府挥之不去的梦魇。

第三节　当代埃及就业困境及其成因[2]

一　当代埃及就业困境

尽管埃及政府付出了许多努力，但长期以来，埃及就业形势严峻，存在诸多问题。

1. 就业发展不均衡

如前所述，公共部门、农业和服务业是当代埃及劳动力就业的主要领域，但埃及各产业、行业/部门的就业极其不平衡，突出表现在以下方面。一是政府部门的就业人数不断增长，居高不下。自纳赛尔时期起，埃及的政府机构不断增加。1983～1998年，埃及政府机构数量由554个增加到589个；中央机构由1970年的28个增至1978年的30个，2004年再增加到34个。[3] 埃及政府部门的就业人数也不断攀升。1950年，埃及政府职员为33.6万人，占当时总人口的2.5%，1970年增至100万～200万人，1998年达550万人（不包括国有企业行政人员），占1998年总人口的9%。纳赛尔时期，埃及行政队伍人数年增幅为5.6%，萨达特与穆巴拉克时期增至12.6%。政府职员占就业总人数的比例不断提高，1976年占17.4%，1986年升至21.4%，1996年达28%。加上国企职工的6%，1996年享受国家财政工资的人占就业总人数的34%。[4] 1998～

---

① 世界银行：《2013年世界发展报告·就业》，胡光宇、赵冰译，清华大学出版社，2013，第368页。
② 此节核心部分发表于《阿拉伯世界研究》2020年第6期。
③ 戴晓琦：《阿拉伯社会分层研究：以埃及为例》，第97页。
④ 戴晓琦：《阿拉伯社会分层研究：以埃及为例》，第98页。

2006年，埃及公共部门就业人数占就业总人数的比例由38%降至约30%。① 即使在穆巴拉克时期之后，政府部门的就业者也依然很多。如在2012年，在埃及政府部门就业的人数为554.93万人（其中男性为402.12万人，女性为152.81万人），2013年再增到575.2万人（其中男性为428.6万人，女性为146.6万人）。② 大量人员在政府部门就业，造成政府机构臃肿，官僚主义盛行，人浮于事，效率低下，也使财政不堪重负。

二是农业就业人数偏多，埃及工资总额占GDP的比重呈下降趋势，各行业收入差距明显。尽管埃及农业劳动力占比不断下降，但农业就业人数仍然众多。埃及农业产值占国内生产总值的比例从1959年的31.5%下降到2000年的15%，到2012年仅为14.5%。农业劳动力占埃及总劳动力的比例也从1960年的56.5%下降到1998年的42%，到2013年为29.2%。人口普查结果显示，埃及农牧业劳动力从1960年的440万人增至1998年的899.3万人，到2013年为806万人左右。③ 到2014年，埃及农牧业就业者为669.35万人，占埃及全国就业总量的27.5%。④ 可见，埃及农业产值所占比例不断下降，但吸纳的劳动力数量庞大。

尽管埃及调整了几次工资，从数值上说是不断提高的，但工资依然不高。1970年，埃及名义日薪为0.25埃镑，1980年增加到1.39埃镑，1987年增到4.8埃镑；1970～1987年，埃及实际工资增长2.79倍，但

---

① Rania Roushdy and Irène Selwaness, "Duration to Coverage: Dynamics of Access to Social Security in the Egyptian Labor Market in the 1998 – 2012 Period," in Ragui Assaad and Caroline Krafft, eds. , *The Egyptian Labor Market in an Era of Revolution*, p. 244.

② "4 – 11 Employed Persons in Governemental Sector, by Governorate & Sex (2012/2013 ~ 2013/2014) ," in Central Agency for Public Mobilization and Statistics (Egypt), *Statistical Yearbook(2015）* .

③ 毕健康、陈勇：《当代埃及国内劳工移民与工业化问题评析》，《阿拉伯世界研究》2017年第6期，第14页。

④ "4 – 4 Estimates of Employment Persons (15 Years Old and Over) by Sex, Industry, & Governorate 2014," in Central Agency for Public Mobilization and Statistics (Egypt), *Statistical Yearbook(2015）* .

1985 年后实际工资在下降，1988 年的实际工资只有 1985 年的 30%。[①]
埃及劳动力实际月薪中位数，1988 年为 859 埃镑，1998 年降至 675 埃
镑，2006 年升至 803 埃镑，2012 年增加到 900 埃镑。[②] 工资占 GDP 的比
重却呈下降趋势。1967 年，埃及的工资总额占 GDP 的 42.5%，到 1981
年，降至 34.3%，1991 年再降至 27.3%。[③]

公共与私人部门收入差距明显。在纳赛尔时期，公职人员特别是
领导阶层不仅工资高，还有名目繁多的津贴。在穆巴拉克时期，军人
特别是高级军官，有高额津贴。埃及公共部门的平均工资普遍比私人
部门要高。1999 年，埃及公共部门员工平均周工资为 158 埃镑，而私
人部门员工为 120 埃镑；到 2007 年，埃及公共部门员工周均工资增加
到 308 埃镑，而私人部门员工仅增加到 214 埃镑。[④] 2009～2014 年，埃
及公共部门男职工平均周薪由 449 埃镑增加到 1008 埃镑，而私人部门
男职工仅从 309 埃镑增加到 529 埃镑；同期埃及公共部门女职工平均
周薪由 500 埃镑增加到 1161 埃镑，而私人部门女职工仅从 241 埃镑增
加到 419 埃镑。[⑤] 这说明，私人部门员工工资与公共部门员工的差距在
加大。

不同行业的工资也有差别。如在农业部门，在第一次农业改革时，
纳赛尔政府就规定了最低农业工资与最长工作时间，男性最低工资为

① Heba Handoussa and Gillian Potter, eds. , *Employment and Structural Adjustment, Egypt in the 1990s*, p. 71.
② Mona Said, "Wages and Inequality in the Egyptian Labor Market in an Era of Financial Crisis and Revolution," in Ragui Assaad and Caroline Krafft, eds. , *The Egyptian Labor Market in an Era of Revolution*, p. 55.
③ 《从社会角度看埃及结构调整政策》，开罗大学社会系第二届年度论坛论文集，1995，第 70 页，转引自戴晓琦《阿拉伯社会分层研究：以埃及为例》，第 197 页。
④ 转引自戴晓琦《阿拉伯社会分层研究：以埃及为例》，第 194 页。
⑤ "4 – 10 – 1 Average of Weekly Wages in Public & Private Sectors & Industry by ISIC4," in Central Agency for Public Mobilization and Statistics (Egypt), *Statistical Yearbook(2015)*.

0.18 埃镑/天，妇女儿童为 0.1 埃镑/天，每天工作 8 小时。[1]埃及农业工资水平极低，农业工人年均工资为国民经济各部门就业人员中最低的，仅为生产部门的 29.2%、服务部门的 20.2%。1972～1981 年，农业工资占埃及总工资的比例由 16.2% 下降到 10.6%。[2]纳赛尔时期，工业与农业劳动力的收入差距已开始显现。在 20 世纪 60 年代，埃及工人月工资为 208 埃镑，而农业工人月工资只有 137 埃镑。[3] 2009～2014 年，埃及农业中公共部门男职工周均工资由 204 埃镑增加到 494 埃镑，私人部门由 188 埃镑增加到 492 埃镑；同期该行业公共部门女职工周均工资由 185 埃镑增加到 424 埃镑，私人部门由 160 埃镑增加到 437 埃镑。而制造业公共部门男职工周均工资由 391 埃镑增加到 782 埃镑，私人部门由 230 埃镑增加到 461 埃镑；同期该行业公共部门女职工周均工资由 371 埃镑增加到 596 埃镑，私人部门由 159 埃镑增加到 35 4 埃镑。[4]

　　埃及不同地区、行业的工资差别可从埃及劳动力实际月薪中位数中窥见一斑。在 1988 年、1998 年、2006 年、2012 年四个年份的劳动力实际月薪中位数中，大开罗地区最高，依次为 1137 埃镑、885 埃镑、1075 埃镑和 1000 埃镑；亚历山大和苏伊士运河地区依次为 1024 埃镑、843 埃镑、983 埃镑和 1000 埃镑；上埃及城镇依次为 705 埃镑、585 埃镑、734 埃镑和 800 埃镑；上埃及乡村为 705 埃镑、509 埃镑、672 埃镑和 850 埃镑；农业部门为 627 埃镑、487 埃镑、553 埃镑、712 埃镑；而工业部门为 1055 埃镑、731 埃镑、826 埃镑和 950 埃镑；服务部门为 866 埃镑、646 埃镑、852 埃镑和 900 埃镑；政府部门为 814 埃镑、614 埃镑、858 埃镑和 950 埃镑；国有企业为 1175 埃镑、913 埃镑、1147 埃镑和 1227

---

[1]　戴晓琦：《阿拉伯社会分层研究：以埃及为例》，第 76 页。

[2]　毕健康：《埃及现代化与政治稳定》，第 331 页。

[3]　戴晓琦：《阿拉伯社会分层研究：以埃及为例》，第 82 页。

[4]　"4 - 10 - 1 Average of Weekly Wages in Public & Private Sectors & Industry by ISIC4," in Central Agency for Public Mobilization and Statistics (Egypt), *Statistical Yearbook* (2015).

埃镑；私人企业为 783 埃镑、688 埃镑、747 埃镑和 845 埃镑。①

农业工人与农村其他阶层的收入差距也在拉大。1975～1981 年，埃及农业工人工资总额从 2.8 亿埃镑增加到 7.39 亿埃镑，占农业收入的比例却由 1975 年的 30.6% 降至 1981 年的 21.6%。在 20 世纪 90 年代，埃及农业工人的年收入为 1728 埃镑，拥有 3 费丹以下耕地的小农、贫农的年收入为 2045 埃镑，而拥有 10 费丹以上耕地的中农、富农的年收入为 15165 埃镑。1991 年与 1985 年相比，埃及农业工人的实际工资降低了 60%。②

三是城乡、地区差别明显。埃及的城乡之间、地区之间的人口、劳动力分布不平衡，就业状况也有差别。如 1976～1986 年，城市就业人数由 386.1 万人增加到 547.7 万人，增加了 161.6 万人，而同期农村就业人数由 541.9 万人增加到 618.9 万人，增加了 77 万人。也就是说，这 10 年共增加就业机会 238.6 万个，其中 68% 在城市，农村只占 32%；这 10 年的城市就业率年均增长 3.5%，而农村仅为 1.4%（埃及全国平均为 2.3%）。③ 到 2014 年，开罗、亚历山大两个城市的就业人口分别达到 248.04 万人、123.16 万人，分别占埃及就业总量的 10.2%、5.1%。④

非农业部门作为除政府外就业量增长最快的就业部门，在农村地区的增速要大于城市地区。1988～1998 年，农村地区非农业部门就业量增长迅速，占农村地区就业量的一半。城市非农业部门以农村非农业部门增长率一半的速度增长，吸纳城市地区就业增长总人数的近 28%。非农业部门男性就业量增长幅度一直大于女性，而农业部门的表现刚

① Mona Said, "Wages and Inequality in the Egyptian Labor Market in an Era of Financial Crisis and Revolution," in Ragui Assaad and Caroline Krafft, eds., *The Egyptian Labor Market in an Era of Revolution*, p. 55.

② 戴晓琦：《阿拉伯社会分层研究：以埃及为例》，第 120 页。

③ 毕健康：《埃及现代化与政治稳定》，第 332 页。

④ "4 – 4 Estimates of Employment Persons (15 Years Old and Over) by Sex, Industry, & Governorate 2014," in Central Agency for Public Mobilization and Statistics (Egypt), *Statistical Yearbook (2015)*.

好相反。[①]

不仅城乡之间有差别，上、下埃及的就业状况也有差别。从表1－10 中可以看出，1995/1996 财年至 2004/2005 财年，下埃及农业部门就业人数占就业总量的比例由 47.5% 提高到 54.7%，而上埃及从 60.4% 上升到 62.3%；上、下埃及非农业部门就业比例均有所下降，但下埃及非农业部门就业比例要超过上埃及，上、下埃及非农业部门就业比例在 1995/1996 财年分别为 39.7% 与 52.4%，2004/2005 财年分别为 37.7% 与 45.3%。农业工资工人的比例总体上呈下降趋势，但上埃及的农业自谋职业者、农业无薪工人的比例均超过下埃及。这表明，上埃及比下埃及的就业更多地依赖于农业。

表 1－10　1995/1996 财年至 2004/2005 财年埃及不同地区岗位类型的就业比例

单位：%

	下埃及			上埃及		
	1995/1996 财年	1999/2000 财年	2004/2005 财年	1995/1996 财年	1999/2000 财年	2004/2005 财年
农业工资工人	13	7.9	7.2	13.7	8.4	9.5
农业自谋职业者	19.9	27.3	29.1	26.5	31.2	30.9
农业无薪工人	14.6	18.2	18.4	20.2	23.7	21.9
非农业工资工人	40.8	36.6	35.9	28	26.6	28.5
非农业自谋职业者	10.1	8.6	8.2	10	8.8	8
非农业无薪工人	1.5	1.4	1.2	1.7	1.4	1.2
总计	100	100	100	100	100	100

注：因四舍五入，百分比之和不一定等于 100%。

资料来源：Social and Economic Development Group, Middle East and North Africa, The World Bank, *Upper Egypt: Pathways to Shared Growth*, Report No. 49086－EG, The World Bank, 2009, p. 37；李超民编著《埃及社会保障制度》，第 125 页。

[①] Ragui Asaad, *The Transformation of the Egyptian Labor Market: 1988－98*, The Conference on Labor Market and Human Resource Development, 1999, p. 41.

2. 女性与青年就业困难，失业严重

为促进妇女与青年两个群体的就业，埃及政府付出了许多努力，但这两个群体的就业依然困难重重，成为埃及面临的难题之一。

其一，埃及女性就业率不高。随着人口不断膨胀，埃及女性人数增加，女性劳动力、就业人数也不断增加，但大部分女性并没有进入劳动力市场。1998 年，埃及适龄工作女性的 79% 没有进入劳动力市场，2006年、2012 年的比例分别为 73%、77%；而这三年埃及男性进入劳动力市场的比例分别为 68%、73% 和 77%。[①]

埃及女性劳动力占劳动力总数的比例、女性就业者占埃及就业总量的比例一直不高。1962 年，女性在埃及全国有工资收入的劳动大军中仅占 4%，1970 年上升到 6%。[②] 1980 年，埃及就业的女性劳动力为 85.78万人，占该国劳动力总数的 8.3%。[③] 1982 年，埃及女性在全国有工资收入的劳动大军中所占的比例上升到 10%。[④] 1986～1996 年，埃及女性劳动力人数从 139.8 万人增至 261.9 万人，翻了近一番。[⑤] 2004～2014年，女性劳动力人数与就业人数不断增加，其中女性劳动力由 499.23 万人增加到 662.91 万人，增长了 32.8%；女性就业人数由 378.1 万人增加到 503.49 万人，增长了 33.2%。[⑥] 但女性劳动力占埃及劳动力总数的比例变化不大。1996 年，女性劳动力占埃及劳动力总数的 15.27%，2001

① Rana Hendy, "Women's Participation in the Egyptian Labor Market：1998 – 2012," in Ragui Assaad and Caroline Krafft, eds., *The Egyptian Labor Market in an Era of Revolution*, p. 151.

② 陈静：《当代中东妇女发展问题研究》，博士学位论文，西北大学，2003，第 29 页。

③ Bent Hansen, *The Egyptian Labor Market：An Overview*, p. 11.

④ 陈静：《当代中东妇女发展问题研究》，博士学位论文，西北大学，2003，第 29 页。

⑤ 陈静：《当代中东妇女发展问题研究》，博士学位论文，西北大学，2003，第 29 页。

⑥ "4 – 2 Annual Estimates of Labor Force Status, by Sex (2004 – 2014)," in Central Agency for Public Mobilization and Statistics (Egypt), *Statistical Yearbook (2015)*.

年为 17.7%①，2005 年为 19%②，2008 年为 23.1%③，2014 年为 20.7%④。

在具体行业与部门中，埃及女性的就业情况与男性相比也有非常大的差别。在 1976 年，女性就业人数占埃及就业总量的 6.7%，其中在政府部门就业的埃及女性占女性就业总量的 40.7%（在政府部门就业的男性只占男性就业总量的 16%），国有企业为 10.9%（男性为 9.4%），农业为 23%（男性为 50.1%），私人非农业部门为 25.4%（男性为 24.4%）。到 1986 年，女性就业人数占埃及就业总量的 10%，其中在政府部门就业的埃及女性占女性就业总量的 55.9%（在政府部门就业的男性占男性就业总量的 18.2%），国有企业为 10.2%（男性为 10.3%），农业为 10.6%（男性为 41.7%），私人非农业部门为 23.3%（男性为 29.9%）。⑤ 1988 年，埃及女性的劳动参与率达到 35.4%，其中在政府部门工作的女性占女性就业总量的 29.5%，在其他公共部门工作的女性占女性就业总量的 13.1%，而在私人企业工作的女性占女性就业总量的 39.3%。⑥ 在 1991 年，女性员工人数不超过私人和公共部门劳动力总数的 15%。⑦ 2001 年，在埃及公共部门就业的女性为 140 万人，占公共部门就业总量的 23.7%，而男性达到 450 万人；在私人部门的就业者中，女性为 170 万人，占私人部门就业总量的 14.7%，而男性高达 990 万人。到 2007 年，在公共部门就业的埃及女性增加到 180 万人，占公共部门就业总量的 29%；在私人部

---

① 阿拉伯埃及共和国信息部国家新闻总署：《埃及二十一年成就（1981 – 2002）》，第 85 页。

② 阿拉伯埃及共和国新闻部新闻总署：《埃及年鉴（2006）》，埃及驻华使馆新闻处，2006，第 77 页。

③ 阿拉伯埃及共和国新闻部新闻总署：《埃及年鉴（2009）》，第 183 页。

④ "4 – 2 Annual Estimates of Labor Force Status, by Sex (2004 – 2014)," in Central Agency for Public Mobilization and Statistics (Egypt), *Statistical Yearbook* (2015).

⑤ Ragui Assaad, "The Effects of Public Sector Hiring and Compensation Policies on the Egyptian Labor Market," *The World Bank Economic Review*, Vol. 11, No. 1, 1997, p. 95.

⑥ Lynn Walter, *Women's Rights: A Global View*, Westport: Greenwood Press, 2000, p. 78.

⑦ Azza M. Karam, *Women, Islamisms and the State: Contemporary Feminisms in Egypt*, London: Palgrave Macmillan, 1998, pp. 160 – 161.

门就业者中，女性为 290 万人，占私人部门就业总量的 18.7%。[1] 政府部门是女性就业的重要部门。1988 年，在政府部门就业的女性人数占埃及女性就业人数的比例为 29.5%，2006 年升至 35%，2012 年又升至 49%。而在私人非正规部门就业的男性较多。1998 年和 2006 年，在私人非正规部门就业的埃及男性人数占男性就业人数的比例均为 28%，2012 年升到 37%。[2]

其二，埃及女性员工在同等条件下比男性员工工资低。从表 1-11 中可以看出，在 1966 年和 1976 年，在企业员工中，埃及女性平均周工资都比男性低，而且差距在加大。如在企业员工中的体力阶层中，尽管从 1966 年到 1976 年，女性员工周工资增长率要高于男性员工，但 1966 年，女性员工比男性员工的周工资少 109 埃镑，到 1976 年则少 164 埃镑。企业白领阶层也一样，同期女性员工比男性员工的周工资由少 250 埃镑加大到少 396 埃镑。在农业领域，女性等同于儿童，同期与男性从业者周工资的差距由 13 埃镑扩大到 34 埃镑，且女性周工资的增长率低于男性。

表 1-11　1966 年和 1976 年埃及男女平均周工资差异

单位：埃镑，%

	企业员工平均周工资				农业劳动力平均周工资		女性工资/男性工资		
	体力阶层		白领阶层				企业		
	男性	女性	男性	女性	男性	女性和儿童	体力阶层	白领阶层	农业
1966 年	335	226	795	545	25.0	12.0	67.5	68.6	48.0
1976 年	661	497	1121	725	61.5	27.5	75.2	64.7	44.7
增长率	97.3	119.9	41.0	33.0	146.0	129.2	11.4	-5.7	-6.9

资料来源：Bent Hansen and Samir Radwan, *Employment Opportunities and Equity in A Changing Economy: Egypt in the 1980s, A Labour Market Approach*, p. 77。

---

[1]　Amirah El-Haddad, *Labor Market Gender Discrimination under Structural Adjustment: The Case of Egypt*, Cairo: The American University in Cairo Press, 2009, p. 11.

[2]　Rana Hendy, "Women's Participation in the Egyptian Labor Market: 1998-2012," in Ragui Assaad and Caroline Krafft, eds., *The Egyptian Labor Market in an Era of Revolution*, p. 152.

在企业里，女性员工的工资比男性低。以1987年数据为例（见表
1-12），不论是在体力阶层还是在白领阶层，女性员工的平均周工资都比男
性低，总体上平均只有男性周工资的79.5%。在国有企业，女性员工平均周
工资为男性员工的81.6%，这一比例在私营企业中更低，女性员工平均周工
资只有男性员工的68.2%。在国有企业的体力阶层中，女性员工平均周工资
只有男性员工的74.3%，这一比例在私营企业的体力阶层中只有52.8%。

表1-12　1987年埃及员工在国有企业和私营企业的平均周工资

单位：埃镑，%

企业	体力阶层			白领阶层			合计		
	男性	女性	女性/男性	男性	女性	女性/男性	男性	女性	女性/男性
国有	35	26	74.3	42	34	81.0	38	31	81.6
私营	36	19	52.8	66	43	65.2	44	30	68.2
总计	35	23	65.7	47	36	76.6	39	31	79.5

资料来源：Heba Handoussa and Gillian Potter, eds., *Employment and Structural Adjustment, Egypt in the 1990s*, p. 241。

在绝大多数行业，女性员工的平均周工资都低于男性员工。从表1-
13中可以看出，除了女性翻译和打字员的平均周工资超过男性，其他所
有行业的女性员工的周工资都低于男性。工资差距比较小的行业有零售
（为男性的96%）、护理（92%）、会计（89%）、社会工作（81%）、家
禽农场（79%）、药剂（79%），而相差比较大的行业有个人家庭服务
（52%）、裁缝（57%）。这说明，即便在一些女性占主导地位的行业中，
如护理、裁缝等，女性平均周工资也比男性低不少。

表1-13　1987年埃及男女员工在各行业的平均周工资

单位：埃镑，%

行业	男性	女性	女性/男性
零售	27	26	96
个人家庭服务	27	14	52
家禽农场	14	11	79

续表

行业	男性	女性	女性/男性
纺织	26	17	65
食品	29	18	62
裁缝	35	20	57
护理	38	35	92
药剂	67	53	79
会计	44	39	89
社会工作	43	35	81
翻译	70	76	109
打字	42	47	112

注：在以上所有行业中，女性的就业率为25%以上。

资料来源：Heba Handoussa and Gillian Potter, eds., *Employment and Structural Adjustment*, *Egypt in the 1990s*, p. 240。

埃及女性就业者的工资比男性低也可从其实际月薪中位数看出。在1988年、1998年、2006年和2012年，埃及女性就业者的实际月薪中位数依次为678埃镑、572埃镑、747埃镑、800埃镑，而男性依次为934埃镑、703埃镑、826埃镑、900埃镑，女性各年份均比男性低。[1]

其三，埃及女性失业严重。埃及失业问题的凸显肇始于萨达特晚期，在穆巴拉克时期加剧。1960年，埃及失业率仅2.2%，1976年增长到7.7%，1986年升到14.7%。[2] 2004～2014年，埃及所有年份的失业率均在8.7%以上，最高的2013年达13.2%；各年份的失业人

---

[1] Mona Said, "Wages and Inequality in the Egyptian Labor Market in an Era of Financial Crisis and Revolution," in Ragui Assaad and Caroline Krafft, eds., *The Egyptian Labor Market in an Era of Revolution*, p. 55.

[2] Heba Handoussa and Gillian Potter, eds., *Employment and Structural Adjustment*, *Egypt in the 1990s*, p. 44.

数都在213万人以上，2014年高达364.88万人。[1] 而民间机构估计的数字更高。如2010年埃及官方公布的失业率为9%~10%，而民间机构称实际为15%~20%。[2] 在埃及失业群体中，女性与青年失业尤为严重。

埃及女性失业人数与失业率长期居高不下。1960年，埃及女性失业率为5.8%（男性为1.9%），1976年达到29.7%（男性为5.6%），1986年再升到40.6%（男性为10%）。[3] 2000年后，埃及女性的失业状况依旧严重。从表1-7中可以看出，2000~2008年，埃及女性的失业人数为93万~126万人，男性为74万~121万人，大部分年份的女性失业人数超过了男性失业人数。失业率方面也是如此。同期埃及女性的失业率基本在20%以上，2005年达25.09%，而男性失业率最高的年份也才7.49%，一般都为5%~7%，女性失业率一般是男性的3~4倍。[4] 穆巴拉克时期之后这一局面依然没有变化。2011~2014年，埃及女性的失业人数由136.14万人增加到154.92万人，失业率由22.7%提高到24%；同期男性失业人数由182.2万人增加到205.16万人，失业率由8.9%升至9.6%。[5]

其四，青年，特别是大学、中学学生就业困难，而且失业严重。埃及青年人口众多。1988~1998年，埃及青年人口年均增长率为3.4%，1998~2006年为2.1%。[6] 1988年，15~29岁的埃及青年人数占总人口的27%，1998年增加到29%，2006年再上升到32%；同期青年人口由

---

① "4-2 Annual Estimates of Labor Force Status, by Sex (2004-2014)," in Central Agency for Public Mobilization and Statistics (Egypt), *Statistical Yearbook* (2015).

② 王林聪:《中东政治动荡的原因和影响》，载杨光主编《中东非洲发展报告 No.13 (2010~2011)》，社会科学文献出版社，2011，第10页。

③ Heba Handoussa and Gillian Potter, eds., *Employment and Structural Adjustment, Egypt in the 1990s*, p. 44.

④ 戴晓琦:《阿拉伯社会分层研究：以埃及为例》，第180页。

⑤ "4-2 Annual Estimates of Labor Force Status, by Sex (2004-2014)," in Central Agency for Public Mobilization and Statistics (Egypt), *Statistical Yearbook* (2015).

⑥ Ragui Assaad, "Labor Supply, Employment, and Unemployment in Egyptian Economy, 1988-2006," in Ragui Assaad, ed., *The Egyptian Labor Market Revisited*, p. 5.

1330 万人增加到 1740 万人，再增加到 2220 万人。[1] 1988～2006 年，埃及青年劳动力由 670 万人增加到 1130 万人。[2] 另据埃及中央公共动员与统计局的报告，2013 年埃及 15～29 岁的青年人口达 1940 万人，占总人口的 23.6%。[3] 大学、中学学生数量尤其多。自纳赛尔时期起，埃及决定对大学、中学毕业生实行就业统一分配政策，埃及的大学、中学学生数量不断攀升。1952/1953 学年[4]，埃及高校在校生 4.25 万人，1970/1971 学年增加到 17.8 万人。[5] 1981/1982 学年，埃及高中注册学生为 50.72 万人，1999/2000 学年增加到 103.99 万人，增长了一倍多，同期高校注册学生由 62.6 万人增加到 159.35 万人。[6] 到 2007/2008 学年，埃及高校入学人数 280 万人，2008/2009 学年接近 290 万人。[7] 2000～2008 年，埃及大学本科毕业生由 21 万人增加到 23.6 万人，增长了 12.4%；同期研究生毕业人数由 12 万人增加到 14.6 万人，增长了 22%。[8]

埃及青年的就业状况可从其 2005 年的就业数据中窥见一斑。据扎纳提与同事在 2005 年对埃及青年进行的抽样调查，就业者占青年人口的 22%，其中约 93% 的就业者为有薪工人，1% 从事无现金工作，不足 1% 为志愿者，6% 为家庭无薪工人。在有薪工人中，22% 为有技能的农业工人，21% 为船舶工人或与贸易相关的工人，12% 为技师或相关职业的员

---

[1] Mona Amer, "The Egyptian Youth Labor Market School-to-Work Transition," in Ragui Assaad, ed., *The Egyptian Labor Market Revisited*, p. 178.

[2] Mona Amer, "The Egyptian Youth Labor Market School-to-Work Transition," in Ragui Assaad, ed., *The Egyptian Labor Market Revisited*, p. 180.

[3] 《埃及青年人口达 1940 万》，中国驻埃及大使馆经济商务参赞处，http://www.mofcom.gov.cn/article/i/jyjl/k/201308/20130800252264.shtml，最后访问日期：2018 年 8 月 24 日。

[4] 埃及的学年，一般从当年 10 月到次年的 7 月。

[5] Haggai Erlich, *Students and University in Twentieth Century Egyptian Politics*, London: Frank Cass & Co., 1989, p. 177.

[6] 阿拉伯埃及共和国新闻部新闻总署：《埃及年鉴（2000）》，埃及驻华使馆新闻处，2000，第 168～169 页。

[7] 阿拉伯埃及共和国新闻部新闻总署：《埃及年鉴（2009）》，第 129 页。

[8] 阿拉伯埃及共和国新闻部新闻总署：《埃及年鉴（2009）》，第 130 页。

工，8%为销售工人。从各部门的青年就业比例来看，农业、渔业部门的青年就业比例为24%，批发与零售部门的青年就业比例为17%，制造业部门的青年就业比例为11.4%，建筑部门的青年就业比例为10.5%，教育部门的青年就业比例为8.2%，交通、储运与通信部门的青年就业比例为6.7%，酒店与餐饮部门的青年就业比例为3.5%，卫生与社会工作部门的青年就业比例为2%，矿业、电力、天然气与水供应、金融与保险等行业的青年就业比例都低于2%。33%的埃及青年受雇于员工不到5人的公司，25%受雇于员工超过20人的公司。① 埃及青年的就业也有性别差异。如在2006年埃及青年的就业结构中，从事家庭无薪工作的男青年占24.8%，女青年则占36.6%；非正规私人企业有薪工人中男青年占31.8%，女青年占19.3%；正规私人企业有薪工人中男青年占12.1%，女青年占9.9%；政府雇员中男青年为7.6%，女青年为22.8%；国有企业工人中男青年为3%，女青年为1.9%；个体户中男青年为6.8%，女青年为6.7%。②

　　虽然人数庞大，也有文凭与知识，但埃及青年仍就业困难。特别是在大学、中学毕业生统一分配政策难以实现后，大学、中学毕业生很难在公共部门就业，失业成为埃及青年的常态。从表1－14中可以看出，1998~2009年，15~29岁埃及青年的失业率比较高，女青年的失业率奇高，最低的年份都达81.4%，几乎是男青年的4倍；不论是城市还是农村，青年的失业率都在52%以上；不论家庭环境如何，埃及青年的失业率都在50%以上。埃及青年的高失业率延续到穆巴拉克时期之后。据埃及中央公共动员与统计局的数据，2013年第一季度埃及就业人口为2360万人，总劳动力人口为2720万人，失业人口达360万人，81.9%的失业人口为青年（15~29岁），其中42.3%的青年处于20~24岁年龄段，

① El-Zanaty and Associates, *School-to-Work Transition: Evidence from Egypt*, pp. 18 - 19.

② Ragui Assaad and Ghada Barsoum, *Youth Exclusion in Egypt: In Search of " Second Chances "*, Middle East Youth Initiative Working Paper No. 2, Wolfensohn Center for Development, Dubai School of Government, 2007, p. 22.

24.3%的青年处于25~29岁年龄段。[①] 埃及投资与国际合作部部长萨哈尔·纳斯尔称，到2017年7月，埃及的失业率为12%~13%，而青年失业率高达24%。[②] 这表明，青年失业在埃及是个普遍问题。

表1-14　埃及15~29岁青年的失业率

单位：%

		1998年	2006年	2009年
性别	男性	32.3	21.2	23.7
	女性	85.5	81.4	87.5
地区	城市	57	53.3	56.2
	农村	59.6	52.3	62.3
家庭环境	最低收入家庭	59.1	47.9	64.7
	较低收入家庭	58.5	51.2	62.1
	中等收入家庭	59.3	54.2	59
	较高收入家庭	58.9	56.3	58.1
	最高收入家庭	56.7	55	54.2

资料来源：*Egypt Human Development Report 2010*，New York：UNDP，2010，p.151。

在埃及青年中，大学、中学毕业生失业更为严重。在埃及，15~24岁没有工作过的新劳动力是失业的主力军。1976年，他们占新失业者的39.5%，1986年达到75%，1995年有所回落，但也达到71%。持文凭的失业者的年均增长率，1960年不到25%，1976年增至约60%，1985年再增至85%，1995年高达98%。[③] 到穆巴拉克时期的最后十年，这一状况更为严重。埃及2006年人口普查显示，青年群体的文盲率为

---

① 《2013年一季度埃及失业率上升至13.2%》，中国驻埃及大使馆经济商务参赞处，http：//eg. mofcom. gov. cn/article/jmxw/201307/20130700196416. shtml，最后访问日期：2018年8月27日．

② 《埃及青年失业率为24%》，中国驻埃及大使馆经济商务参赞处，http：//eg. mofcom. gov. cn/article/jmxw/201707/20170702607256. shtml，最后访问日期：2018年8月18日．

③ 毕健康：《埃及现代化与政治稳定》，第316~317页。

15.1%，其中男性青年的文盲率为 12.1%，女性青年的文盲率为 18.2%；而大学毕业生的失业率，男性为 25%，女性为 45%。[1] 据埃及中央公共动员与统计局公布的数据，2010 年埃及男性大学毕业生失业率为 26.8%，女性大学毕业生为 55.1%；2011 年 8 月埃及青年人口（约 1900 万人）占劳动力总数的 51.9%，但失业率高达 20.4%。[2] 穆巴拉克时期之后，这一局面也没有多大改变。如在 2012 年，埃及文盲的失业率仅为 3%，而 77.8% 的失业者是大学毕业生，340 万失业大军中有 110 万人具有本科及以上学历。[3]

3. 非正规部门就业突出，无薪就业者不少

非正规部门是指未经工商部门批准的企业。埃及劳动力在非正规部门就业的现象在 1952 年七月革命以前就已存在。从表 1-15 中可以看出，在 1947 年，在非正规服务行业就业的埃及劳动力就有 61.3 万人，从事的具体行业主要有家政服务（占 38.3%）、小额贸易（街边小贩和商贩，占 13.4%）、零活短工（占 10.1%）等。到 1960 年，在非正规服务行业就业的埃及劳动力人数增长了 34.1%，达到 82.2 万人；劳动力主要从事家政服务（19.2 万人，占 23.4%）、小额贸易（街边小贩和商贩，18.8 万人，占 22.9%）、（服装）裁剪（11.9 万人，占 14.5%）。1960 年与 1947 年相比，埃及非正规服务行业就业人数增长幅度比较快的行业有：洗衣业和其他服务行业，由 4 万人增加到 9.2 万人，增长了 130%；小额贸易（街边小贩和商贩）由 8.2 万人增加到 18.8 万人，增长了 129.3%；零活短工由 6.2 万人增加到 10.2 万人，增长了 64.5%；（服装）裁剪也增长了 40%。唯一下降的是家政服务，下降了 18.3%。

---

[1] Doaa M. Oraby, "Sexual and Reproductive Health among Young People in Egypt: The Role and Contribution of Youth-Friendly Services," *Sex Education: Sexuality, Society and Learning*, Vol. 13, No. 4, 2013, p. 470.

[2] 《埃及青年失业率超过 20%》，中国驻埃及大使馆经济商务参赞处，http://www.mofcom.gov.cn/article/i/jyjl/k/201108/20110807697343.shtml，最后访问日期：2018 年 8 月 18 日。

[3] 《埃及大学生就业形势严峻》，中国日报网，http://www.chinadaily.com.cn/hqsj/shbt/2012-07-31/content_6596626.html，最后访问日期：2018 年 7 月 31 日。

表1-15　1947年与1960年埃及非正规服务行业的就业情况

单位：万人，%

生产活动类型 （行业）	1947年就业 人数	占总量的 百分比	1960年就业 人数	占总量的 百分比	增幅
传统运输业	5.7	9.3	6.7	8.2	17.5
小额贸易（街边小贩和商贩）	8.2	13.4	18.8	22.9	129.3
家政服务	23.5	38.3	19.2	23.4	-18.3
零活短工	6.2	10.1	10.2	12.4	64.5
（服装）裁剪	8.5	13.9	11.9	14.5	40.0
理发业	5.2	8.5	6.2	7.5	19.2
洗衣业和其他服务行业	4	6.5	9.2	11.2	130
合计	61.3	100	82.2	100	34.1

注：因四舍五入，百分比之和不一定等于100%。

资料来源：Amr Mohieldin, "Allocation of Resource with Unlimited Supplies of Labour: An Application in the Case of Egypt," *Memo*, No. 905, 1980, p. 21.

　　到20世纪70年代后，非正规部门成为埃及经济发展与劳动力就业的重要渠道。据统计，在1976年，埃及非正规私人部门就业人数达到241.62万人，占当时埃及私人部门就业人数的93%（当时正规私人部门就业人数仅17.02万人）。[1] 到1985年，埃及私人部门就业人数达到290万人。[2] 20世纪90年代初，埃及非正规部门就业人数达300万人。[3] 1992年，埃及城市非正规部门吸收了40%的非农就业人口，约占就业总人口的1/4，与政府部门吸收的就业人口相近。[4]

[1]　Heba Handoussa and Gillian Potter, eds., *Employment and Structural Adjustment, Egypt in the 1990s*, p. 172.

[2]　Naglaa El-Ehwany and Heba El-Laithy, *Poverty, Employment and Policy-Making in Egypt, A Country Profile*, pp. 2-9.

[3]　戴晓琦《阿拉伯社会分层研究：以埃及为例》，第119页。

[4]　Khalid Ikram, *The Egyptian Economy, 1952-2000: Performance, Polices, and Issue*, London and New York: Routledge, 2007, p. 239, 转引自毕健康、陈勇《当代埃及国内劳工移民与工业化问题评析》，《阿拉伯世界研究》2017年第6期，第8页。

20世纪90年代中期以后,埃及非正规私人部门就业人数大量增加。1996~2002年,埃及非正规私人部门就业人数庞大。在这6年里,埃及非正规私人部门就业人数分别为677.4万人、683.1万人、683.5万人、734.9万人、753.9万人和687.5万人,均超过当年公共部门的就业人数,占就业总人数的比例依次为42.8%、42.1%、41.2%、42.9%、42.1%和37.9%。① 在私人部门有薪就业中,非正规就业占很高的比例,1998年占75%,2006年为71%,2012年为73%。② 可见,非正规私人部门是埃及就业的主渠道之一。

然而,非正规部门缺少政府的有效管理和法律约束,薪酬低,工作流动性过强,缺少社会保障,风险大。埃及非正规部门的许多就业者是迁移到城市的劳工移民。限于教育水平,他们绝大多数就业于非正规部门,按工作天数或具体任务来计算工资。相关调查显示,76%的上埃及劳工在开罗从事日计工作和任务计工作。他们的工作极不稳定,每天的工作时间和每星期的工作天数浮动很大,每天工作时间为5~18个小时,日均8.5个小时,其中每天工作超过8小时的占3.3%;每周工作天数为1~7天,平均4.9天,其中每周工作4天的占比最高,达34.7%。城市建筑业是埃及劳工移民的主要就业行业选择之一。调查显示,大开罗地区多达38%的建筑工人是劳工移民,高达90%的建筑工人没有正式劳动合同,其中70%没有稳定雇主。③ 非正规部门就业中另一个分布广泛的职业是小商人。他们占商人阶层的23%,不是在正式的商场里,而是在繁忙的街道上工作。在开罗的街道上,就可发现很多街头小贩。

这些主要在非正规部门就业的埃及国内移民,难以签订正式劳动

① 〔埃及〕阿卜杜法塔赫·杰巴勒:《衰退与发展:当代埃及经济问题》,金字塔政治与战略研究中心,2004,第137页,转引自戴晓琦《阿拉伯社会分层研究:以埃及为例》,第181页。

② Ragui Assaad and Caroline Krafft, "The Structure and Evolution of Employment in Egypt: 1998 - 2012," in Ragui Assaad and Caroline Krafft, eds., *The Egyptian Labor Market in an Era of Revolution*, p. 47.

③ 毕健康、陈勇:《当代埃及国内劳工移民与工业化问题评析》,《阿拉伯世界研究》2017年第6期,第9页。

合同，缺少社会基本保障，一旦遭受严重工伤，只能被送回农村，治疗费用基本自理。与此同时，他们还要面临更有竞争力的城市本地居民的竞争，职业地位提升愈加困难。有调查显示，迁移到开罗的上埃及劳工中，只有 11.8% 的劳工有过工作变化，基本上是转移到汽车修理厂工作。即使在同一行业内，劳工移民也难以完成向高级技工的转变。调查显示，只有 3% 的建筑业劳工实现了从无技术劳工向专业技工的转变；在开罗工作的上埃及劳工中，只有 25.6% 表示职业地位在开罗获得提升，47.9% 表示维持原状，还有 26.4% 表示职业地位下降。①

埃及还有大量无薪就业者。无薪就业者在穆巴拉克时期以前就存在。在 1960 年，埃及的无薪家庭工人与其他无薪工人就有 146.47 万人，占当年劳动力总量的 18.7%；1976 年有所减少，但也有 62 万人，占劳动力总量的 5.6%。② 据 1980 年埃及中央公众动员与统计局的数据，埃及无薪家庭劳动力为 131.26 万人，占劳动力总量的 12.7%。③ 1994～2004 年，不论是在下埃及还是在上埃及，不论是在农业部门还是在非农业部门，埃及都存在相当比例的无薪工人，无薪工人主要分布在农业部门，非农业部门则比例不大，1995～2004 年，年均为 1.2%～1.7%。这一时期，农业部门无薪工人的比例在提高，上埃及农业部门无薪工人的比例要高于下埃及：1995～2004 年，下埃及由 14.6% 上升到 18.4%，而上埃及由 20.2% 上升到 21.9%，最高达 23.7%。④实际上，无薪就业者在各行业都存在，不过所占比例有差异。如在 1998 年，埃及服务业中从事有薪工作的劳动力与从事无薪工作的劳动力的数量之

① 毕健康、陈勇：《当代埃及国内劳工移民与工业化问题评析》，《阿拉伯世界研究》2017 年第 6 期，第 9 页。

② Bent Hansen and Samir Radwan, *Employment Opportunities and Equity in A Changing Economy: Egypt in the 1980s, A Labour Market Approach*, p. 67.

③ Bent Hansen, *The Egyptian Labor Market: An Overview*, p. 11.

④ The World Bank, *Upper Egypt: Pathways to Shared Growth*, p. 37；李超民编著《埃及社会保障制度》，第 125 页。

比为 2.83∶1；工业部门为 3.06∶1；农业部门为 0.17∶1。[①] 从绝对数字来看，无薪就业者数量不小。1998 年，埃及男性无薪就业者 363.2 万人（其中城市为 130 万人，农村为 233.2 万人），2006 年增加到 540.1 万人（其中城市为 173.1 万人，农村为 367 万人）。[②] 大量劳动力在家从事无薪工作。1990 年，埃及在家工作的无薪就业者为 256.44 万人，2008 年增加到 317.94 万人[③]，2012 年末为 227.7 万人。[④] 无薪就业者占就业总量的比例，1998 年为 29%，2006 年增长到 36%，2012 年为 27%。[⑤]无薪就业在农村更普遍。1998～2006 年，埃及农村无薪就业者占就业总量的比例由 38% 上升到 45%。[⑥] 大量劳动力从事无薪工作，自然会影响其收入。

此外，埃及还存在相当数量的不充分就业者（每周工作时间少于 40 小时的人）。1998 年，埃及的不充分就业者占劳动力总量的 4.3%，2006 年为 2.6%，而 2012 年猛增到 8.5%，其中乡村高于城镇一倍（乡村与城镇所占比例，1998 年为 6% 与 2.3%，2006 年为 3.3% 与 1.6%，2012 年为 10.8% 与 5.5%），男性远高于女性（男性与女性所占比例，1998 年为 5% 与 1.9%，2006 年为 2.8% 与 1.9%，2012 年为 9.2% 与 6.1%）。[⑦]

---

① 蔡英鹄、徐昌强：《阿拉伯国家的劳动力状况》，《阿拉伯世界》1998 年第 3 期，第 19 页。

② Ragui Assaad, "Labor Supply, Employment, and Unemployment in Egyptian Economy, 1988－2006," in Ragui Assaad, ed., *The Egyptian Labor Market Revisited*, p. 46.

③ Heba Nassar, *Growth, Employment Policies and Economic Linkages: Egypt*, p. 42.

④ 埃及国家统计局公布的 2012 年末埃及就业数据，转引自戴晓琦《阿拉伯社会分层研究：以埃及为例》，第 181～182 页。

⑤ Rania Roushdy and Irène Selwaness, "Duration to Coverage: Dynamics of Access to Social Security in the Egyptian Labor Market in the 1998－2012 Period," in Ragui Assaad and Caroline Krafft, eds., *The Egyptian Labor Market in an Era of Revolution*, p. 244.

⑥ Ragui Assaad, *Unemployment and Youth Insertion in the Labor Market in Egypt*, p. 22.

⑦ Ragui Assaad and Caroline Krafft, "The Evolution of Labor Supply and Unemployment in the Egyptian Economy, 1988－2012," in Ragui Assaad and Caroline Krafft, eds., *The Egyptian Labor Market in an Era of Revolution*, p. 23.

二 当代埃及就业困境成因

1. 人口因素

自19世纪末以来，埃及人口持续增长。1882年，埃及人口为671.2万人，1898增加到966.9万人，1907年突破千万，达到1119万人[①]，1947年为1896.7万人，1960年为2608.5万人，1976年达到3662.6万人，1986年增加到4820.5万人[②]，1998年突破6000万，达到6070.6万人，2006年突破7000万，达到7134.8万人，2012年突破8000万，达到8156.7万人。[③] 埃及人口飞涨，主要是由高出生率与居民寿命提高所造成的。埃及的年均人口增长率，1960～1976年为2.46%，1977～1980年为2.92%[④]，1988～1998年为2.1%，1998～2006年为2%[⑤]，2003～2014年为2.3%[⑥]。

随着人口膨胀，劳动力（15～64岁人口）总量也大量增加。1960～2000年，埃及劳动力从780万人增加到1890万人。[⑦] 1988～1998年，埃及适龄工作人口年均增长率为3%，1998～2006年为2.7%。[⑧] 2006～2012年，劳动力由2320万人增加到2450万人。[⑨] 另有数据表明，2003～

---

① 戴晓琦：《阿拉伯社会分层研究：以埃及为例》，第181页。

② Heba Handoussa and Gillian Potter, eds. , *Employment and Structural Adjustment, Egypt in the 1990s*, p. 30.

③ "2 - 2 Population Estimates by Sex at First of Jan. （1996 - 2015），" in Central Agency for Public Mobilization and Statistics （Egypt）, *Statistical Yearbook（2015）*.

④ Bent Hansen, *The Egyptian Labor Market：An Overview*, p. 15.

⑤ Ragui Assaad, "Labor Supply, Employment, and Unemployment in Egyptian Economy, 1988 - 2006," in Ragui Assaad, ed. , *The Egyptian Labor Market Revisited*, p. 5.

⑥ 世界银行：《2010年世界发展指标》，中国财政经济出版社，2010，第64页。

⑦ Khalid Ikram, *The Egyptian Economy, 1952 - 2000：Performance, Polices, and Issue*, p. 94.

⑧ Ragui Assaad, "Labor Supply, Employment, and Unemployment in Egyptian Economy, 1988 - 2006," in Ragui Assaad, ed. , *The Egyptian Labor Market Revisited*, p. 5.

⑨ Ragui Assaad and Caroline Krafft, "The Evolution of Labor Supply and Unemployment in the Egyptian Economy, 1988 - 2012," in Ragui Assaad and Caroline Krafft, eds. , *The Egyptian Labor Market in an Era of Revolution*, p. 8.

2014 年，埃及劳动力从 2040 万人增加到 2790 万人，年均增长率为 2.9%。2003～2014 年，劳动力在总人口中的比例从 30% 上升到 32.1%。① 2014～2015 年，埃及劳动力为 2120 万人。②

　　劳动力数量不断增长，但埃及的就业能力却没有相应地提高。1960～1976 年，埃及劳动力增长率为 2.18%，1977～1980 年为 2.87%，但就业增长率却分别为 1.81%、2.13%③，均低于人口与劳动力的增长率。从表 1－16 中可以看出，1986～1995 年，埃及人口增长了 24.3%，增加了 1179.7 万人，而同期劳动力增长了 30.6%，增加了 396.9 万人；就业人数增长了 27.9%，增加了 334.2 万人。1986～1995 年，埃及的就业增长速度都低于劳动力增长速度，而各年份的就业人数都少于劳动力人数，这就是说，每年都有需要工作的劳动力无法就业。长期累积下来，失业群体就非常庞大。在 1960～1976 年，埃及失业人数增长率为 10.4%，1977～1980 年为 21.87%。④ 在 1986～1995 年，埃及的失业人数增长了 65.4%，失业人数由 95.8 万人增加到 158.5 万人⑤，呈现随着人口与劳动力的增长，失业人数与失业率攀升的局面。

表 1－16　1986～1995 年埃及人口、劳动力、就业与失业状况

年份	人口（万人）	人口增长趋势	劳动力人数(万人)	劳动力人数增长趋势	就业人数（万人）	就业人数增长趋势	失业人数（万人）	失业人数增长趋势
1986	4843.9	100	1295.6	100	1199.8	100	95.8	100
1987	5013.8	103.5	1342.9	103.6	1233.4	102.8	109.5	114.3
1988	5130.7	105.9	1380.2	106.5	1268.1	105.7	112.1	117
1989	5259.3	108.6	1425.7	110	1303.2	108.6	122.5	127.9
1990	5400.5	111.5	1474.8	113.8	1337.6	111.5	137.2	143.2

① 埃及中央银行：《2015 年 8 月统计公报》，埃及中央银行网站，第 22 页，http://www.cbe.org.eg，最后访问日期：2015 年 10 月 12 日。
② 毕健康、陈勇：《当代埃及国内劳工移民与工业化问题评析》，《阿拉伯世界研究》2017 年第 6 期，第 7 页。
③ Bent Hansen, *The Egyptian Labor Market：An Overview*, p. 15.
④ Bent Hansen, *The Egyptian Labor Market：An Overview*, p. 15.
⑤ 毕健康：《埃及现代化与政治稳定》，第 319 页。

续表

年份	人口 （万人）	人口增长 趋势	劳动力人 数(万人)	劳动力人 数增长趋势	就业人数 （万人）	就业人数 增长趋势	失业人数 （万人）	失业人数 增长趋势
1991	5520.5	114	1514.1	116.9	1374.2	114.5	139.9	146
1992	5643.4	116.5	1557.1	120.2	1401.1	116.8	156	162.8
1993	5767.3	119.1	1601.3	123.6	1443.6	120.3	157.7	164.6
1994	5897.8	121.8	1645.2	127	1487.9	124	157.3	164.2
1995	6023.6	124.3	1692.5	130.6	1534	127.9	158.5	165.4

注：劳动力指 15～64 岁人口；增长趋势以指数标示，以 1986 年的指数为 100。

资料来源：转引自毕健康《埃及现代化与政治稳定》，第 319 页。

进入 21 世纪后，埃及劳动力、就业、失业的发展趋势与状况没有改变。从表 1-17 中可以看出，2004～2014 年，埃及的劳动力由 2087.13 万人增加到 2794.45 万人，增长了 33.9%；就业人数由 1871.75 万人增加到 2429.87 万人，只增长了 29.8%；失业人数也基本上呈持续增加态势，失业率维持在高位。

表 1-17　2004～2014 年埃及劳动力、就业与失业状况

单位：万人，%

年份	劳动力人数	就业人数	失业人数	失业率
2004	2087.13	1871.75	215.38	10.3
2005	2179.18	1934.17	245.01	11.2
2006	2287.82	2044.36	243.46	10.6
2007	2385.91	2172.39	213.52	8.9
2008	2465.2	2250.8	214.4	8.7
2009	2535.3	2297.5	237.8	9.4
2010	2618	2382.9	235.1	9
2011	2652.9	2334.59	318.31	12
2012	2702.5	2359.57	342.93	12.7
2013	2762.25	2397.37	364.88	13.2
2014	2794.45	2429.87	364.58	13

资料来源："4-2 Annual Estimates of Labor Force Status, by Sex (2004-2014)," in Central Agency for Public Mobilization and Statistics (Egypt), *Statistical Yearbook* (2015)。

同时，埃及城市人口也增长迅猛。近代以来，埃及积极推动工业化，农村劳工开始大规模移民城市，城市人口大量增加。根据埃及人口普查结果，1907 年，埃及城市人口仅 193 万人，占总人口的 17.2%；到 1947 年，埃及城市人口增加到 636.6 万人，占总人口的 33.5%。到 1966 年，埃及城市人口已达 1203.3 万人，占总人口的 40%；1986 年，埃及城市人口及其占总人口的比例分别为 2121.6 万人、44%；2006 年埃及城市人口及其占总人口的比例分别为 3037.1 万人、43.1%。① 可见，埃及的城市化率不断提升，城市人口也急剧攀升。尤为突出的是，埃及人口过分集中于开罗、亚历山大这样的大城市。如开罗 1950 年人口仅 235 万人，1985 年达 1000 万人，1993 年底为 1300 万人②，2015 年则达到了 1877.2 万人；亚历山大人口在 20 世纪 70 年代为 230 万人，到 2015 年已增至 477.8 万人。但从整体上讲，埃及城市化的动力不是工业化。如在 1995 年，埃及的城市化率为 49%，但工业劳动力占劳动力总数的比例仅为 18.5%，农业劳动力占 29.6%。③ 而在经济起飞阶段的法国、瑞典、瑞士的城市化率为 11% ~ 13%，但工业劳动力占劳动力总数的比例分别为 29%、22% 和 45%。④ 可见，埃及城市化高于工业化，其动力主要是地区和行业发展的不平衡，是由于开罗、亚历山大等大城市积聚了大量资源。大量人口积聚于开罗等大城市，带来了许多难以解决的问题，已超过城市就业的容量，就业成为无法解决的难题。由于劳动力供给大大超过城市就业需求，加上埃及城市制造业发展缓慢，正规工商业未能创造足够多的新岗位，移民城市的绝大多数农村劳工只能在城市非正规部门谋生。这在萨达特和穆巴拉克时期更为突出，这是埃及非正规部门就业人数持续攀升的根本所在。

---

① "2 - 6 Population by Sex, Urban & Rural Percentage in Census Years (1907 - 2006)," in Central Agency for Public Mobilization and Statistics (Egypt), *Statistical Yearbook* (2015).

② 毕健康：《埃及现代化与政治稳定》，第 210 页。

③ 埃及国家计划研究所：《1996 年埃及人力资源发展报告》，第 133 页，转引自毕健康《埃及现代化与政治稳定》，第 209 页。

④ 毕健康：《埃及现代化与政治稳定》，第 209 页。

可见，埃及人口膨胀，劳动力供给增长快，城市人口增长快，已超过就业的实际需求，这些是导致埃及就业困难、失业严重的重要因素。

2. 经济发展的局限性

就业不仅是民生问题，也是经济问题，它反映了埃及经济发展的局限性。

其一，埃及经济发展战略的局限性。

客观而言，自1952年以来，埃及历届政府都在苦苦探寻埃及发展经济之路，在各方面也取得了很多进展。但纵观几十年以来的埃及发展之路，其经济发展战略还是不可避免地存在一些局限性。

纳赛尔时期，埃及实行进口替代战略，大力推行国有化、工业化。在农村，消灭了大地主阶级，基本消灭了中等地主阶级，确立了以小农土地所有制为主的土地制度，小农经济居主导地位。在城市，通过大力发展国有经济和实行计划化，使埃及工业有了明显发展。但土地改革不彻底，国有化失衡，盲目发展国有经济，对私营经济打击面过宽和限制过死，致使农村生产力得不到解放，国内市场狭小，经济体制僵化，市场机制的作用得不到正常发挥，生产效益低下，经济发展严重受阻。在经济建设过程中，纳赛尔不顾国力，投资过大，消费增长过快，造成埃及国库空虚，经济形势十分严峻。

萨达特时期，特别是1973年十月战争后，埃及对经济发展战略进行重大调整，实行开放政策，大力吸引外资，发展私营经济。这一时期，埃及经济发展速度很快，但主要不是生产部门的发展，而是消费型经济发展，最突出的表现是石油、侨汇、苏伊士运河与旅游业成为埃及经济发展的四大支柱产业。

穆巴拉克时期，埃及基本延续了萨达特时期的外向型经济开放发展战略，继续大力吸引外资和发展私营经济，对国有企业进行私有化改革，四大支柱产业继续得到重点投入。埃及经济在该时期得到很大发展，但依然主要是消费型经济发展，也越来越多地受到外来因素的制约，如20世纪90年代埃及的经济改革就是迫于世界银行与国际货币基金组织的压力而进行的，这不仅没有解决埃及经济固有的积弊，还使其进一步加剧。

　　20 世纪 70 年代中期以来，如果单从数据来说，埃及经济发展速度并不慢，在各领域都获得长足发展，但埃及国民经济发展赖以支撑的投资、四大支柱产业却对就业影响有限。

　　长期以来，埃及主要依靠投资拉动经济，而投资主要偏向于不直接创造财富的流通领域和服务业。由于资本不足，外资一直是埃及经济发展的引擎，埃及也确实从美国等西方国家、阿拉伯国家引进大量外资，但外资很少流入生产部门，而大多流入石油、旅游、金融等利润大的行业。石油行业是外资最感兴趣的领域。1974～1981 年，埃及同 18 个国家的约 45 家公司签订了 78 项协议，外国投资总额达 23.681 亿埃镑。[1]从 1976 年起，埃及从石油进口国变成石油输出国。1974～1982 年底，埃及投资与自由区总局批准的项目共 1273 个，投资总额 50.12 亿埃镑，其中阿拉伯国家资本占 23%，欧共体国家资本占 5%，美国资本占 4%，其他国家资本占 7%。这当中，投资公司和银行投资的项目有 290 个，占项目总数的 22.8%，其投资占投资总资本的 41.5%；工业企业项目有479 个，占项目总数的 37.8%，其投资占投资总资本的 27.8%；旅游业有 115 个项目，占项目总数的 9%，其投资占投资总资本的 13%；农业和畜牧业有 88 个项目，占项目总数的 7%，其投资占投资总资本的4.2%。[2]同期在阿拉伯国家对埃及的投资中，金融业和服务业投资占其投资总额的 83%，工业投资仅占 9.8%；在美国与欧洲国家的投资中，金融和服务业投资占其投资总额的 57.3%，工业投资仅占 35.3%。[3]不仅外国资本，埃及人的资本也主要投入旅游业、金融业和服务业。1974～1982 年，埃及人的投资中金融业和服务业投资占其投资资本的53%，工业投资只占 32.5%。[4]在 2009 年，有 110 亿美元的外国直接投资流入埃及，只有 4.1% 流入制造业，流入石油业的比例高达 68.8%

①　杨灏城、江淳：《纳赛尔和萨达特时代的埃及》，第 358 页。
②　杨灏城、江淳：《纳赛尔和萨达特时代的埃及》，第 357 页。
③　杨灏城、江淳：《纳赛尔和萨达特时代的埃及》，第 357 页。
④　杨灏城、江淳：《纳赛尔和萨达特时代的埃及》，第 357 页。

（2010 年达 73.5%），流入金融业的占 7.9%。[1] 石油业、金融业都是资本密集型行业，而非劳动力密集型行业，增加的就业机会非常有限。此外，埃及长期依赖外援，这使外债不断攀升，已成为制约其经济发展的瓶颈。

石油业、旅游业是埃及重点发展的部门，是埃及主要的创汇部门，获得巨大投资。1981～2001 年，埃及石油业共获得投资 372 亿美元，其中外国投资约 270 亿美元。[2] 2004 年，石油业投资额为 34 亿埃镑，后逐年增加，2007 年增加到 66 亿埃镑，2008 年再增到 89 亿埃镑。[3] 1982～2000 年，埃及旅游业获得 318 亿埃镑投资，占投资总额的 4.3%。[4] 此后，其所获投资不断增加。2006 年，埃及对旅游业投资 38 亿埃镑，2007 年增加到 53 亿埃镑，2008 年为 52 亿埃镑。[5] 石油业、旅游业虽然获得重点投入，但吸纳的就业人数却有限。如 1981～2001 年，石油业的就业人数仅由 2.2 万人增加到 5.8 万人；旅游、餐饮和饭店行业的就业人数由 10.4 万人增加到 15 万人。[6] 埃及石油部部长称，1998～2005 年，埃及石油业实现引进外资 170.3 亿美元，给青年创造就业机会 4.5 万个，成立新公司 45 家。[7] 在 2008 年，埃及旅游业国内就业人数 250 万人，约占全国就业总量的 13%。[8]

---

① 埃及中央银行：《2010～2011 年年度报告》，埃及中央银行网站，第 88 页，http://www.cbe.org.eg，最后访问日期：2015 年 10 月 21 日。

② 阿拉伯埃及共和国新闻部新闻总署：《埃及二十一年成就（1981－2002）》，第 38 页。

③ 阿拉伯埃及共和国新闻部新闻总署：《埃及年鉴（2009）》，第 85 页。

④ 阿拉伯埃及共和国新闻部新闻总署：《在埃及投资：稳定与发展》，埃及驻华使馆新闻处，2002，第 20 页。

⑤ 阿拉伯埃及共和国新闻部新闻总署：《埃及年鉴（2009）》，第 170 页。

⑥ 阿拉伯埃及共和国信息部国家新闻总署：《埃及二十一年成就（1981－2002）》，第 26 页。

⑦ 《埃及石油行业实现引资 170 亿美元》，中国驻埃及大使馆经济商务参赞处，http://eg.mofcom.gov.cn/article/jmxw/200609/20060903047926.shtml，最后访问日期：2018 年 8 月 18 日。

⑧ 朱国才：《埃及旅游业潜力巨大》，《经济日报》2010 年 4 月 10 日，第 7 版。也有资料估计，2008 年埃及旅游业提供的就业机会为 450 万个。参见阿拉伯埃及共和国新闻部新闻总署《埃及年鉴（2009）》，第 168 页。

　　萨达特与穆巴拉克政府都鼓励埃及劳工去海外打工，巨额侨汇成为埃及的重要收入来源。据埃及中央银行的统计，2012 年埃及侨汇收入达190 亿美元。① 埃及中央公共动员与统计局 2005 年的统计数据显示，埃及大约有 190 万名临时劳工在国外工作，其中 87.6% 分布在沙特、利比亚、约旦和科威特；在临时劳工中，青年大约占 78.6%，且主要为男性。②

　　但海外就业易受国际形势影响，波动大。如 20 世纪 80 年代中后期，受海湾国家石油收入减少的影响，埃及海外劳工大量回流。据估计，1985～1987 年，在阿拉伯国家的埃及劳工减少了 20.3 万人（13.34%）到30.8 万人（20%）。③ 这些回流的埃及劳工约一半来自农村，主要就业于阿拉伯产油国的建筑业；另一半从事生产性工作，其中 13.9% 务农，18.3% 从事科技工作。④ 1991 年爆发的海湾战争也造成大量埃及海外劳工的突发性返回。有资料说 50 万名（也有说 80 万名）埃及劳工返回国内，其中从伊拉克、科威特两国返回的人数最多，达 39 万人，占两国的埃及劳工总数的 37.9%。⑤ 2003 年伊拉克战争爆发后，也有大批埃及劳工回流。可见，海外就业的埃及劳工受时局变化影响大，而中东形势一向变幻莫测。大量海外劳工的突发性回国，不仅使埃及损失了大量侨汇，还对国内的就业形势形成冲击，使埃及国内就业形势变得更加严峻。

　　此外，苏伊士运河也得到埃及政府的重点关注。苏伊士运河是国际著名海上交通通道，但也命运多舛，在 1956 年、1967 年因阿以战争被迫关闭，对埃及、对国际社会来说损失惨重。20 世纪 70 年代中期，萨达特政府投入巨资清理运河，苏伊士运河恢复通航。穆巴拉克时期，为

①　胡英华：《埃及 2012 年侨汇收入持续上升 达到 190 亿美元》，《经济日报》2013年 1 月 22 日，第 8 版。
②　Christine Binzel and Ragui Assaad, "Egyptian Men Working Abroad：Labour Supply Responses by the Women Left Behind," *Labour Economics*, Vol. 18, Suppl. 1, 2011, p. 100.
③　毕健康：《埃及现代化与政治稳定》，第 337 页。
④　毕健康：《埃及现代化与政治稳定》，第 339 页。
⑤　毕健康：《埃及现代化与政治稳定》，第 341 页。

提高苏伊士运河通航能力，获取更多的过境费，埃及投入巨资对运河实施扩建。但运河管理岗位与其他相关就业机会非常有限，无法容纳更多的就业人员。

总体而言，埃及经济发展并不慢，但它所重点发展的行业不是劳动力密集型行业，不能提供更多的就业机会，而随着人口与劳动力数量的急剧增加，就业形势愈发严峻，失业不断加剧就成为无法避免的事了。

其二，埃及经济产业结构不利于解决就业问题。

纳赛尔时期，经过土地改革、国有化与工业化，埃及经济结构发生变化。1952~1970年，在埃及国民收入中，农业的比重由31%下降到28%，工业的比重由9%上升到22%。[1]

萨达特时期，特别是实行开放政策以后，埃及经济发展迅猛，经济结构也发生变化，基本格局是：第一产业比重下降，而第二和第三产业发展迅速。在1975年，农业占埃及GDP的29%，工业占26.5%，服务业占44.1%。[2] 1973~1981年，农业的产值由9.6亿埃镑增加到30.2亿埃镑，增长了两倍多，第三产业的产值由13.5亿埃镑增加到69.8亿埃镑，增长了4倍多。[3] 1973~1980年，工业产值由17.23亿埃镑增加到96.67亿埃镑，增长了近4.5倍。[4] 1973~1980年，工业固定资产投资由1.54亿埃镑增至11.56亿埃镑。工业结构也发生变化，埃及由传统工业（主要是纺织和食品工业）变为石油、机械和冶金工业。特别是石油工业，1977~1984年，它在埃及国内生产总值中的比重由5.8%上升到15.9%，超过了制造业和采矿业的总和。[5] 萨达特时期，四大支柱产业兴起并发展迅猛，开始成为埃及积极发展的主要推动力。前文已述及，不再赘述。

---

[1] 杨灏城、江淳：《纳赛尔和萨达特时代的埃及》，第147页。

[2] 财政部《财政制度国际比较》课题组编著《埃及财政制度》，中国财政经济出版社，1999，第12页。

[3] 杨灏城、江淳：《纳赛尔和萨达特时代的埃及》，第363页。

[4] 杨灏城、江淳：《纳赛尔和萨达特时代的埃及》，第363页。

[5] 杨灏城、江淳：《纳赛尔和萨达特时代的埃及》，第362页。

穆巴拉克时期，埃及继续维持萨达特时期的经济格局，第一产业比重继续下降，第三产业保持稳定，而第二产业比重有所提高。1985～1995年，农业占埃及 GDP 的比重由 20% 下降到 16.2%，工业比重由 28.6% 提高到 33.8%，服务业由 51.5% 略降至 49.9%。① 穆巴拉克时期，埃及经济得到长足发展，特别是私营经济发展迅速，已经成为埃及经济的主动力，四大支柱产业继续蓬勃发展，但埃及经济产业格局基本未变。

总体上，埃及的产业结构呈现的是农业比重不高，服务业成为主导产业，而工业发展不快的格局。埃及的就业结构却与产业结构不同。1947 年，农业劳动力占埃及劳动力总数的比例为 58.4%，1960 年降至 57%，1966 年为 53.4%，1971 年为 53.2%，而同期制造业与采矿业劳动力所占比例则持续上升，分别为 8.2%、9.5%、13.1% 和 12.4%。② 1976 年，埃及第一产业就业者 488.1 万人，占劳动力总数的 47.6%；第二产业就业者 140.3 万人，占 13.7%；第三产业就业者 378.7 万人，占 36.9%。③ 1981～2001 年，埃及第一产业就业人数不断增加，由 410 万人增加到 511.9 万人，但在就业总人数中所占的比重不断下降，由 40% 降到 28.5%。同期，第二产业就业人数由 127.8 万人增加到 240.5 万人，增长了近一倍，但在就业总人数中所占的比重却变化不大，由 12.1% 增至 13.4%。同期第三产业就业人数由 452.8 万人增加到 874.8 万人，在就业总量中的占比由 20.1% 增到 48.7%。④ 在 2008 年，农业部门对埃及国内生产总值的贡献率为 14%，农业部门的工人占劳动力总数的 31%⑤；埃及新增就业机会 15.8 万个，其中工业部门提供的就业机会为 5.5 万个，占就业机会总数的 36%⑥；

① 财政部《财政制度国际比较》课题组编著《埃及财政制度》，第 12 页。
② 戴晓琦：《阿拉伯社会分层研究：以埃及为例》，第 82 页。
③ 世界银行：《埃及结构调整期间的扶贫问题》，1991，转引自毕健康《埃及现代化与政治稳定》，第 321 页。
④ 阿拉伯埃及共和国信息部国家新闻总署：《埃及二十一年成就（1981－2002）》，第 26 页。
⑤ 阿拉伯埃及共和国新闻部新闻总署：《埃及年鉴（2009）》，第 64 页。
⑥ 阿拉伯埃及共和国新闻部新闻总署：《埃及年鉴（2009）》，第 58 页。

工业部门劳动力总数为 300 万人①。到穆巴拉克晚期，从总体看，埃及仍是农业国，工业仅占国内生产总值的 20%，仅占全国劳动力总数的 16%。② 可见，数十年来，埃及就业结构的演变趋势是第一产业的农业部门依然占相当大的比重，第一产业和第三产业是就业主渠道，而第二产业的工业部门吸纳劳动力不足。

之所以形成这一局面，与埃及的产业结构密切相关。农业自古就是埃及人存续的命脉与根基。尼罗河流域优越的自然条件，使尼罗河谷在历史上就是个农业发达地区。农村人口庞大，也是埃及的基本国情。所以，农业成为埃及劳动力就业的重要领域。而随着人口的急剧增加，农业工作者的人数不断增加。此外，纳赛尔时期土地改革促使大量拥有土地的小农出现，这也为大量劳动力从事农业创造了条件。在 2005 年的就业结构中，农业部门的占比为 39.1%。③ 到 2014 年 6 月底，埃及全国就业总数为 2390 万人，农业和渔业部门占 26.5%。④ 大量小农、贫农加入农业工人行列。1975～1996 年，埃及农业工人由 250 万人增加到 463.4 万人，同期农业工人占农业劳动力总数的比例由 63% 提高到 78.6%。⑤ 而农业产值的不断减少与其在国内生产总值中所占比重的不断下降，则是与埃及长期对农业的投入不足有关。如 1982～2000 年，埃及执行的投资总额为 7421 亿埃镑，农业与水利部门为 669 亿埃镑，仅占 9%。⑥ 大量劳动力从事农业，而农业投入与产值不高，这不仅影响埃及经济整体发展，也影响从业者的收入。

自纳赛尔时期以来，埃及工业有了不小发展。1952～1967 年，埃及工业生产年均增长 5.7%，到 1970 年，工业占国内生产总值的 23%，工业品

---

① 阿拉伯埃及共和国新闻部新闻总署：《埃及年鉴（2009）》，第 74 页。
② 刘卿新：《从"三无青年"膨胀解析埃及的工业滞后及教育失衡》，《中国青年研究》2012 年第 10 期，第 15 页。
③ 世界银行：《2013 年世界发展报告·就业》，胡光宇、赵冰译，第 352 页。
④ 埃及中央银行：《2013～2014 年经济评论》第 4 卷第 4 期，埃及中央银行网站，第 9 页，http://www.cbe.org.eg，最后访问日期：2015 年 9 月 20 日。
⑤ 戴晓琦：《阿拉伯社会分层研究：以埃及为例》，第 119 页。
⑥ 阿拉伯埃及共和国新闻部新闻总署：《在埃及投资：稳定与发展》，第 20 页。

出口占总出口额的 31%。① 1970～1979 年，埃及工业年均增长率为 7.8%，制造业为 8.2%。② 1981～2001 年，埃及工业年均增长率为 6.9%。③ 到 2008 年，埃及工业产值达 1645 亿埃镑，占国内生产总值的 16%。④ 但总体上，埃及工业发展缓慢，技术落后，基础薄弱，特别是制造业发展滞后，在埃及国内生产总值中的比例也不高。1959～1975 年，埃及制造业占国内生产总值的比例从 17.5% 上升到 20.5%⑤。1985～1995 年，制造业占埃及国内生产总值的比例由 13.5% 提高到 17.2%⑥，但 2016 年降到 15.8%⑦。

与农业与服务业相比，埃及工业的就业情况不尽如人意。如 1981～2001 年，埃及工业获得的投资占投资总额的 18.8%，就业人数虽由 127.8 万人增加到 240.5 万人，但占就业总人数的比例仅由 12.1% 略增到 13.4%。⑧ 在 2005 年，工业就业人数仅占埃及全国就业总人数的 18.8%，与其他发展中国家相比偏低——同年阿根廷占 30.3%，墨西哥占 25.5%，土耳其占 24.8%。⑨ 在 2008 年，工业就业人数占埃及就业总人数的 16%，而阿根廷占 21%，墨西哥占 19%，土耳其占 18%。⑩ 制造业吸纳的就业人数也不多。如在 2014 年，制造业就业人数仅占埃及就业

---

① 哈全安：《纳赛尔主义与埃及的现代化》，《世界历史》2002 年第 2 期，第 62 页。
② 王宝孚：《埃及经济改革开放的成就、难题和前景》，《现代国际关系》1996 年第 5 期，第 35 页。
③ 阿拉伯埃及共和国信息部国家新闻总署：《埃及二十一年成就（1981-2002）》，第 36 页。
④ 阿拉伯埃及共和国新闻部新闻总署：《埃及年鉴（2009）》，第 75 页。
⑤ 毕健康、陈勇：《当代埃及国内劳工移民与工业化问题评析》，《阿拉伯世界研究》2017 年第 6 期，第 12 页。
⑥ 财政部《财政制度国际比较》课题组编著《埃及财政制度》，第 12 页。
⑦ 毕健康、陈勇：《当代埃及国内劳工移民与工业化问题评析》，《阿拉伯世界研究》2017 年第 6 期，第 12 页。
⑧ 阿拉伯埃及共和国信息部国家新闻总署：《埃及二十一年成就（1981-2002）》，第 36、26 页。
⑨ 世界银行：《2013 年世界发展报告·就业》，胡光宇、赵冰译，第 352～353 页。
⑩ 世界银行：《2010 年世界发展指标》，第 230～232 页。

总量的 11.7%。① 可以说，由于制造业滞后，埃及的工业部门没有成为就业的主导部门。

中小企业特别是小微企业是埃及为解决就业问题而重点扶持的企业。埃及投资与国际合作部部长萨哈尔·纳斯尔称，到 2017 年 7 月，小微企业数量占埃及企业总数的 98% 以上，小微企业就业量占非农业私人部门就业总量的 85% 以上，占就业总量的 40%。埃及女性对中小企业的贡献率约为 24%，对微型企业的贡献率为 90%。② 但由于小微企业本身规模小，吸纳劳动力的能力有限，且抗风险能力弱，不稳定性高，其对埃及解决就业问题的作用有限。

此外，埃及长期存在的城乡、地区经济差异对其就业也有影响。如开罗等大城市获得的经济资源多，经济发展好于其他地区，所创造的就业机会多，但由于人口过于集中于开罗等大城市，其就业也困难重重，失业情况非常严重，城市失业率经常比农村还高。如在 1960 年，埃及农村失业率为 1.1%，而城市为 4.3%；到 1976 年，埃及农村与城市的失业率为 6.4% 与 9.5%；到 1986 年，埃及农村与城市的失业率为 13.7% 与 15.8%。③ 直至穆巴拉克时期之后，这一状况依然没有改变。据埃及中央公共动员与统计局公布的数据，在 2018 年第二季度，埃及劳动力市场规模为 2903.6 万人，失业人数为 287.6 万人，其中城市登记失业率为 11.9%，农村失业率为 8.5%。④ 此外，埃及地区经济发展不平衡，总体上是下埃及比上埃及、西奈半岛发展好，上埃及以农业为主，因此上埃及的农业从业者居主导地位。在有历史遗迹等著名旅游资源的地方，就

---

① 埃及中央银行：《2013～2014 年经济评论》第 4 卷第 4 期，埃及中央银行网站，第 9 页，http://www.cbe.org.eg，最后访问日期：2017 年 9 月 20 日。

② 《埃及青年失业率为 24%》，中国驻埃及大使馆经济商务参赞处，http://eg.mofcom.gov.cn/article/jmxw/201707/20170702607256.shtml，最后访问日期：2018 年 8 月 18 日。

③ Heba Handoussa and Gillian Potter, eds., *Employment and Structural Adjustment, Egypt in the 1990s*, p.44.

④ 《埃 2 季度失业率降至 9.9%，创近 8 年来新低》，中国驻埃及大使馆经济商务参赞处，http://eg.mofcom.gov.cn/article/jmxw/201808/20180802777783.shtml，最后访问日期：2018 年 8 月 31 日。

业于旅游、餐饮、酒店等行业的人数明显比较多。埃及人口与经济主要聚集于占国土面积仅 4% 的尼罗河谷与三角洲地区，劳动力和就业也集中于这些地区，而广大沙漠地区没有得到多少开发，无法吸纳多少劳动力。

3. 教育失衡

埃及现代世俗教育始于穆罕默德·阿里时期。20 世纪上半叶，埃及高等教育逐步兴起。纳赛尔时期，埃及政府相继推行高等教育免费政策、大学与中学毕业生统一分配政策等，埃及高等教育发展很快。1930～1952 年，埃及高等教育注册学生人数由 4247 人增加到 42494 人。[1] 1952～1962 年，埃及高等教育预算经费由 354.1 万埃镑增加到 1450 万埃镑，同期在校生人数由 42485 人增加到 98537 人[2]，1970 年增加到 17.8 万人[3]。萨达特时期，埃及推行高等教育大众化。1971 年，萨达特颁布法令，要求高等院校接受所有中学毕业生。此后，埃及高中毕业生基本上进入高等院校深造，高等教育的发展再上一个台阶。1970～1980 年，埃及高等院校在校生人数由 17.8 万人增加到 56.4 万人。[4] 穆巴拉克时期，埃及高等与中等教育继续大发展。1981～2001 年，埃及高等院校在校生人数由 62.5 万人增加到 170 万人，院系由 171 个增加到 441 个；私立大学的院系增加到 38 个，新生人数由 180 人增加到 17368 人。[5] 到 2008 年，埃及有大学 34 所（2004 年为 25 所），院系 477 个，其中私立大学有 16 所，高等院校入学人数近 290 万人（2007 年为 280 万人）。[6] 2008 年，埃及有职业技术教育类学校

[1]　Ahmed Abdalla, *The Student Movement and National Politics in Egypt, 1923 – 1973*, London：AI Saqi Books, 1985, p. 26.

[2]　Haggai Erlich, *Students and University in Twentieth Century Egyptian Politics*, p. 177.

[3]　Haggai Erlich, *Students and University in Twentieth Century Egyptian Politics*, p. 202.

[4]　Haggai Erlich, *Students and University in Twentieth Century Egyptian Politics*, p. 202.

[5]　阿拉伯埃及共和国信息部国家新闻总署：《埃及二十一年成就（1981－2002）》，第 68 页。

[6]　阿拉伯埃及共和国信息部国家新闻总署：《埃及二十一年成就（1981－2002）》，第 129 页。

1792 所，学生数量 136.2 万人。①此外，埃及的高中教育发展比较快。1975 年，埃及高中毕业生有 12.2 万人。② 1981～2001 年，埃及高中在校生人数由 15.5 万人增加到 38.6 万人，职业高中在校生人数由 24.9 万人增加到 72.2 万人。③

　　埃及高等与中等教育的发展，对就业却产生了巨大压力。一是毕业生数量增加过快，超过埃及就业市场的实际需求。1951 年，埃及大学毕业生人数为 7.2 万人，1977 年达到 68.7 万人，1977 年埃及政府不得不对大学招生人数进行削减。④ 2000～2008 年，埃及大学本科毕业生人数由 21 万人增加到 23.6 万人，同期研究生毕业人数由 12 万人增加到 14.6 万人。⑤ 大学和中学的毕业生的不断增加，超过了政府所能够解决的能力。到 20 世纪 80 年代中期，纳赛尔时期所规定的大学与中学毕业生国家统一分配的政策难以为继，该群体就业日益困难，失业情况不断严重。以 2003 年为例，埃及劳动力中受过中等教育者人数最多，为 638.2 万人，占全部劳动力的 31.4%；受过大学教育及以上者为 346 万人，占 17.0%。但这两个群体的失业情况非常严重，受过中等教育者的失业人数达 147.8 万人，占全部失业人数的 66.0%；受过大学教育及以上者的失业人数居第二位，为 56.7 万人，占全部失业人数的 25.3%；而受教育程度比较低的群体的失业人数与其占全部失业人数的比例却非常低。如文盲占劳动力数量的 22.7%，但其失业人数仅为 1.2 万人，占全部失业人数的比例仅为 0.5%（见表 1-18）。这说明，埃及的教育水平超过埃及就业市场的需求，埃及经济发展不能够为受教育水平高者提供足够多的就业机会。

---

① 阿拉伯埃及共和国信息部国家新闻总署：《埃及二十一年成就（1981-2002）》，第 127 页。
② 季诚钧、徐少君、李旭：《埃及高等教育研究》，第 24 页。
③ 阿拉伯埃及共和国信息部国家新闻总署：《埃及二十一年成就（1981-2002）》，第 64 页。
④ 季诚钧、徐少君、李旭：《埃及高等教育研究》，第 25 页。
⑤ 阿拉伯埃及共和国信息部国家新闻总署：《埃及二十一年成就（1981-2002）》，第 130 页。

表 1-18　2003 年埃及不同教育程度的劳动力分布与失业状况

单位：万人，%

	劳动力		失业	
	数量	占比	数量	占比
文盲	461.7	22.7	1.2	0.5
可读写	379.9	18.7	1.5	0.7
中等教育以下	105.2	5.2	2.3	1
中等教育	638.2	31.4	147.8	66.0
中等教育以上	100.9	5.0	14.6	6.5
大学教育及以上	346	17.0	56.7	25.3
总计	2031.9	100	224.1	100

资料来源：Central Agency for Public Mobilization and Statistics (Egypt)，*Labor Force Sample Survey*，Various Issue，http://www.capmas.gov.eg，转引自李超民编著《埃及社会保障制度》，第 129 页。

　　二是专业结构不合理，学科发展失衡。埃及受过大学、中等教育者就业困难，专业结构不合理是重要因素。埃及在 20 世纪 80 年代初就实现了高等教育普及化与大众化，但埃及高等教育是文科强劲而工科发展滞后。1981～2001 年，埃及大学理科在校生由 31 万人增加到 84.6 万人，工科在校生由 20 万人增加到 43.6 万人；同期公立职业技术教育类学校在校生由 11.4 万人增加到 13.9 万人，其中工业类专业在校生由 1.3 万人增加到 6.46 万人，商科在校生由 4.1 万人增加到 6 万人，医疗类专业在校生由 2920 人增加到 8657 人。[①] 在 2007/2008 学年，64% 的埃及大学生学习商业、法律、艺术和教育等人文学科专业，理工科专业学生仅占总数的 17.6%。[②] 可见，埃及高等教育没有培养出更多发展实体经济所需要的工科生，却培养出大量文科生。因此，埃及的大学毕业生技能不能适应经济需求，就业困难与大量失业无法避免。在 2010 年，埃及 1000 万失业人口中受过高等教育的青年失业率竟是受

---

① 阿拉伯埃及共和国信息部国家新闻总署：《埃及二十一年成就（1981－2002）》，第 68 页。

② *Egypt Human Development Report 2010*，p. 48.

过小学教育者的 10 倍，而文科生又占其中的大头。① 因此，埃及大学生的就业困难与失业是由结构性矛盾所致的。

此外，一些其他因素对埃及就业也有影响。如埃及历史上是个中央集权制国家，政府等公权力机构庞大，再加上一度实行大学、中学毕业生由国家统一分配的政策，各级政府机构成为就业的重要渠道，政府部门就业人数持续增长。20 世纪 80 年代中期以后，埃及政府无法继续大量安排毕业生就业，导致毕业生就业困难与失业加剧。另外，与大多数阿拉伯国家一样，埃及女性婚后的主要精力放在家庭。如在 2006 年，埃及已婚的就业女性每周花在家庭的时间为 45.4 小时（未婚的就业女性每周花在家庭的时间为 20.1 小时），2012 年达 29.3 小时（未婚的就业女性为 13.1 小时），而失业的已婚女性的数据分别为 42.8 小时、29.6 小时，失业的未婚女性为 17.8 小时和 10.9 小时。② 埃及就业市场中的性别歧视现象也非常严重，女性在应聘、升职、退休年限和薪酬等方面经常遭遇不平等待遇，这些都对埃及女性就业产生不利影响。

综上所述，尽管埃及历届政府高度重视就业工作，采取了许多举措，就业总人数不断增加，但总体而言，埃及的就业形势依然严峻，失业率和失业人数高企，其根本原因在于埃及经济结构失衡，其经济发展没有创造更多的就业机会，而人口的不断增加又使就业问题更趋严重。

就业问题已经成为影响埃及发展与稳定的大事。首先，就业难直接影响到的是普通埃及民众的收入与日常生活。工薪收入是普通民众的主要收入来源，是其赖以维持生计的基础。埃及长期存在的就业难、失业普遍、工资增长迟缓，自然会影响普通民众的日常生活，使下层普通民众生存艰难。而埃及长期存在的国内资本不足、补贴问题、住房问题、青年问题等都与就业难密切相关。其次，埃及女性就业问题突出，这不

---

① 刘卿新：《从"三无青年"膨胀解析埃及的工业滞后及教育失衡》，《中国青年研究》2012 年第 10 期，第 16 页。

② Rana Hendy, "Women's Participation in the Egyptian Labor Market: 1998-2012," in Ragui Assaad and Caroline Krafft, eds., *The Egyptian Labor Market in an Era of Revolution*, p. 158.

仅影响到女性的收入，还影响到女性的解放。埃及女性人口占埃及总人口的近一半，数量庞大，但诸多因素造成女性在劳动力和就业人数中的比例不高。埃及女性就业难，这使大多数女性在家庭中的地位低下，也使女性更多地游离在埃及经济与社会的发展之外。对埃及与其他阿拉伯国家的妇女来说，参与社会劳动、经济自立是其解放的必由之路。显然，对就业困难重重而失业率极高的埃及女性来说，其解放之路依然是任重道远。此外，就业困难而失业严重，特别是青年就业困境，造成了一系列社会问题，如部分大学毕业生流落街头，吸毒、暴力、犯罪、偷渡出国等现象增加。

穆巴拉克政权倒台后，埃及政局与社会动荡。2014 年塞西总统执政后，埃及逐渐走上了正轨，但埃及发展仍面临许多棘手的问题，就业难就是其一。针对埃及长期存在的就业难题，塞西政府吸取经验教训，采取了一系列促进经济发展、提升就业能力的举措。

其一，大力吸引投资，加强基础设施建设。埃及剧变之后，埃及经济发展环境并未明显好转，如公司法落伍，官僚主义盛行，公司税高达 30%，基础设施破败，缺少冷链，夏季电力短缺。发展资本不足也是埃及长期面临的难题。为吸引外资，2017 年 5 月，埃及议会通过了新的投资法——2017 年第 72 号法，对投资范围、投资机制、外资审查、资本构成、外汇使用等内容进行完善和更新。2018 年 9 月，埃及对 1981 年第 159 号公司法实施条例进行修改，允许企业员工和管理人员拥有公司的部分股权，使企业员工和管理者有更多的经济优惠。基础设施建设是塞西政府发展经济、创造就业的重要方面。2014 年 9 月，在出席欧洲货币埃及年会时，塞西总统称埃及每年需要消化 80 万新劳动力，他宣布支持政府开垦 400 万费丹土地以创造就业岗位和改善农场条件。2016 年 4 月，塞西政府出台了经济领域的十大建设项目，建设苏伊士运河枢纽区、开罗新行政首都项目是其中的标志性基础设施建设项目。如苏伊士运河枢纽区项目是要在运河区建设 4 个特区和 6 座港口，打造体系完善的工业区，创造 150 万个就业机会。此外，埃及还在发展交通基础设施、升级电力基础设施、建设工业园区及配套设施等方面做了许多工作。

其二，大力发展制造业，增加就业容量。尽管有长足发展，但埃及工业呈现发展不快，特别是制造业落后、吸纳劳动力不多的基本特点。为有效改变这一状况，塞西政府在 2016 年推出《2030 愿景》和《2016~2020 年工业与贸易发展战略》。《2030 愿景》提出的中期规划目标是，到 2020 年，除石油以外的加工业在埃及国内生产总值中的贡献率由 2014 年的 16.6% 增至 2020 年的 25%，每年在原基础上增长 10%，提供 300 万个就业机会，占就业总量的 20%。① 《2030 愿景》明确设定了制造业发展目标，即到 2030 年，将埃及制造业增加值增长率由 2016 年的 5% 提升至 10%，将制造业增加值在国内生产总值中的比重由 2016 年的 12.5% 提高至 18%。② 《2016~2020 年工业与贸易发展战略》则进一步细化了制造业发展的具体推进措施。

其三，继续发展私营经济，支持中小微企业。自 20 世纪 70 年代中期以来，埃及一直大力发展私营经济，私营经济已成为埃及就业的主要部门，但中小微企业发展困难重重。世界银行经济学家塔拉·维什瓦纳斯（Tara Vishwanath）说："与政府关系密切的大公司只提供了 11% 的就业，但却获得 92% 的贷款，而埃及政府为居民建立公司与在市场生存设置了许多障碍，使私人经营公司、经商非常困难。"③ 2014 年，世界银行在报告《更多的工作，更好的工作：埃及的优先事项》（More Jobs，Better Jobs：A Priority for Egypt）中也提出，要解决埃及劳动力市场的结构问题与强化短期与长期政策干预，需要释放私人部门潜力以创造大量与多种多样的工作。世界银行埃及国家董事哈特威格·斯查佛（Hartwig Schafer）称："埃及青年需要工作岗位，私人部门有潜力为其提供高质

---

① 戴晓琦：《塞西执政以来的埃及经济改革及其成效》，《阿拉伯世界研究》2017 年第 6 期，第 45 页。

② Cabinet of Ministers of Egypt, "Sustainable Development Strategy：Egypt Vision 2030," May 25, 2019, http：//www. cabinet. gov. eg/Style%20Library/Cabinet/pdf/sds2030_ summary_ arabic. pdf.

③ "EGYPT：Employment Reform," *Africa Research Bulletin：Economic，Financial and Technical Series*, Vol. 51, Issue 9, 2014, p. 20555.

量和稳定的就业机会。"①

另外，21 世纪以来，埃及的工作越来越少地提供社会保险或书面合同，这种非正规的就业主要影响青年。根据国际劳工组织发布的数据，在埃及，56% 的男性非农业就业是非正规就业。埃及超过 50% 的私人部门是所谓的非正规经济，如摆水果摊或做日工，约 400 万名工人从事这种低薪的地下经济活动。②

其四，加强职业技术教育。职业技术教育发展滞后是埃及教育发展的短板之一，也是导致埃及就业困境的原因之一。自 2014 年以来，埃及在这方面采取了一些措施。埃及 2014 年宪法第 20 条明确提出，国家要根据劳动力市场需求，依照全球标准，鼓励和发展各种形式的技术教育和职业培训。2015 年，埃及专门设立了技术培训和教育部，全面负责国家职业技术教育和培训工作（后该部与教育部合并）。《2030 愿景》也提出了职业技术教育的发展目标。主要包括：到 2030 年，埃及接受职业技术教育的学生比例从 2016 年的 4% 提升到 20%，职业技术院校毕业生从事专业工作的比例由 2016 年的 30% 提升至 80%，接受职业技术教育的学生中接受培训的学生的占比由 2016 年的 4% 提升到 30%，与社会力量联合兴办的职业技术和培训机构的占比由 3% 提高至 20%。③《2016 ~ 2020 年工业与贸易发展战略》提出了埃及发展职业技术教育的主要任务，包括：以市场需求为导向，借助校企联动，提升职业技术教育的社会适用性；通过建立职业技术教育认证和评估体系、加强职业技术教育从业者培训等手段提升职业技术教育的教学质量；加大职业技术

---

① "EGYPT：Employment Reform," *Africa Research Bulletin：Economic, Financial and Technical Series*, Vol. 51, Issue 9, 2014, p. 20555.

② "EGYPT：Employment Reform," *Africa Research Bulletin：Economic, Financial and Technical Series*, Vol. 51, Issue 9, 2014, p. 20555.

③ Cabinet of Ministers of Egypt, "Sustainable Development Strategy：Egypt Vision 2030," May 25, 2019, http：//www. cabinet. gov. eg/Style%20Library/Cabinet/pdf/sds2030_ summary_ arabic. pdf.

教育宣传力度，改变国民重学位教育、轻职业技术教育的社会心态。①
可以预计，随着职业技术教育的发展，埃及重视培养理论研究型人才、
轻应用型人才的教育格局会有大的变化，这对改变就业格局会有积极
意义。

　　塞西政府的上述举措，取得了一些成效，但仍没有从根本上解决埃
及长期累积的就业难题，尤其是失业严重、青年与女性就业难的现象依
旧存在。就业问题实质上是经济发展问题，埃及就业困境的破解，需要
埃及政府综合施策以及长期不懈的努力。

---

① Ministry of Trade and Industry of Egypt, "Industry and Trade Development Strategy 2016-2020," May 25, 2019, http://www.mti.gov.eg.

第二章

埃及补贴制度及其改革

补贴是一个国家为达到某项经济或社会目标而采取的财政政策，在各国普遍存在，埃及也不例外。埃及的补贴源于 1952 年之前，基本制度形成于纳赛尔时期，在萨达特时期扩大，在穆巴拉克时期调整，至今仍在延续。与其他国家有所不同的是，补贴在埃及不只是个经济问题，还是个非常敏感的民生问题，受益者众多，是广大低收入者赖以维持生计的基本制度，尽管存在不少弊端，但历届政府对其改革非常慎重。补贴涉及的研究领域很广，本章仅探讨与民生有关的补贴。

第一节　埃及补贴制度的形成

一　埃及补贴制度的缘起

埃及的补贴制度可以追溯到第一次世界大战后。当时，因战争带来的困难，埃及政府开始大量进口小麦并以补贴价格在国有商店出售。第二次世界大战期间，为应对食品短缺和大战造成的通货膨胀，埃及于1941 年开始临时实行食品配给措施，用配给卡以相对低廉的价格为国民提供糖、煤油、粗棉纺织品、食用油和茶叶等必需品。[①] 第二次世界大

---

① Akhter U. Ahmed, Howarth E. Bouis, Tamar Gutner, Hans Löfgren, *The Egyptian Food Subsidy System: Structure, Performance, and Options for Reform*, p. 18.

战后，配给政策得以保留下来，以应对小麦、糖等基本商品的短缺。1947年，埃及补贴总支出为600万埃镑，占政府总支出的7.6%、国民总收入的1%。① 对于埃及食品补贴制度的起源，埃及学者索尼娅·N.阿里（Sonia N. Ali）指出，它一开始就不是专为穷人提供低价食品的计划。② 当时这项社会救助政策既不属于政府补贴，也没有限定补贴对象，而是类似于计划经济的措施。

第二次世界大战后，由于英、美等国的商品大量涌入埃及，加上美国等西方国家对资本主义世界市场的垄断，埃及民族工业受到严重打击，经济每况愈下。由于自然条件的制约，埃及农业生产长期以来得不到相应的发展，一半以上的粮食和农产品需要进口。而随着人口增加，广大下层民众生计困难，自产粮食不足，引起粮食供给恐慌。为促进国内粮食生产和食品进出口贸易，埃及政府决定对以食品为主的农产品实行财政补贴，并在1950年进行预算立项。1951年，埃及补贴支出为700万埃镑，占政府总支出的3.4%、国民总收入的0.7%。③

纳赛尔时期，埃及开始了大规模的政治与经济改革，埃及社会发生翻天覆地的变化。纳赛尔认为，埃及社会革命的目的和任务是在国家和社会中实现公正和平等，保障民众权利，建立自由、公正和富裕的社会，称要在埃及"建立一个富足和正义的社会，一个劳动和机会均等的社会，一个生产的社会和福利的社会"④。因此，其延续了之前的食品补贴政策，作为其社会保障体系的一部分。此举也有利于获得民众的支持，以巩固新政权，保持社会的稳定。

---

① Grant M. Scobie, *Food Subsidies in Egypt: Their Impact on Foreign Exchange and Trade*, p. 12.
② Sonia M. Ali & Richard H. Adams, JR, "The Egyptian Food Subsidy System: Operation and Effects on Income Distribution," *World Development*, Vol. 24, No. 11, 1996, p. 1777.
③ Grant M. Scobie, *Food Subsidies in Egypt: Their Impact on Foreign Exchange and Trade*, p. 12.
④ Ram Sachs, *On Bread and Circuses: Food Subsidy Reform and Popular Opposition in Egypt*, California: Center for International Security and Cooperation, Stanford University, 2012, p. 14.

　　纳赛尔时期的农业改革，确保了政府在粮食生产和分配上的直接参与，为食品补贴政策的实行提供了条件。农民参加了农业合作社，国家强制规定其必须以低于自由市场的价格交付部分或全部粮食。① 因此，纳赛尔时期的食品补贴制度是以农村人口为代价的，偏向于为城市人口提供廉价食品。

　　埃及推行的工业化战略也需要食品补贴。为发展工业，埃及政府选择维持低工资制度，同时以补贴稳定食品价格水平、保证食品供应、缓解饥饿和维持人力资本。低价食品政策是埃及政府一揽子社会政策的一部分，有助于维持人们的正常生活。作为最基本的商品，低价食品确保了埃及国内市场的扩大，为本地制造业的发展提供了可能。鉴于政治和经济的双重作用，食品补贴逐渐成为埃及社会安全网的一部分。②

　　此外，美国的粮食援助也对埃及食品补贴制度的推行起了辅助作用。1954 年，美国国会通过了农业贸易发展和援助法案（被称为公共法 480号），允许其他缺粮"友好国家"用本国货币购买美国农产品，以节省外汇储备，减少美国谷物盈余。1959 年，美国参议员胡伯特·汉弗莱（Hubert Humphrey）提出将公共法 480 号作为一个明确的外交政策工具。艾森豪威尔总统采纳了该建议，将公共法 480 号重命名为"粮食用于和平计划"，并任命一名主任来负责。1956 年，在援助的第一阶段，埃及从美国那里接收了约 7000 万美元的粮食。在苏伊士运河战争爆发后，美国暂停了与埃及的 19.2 万美元剩余小麦协议。在 1958 年 7 月伊拉克革命破坏了《巴格达条约》后，艾森豪威尔政府试图缓和紧张的美埃关系，遂恢复了经济援助计划，其中包括几乎全部的"粮食用于和平计划"框架下的粮食援助。③ 1959 年，美国向埃及出口的粮食价值 1.58 亿

---

① Rachel Trego, "The Functioning of the Egyptian Food-Subsidy System during Food-Price Shocks," *Development in Practice*, Vol. 21, No. 4 – 5, 2011, p. 669.

② Anne M. Thomson, "Egypt: Food Security and Food Aid," *Food Policy*, Vol. 8, No. 3, 1983, p. 182.

③ Anne M. Thomson, "Egypt: Food Security and Food Aid," *Food Policy*, Vol. 8, No. 3, 1983, p. 181.

美元，占埃及进口粮食的24%，1960年达到66%。1961年，"粮食用于和平计划"框架下的出货量占埃及小麦进口的77%，占埃及供应小麦和面粉的38%。1962年10月，美国与埃及达成为期三年的协议。据此，1963～1965年，美国向埃及提供价值超过4亿美元的粮食。[①] 来自美国的大量粮食援助，为需要从国外进口大量粮食的埃及推行食品补贴制度提供了条件。

可见，埃及的补贴制度起初是战时临时举措，在纳赛尔时期成为实现社会目标、维持社会稳定的基本政策，而埃及粮食的不足、大量生计艰难的底层民众的现实需要也使其具有实施的必要性。

二 纳赛尔时期与萨达特时期的补贴制度

纳赛尔时期的社会保障主要是通过国家财政进行物价补贴，补贴支出是埃及财政支出的主要部分之一。补贴支出是政府因通货膨胀、物价上涨或出于扶持经济、保护贸易等目的而对企业和居民进行的一种客观性财政转移支出。

1952年七月革命后，埃及开始以象征性的价格或免费向民众提供一些商品和服务。随着国内工业化和国有化进程的深入，为鼓励国内民族工业发展，提高其国际竞争力，埃及政府决定给更多的工业产品以财政补贴。补贴支出的范围由最初比较单一的农产品逐步扩大到工业产品。1957年，埃及补贴支出为600万埃镑，占政府总支出的1.7%、国民总收入的0.5%；1961年埃及补贴支出为900万埃镑、占政府总支出的1.3%、国民总收入的0.6%；1971年埃及补贴支出为4200万埃镑，占政府总支出的4%、国民总收入的1.4%。[②]可见，在纳赛尔时期，尽管补贴的金额增加了不少，但补贴支出在政府总支出、国民总收入中所占的比重不高。

---

① Jean-Jacques Dethier and Kathy Funk, "The Language of Food: PL 480 in Egypt," *MERIP Middle East Report*, No. 145, 1987, pp. 22 – 24.

② Grant M. Scobie, *Food Subsidies in Egypt: Their Impact on Foreign Exchange and Trade*, p. 12.

萨达特时期，埃及的补贴范围进一步扩大。1973 年，世界小麦价格急剧上升，从 1 吨 60 美元上升至 1 吨 250 美元，而埃及的小麦进口费用激增，从 1.47 亿美元上升到 4 亿美元。[①] 为维持市场价格稳定与民众生计，埃及政府做出承诺，为消费者提供价格稳定的食品，遂形成一个包括豆类、冷冻鱼、肉、鸡、大米、黄玉米等食物在内的广泛食品补贴网。食品补贴金额大幅度增加。1973 年，埃及食品补贴支出猛增到 1.36 亿埃镑（1972 年为 4190 万埃镑），1974 年达到 3.93 亿埃镑；1972～1974 年，埃及食品补贴支出占政府总支出的比重由 0.7% 上升到 16.5%。[②] 1974 年，由于国际油价上涨，埃及政府决定保护个人、企业以及官方机构等所有能源用户，又将能源纳入补贴范围。随着埃及国内物价上升和通货膨胀，埃及政府被迫扩大补贴以平抑物价，保护国内工业生产与消费，补贴项目增多与规模逐步扩大，至 20 世纪 80 年代初期达到顶峰。[③] 99% 的埃及人有配给卡，其中 97% 的人拥有高补贴的绿色配给卡。[④]

随着补贴范围的扩大，埃及的财政补贴支出急剧上升。1973 年，埃及的财政补贴支出为 1.08 亿埃镑，1974 年增加到 4.19 亿埃镑，1975 年再增加到 6.2 亿埃镑。[⑤] 在萨达特晚期，财政补贴支出更是以惊人的速度增长。从表 2-1 中可以看出，1976 年至 1980/1981 年，埃及财政补贴覆盖的范围非常大，既有商品供应补贴，也包括农业信贷、纺织品、石油、工业产品等补贴，补贴总支出也不断攀升，由 4.335 亿埃镑增加到 21.666 亿埃镑，占 GDP 的比重也由 6.4% 提高到 12.5%。而在 20 世纪

---

① Y. M. Sadowski, *Political Vegetables？ Businessman and Bureaucrat in the Development of Egyptian Agriculture*, Washington, D. C.: The Brookings Institution, 1991, p. 52.

② Karima Korayem, "The Impact of Food Subsidy Policy on Low Income People and the Poor in Egypt," in Gouda Abdel-Khalek and Karima Korayem, *Fiscal Policy Measures in Egypt: Public Debt and Food Subsidy*, p. 71.

③ Karima Korayem, "The Impact of Food Subsidy Policy on Low Income People and the Poor in Egypt," in Gouda Abdel-Khalek and Karima Korayem, *Fiscal Policy Measures in Egypt: Public Debt and Food Subsidy*, p. 71.

④ Tamar Gutner, *The Political Economy of Food Subsidy Reform in Egypt*, p. 20.

⑤ 钱艾琳：《小议埃及的补贴问题》，《亚非纵横》2002 年第 2 期，第 27 页。

70 年代初，财政补贴开支出大约占埃及国家预算的 1%，1974 年上升到政府日常开支的 21%，占 GDP 的 7%。[①]

表 2－1　1976 至 1982/1983 年埃及财政补贴支出的主要项目情况

单位：亿埃镑，%

项目	1976 年	1978 年	1979 年	1980/1981 年	1981/1982 年	1982/1983 年
商品供应补贴	3.215	4.496	10.019	17.031	14.731	13.365
开罗和亚历山大公共交通补贴	0.102	0.176	0.274	0.269	0.494	0.333
农业信贷补贴	0.087	0.001	0.001	0.053	0.04	0.076
农业稳定基金	0.342	0.383	1.019	1.191	2.279	1.6
纺织品补贴	0.399	0.443	0.506	0.92	1.269	1.273
石油补贴	0.102	0.159	0.40	0.519	0.562	0.418
合作建筑基金	0.002	0.012	0.023	0.069	0.154	0.307
政府信贷银行	—	0.293	0.197	0.312	0.4	0.516
印刷纸补贴	0.025	0.041	0.038	0.067	0.065	—
工业产品补贴	—	0.726	0.413	0.583	1.142	1.173
其他	0.061	0.37	0.63	0.652	0.785	0.943
合计	4.335	7.1	13.52	21.666	21.921	20.004
其中食品补贴所占比重*	74	63	74	79	67	67
补贴占 GDP 的比重	6.4	7.2	10.6	12.5	10.7	8.3

　　*经过笔者计算，本行数据应为商品供应补贴占当年总补贴的比例，所以原表数据有误。
　　注：埃及预算在 1979 年之前（包括 1979 年）实行历年制，从 1980 年开始实行跨年制；财政补贴支出是在财政特殊基金和国库基金中的开支，财政特殊基金建立于 1975 年。
　　资料来源：财政部《财政制度国际比较》课题组编著《埃及财政制度》，第 60 页。

　　食品补贴支出占政府开支和 GDP 的比例呈波动上升趋势。从表2－2中可以看出，1970～1980 年，埃及食品补贴支出占政府经常性开支的比例由 0.4% 提高到 19.6%，最高的 1979 年达 27.0%；占公共开支的比例

---

　　①　杨光、温伯友主编《当代西亚非洲国家社会保障制度》，法律出版社，2001，第
　　　　221 页。

由 0.2% 提高到 12.3%，最高的 1975 年达 16.9%；而占 GDP 的比例也由 0.1% 提高到 7.0%，最高的 1975 年达 9.4%。

表 2 - 2　1970～1980 年埃及食品补贴占政府开支和 GDP 的比例

单位：%

年份	1970	1972	1973	1974	1975	1976	1977	1978	1979	1980
占政府经常性开支的比例	0.4	1.1	7.6	23.3	23.9	14.0	17.6	20.8	27.0	19.6
占公共开支的比例	0.2	0.7	5.5	16.5	16.9	9.8	10.9	11.9	16.2	12.3
占 GDP 的比例	0.1	0.3	2.3	7.6	9.4	4.8	5.3	6.6	8.1	7.0

资料来源：Harold Alderman, Joachim von Braun, Sakr A. Sakr, *Egypt's Food Subsidy and Rationing System：A Description*, p.16。

埃及食品补贴的主要种类有小麦、面粉、玉米、豆类、食用油、鸡蛋、茶叶、鱼与蔗糖等，其中小麦居第一位，面粉居第二位，玉米居第三位。从表 2 - 3 中可以看出，1976～1980 年，埃及历年补贴小麦数量均最多，由 302.7 万吨增加到 400 万吨；同期补贴的进口面粉由 54.1 万吨增加到 102.2 万吨，补贴的进口玉米由 43.5 万吨增加到 117.2 万吨，补贴的进口玉米数量有时比补贴的进口面粉还多。埃及的食品补贴，有多项是既补贴进口，也补贴国内生产，如小麦、豆类等。到 1981 年，埃及补贴食品数量居前三位的是小麦、进口玉米、蔗糖。这说明，这些产品为埃及基本需求品，且需求量不断增加。

表 2 - 3　埃及主要食品补贴数量

单位：万吨

项目	1976 年	1977 年	1978 年	1979 年	1980 年	1981 年
小麦	302.7	338.4	371	372.5	400	430
进口	275.8	329.7	356	356.1	391	420
国内	26.9	8.7	15	16.4	9	10

续表

项目	1976 年	1977 年	1978 年	1979 年	1980 年	1981 年
进口面粉	54.1	65.5	83.7	102.8	102.2	110
进口玉米	43.5	67.6	69	63.2	117.2	115
豆类	13.2	7.5	8.5	9.1	10	14
进口	8.3	2.5	3.5	4.3	7.4	10
国内	4.9	5	5	4.8	2.6	4
石油	22.2	22.5	37.5	28.9	28.4	37.5
进口	22.2	22.5	25	25.9	28.4	27.5
国内	—	—	12.5	3	—	10
食物油	16.3	12.7	17.9	19	20.4	20.1
鸡蛋(百万个)	—	—	—	—	10.9	16
茶叶	—	4.8	3.7	4.1	2.9	2.6
冻牛肉	—	6.5	7	6.8	12.4	9.5
鸡肉	—	—	—	1.3	6.4	8.5
鱼	4.3	3.1	6.7	2.9	10.4	15
蔗糖	—	—	—	34.5	106.8	113
进口	—	—	—	34.5	51.8	51.5
国内	—	—	—		55	61.5

资料来源：财政部《财政制度国际比较》课题组编著《埃及财政制度》，第61页。

能源补贴是萨达特时期增长较快的补贴项目之一。1974~1979 年，国际石油价格上涨很快，埃及在此方面的补贴也不断增加。从表 2-1 中可以看出，1976~1980 年，石油补贴由 1020 万埃镑增加到 5190 万埃镑，增长了 4 倍。

简言之，纳赛尔时期只是基本确立了埃及的补贴制度，补贴范围比较小，而到萨达特末期，不论是从补贴项目、补贴产品数量，还是从补贴支出总额上，埃及的补贴都已大幅度增加，补贴已成为埃及一个涵盖食品和能源等一些非食品消费类产品的广泛社会福利计划的一部分。

第二节 穆巴拉克时期埃及补贴制度

一 补贴概况

到 1981 年 10 月穆巴拉克继任总统时，埃及的补贴已形成了非常庞大的规模与体系，大致可分为三大类。第一类是直接补贴，又称预算补贴，由国家预算承担，涉及大饼（小麦和面粉）、谷类、豆类、油、肉、冻鸡、糖、茶叶、木材等大约 50 种商品和服务项目，由供应与贸易部负责。第二类是被掩盖的补贴，又称间接补贴，使一些可供出口的工农业初级产品和中间产品以低于国际市场价的价格在国内出售。间接补贴主要是用于：国家对国营工厂以低于成本价的价格销售产品造成的亏损的补偿；补上进口大部分商品的外汇汇率与本国货币实际价格之间的差价；国家预算和国营部门所承担的过剩劳力费用；减免食品、成衣等商品的关税；免费的大中小学教育、医疗卫生服务和低价提供服务的水、电、市内运输和电话。第三类是转移补贴，是指社会的某一部门为另一部门或整个社会所承担的费用，包括政府以低于市场价的固定价格收购的农产品与这些产品的出口差价、住宅和农用土地的租金收入等。[①] 直接补贴是三类补贴中的大项，其 80% 以上的资金都用于 18 种与民众日常生活息息相关的商品，与一般家庭 70% 以上的日常开销项目直接有关。在这 18 种商品中小麦、面粉居绝对优势，仅这两种商品的补贴就等于其他 16 种商品的补贴总额。[②]

在埃及财政预算中，补贴与赠款、社会福利分为一类，为预算支出账户下的科目。埃及的财政补贴又可分为预算内和预算外两类。其一，预算内财政补贴指列入国家预算的公开补贴，是为实现一定的社会目标

---

① 韩小兴：《埃及国内关于政府补贴问题的争论》，《西亚非洲》1983 年第 3 期，第 21 页。

② 韩小兴：《埃及国内关于政府补贴问题的争论》，《西亚非洲》1983 年第 3 期，第 22 页。

而列入本年度预算的补贴，如物价补贴、区域经济补贴。其二，预算外财政补贴指国家预算中并不显示的补贴，如财政部对国有银行的债务结算。从补贴结构来看，埃及财政补贴的社会福利项目分为食品、汽油和其他项目三类，埃及财政补贴的大部分用于食品与汽油供应补贴、低收入住房资助，其余项目则与农产品进口、工业生产、运输等有关。

到 20 世纪 80 年代末 90 年代初，埃及补贴有以下 8 类：食品补贴、布匹补贴、工业补贴、农业补贴、能源补贴、公共服务补贴、住房补贴和就业补贴。①

在 20 世纪 80 年代，补贴支出是埃及政府支出的重要项目之一。1982 年，埃及补贴支出为 20 亿埃镑，1984 年为 20.07 亿埃镑，1985 年为 29.09 亿埃镑，1986 年为 16.52 亿埃镑，1987 年为 31.95 亿埃镑，1988 年为 18.13 亿埃镑，1989 年为 20.61 亿埃镑。② 可见，尽管埃及各年的补贴支出不一，但基本上为 20 亿 ~ 30 亿埃镑。

进入 20 世纪 90 年代，埃及推行经济结构调整与改革，要求减小补贴范围与减少支出，但补贴支出的减少有限。从表 2 - 4 中可以看出，1990/1991 年至 1994/1995 年，年度埃及补贴支出最低为 32.87 亿埃镑、最高为 44.7 亿埃镑，而大部分年份为 30 多亿埃镑。与 20 世纪 80 年代相比，补贴支出总额还在上升，20 世纪 80 年代最高的年份才为 31.95 亿埃镑，此数据低于 20 世纪 90 年代前半期最低的年份。

表 2 - 4 1990/1991 年至 1994/1995 年埃及财政支出情况

单位：亿埃镑

年份	财政总支出	经常性支出	补贴支出	投资支出	国内生产总值
1990/1991	503.89	269.63	32.87	150.67	986.64
1991/1992	509.63	324.5	44.7	157.47	1182.88
1992/1993	522.23	407.88	38.59	110.97	1329

---

① 詹小洪：《战后埃及经济体制的沿革》，《经济社会体制比较》1991 年第 1 期，第 52 ~ 53 页。

② 钱艾琳：《小议埃及的补贴问题》，《亚非纵横》2002 年第 2 期，第 27 页。

续表

年份	财政总支出	经常性支出	补贴支出	投资支出	国内生产总值
1993/1994	562.64	454.2	34.18	106.59	1468
1994/1995	581.57	462.58	36.39	112.99	1620

注：补贴支出统计时包含在经常性支出之内。

资料来源：财政部《财政制度国际比较》课题组编著《埃及财政制度》，第45页。

不过，尽管有波动，但补贴支出占政府总支出与 GDP 的比重在总体上呈下降趋势。从表 2-5 中可以看出，1976 年至 1980/1981 年，埃及补贴支出占政府总支出的比重呈上升态势，由 13.2% 增长到 21%；埃及补贴支出占 GDP 的比重也类似，由 6.4% 提高到 12.5%。但 1980/1981 年后，除 1991/1992 年比 1990/1991 年有所上升外，两者的比重均基本上呈下降趋势。1980/1981 年至 1993/1994 年，埃及补贴支出占政府总支出的比重由 21% 下降到 6.1%；占 GDP 的比重则由 12.5% 降至 2.3%。

表 2-5　1976 年至 1993/1994 年埃及补贴支出占 GDP 与政府总支出的比重

单位：%

年份	1976	1979	1980/1981	1981/1982	1982/1983	1990/1991	1991/1992	1992/1993	1993/1994
占 GDP 的比重	6.4	10.6	12.5	10.7	8.3	3.3	3.8	2.9	2.3
占政府总支出的比重	13.2	19.1	21	17.1	13.8	6.5	8.8	6.9	6.1

资料来源：财政部《财政制度国际比较》课题组编著《埃及财政制度》，第46页。

在穆巴拉克当政的后十年，埃及的补贴支出在数值上有很大增加。如在 2001 年的预算中，埃及政府用于社会补贴方面的支出为 500 亿埃镑，占当年财政预算支出的 30%。[1] 2003 年，埃及预算中的补贴支出为 80 亿埃镑，2004 年增加到 156 亿埃镑。[2] 在 2008 年，埃及产品和服务补

---

[1] 何文：《埃及大饼让穷人不挨饿》，《中国税务报》2004 年 11 月 12 日，第 6 版。

[2] 阿拉伯埃及共和国新闻部新闻总署：《埃及年鉴（2004）》，第 71 页。

贴总金额达近 940 亿埃镑。[①] 另据世界银行发布的数据，在 2008 年，埃及的补贴与转移支付的总金额为 1242.49 亿埃镑。[②] 在 2009 年埃及预算中，补贴总金额为 838.83 亿埃镑。[③] 埃及财政补贴占 GDP 的比重也重新高涨，2004 年只占 2% 多一点，而 2005～2008 年，年均占 9%，其中 2008 年达 12%。[④]

在穆巴拉克时期之后，补贴依然是埃及支出的重要项目。据 2012/2013 财年[⑤]决算，埃及政府补贴规模达近 2000 亿埃镑，占财政总支出的 33.8%。[⑥] 2016/2017 财年，埃及补贴支出为 2100 亿埃镑。[⑦] 在 2017/2018 财年预算中，补贴支出为 1209.26 亿埃镑。[⑧] 另外，塞西总统于 2018 年 6 月称，埃及政府预算中的补贴支出达 3320 亿埃镑。[⑨]

二 食品补贴

1. 食品补贴概况

自埃及有补贴开始，食品就是其最主要的补贴对象。食品包括小麦、

[①] 阿拉伯埃及共和国新闻部新闻总署：《埃及年鉴（2009）》，第 112 页。

[②] 李超民编著《埃及社会保障制度》，第 45 页。

[③] Ministry of Finance of Egypt, *Financial Statement on the Draft State's General Budget for the Fiscal Year 2010/2011*, Presented by Dr. Youssef Boutrous Ghali, 2010, p. 66, 转引自李超民编著《埃及社会保障制度》，第 49 页。

[④] 李超民编著《埃及社会保障制度》，第 47 页。

[⑤] 1979 年及之前，埃及财年为自然年度；1980 年实行跨年制，财年为当年 7 月 1 日至次年 6 月 30 日。

[⑥] 《埃及财长：政府坚持促增长减赤字》，中国驻埃及大使馆经济商务参赞处，http：//eg. mofcom. gov. cn/article/jmxw/201309/20130900309572. shtml，最后访问日期：2016 年 5 月 21 日。

[⑦] 《埃议会计划和预算委员会呼吁增加农业补贴支出》，中国驻埃及大使馆经济商务参赞处，http：//eg. mofcom. gov. cn/article/jmxw/201701/20170102498960. shtml，最后访问日期：2017 年 1 月 12 日。

[⑧] 《埃拟进一步削减燃油和用电补贴，分别削减 26% 和 47%》，中国驻埃及大使馆经济商务参赞处，http：//eg. mofcom. gov. cn/article/jmxw/201804/20180402731595. shtml，最后访问日期：2019 年 4 月 13 日。

[⑨] 《塞西总统称埃及政府每年用于补贴开支达 3320 亿埃镑》，中国驻埃及大使馆经济商务参赞处，http：//eg. mofcom. gov. cn/article/jmxw/201806/20180602756787. shtml，最后访问日期：2019 年 6 月 16 日。

面粉、食用油、糖等品种。

埃及供应与贸易部下属的商品供应总局负责补贴事宜,掌握预算中的大部分食品补贴开支。埃及政府从国际市场和本地购买用于补贴的小麦。埃及进口小麦量很大。商品供应总局通过国际招标和长期双边合同,负责所有进口补贴的小麦。在中央银行的监督下,农业发展信贷银行在国内小麦采购计划框架下负责从当地农民手中采购用于补贴的小麦。小麦在政府运行的磨坊厂和由政府承包的私人磨坊厂加工。自1989年起,私人也被允许直接从农民手中购买小麦,生产82%的提取率的面粉用于食品补贴。埃及国内流通的糖是通过一个国营机构——食品工业控股公司进行补贴的。自1991年起,补贴糖全部来自埃及国内生产与采购。商品供应总局对农业发展信贷银行、小麦面粉磨坊厂付款,食品工业控股公司为进入食品补贴体系的国内供应的小麦、糖付款。食用油由食品工业控股公司负责从国内和国外采购,然后交给商品供应总局。商品供应总局汇总以补贴价格在配给商店出售的食用油的销售收入,然后将收入转入财政部。在这种运行结构下,商品供应总局的预算不承担食用油补贴成本。用于食品补贴的一些食用油是国内生产的,但大部分是进口的。[1]

到20世纪80年代初,埃及补贴的食品种类有18种。在穆巴拉克时期,埃及致力于逐步减少补贴的食品种类与减小补贴规模。到1995年,食品补贴包括面包、面粉、糖、食用油4种。1996年,埃及食品总支出为37.4亿埃镑,其中巴拉迪面包占62%,小麦面粉占15%,糖占13%,食用油占10%。1980~1996年,食品补贴支出占埃及政府总支出的比例由14%下降到5.6%。[2] 到21世纪初,埃及取消了除油料、白糖以外的其他食物补贴,规定1989年后出生的儿童不再拥有补贴资格。但在2004年4月,为解决消费品和食品的价格上涨问题,埃及配给卡供应的食品

---

[1] Akhter U. Ahmed, Howarth E. Bouis, Tamar Gutner, Hans Löfgren, *The Egyptian Food Subsidy System: Structure, Performance, and Options for Reform*, p. 13.

[2] Akhter U. Ahmed & Howarth E. Bouis, "Weighing What's Practical: Proxy Means Tests for Targeting Food Subsidies in Egypt," *Food Policy*, Vol. 27, No. 5 - 6, 2002, p. 520.

增加了大米、印度酥油、意大利面食、蚕豆、小扁豆、茶叶与食用油 7
种食品。表 2-6 反映了埃及 2005 年的食品补贴情况。可以看出，埃及
食品补贴的种类有面包、面粉、白糖、油料、大米、面食等，但补贴率
不同，补贴率最高的是油料，高达 85%～90%，其次为 5 皮阿斯特的巴
拉迪面包，为 67%；第三位是面粉，达 66%。

表 2-6　2005 年的埃及食品补贴情况

单位：公斤/人,%

食品种类	月供给量	补贴率	食品种类	月供给量	补贴率
巴拉迪面包 （5 皮阿斯特）	不限量	67	茶叶	0.05	-9
巴拉迪面包 （10 皮阿斯特）	不限量	47	酥油	0.5	18
弗兰吉补贴面包	不限量	47	大豆	0.5	36
面粉	不限量	66	扁豆	0.5	20
白糖	1	49～64	大米	1	59
油料	0.5	85～90	面食	1	36
添加油	0.5	64			

注：添加油、酥油、大豆、扁豆、大米与面食，每家最多 4 公斤/月。
资料来源：The World Bank, *Egypt-Toward A More Effective Social Policy: Subsidies and Social Safety Net*, p. 26。

穆巴拉克时期，食品补贴仍然是埃及政府支出的重要项目。1986
年，埃及对糖、大米、食用油、茶叶和肥皂 5 种基本商品的补贴为
13.90 亿埃镑，1986 年的食品补贴总额为 35.57 亿埃镑。[1]到 1996 年，
埃及食品补贴额占政府支出的 5.5% 和个人总消费的 1.9%[2]，包括巴
拉迪面包、面粉、食用油和糖 4 种食品补贴，这 4 种食品补贴分别占

---

[1] Iliya Harik, "Subsidization Policies in Egypt: Neither Economic Growth nor Distribution," *International Journal of Middle East Studies*, Vol. 24, No. 3, 1992, p. 492.

[2] Hans Löfgren and Moataz El-Said, "Food Subsidies in Egypt: Reform Options, Distribution and Welfare," *Food Policy*, Vol. 26, No. 1, 2001, p. 66.

食品预算支出的 61.7%、14.9%、10.3% 和 13.1%，82.3% 的家庭享受到食品补贴的优惠（巴拉迪面包、面粉、食用油和糖的补贴惠及的家庭比例分别为 88.5%、70.4%、72.2% 和 74.7%）。[1]

进入 21 世纪后，埃及的食品补贴支出额仍非常大。在埃及 2001/2002 财年预算案中，基本食品的直接补贴共计 80 亿埃镑，占补贴总支出的 16%，仅用于生产大饼的面粉的补贴就有 30 亿埃镑，另有食糖、食用油、茶叶等商品的补贴。[2] 2002/2003 财年，埃及政府的食品补贴为 69 亿埃镑，2003/2004 财年猛增到 103 亿埃镑。[3] 2005/2006 财年，埃及食品补贴总计 71 亿埃镑。[4] 到 2008 年，埃及基本主食的补贴为 210 亿埃镑，占补贴总额的 22.3%。[5] 在 2009 年，埃及商品供应总局对基本农产品的补贴总额为 134.15 亿埃镑，其中面包补贴 103.06 亿埃镑（包括进口小麦面包 66.25 亿埃镑，国内小麦面包 29.93 亿埃镑，玉米面包 6.88 亿埃镑），共 850 万吨；混合食用油 16.75 亿埃镑，37.7 万吨；白糖 14.34 亿埃镑，75.5 万吨。2009 年的其他农产品补贴为 25.18 亿埃镑。[6] 2010 年，埃及商品供应总局对基本农产品的补贴预算总额为 127.57 亿埃镑，其中面包补贴 105.35 亿埃镑（进口小麦面包 76.16 亿埃镑，国内小麦面包 24.95 亿埃镑，玉米面包 4.24 亿埃镑），共 888.1 万吨；混合食用油 10.73 亿埃镑，37.9 万吨；白糖 11.49 亿埃镑，75.7 万吨。2010 年的其他农产品补贴为 145.2 亿埃镑。[7] 埃及食品补贴支出占

[1] Hans Löfgren and Moataz El-Said, "Food Subsidies in Egypt: Reform Options, Distribution and Welfare," *Food Policy*, Vol.26, No.1, 2001, p.68.

[2] 何文：《埃及大饼让穷人不挨饿》，《中国税务报》2004 年 11 月 12 日，第 6 版。

[3] Rachel Trego, "The Functioning of the Egyptian Food-Subsidy System during Food-Price Shocks," *Development in Practice*, Vol.21, No.4–5, 2011, p.671.

[4] 阿拉伯埃及共和国新闻部新闻总署：《埃及年鉴（2006）》，第 192 页。

[5] 阿拉伯埃及共和国新闻部新闻总署：《埃及年鉴（2009）》，第 112 页。

[6] Ministry of Finance of Egypt, *Financial Statement on the Draft State's General Budget for the Fiscal Year 2010/2011*, Presented by Dr. Youssef Boutrous Ghali, 2010, p.66, 转引自李超民编著《埃及社会保障制度》，第 51 页。

[7] Ministry of Finance of Egypt, *Financial Statement on the Draft State's General Budget for the Fiscal Year 2010/2011*, p.66, 转引自李超民编著《埃及社会保障制度》，第 51 页。

GDP 的比重：1996～2000 年，有三个年份为 0.9%；2002～2009 年，有四个年份为 1.2%～1.5%，四个年份为1.7%～2.1%。[①] 可见，尽管各年的数据不一，所占比重不同，但埃及食品补贴都是埃及补贴支出的最主要项目。

2. 面包和面粉补贴

埃及食品补贴体系大致可分为两部分：一是面包和面粉补贴，二是配给卡补贴。

在埃及，大多数补贴面粉出售给私人部门以制作面包糕点，由供应与贸易部监督。根据面粉提取率，面包师制作不同价格的面包。面粉分粗（82%的提取率）、细（76%的提取率）或极细（72%的提取率）三种。提取率越高，面粉质地越粗糙。大多数面包糕点店专营三种面包：第一种是巴拉迪面包，粗、褐色，是埃及最简单的资助型面包，是埃及街头常见的一种主要食物，由 82% 的提取率的面粉做成；第二种是沙米面包（白面包），由 76% 的提取率的面粉做成，属于高质量的面包；第三种是长面包似的法国面包，被称为菲诺面包，由 72% 的提取率的面粉做成，是最高质量的面包，以西方风格烘烤。[②] 这些产品可供民众食用，理论上每人仅限 3 个面包，但在现实中并没有限制人们购买的数量。购买者没有区别，先到先得。2009 年，面包和面粉补贴占食品补贴总支出的 76.37%。家庭可以根据补贴面包的数量和质量，决定是否购买。

巴拉迪面包面向所有生活在埃及的消费者销售，价格低廉，初期是每个 1 皮阿斯特，1983 年提高到每个 2 皮阿斯特，1988 年提高到每个 5 皮阿斯特，且重量由 150 克降到 130 克。消费者通常从由当地市政府经营的网点购买巴拉迪面包，这些网点分布在面包糕点店附近。在埃及，有 10693 家面包糕点店制作巴拉迪面包，其中 96% 是私营的，71% 分

① The World Bank, *Egypt's Food Subsidies: Benefit Incidence and Leakages*, p. 3.
② Sonia M. Ali and Richard H. Adams, JR, " The Egyptian Food Subsidy System: Operation and Effects on Income Distribution," *World Development*, Vol. 24, No. 11, 1996, pp. 1780 – 1781.

布在城市地区。1996 年，城市面包糕点店收到的补贴面粉量占分配给所有面包糕点店的总量的 82%，剩余面粉分配给农村面包糕点店。同一年，供应与贸易部提供的补贴面粉（82% 的提取率）为 46.7 万吨，其中 73.2% 被分配到面包糕点店生产补贴的巴拉迪面包，其余作为补贴面粉被分发给消费者。面包糕点店收到补贴面粉后，一袋 50 公斤的面粉仅需支付 14.5 埃镑（即每吨 290 埃镑）。[①] 1 千克面粉生产 10 个巴拉迪面包。面包糕点店每销售 1000 个巴拉迪面包，地方市政销售部收 1 埃镑佣金，其余销售款项归面包糕点店。在 1996 年，面包糕点店出售的巴拉迪面包，约低于政府全额成本的 70%。供应与贸易部官员监控补贴巴拉迪面包的生产，对生产质量、重量等不合规的面包糕点店进行处罚。

3. 配给卡补贴

配给卡补贴是指政府通过定量配给卡或智能卡，以非常低的价格提供基本商品。拥有这种卡的人家有权购买定额的大米、食用油、糖和茶叶等，在被称为 "tamwin"（在阿拉伯语中意味着 "供应"）的零售网点购买。出售定额商品的零售网点，一般位于私人食品杂货店（不是所有的私人食品杂货店都有零售网点），其既出售补贴消费品（由供应与贸易部提供），也出售非补贴的消费品。注册用户拿着自己的配给卡，在自己选择的杂货店的登记卡上登记，就可购买配给的物品。杂货店在配给卡上记录每月糖、油等的购买信息，卡上可记录十年的购买信息。持卡人有责任向当地办事处报告家庭人员的变化情况。[②]

配给卡有两种，一种提供低补贴，另一种提供高补贴。低补贴卡理论上可分配给所有埃及人，但使用者连续三个月不使用，其卡会失效。此外，1989 年后出生的个人不再被纳入配给卡系统。高补贴卡分配给特殊群体，只有满足一个或多个指定条件的家庭才会被分配到此类配给卡

---

① Akhter U. Ahmed, Howarth E. Bouis, Tamar Gutner, Hans Löfgren, *The Egyptian Food Subsidy System: Structure, Performance, and Options for Reform*, p. 15.

② Akhter U. Ahmed & Howarth E. Bouis, "Weighing What's Practical: Proxy Means Tests for Targeting Food Subsidies in Egypt," *Food Policy*, Vol. 27, No. 5 – 6, 2002, p. 521.

（如前官员和离异的家庭主妇）。高收入职业者（如投资者）、拥有超过10费丹土地的人、拥有商店或建筑物的业主或拥有汽车的人都被划归为低补贴人群。①

根据卡的颜色，这两种卡也被称作红卡和绿卡。第二次世界大战后，绿卡原本是作为定量配给卡（不是补贴）发放的，后作为低收入家庭的高补贴卡。绿卡旨在针对最贫困的家庭提供高补贴。红卡1981年开始分发，是低补贴卡，旨在为收入较高的家庭提供低补贴。两种卡的项目相同，只是价格不同，或者说是补贴额度不同。在1996年，补贴的每公斤食用油以1埃镑的价格出售给绿卡持有者，红卡持有者需支付1.25埃镑，而市场价约为3.5埃镑。对于糖，人均月限额1公斤，埃及全国统一。绿卡持有者的补贴价格为每公斤糖0.5埃镑，红卡持有者为每公斤糖0.75埃镑，而市场价格大约是每公斤糖1.6埃镑。②1997年，埃及政府对配给卡补贴的财政支出为8.74亿埃镑。③2009年，埃及政府对配给商品的补贴支出是31亿埃镑。④

表2-7反映了2005年埃及人拥有配给卡的情况。可以看出，埃及按人均国民支出把国民分成五档，在人均国民支出最高档的20%的人群中，配给卡拥有比例为43%；其余各档人群中配给卡拥有比例为61%～66%，而高补贴卡拥有比例都在56%以上，这说明配给卡具有普惠性，惠及各阶层人群，但至少也有34%的人没有配给卡。配给卡拥有情况在不同地区有差异。在都市地区，前四个分档人群中的三个分档人群中拥有配给卡的比例为52%～54%，人均国民支出最低档的20%的人群中拥

① The World Bank, *Egypt-Toward A More Effective Social Policy: Subsidies and Social Safety Net*, p. 51.

② Akhter U. Ahmed, Howarth E. Bouis, Tamar Gutner, Hans Löfgren, *The Egyptian Food Subsidy System: Structure, Performance, and Options for Reform*, pp. 14–16.

③ Akhter U. Ahmed & Howarth E. Bouis, "Weighing What's Practical: Proxy Means Tests for Targeting Food Subsidies in Egypt," *Food Policy*, Vol. 27, No. 5–6, 2002, p. 521.

④ Marie Di Pietrantonio, *International Agencies and The Reform of Food Subsidies in Egypt after The Revolution of 2011*, Dissertation for Degree of Master of Arts, The American University in Cairo, 2013, p. 6.

有配给卡的比例最高，为59%。在下埃及城镇地区，前三档人群中拥有
高补贴卡的比例均超过上埃及城镇地区，而后两档相反，是上埃及城镇
地区超过下埃及城镇地区。下埃及城镇地区的各档人群中的无卡群体比
例除后两档外要低于上埃及城镇地区。而在农村，下埃及与上埃及差别
较小。这也从一个侧面反映了埃及发展的地区差异。配给卡补贴在穆巴
拉克政权倒台后继续存在。到 2013 年 9 月，埃及共发放了 1800 万张配
给卡，受益人数达 6900 万人。①

表 2-7 2005 年埃及人拥有配给卡的情况

单位：%

人均国民支出分组		最低档的 20%	第二档的 20%	第三档的 20%	第四档的 20%	最高档的 20%
全国 (100%)	高补贴卡	60	60	59	56	37
	低补贴卡	4	6	6	5	6
	无卡	36	34	35	39	57
都市地区 (100%)	高补贴卡	51	42	43	47	29
	低补贴卡	8	12	9	6	6
	无卡	41	46	48	47	65
下埃及城镇 地区(100%)	高补贴卡	59	60	59	47	34
	低补贴卡	3	5	8	6	6
	无卡	38	35	33	47	60
下埃及农村 地区(100%)	高补贴卡	64	61	62	63	55
	低补贴卡	4	5	3	4	6
	无卡	32	34	35	33	39
上埃及城镇 地区(100%)	高补贴卡	46	50	56	57	39
	低补贴卡	9	9	8	5	6
	无卡	46	41	36	38	55

---

① 《埃及研究实施货币补贴以补充现行实物补贴制度》，中国驻埃及大使馆经济商务
  参赞处，http://eg. mofcom. gov. cn/article/jmxw/201309/20130900325507. shtml，最
  后访问日期：2018 年 8 月 31 日。

续表

人均国民支出分组		最低档的 20%	第二档的 20%	第三档的 20%	第四档的 20%	最高档的 20%
上埃及农村地区(100%)	高补贴卡	60	68	67	62	59
	低补贴卡	4	4	4	4	5
	无卡	36	28	29	34	36

资料来源：The World Bank，*Egypt-Toward A More Effective Social Policy：Subsidies and Social Safety Net*，p. 82。

穆巴拉克时期之后，埃及食品补贴占政府总支出的比重下降，但金额仍非常可观。埃及供应与贸易部部长哈立德·哈纳菲在 2014 年 3 月表示，埃及 2013/2014 财年的食品补贴金额为 300 亿埃镑（约合 43.1 亿美元）。[①] 在 2016/2017 财年，埃及补贴总支出 2100 亿埃镑，其中食品补贴为 52 亿埃镑，而小麦补贴为 34 亿埃镑。[②] 政府补贴的大饼，仍然非常便宜。在 2019 年 5 月，补贴大饼的价格是每张 0.05 埃镑，每人每天供应 5 张，最多可以一次性购买 3 天的供应量；而超过额定数量的大饼须按照市场价格购买，每张 0.5 埃镑。

三　能源补贴

埃及长期对国内能源价格实行控制政策。埃及民众消费的能源，其价格低于国际市场价格。政府提供能源补贴把进口的石油产品以低价卖给消费者，国产石油也以很低的价格提供给公用事业公司，这导致电的市场价格相应降低。能源补贴开始于 20 世纪 70 年代的石油危机。1976～1981 年，埃及补贴石油数量由 22.2 万吨增加到 37.5 万吨。[③] 1987

---

① 隋铭至：《埃及粮补高达 43 亿美元 政府开始打击偷运补贴面粉》，《粮油市场报》2014 年 3 月 25 日，第 B03 版。

② 《埃议会计划和预算委员会呼吁增加农业补贴支出》，中国驻埃及大使馆经济商务参赞处，http：//eg. mofcom. gov. cn/article/jmxw/201701/20170102498960. shtml，最后访问日期：2018 年 1 月 12 日。

③ 财政部《财政制度国际比较》课题组编著《埃及财政制度》，第 61 页。

年，埃及政府用于能源的补贴据估计达25亿美元，占当年国内生产总值的9%。[①]

20世纪80年代末90年代初，埃及大幅度提高能源价格，逐步减少了能源补贴。在1990年、1991年，埃及石油补贴分别为4400万埃镑、4100万埃镑。[②] 从名义价格来看，埃及在1992年调整了国内汽油价格，在1993年调整了煤油和柴油价格。2004年，埃及政府对不同标号的汽油制定了不同的价格。

穆巴拉克时期的后十年，能源补贴成为埃及补贴的主要支出项目之一。在2001/2002财年预算案中，埃及政府用于天然气、水、电和燃油等商品的补贴为80亿埃镑，占补贴总支出500亿埃镑的16%。[③] 在2005/2006财年，埃及面向低消费能力人群和低收入人群的电力补贴总计约32亿埃镑；石油产品补贴总计约221亿埃镑；国家为每个煤气灶补贴29埃镑。[④] 在2008/2009财年，埃及石油产品补贴630亿埃镑，占产品和服务补贴总额940亿埃镑的67%。[⑤] 在2009/2010财年埃及预算中，补贴总额为838.83亿埃镑，其中汽油补贴为570.58亿埃镑，占补贴总额的68%。[⑥]

能源补贴的种类较多。仅就燃料来说，就有液化石油气、汽油、煤油、柴油、沥青、天然气等。具体补贴情况可从表2-8、表2-9中窥见一斑。从表2-8中可以看出，埃及2004/2005财年补贴各类燃料4481万吨，补贴总额为384.1亿埃镑，占GDP的7.9%，其中天然气、柴油

---

① 詹小洪：《战后埃及经济体制的沿革》，《经济社会体制比较》1991年第1期，第53页。

② 财政部《财政制度国际比较》课题组编著《埃及财政制度》，第64页。

③ 何文：《埃及大饼让穷人不挨饿》，《中国税务报》2004年11月12日，第6版。

④ 阿拉伯埃及共和国新闻部新闻总署：《埃及年鉴（2006）》，第192页。

⑤ 阿拉伯埃及共和国新闻部新闻总署：《埃及年鉴（2009）》，第112页。

⑥ Ministry of Finance of Egypt, *Financial Statement on the Draft State's General Budget for the Fiscal Year 2010/2011*, Presented by Dr. Youssef Boutrous Ghali, 2010, p. 66, 转引自李超民编著《埃及社会保障制度》，第49页。

与液化石油气为补贴较多的燃料种类，补贴天然气 2286.4 万吨，补贴额为 142.34 亿埃镑，占 GDP 的 3%；柴油为 907.3 万吨，补贴额为 117.89 亿埃镑，占 GDP 的 2.4%；液化石油气为 307.6 万吨，补贴额为 54.27 亿埃镑，占 GDP 的 1.1%。

表 2-8 埃及 2004/2005 财年燃料补贴情况

燃料种类	总消费量（万吨）	国内价格（埃镑/吨）	机会成本（埃镑/吨）	补贴（亿埃镑）	补贴/GDP(%)
液化石油气	307.6	200	1964	54.27	1.1
92 号汽油	0.4	1876	2024	0.01	0.0
90 号汽油	175.7	1340	2012	11.8	0.2
80 号汽油	75.8	1238	1987	5.68	0.1
煤油	58.5	504	1758	7.34	0.2
柴油	907.3	480	1780	117.89	2.4
燃料油	575.1	199	874	38.8	0.8
沥青	94.2	273	907	5.97	0.1
天然气	2286.4	214	837	142.34	3
总计	4481			384.1	7.9

注：机会成本是指企业为从事某项经营活动而放弃另一项经营活动的机会，或利用一定资源获得某种收入时所放弃的另一种收入。

资料来源：The World Bank，*Egypt-Toward A More Effective Social Policy：Subsidies and Social Safety Net*，p. 44。

从表 2-9 中可以看出，2005/2006 年至 2008/2009 年，埃及补贴能源种类有汽油、煤油、太阳能、天然气等。同期补贴支出呈波动增长态势，由 413.62 亿埃镑增加到 506.46 亿埃镑，最高达 711.84 亿埃镑，其中对太阳能的补贴也在波动增加，由 171.37 亿埃镑增加到 237.74 亿埃镑，对汽油的补贴由 43.81 亿埃镑增加到 67.25 亿埃镑，而对天然气的补贴由 72.06 亿埃镑减少到 46.33 亿埃镑。

表 2 - 9 2005/2006 年至 2008/2009 年埃及能源消费与补贴情况

单位：百万吨，十亿埃镑

项目	消费量				补贴			
	2005/ 2006 年	2006/ 2007 年	2007/ 2008 年	2008/ 2009 年	2005/ 2006 年	2006/ 2007 年	2007/ 2008 年	2008/ 2009 年
民用罐装液化气	3.467	3.652	3.854	3.968	8.482	9.693	13.413	11.346
汽油	2.974	3.219	3.69	3.733	4.381	4.433	9.181	6.725
煤油	0.309	0.173						
太阳能	9.339	9.755	10.65	10.35	17.137	18.329	33.148	23.774
Mazout （黑油）	8.396	8.802	9.029	8.814	4.156	4.183	7.492	4.168
天然气	24.52	26.004	27.835	27.705	7.206	6.585	7.95	4.633
合计	49.005	51.605	55.058	54.57	41.362	43.223	71.184	50.646

资料来源：Ministry of Finance of Egypt, *Egyptian Economic Monitor*, Vol. 6, No. 4, 2010, p. 49。

2010/2011 财年，埃及的能源补贴总计 677.45 亿埃镑，其中太阳能补贴最多，为 319.08 亿埃镑，占总补贴的 47.1%；其次为丁烷补贴，为 132.78 亿埃镑，占总补贴的 19.6%；第三位是苯补贴，为 99.59 亿埃镑，占总补贴的 14.7%；接下来为天然气补贴，为 69.1 亿埃镑，占总补贴的 10.2%；柴油补贴为 52.16 亿埃镑，占总补贴的 7.7%；煤油补贴仅为 4.74 亿埃镑，占总补贴的 0.7%。[1]

电力也是埃及能源补贴的一个项目。在 2004 年，埃及对电力的补贴为 8.42 亿埃镑。[2] 在 2010/2011 财年预算草案中，电力补贴为 63 亿埃镑，占总补贴的 5.4%。[3] 从电力补贴政策结构看，家庭用电补贴最高，

---

[1] Ministry of Finance of Egypt, *Financial Statement on the Draft State's General Budget for the Fiscal Year 2010/2011*, Presented by Dr. Youssef Boutrous Ghali, 2010, p. 66, 转引自李超民编著《埃及社会保障制度》，第 49 页。

[2] 李超民编著《埃及社会保障制度》，第 229 页。

[3] Ministry of Finance of Egypt, *Financial Statement on the Draft State's General Budget for the Fiscal Year 2010/2011*, Presented by Dr. Youssef Boutrous Ghali, 2010, p. 66, 转引自李超民编著《埃及社会保障制度》，第 49 页。

其次是农业用电补贴。

穆巴拉克政府倒台后，能源补贴依然在埃及补贴中占很大比重，是政府支出的重要项目。据埃及财政部公布的数据，2011/2012 财年政府总预算约为 4750 亿埃镑，其中能源补贴为 1145 亿埃镑，约占国家总预算的 24.1%。在能源补贴中，柴油补贴所占比例最高，预算金额为 480 亿埃镑，苯制品补贴 210 亿埃镑，丁烷燃气罐、燃油和天然气的补贴分别为 190 亿埃镑、150 亿埃镑和 115 亿埃镑。[1] 2012/2013 财年，埃及能源补贴增至 1200 亿埃镑，约合 175 亿美元。[2] 另据《中东经济调查》，2012 年埃及对化石燃料的补贴为 260 亿美元，为世界上此类补贴最高的 8 个国家之一，补贴金额占埃及政府支出的 20%～25%。[3] 据埃及议会批准的埃及 2014/2015 财年总预算决算，该年汽油补贴为 739 亿埃镑，电力补贴为 236 亿埃镑。[4] 在 2017/2018 财年埃及预算中，能源补贴为 1209.26 亿埃镑，其中电力补贴为 300 亿埃镑。[5]

总体而言，埃及能源补贴结构在不同时期有所变化，一个基本趋势是逐步削减石油产品的补贴，而增加对天然气、太阳能等清洁能源的补贴。

四　其他补贴

除了食品、能源这两大类补贴，埃及政府的补贴也涵盖其他领域。棉花就是其一。自穆罕默德·阿里时期起，优越的气候条件，使棉花成

① 胡英华：《埃及能源补贴改革两难中推进》，《经济日报》2012 年 4 月 6 日，第 4 版。

② 《埃及推行能源补贴智能卡》，中国驻埃及大使馆经济商务参赞处，http://eg. mofcom. gov. cn/article/jmxw/201310/20131000367015. shtml，最后访问日期：2018 年 8 月 29 日。

③ David Sims and Hazem Abd-El Fattah, *Egypt Housing Profile*, p. 122.

④ 《2014/2015 财年埃及财政决算赤字占国民生产总值的 11.5%》，中国驻埃及大使馆经济商务参赞处，http://eg. mofcom. gov. cn/article/jmxw/201703/20170302543034. shtml，最后访问日期：2017 年 3 月 31 日。

⑤ 《埃拟进一步削减燃油和用电补贴，分别削减 26% 和 47%》，中国驻埃及大使馆经济商务参赞处，http://eg. mofcom. gov. cn/article/jmxw/201804/2018040273159 5. shtml，最后访问日期：2018 年 4 月 13 日。

为埃及主要经济作物和出口商品。但由于国际市场不稳定，时常对埃及棉花产业产生非常大的冲击，埃及政府对其予以补贴，以应对国际市场冲击和扶持国内棉花产业的发展。这在21世纪以来更为明显。在2003年，埃及为棉花提供了1100万美元的补贴，其中900万美元用于国内贸易，200万美元用于出口贸易。[①]在2009年5月，埃及外贸与工业部举行棉花产业会议，决定提高棉花补贴的50%，以扶植棉花产业，即对每50公斤棉花的补贴由100埃镑提高至150埃镑。至2009年5月，埃及政府已经投入了约1.5亿埃镑扶植棉花产业。[②] 对棉花的补贴政策延续到穆巴拉克时期之后。2014年，为促进纺织厂和出口商采购埃及棉，减少棉花进口，埃及政府决定将2014年纺织厂和出口商的购棉补贴额由2亿埃镑提高到5亿埃镑，补贴标准为：纺织厂可以获得50埃镑/坎塔尔，出口商可以获得200埃镑/坎塔尔。也就是说，纺织厂或出口商只要在当年采购埃及棉就能得到相应补贴。在5亿埃镑的补贴总额中，3.5亿埃镑补贴给纺织厂和出口商，另外1.5亿埃镑补贴给棉农，支持他们采购棉籽和化肥。[③]

此外，埃及的补贴还覆盖工业产品、住房、交通等领域。埃及对国有制造业企业产品的补贴涵盖纺织、食品加工、化学、机械、金属、矿业等行业的产品。1974年，此类补贴只针对纺织与食品加工企业产品，补贴额只有30万埃镑；1978年，补贴范围扩大到四类工业产品，补贴额增加到10.5亿埃镑。1980~1984年，此类补贴大幅度增加，由22.6亿埃镑增到33.9亿埃镑，后补贴下降，1985年降至25.8亿埃镑，1986年只有7.1亿埃镑。[④]另有资料表明，1983~1988年，埃及财政赤字的20%是由国有工业企业的亏损引起的，埃及政府一年要花13亿美元来补

---

① 《其他国家的棉花补贴政策》，《中国棉麻流通经济》2006年第1期，第31页。

② 陈公正、王薇：《埃及将棉花补贴提高50%》，《中国纺织报》2009年5月19日，第2版。

③ 《埃及政府宣布提高本年度纺织厂购棉补贴》，《中国制衣》2014年第9期，第53页。

④ Heba Handoussa and Gillian Potter, eds., *Employment and Structural Adjustment, Egypt in the 1990s*, p. 116.

贴国有工业企业的亏损。[1] 在20世纪90年代，此类补贴的金额总体上不断增加，1990~1994年，由4100万埃镑增加到2.49亿埃镑，占补贴总额的比例由0.1%增长到6.8%。[2] 在2009/2010财年，埃及对工业区的补贴为4亿埃镑，占补贴总额的0.4%。[3]

埃及人口增长快，城市人口增长尤其快，导致住房紧缺。为解决低收入阶层的住房问题，埃及政府开始建设保障房，为低收入者提供住房补贴。如在1988年，埃及政府投资2.4亿美元建新住宅。[4] 由埃及财政直接补贴的用于建设保障房的合作建筑基金，在1976年仅为20万埃镑，1982年增加到3070万埃镑，占补贴总额的1.5%。[5] 20世纪90年代，埃及的合作建筑基金增长很快。合作建筑基金在1990年为1.76亿埃镑，占总补贴额的5.4%；1994年增加到2.84亿埃镑，占补贴总额的7.8%。[6] 在2009/2010财年，埃及低收入住房补贴为13亿埃镑，占补贴总额的1.4%；在2010/2011财年预算草案中，低收入住房补贴为10亿埃镑，占总预算的0.9%。[7]

在交通补贴方面，埃及主要对开罗和亚历山大两大城市的公共交通进行补贴。1976年，埃及用于这两大城市公共交通的补贴为1002万埃镑，占当年埃及财政补贴支出总额的2.4%；1981年，此类补贴增加到4940万埃镑，占当年埃及财政补贴支出总额的2.3%，而1982年有所下降，为3330万埃镑，占当年埃及财政补贴支出总额的1.7%。[8] 在20世纪90年

---

[1] 詹小洪：《战后埃及经济体制的沿革》，《经济社会体制比较》1991年第1期，第53页。

[2] 财政部《财政制度国际比较》课题组编著《埃及财政制度》，第64页。

[3] Ministry of Finance of Egypt, *Financial Statement on the Draft State's General Budget for the Fiscal Year 2010/2011*, Presented by Dr. Youssef Boutrous Ghali, 2010, p. 66, 转引自李超民编著《埃及社会保障制度》，第49页。

[4] 詹小洪：《战后埃及经济体制的沿革》，《经济社会体制比较》1991年第1期，第53页。

[5] 财政部《财政制度国际比较》课题组编著《埃及财政制度》，第60页。

[6] 财政部《财政制度国际比较》课题组编著《埃及财政制度》，第64页。

[7] Ministry of Finance of Egypt, *Financial Statement on the Draft State's General Budget for the Fiscal Year 2010/2011*, Presented by Dr. Youssef Boutrous Ghali, 2010, p. 66, 转引自李超民编著《埃及社会保障制度》，第49页。

[8] 财政部《财政制度国际比较》课题组编著《埃及财政制度》，第60页。

代，埃及对开罗与亚历山大公共交通的补贴额增加不少：1990～1994 年，由 1.03 亿埃镑增加到 3.26 亿埃镑，占补贴总额的比例由 3.1% 提高到 9%。① 此外，埃及对其他交通方式也予以补贴。如在 2001/2002 财年的预算案中，埃及政府对铁路交通补贴 17 亿埃镑。② 在 2009/2010 财年，埃及对客运补贴 6.82 亿埃镑，2010/2011 财年预算草案中的此类补贴增加到 8.51 亿埃镑。③

第三节　埃及补贴制度的功用、弊端与改革

一　埃及补贴制度的功用

埃及补贴制度已实行数十年，对埃及产生了重大影响，其中最重要的一个功能是保障了埃及底层群体的基本生存需求，维持了社会稳定。

20 世纪以来，特别是 20 世纪 50 年代以来，埃及人口增长很快，埃及底层民众生计艰难，而大量补贴保障了普通民众赖以维持生计的基本需求。

食品是埃及补贴的一个主要项目，尤其是补贴的面包，对埃及民众（特别是底层民众）来说至关重要，以至于在埃及阿拉伯语中有个专有词语 "ayesh"（即生活）来称呼它。④ 埃及开罗大学经济学教授谢林·沙瓦尔比在 2016 年 10 月指出："根据官方数据，埃及有 27% 的贫困人口，还有 20% 的人口面临饥饿威胁。"⑤ 为解决大批贫困人口的吃饭问题，埃及政府从本国和国际市场购买粮食，投入大量财政补贴后以极低

---

① 财政部《财政制度国际比较》课题组编著《埃及财政制度》，第 64 页。

② 何文：《埃及大饼让穷人不挨饿》，《中国税务报》2004 年 11 月 12 日，第 6 版。

③ Ministry of Finance of Egypt, *Financial Statement on the Draft State's General Budget for the Fiscal Year 2010/2011*, Presented by Dr. Youssef Boutrous Ghali, 2010, p. 66, 转引自李超民编著《埃及社会保障制度》，第 49 页。

④ Rachel Trego, "The Functioning of the Egyptian Food-Subsidy System during Food-Price Shocks," *Development in Practice*, Vol. 21, No. 4–5, 2011, p. 669.

⑤ 杨舒怡：《谁动了百姓的饭碗？埃及小麦采购曝出腐败》，《中国纪检监察报》2016 年 10 月 16 日，第 4 版。

价格向广大民众出售。埃及补贴的食品种类非常多，大米、面粉、糖和食用油等日常食品原料都在补贴范围之内。埃及政府补贴的廉价食品使众多低收入家庭获得足够的食品，保障了最基本的生活需求。在 1999年，贫困线以上者有 73 万人享受面包补贴。[1]

食品补贴有助于埃及应对粮食危机。如在 2003 年，埃及由固定汇率转向自由汇率，埃镑贬值，引起价格上涨，食品零售价格实际上涨38%。[2] 2007 年，受全球范围内小麦价格上涨的影响，作为净粮食进口国的埃及国内粮价大涨。在 2007 年，埃及进口食品价格比 2006 年上升了78%。在 2008 年 8 月，埃及通胀率达到 25%，食品价格涨幅达到 35.5%。在这两次粮食危机中，穆巴拉克政府正是通过提供补贴来稳定国内食品价格的，把巴拉迪面包的价格维持在同一水平，保证每个埃及人每天能买到20 个补贴面包（每个 130 克）。[3] 在 2007/2008 财年，埃及食品补贴的预算拨款由上一财年的 58 亿埃镑（10.7 亿美元）增加至 153 亿埃镑（28.2 亿美元，占 GDP 的 1.8%）。[4] 在 2009/2010 财年，埃及食品补贴预算约为100 亿美元，面包补贴占 76.37%，其中进口小麦补贴占 63%；在 2010 年，埃及的巴拉迪面包价格依然很低。[5] 拥有配给卡的埃及人，能够以远低于市场价的价格获得基本主食。补贴面包长期保持固定的低价格，这使大多数居民在遭到价格冲击的时候并没有面临严重的营养不良或饥饿问题。

食品补贴在保障埃及社会稳定方面发挥了积极作用。它保证穷人可

---

① Racha Ramadan and Alban Thomas, "Evaluating the Impact of Reforming the Food Subsidy Program in Egypt: A Mixed Demand Approach," *Food Policy*, Vol. 36, No. 5, 2011, p. 639.

② Rachel Trego, "The Functioning of the Egyptian Food-Subsidy System during Food-Price Shocks," *Development in Practice*, Vol. 21, No. 4 – 5, 2011, p. 671.

③ Andrey V. Korotayev & Julia V. Zinkina, "Egyptian Revolution: A Demographic Structural Analysis," *Middle East Studies Online Journal*, Vol. 2, No. 5, 2011, p. 74.

④ Ram Sachs, *On Bread and Circuses: Food Subsidy Reform and Popular Opposition in Egypt*, p. 73.

⑤ Racha Ramadan and Alban Thomas, "Evaluating the Impact of Reforming the Food Subsidy Program in Egypt: A Mixed Demand Approach," *Food Policy*, Vol. 36, No. 5, 2011, p. 639.

负担得起主食，有助于减少婴儿死亡率和营养不良问题，并减缓经济改革和结构调整带来的冲击。得到补贴的 5 皮阿斯特巴拉迪面包帮助埃及约一半的人摆脱饥饿。对于贫困家庭，食品补贴代表了一个安全网，可为穷人提供更多的食物，保障了粮食安全，并有助于保障国民的基本生活。大多数居民使用配给卡，这节省了其基本需求支出。埃及的食品补贴制度已经成为政府维护社会公平和政治稳定的长期政策支柱。[1]

同样，能源补贴政策也给埃及广大民众带来不少实惠，使国民能够消费非常廉价的能源产品。比如，埃及居民使用的液化石油气每罐售价只有 5 埃镑，而政府的生产加工成本高达 75 埃镑左右；埃及的柴油零售价每公升只有 1.1 埃镑；90 号汽油的零售价每公升仅为 1.75 埃镑；92号汽油每公升为 1.85 埃镑。不管乘坐距离远近，公共交通工具的票价都是 1 埃镑。这减轻了埃及居民的消费负担。[2]

可以说，由于埃及补贴主要覆盖食物、燃料与初级服务等必需品领域，它维护了广大低收入阶层的利益，满足了在经济上处于薄弱地位的大多数居民的基本需求。埃及政府将补贴视作分配收入的手段之一。埃及扎加齐格大学（Zagazig University）学者索尼娅·M. 阿里和美国华盛顿的国际食物政策研究所的理查德·H. 亚当斯在 20 世纪 90 年代的研究表明，如果没有食品补贴，埃及城镇地区的基尼系数会提高 3.7%，乡村地区会提高 1.2%。[3] 可以说，补贴制度在埃及长期发挥着社会"稳定器"和"减压阀"的作用。

二　埃及补贴制度的弊端

埃及长期实行的补贴制度，尽管在维持社会稳定方面发挥了积极作

[1] Mohamed Hassan Youssef, *Role of Food Subsidies on Poverty Alleviation in Egypt*, Cairo: School of Business, Economics & Communication, The American University in Cairo, 2008, pp. 12 – 13.

[2] 王振华：《埃及能源补贴政策弊多利少》，人民网，http://finance.people.com.cn/GB/70846/17453347.html，最后访问日期：2018 年 8 月 28 日。

[3] Sonia M. Ali and Richard H. Adams, JR, "The Egyptian Food Subsidy System: Operation and Effects on Income Distribution," *World Development*, Vol. 24, No. 11, 1996, p. 1777.

用，但也产生了许多积弊，对埃及发展带来不少负面影响。

1. 财政赤字不断攀升，税负增加

巨额补贴使埃及财政不堪重负。从 19 世纪后半叶起，埃及就长期存在财政赤字。在当代埃及，财政赤字成为制约其经济发展的瓶颈始于萨达特晚期。1976 年，埃及财政赤字为 12.64 亿埃镑，占财政支出和 GDP 的比重分别为 39%、21%；1979 年财政赤字为 34.12 亿埃镑，占财政支出和 GDP 的比重分别为 48%、27%；1980 年财政赤字为 31.82 亿埃镑，占财政支出和 GDP 的比重分别为 30%、18%；1990 年财政赤字为 196.88 亿埃镑，占财政支出和 GDP 的比重分别为 39%、20%。之后有所下降，1991 年财政赤字为 75.78 亿埃镑，占财政支出和 GDP 的比重分别为 14.9%、6.4%；1994 年财政赤字为 25 亿埃镑，占财政支出和 GDP 的比重分别为 4.4%、1.6%。① 进入 21 世纪后，埃及财政赤字重新上升。在 2002/2003 财年，埃及预算赤字为 420 亿埃镑，占 GDP 的 6.5%；② 2005/2006 财年，埃及财政赤字占 GDP 的 8.2%；官方预计 2009/2010 财年财政赤字占 GDP 的 9%。③ 可以说，在穆巴拉克掌权的 30 年里，埃及从未实现财政收支平衡，内债达 9000 亿埃镑，外债达 320 亿美元，每年仅利息额就达 1730 亿埃镑。④

穆巴拉克时期之后，埃及的财政赤字依然居高不下。埃及财长 2013 年 9 月透露，据 2012/2013 财年的初步决算，埃及财政赤字规模达到 2399 亿埃镑，占 GDP 的 13.8%，较前一财年增加了 1120 亿埃镑。⑤ 据 2017 年 3 月埃及议会批准的 2014/2015 财年总预算决算，2014/2015 财

---

① 财政部《财政制度国际比较》课题组编著《埃及财政制度》，第 81 页。
② John William Salevurakis and Sahar Mohamed Abdel-Haleim, " Bread Subsidies in Egypt: Choosing Social Stability or Fiscal Responsibility," *Review of Radical Political Economics*, Vol. 40, No. 1, 2008, p. 38.
③ 李超民编著《埃及社会保障制度》，第 46 页。
④ 丁隆：《埃及经济面临的挑战与中埃经贸合作前景》，载《第二届中国·阿拉伯国家经贸论坛理论研讨会论文集（2011 第二辑）》，2011，第 233 页。
⑤ 《埃及财长：政府坚持促增长减赤字》，中国驻埃及大使馆经济商务参赞处，http://eg.mofcom.gov.cn/article/jmxw/201309/20130900309572.shtml，最后访问日期：2016 年 5 月 21 日。

年财政赤字为 2794 亿埃镑，占 GDP 的 11.5%。①

　　埃及高额财政赤字问题的形成与不断恶化，有多方面原因，其中补贴的不断增加是重要原因。1973 年埃及补贴为 1.08 亿埃镑，1974 年增加到 4.19 亿埃镑，1982 年达到 20 亿埃镑。1984 年，埃及补贴支出为 20.07 亿埃镑，占当年政府总支出的 10.9%；1985 年为 29.09 亿埃镑，占 13.8%；1986 年为 16.52 亿埃镑，占 7.4%；1987 为 31.95 亿埃镑，占 10.9%；1988 年为 18.13 亿埃镑，占 7.1%；1989 年为 20.61 亿埃镑，占 7.9%。②

　　进入 21 世纪之后，埃及的财政赤字不断攀升，而不断增加的补贴支出也是其攀升的重要原因。在 2011/2012 财年，埃及政府的财政赤字达 1500 亿埃镑，大大高于原先估计的 1343 亿埃镑，财政赤字占 GDP 的比例高达 11.7%，大大高于原先预测的 8.6%。政府用于能源补贴的开支因油价飙升等比上一财年大增 40% 左右。③ 据 2012/2013 财年的初步决算，埃及政府补贴规模达近 2000 亿埃镑，占财政支出的 33.8%，补贴与公共债务息费（占财政支出总额的 25%）两项支出已近总支出的 59%，这导致政府未能实现总额 568 亿埃镑的投资计划，仅落实了 381 亿埃镑。④ 2013 年 10 月，埃及石油部部长表示，埃及能源补贴高达 1283 亿埃镑，是教育和医疗支出总和的两倍。⑤ 2014/2015 财年总预算决算显示，社会项目总支出为 2306 亿埃镑，汽油补贴为 739 亿埃镑，电力补贴

---

① 《2014/2015 财年埃及财政决算赤字占国民生产总值的 11.5%》，中国驻埃及大使馆经济商务参赞处，http：//eg. mofcom. gov. cn/article/jmxw/201703/20170302543034. shtml，最后访问日期：2017 年 3 月 31 日。

② 钱艾琳：《小议埃及的补贴问题》，《亚非纵横》2002 年第 2 期，第 27 页。

③ 王振华：《埃及能源补贴政策弊多利少》，人民网，http：//finance. people. com. cn/GB/70846/17453347. html，最后访问日期：2018 年 8 月 28 日。

④ 《埃及财长：政府坚持促增长减赤字》，中国驻埃及大使馆经济商务参赞处，http：//eg. mofcom. gov. cn/article/jmxw/201309/20130900309572. shtml，最后访问日期：2016 年 5 月 21 日。

⑤ 《埃及亟需解决能源补贴高企问题》，中国驻埃及大使馆经济商务参赞处，http：//eg. mofcom. gov. cn/article/jmxw/201310/20131000368020. shtml，最后访问日期：2017 年 6 月 17 日。

为 236 亿埃镑，公共交通补贴为 16 亿埃镑。[1]

埃及政府支出的沉重负担势必转移到老百姓身上去。1949 年，埃及年收入在 10 万埃镑以上者累进所得税率为 50%，次年提高到 70%，而且征税起点为年收入 5 万埃镑；1952 年，累进所得税率提高到 80%。事实上，在纳赛尔执政期间，年收入 1 万埃镑以上的人的累进所得税率最高曾达到 95%。如此重的税收所带来的问题是人们普遍逃税，结果政府征收到的居民一般所得税收入呈递减趋势。如税收收入在 1960 年为 520 万埃镑，1970 年降到 300 万埃镑，1975 年仅有 190 万埃镑。1978 年，最高所得税率降至 80%，征税起点提高到年收入在 20 万镑以上。到 1991 年初，埃及最高所得税率为 65%，其征税起点为年收入 20 万镑。[2]

2. 价格倒挂，不利于经济发展

由于埃及政府对食品、燃料等进行巨额补贴，补贴商品的价格远远低于成本，形成价格倒挂。这一现象在穆巴拉克时期尤为严重。如在 1983 年，埃及政府对每个巴拉迪面包补贴 1.2 美分，1992 年巴拉迪面包的消费价格约为成本的 1/3，1997 年政府对每个巴拉迪面包补贴 1 美分，而实际生产成本每个约 5 美分。[3]

电力价格也类似。1985 年的电力价格相比 1974 年只上涨了 50%。1985 年 7 月公布的名义电费相比之前增长了 37%，补贴电价是市场价格的 20%。在 1985 年，电力边际成本价估计为每千瓦时 10.4 皮阿斯特，而名义价格为每千瓦时 2.1 皮阿斯特，政府每年补贴估计 28 亿埃镑。[4] 埃及政府对农产品的收购价也大大低于国际市场的农产品价格，如 1986

---

① 《2014/2015 财年埃及财政决算赤字占国民生产总值的 11.5%》，中国驻埃及大使馆经济商务参赞处，http：//eg. mofcom. gov. cn/article/jmxw/201703/2017030254 3034. shtml，最后访问日期：2018 年 3 月 31 日。

② 詹小洪：《战后埃及经济体制的沿革》，《经济社会体制比较》1991 年第 1 期，第 53 页。

③ 顾尧臣：《埃及有关粮食生产、贸易、加工、综合利用和消费情况》，《粮食与饲料工业》2006 年第 6 期，第 46 页。

④ Iliya Harik, " Subsidization Policies in Egypt: Neither Economic Growth nor Distribution," *International Journal of Middle East Studies*, Vol. 24, No. 3, 1992, p. 490.

年埃及棉农的售价只相当于国际市场棉价的 40%，为弥补农民由此而来的损失，政府只能增加对化肥、农药等农业投入品的补贴。[1]

进入 21 世纪后，埃及的价格倒挂状况依然存在。在 2004 年，埃及补贴食品价格非常低，如高补贴卡供应的各类食品价格都低于市场价格，其中白糖价格只有 0.6 埃镑，售价只有市场价格的 26.1%；植物油价格只有 0.5 埃镑，为市场价格的 20%。大米与面粉价格稍高，大米为 1 埃镑，为市场价格的 50%；面粉为 1.5 埃镑，为市场价格的 66.7%（见表 2 - 10）。2008 年的情况依旧如此。当年埃及补贴供应的大米统一为每人 1.3 公斤，每公斤 0.27 美元，为市场价格的 24%。基本配给的糖，每人 1 公斤，每公斤 0.09 美元，为市场价格的 15%；额外供应的糖，每人 0.66 公斤，每公斤 0.31 美元，为市场价格的 52%。基本配给的食用油，每人 0.5 公斤，每公斤 0.18 美元，为市场价格的 9%；额外供应的食用油，每人 0.66 公斤，每公斤 0.77 美元，为市场价格的 40%。[2]

表 2 - 10　2004 年埃及补贴食品价格与市场价格的比较

单位：埃镑，%

食品种类	市场价格（定量分配）	分配价格（高补贴卡供应）	补贴率	
			按市场价	按埃及供应与贸易部供应价
白糖	2.3	0.6	73.9	64
植物油	2.5	0.5	80	89.8
添加油	2.5	1.75	30	64.2
茶叶	1	0.65	35	-8.8
酥油	12	9	25	18
大豆	1.5	1	33.3	36
扁豆	2.375	1.5	36.8	19.8
大米	2	1	50	59
面粉	2.25	1.5	33.3	36.3

资料来源：The World Bank, *Egypt-Toward A More Effective Social Policy：Subsidies and Social Safety Net*, p. 79。

---

[1] 詹小洪：《战后埃及经济体制的沿革》，《经济社会体制比较》1991 年第 1 期，第 53 页。
[2] Rachel Trego, "The Functioning of the Egyptian Food-Subsidy System during Food-Price Shocks," *Development in Practice*, Vol. 21, No. 4 - 5, 2011, p. 673.

燃料的价格情形也一样（见表2-8），补贴的各类燃料产品，其国内价格也都低于机会成本，其中除92号汽油外，其余燃料产品的国内价格与机会成本的差额都在600埃镑/吨以上。差额超过1000埃镑/吨的有3种：差额最大的是液化石油气，差额高达1764埃镑/吨；其次是柴油，差额为1300埃镑/吨；最后是煤油，差额为1254埃镑/吨。而国内价格与机会成本差额最小的92号汽油也有148埃镑/吨。[1]

2011年之后，埃及的价格倒挂现象依旧存在，其中能源价格倒挂更为突出。在2012年4月，一升柴油在埃及的售价为1.1埃镑，但其国际售价约为5埃镑。在燃气罐市场，政府销售一罐燃气的补贴价格为2.65埃镑，但若去除高额补贴，一罐燃气的实际价格为55～60埃镑。[2]埃及《每日新闻》2014年2月24日报道，埃及政府每天向电力部门投入10亿埃镑的能源补贴，而售电收入仅为2亿埃镑；每度电的发电成本为0.28埃镑，而出售价格为0.23埃镑。[3] 埃及电力部部长沙克尔称，埃及每度电的生产成本为1.04埃镑，但在2018年7月的价格调整方案中，只有消费量在651～1000度和超过1000度的情况下每度电的电价才会超过1埃镑（消费量在651～1000度的情况下，每度电由1.25埃镑涨至1.35埃镑；超过1000度的情况下，每度电为1.45埃镑），其他各段消费量的每度电电价都在1埃镑以下，其中消费量在0～50度的情况下，每度电电价仅由0.13埃镑涨至0.22埃镑。[4]

长期的价格倒挂，对埃及经济发展产生严重不利影响。为向居民提

---

[1] The World Bank, *Egypt-Toward A More Effective Social Policy：Subsidies and Social Safety Net*, p. 44.

[2] 胡英华：《埃及能源补贴改革两难中推进》，《经济日报》2012年4月6日，第4版。

[3] 《埃及电力补贴负担重》，中国驻埃及大使馆经济商务参赞处，http：//eg. mofcom. gov. cn/article/jmxw/201402/20140200502192. shtml，最后访问日期：2019年2月28日。

[4] 《埃及将上调电价》，中国驻埃及大使馆经济商务参赞处，http：//eg. mofcom. gov. cn/article/jmxw/201806/20180602756794. shtml，最后访问日期：2019年6月19日。

供低价食品以及减轻财政负担,埃及政府控制农产品价格、农业种植面积,由政府垄断农产品贸易和销售市场。在这种计划经济体制下,农民必须按照官方定价出售粮食,无法实现等价交换。政府通过价格控制,实际上对农民间接征税,从而为食品补贴注入资金。[①] 但低价收购农产品会削弱农民资本积累与改进农业生产技术的能力,容易挫伤农民生产积极性,导致埃及农业长期生产效率低下,小麦品质低劣且增产缓慢。在 1979 年,价格扭曲导致农业产值减少,当年农业产值相当于国民收入的 1.5%、农业产出的 7.5%。[②] 农业政策改革后,埃及政府在小麦生产的自由化上已经取得了很大的进展,然而对巴拉迪面包和面粉的补贴会减少小麦在自由市场的流通,使当地市场很难有效运作。例如,为保证生产补贴巴拉迪面包和面粉的小麦,埃及政府要求一些省份实行对小麦和面粉的运输限制。这些运输限制,会导致小麦市场价格的不稳定。同时,政府对小麦价格的控制,使之缺乏市场竞争,大大降低了生产者的积极性。

由于国内小麦不足,埃及为补贴食品而从国外大量采购小麦、面粉等。早在纳赛尔时期,食品补贴主要是向城镇居民提供廉价食品,而对乡村居民不利,对农业生产不利,这导致小麦生产增长低于人口增长。到 1963 年,埃及的小麦进口量超过国内生产量。[③] 到 1981 年,埃及从美国进口粮食 2.75 亿美元,占 "粮食用于和平计划" 对外援助总量的37%,成为美国最大的援助对象。到 1982 年,埃及每年进口的粮食数量占到了总需求量的一半,从美国进口的粮食数量占总进口量的 20% ~ 25%。[④] 2003 ~ 2008 年,埃及进口小麦量由 406 万吨增加到 833 万吨,

① 刘志华:《1952—2011 年埃及粮食问题研究》,《世界农业》2014 年第 2 期,第 68 页。

② Harold Alderman & Joachim von Braun, "Egypt's Food Subsidy Policy: Lessons and Options," *Food Policy*, Vol. 11, No. 3, 1986, p. 225.

③ Rachel Trego, "The Functioning of the Egyptian Food-Subsidy System during Food-Price Shocks," *Development in Practice*, Vol. 21, No. 4 – 5, 2011, p. 669.

④ 陶晓星:《外部援助与埃及经济转型探析(1956 – 1981)》,硕士学位论文,河北师范大学,2011,第 15 页。

而支出费用由 6.07 亿美元增加到 24.62 亿美元。[①] 长期大量进口小麦，既影响埃及本国农业的发展，也消耗了大笔宝贵的外汇资源。巨额补贴支出占用了大笔埃及财政资金，进而影响到对实体经济的投入。早在 20 世纪 70 年代末，大卫·M. 卡尔（David M. Carr）就清楚地指出了埃及的问题："直接与不断上涨的公共消费相关的不断恶化的外汇危机，使许多公司难以进口原材料与备用材料……机器使用率随之下降。"[②]

高额的能源补贴，虽使埃及民众享受到廉价能源，但也对国内能源市场产生消极影响。埃及的能源补贴不但面向广大普通民众，而且"惠及"大小企业。钢铁、水泥、化肥、电力等领域的大企业，都享受着国家的能源补贴，这些企业获得丰厚利润，这导致一些大企业的市场份额越来越大，成为大型垄断企业。因巨额能源补贴，埃及形成不少垄断企业，这不利于市场竞争。[③] 能源生产和分配环节的长期效率低下造成了补贴分配的不公，中间商获取利润过高，导致石油产品供不应求。埃及 2012 年春就出现了油荒和燃气罐短缺现象，加油站和燃气罐销售点外大排长龙。由于燃料供应短缺，埃及政府无法满足发电站的燃料需求，用电高峰期常常出现拉闸限电的状况，连政府部门都出现经常性断电。

此外，在补贴政策中，乡村人口相对得到的关注少，从而加大了城乡差距。由于价格差异，黑市猖獗。补贴政策也加重了埃及的债务负担。自萨达特时期以来，埃及外债和内债不断攀升，债务已成为制约埃及发展的瓶颈之一，而补贴费用的不断增加是其重要影响因素之一。

[①] Rachel Trego, "The Functioning of the Egyptian Food-Subsidy System during Food-Price Shocks," *Development in Practice*, Vol. 21, No. 4–5, 2011, p. 671.

[②] 转引自 Grant M. Scobie, *Food Subsidies in Egypt: Their Impact on Foreign Exchange and Trade*, p. 31。

[③] 王振华：《埃及能源补贴政策弊多利少》，人民网，http://finance.people.com.cn/GB/70846/17453347.html，最后访问日期：2018 年 8 月 28 日。

3. 损耗与浪费严重

损耗是指没有到消费者手中的补贴食品的数量，即补贴食品在分发层面消失，供应和购买之间出现差距。损耗可能由补贴面粉流入非补贴面包糕点店、补贴或配给商品时没有以补贴价格出售、运输或贮存过程中出现损失等导致。在1996年，埃及补贴食品的损耗率为17.7%，其中面粉最高，达29.6%；食用油次之，为27.8%，接下来是糖，为25.3%；而巴拉迪面包最低，为11.5%。①从表2-11中可以看出2004年和2008年巴拉迪面包的损耗情况。我们可以发现，从2004年到2008年，损耗率依然比较高，但有所下降，由41%下降到31%。但不同地区之间还是有差别。如在都市的损耗率比较高，2004年为56%，2008年也达到43%；下埃及要超过上埃及，下埃及巴拉迪面包的损耗率在2004年和2008年分别为44%和27%。

表2-11　2004年和2008年巴拉迪面包的损耗率对比

单位：%

巴拉迪面包的损耗率	都市	下埃及	上埃及	埃及
2004年	56	44	27	41
2008年	43	27	27	31

资料来源：The World Bank, *Egypt's Food Subsidies: Benefit Incidence and Leakages*, p. 29。

损耗率较高，主要是由价格差导致的。因市场价格远高于补贴食品价格，损耗的补贴食品在黑市上或者在公开市场上销售，可获得丰厚利润。例如，私人面包店的补贴面粉（82%的提取率）的每日配额为1袋，补贴面粉的价格是每吨290埃镑，而在公开市场上每吨要卖到1000~1200埃镑，甚至麸皮的市场价格（一吨超过400埃镑）都远高于补贴面粉的价格。如果面包店将补贴面粉和麸皮在市场上出

① Hans Löfgren and Moataz El-Said, "Food Subsidies in Egypt: Reform Options, Distribution and Welfare," *Food Policy*, Vol. 26, No. 1, 2001, p. 68.

售，会获利不菲。① 还有一些损耗的产生是因为店铺将补贴食品出售给不符合资格的顾客，或者销售给配给卡持有人额外数量的补贴食品。这些非法活动，会受到埃及政府的约束。但对损耗的监测和打击损耗相关的非法活动的成本又成为埃及政府不得不承担的补贴成本，埃及政府的补贴支出又会增加。

由于市场上商品短缺，补贴商品价格与市场价有相当大的差距，埃及的黑市猖獗。当一批大米和糖到达官方店铺（gamciyydt）时，一群被称为"dallalatde"的小贩排队领取，得到超出他们应得的份额，然后在黑市上出售。② 由于埃及政府部门无法掌握各大饼店准确的销售数据，大量的大饼店在黑市上兜售补贴面粉。尽管如果店铺生产的巴拉迪面包的重量不合规格，或非法使用补贴面粉要受到处罚，但到穆巴拉克晚期，估计有超过一半的补贴面粉在黑市上出售。③ 不只是补贴食品，补贴能源的情况也类似。在穆巴拉克时期，埃及一半的补贴油流向黑市。④ 有统计显示，2013年9月，埃及政府20%的补贴燃料是通过黑市和走私渠道进入市场的。⑤

补贴食品价格低廉，甚至比饲料还便宜，这导致浪费严重，甚至有人把巴拉迪面包买来当饲料给牲口吃。同样，能源价格低廉也使许多人不珍惜能源，导致消费大增。油价便宜使很多人对用车成本完全不在意，加上监管不严，耗油厉害的老旧车辆和冒着黑烟的"墨斗鱼"车通通上路，既造成能源的极大浪费，又污染了空气。埃及能源产品的消耗量也

① Akhter U. Ahmed, Howarth E. Bouis, Tamar Gutner, Hans Löfgren, *The Egyptian Food Subsidy System: Structure, Performance, and Options for Reform*, p. 63.

② Iliya Harik, "Subsidization Policies in Egypt: Neither Economic Growth nor Distribution," *International Journal of Middle East Studies*, Vol. 24, No. 3, 1992, p. 493.

③ Soheir Aboulenein et al., "Global Food Price Shock and the Poor in Egypt and Ukraine," *CASE Network Studies & Analyses*, No. 403, 2010, p. 11.

④ 吴学丽编译《〈华盛顿邮报〉：埃及黑市经济加剧社会危机》，《社会科学报》2013年6月13日，第7版。

⑤ 《埃及政府拟建立国民数据库》，中国驻埃及大使馆经济商务参赞处，http://eg. mofcom. gov. cn/article/jmxw/201309/20130900301143. shtml，最后访问日期：2018年7月20日。

急剧上升。到穆巴拉克末期，埃及汽油消耗量以每年12%的速度增长，柴油消耗量也以6%的速度增长。为此，埃及政府不得不进口石油以满足国内需要，埃及也从2008年起由石油出口国变为进口国，2010年的石油进口额超过50亿美元。[①]

2011年以后，情况也没有得到多少改变。2014年3月，埃及供应与贸易部部长哈立德·哈纳菲估计偷运补贴面粉的非法活动每年给埃及政府造成约700万埃镑（100余万美元）的损失，而这几乎是埃及政府支出的1/4。[②] 据英国石油公司2014年的《世界能源统计回顾》，埃及2003年每天的石油消费量达170万桶。[③] 高消费量导致埃及需要大量进口石油，加上还要维持供应的低价格，埃及财政赤字加剧。

4. 加剧社会不公，滋生腐败

埃及的补贴是普惠性质的，不针对特定群体。从表2-7可以看出，无论是在城镇还是在乡村，从人均国民支出最低到最高的各群体都拥有配给卡，特别是人均国民支出的中、高档群体拥有配给卡的比例非常高。如人均国民支出第三档群体配给卡的拥有率为65%（其中高补贴卡为59%），第四档为61%（其中高补贴卡为56%），最高档的拥有率也达43%（其中高补贴卡为37%），而第三档、第四档群体配给卡拥有率与最低档、第二档差距不大（见表2-7）。换言之，收入比较高的中、高档群体同样享有高补贴，这显然对低收入群体是不公平的，也进一步拉大了贫富差距。[④]

具体而言，巴拉迪面包和面粉补贴没有被设计为仅允许贫穷者使用，而是所有埃及人都可以使用。这样，埃及40%的境况较好的人得到巴拉迪面包补贴的37%，得到面粉补贴的40%，得到糖补贴的42%以及石油

---

① 王振华：《埃及：低价能源政策难以为继》，《中国石化报》2012年9月7日，第5版。

② 隋铭至：《埃及粮补高达43亿美元 政府开始打击偷运补贴面粉》，《粮油市场报》2014年3月25日，第B3版。

③ David Sims and Hazem Abd-El Fattah, *Egypt Housing Profile*, p. 122.

④ The World Bank, *Egypt-Toward A More Effective Social Policy: Subsidies and Social Safety Net*, p. 82；李超民编著《埃及社会保障制度》，第226~227页。

补贴的42%。补贴分配不偏向特定收入群体，不能保证穷人受益。即使糖、油的补贴设计明确，具有针对性，即富有的埃及人只能有低补贴的红卡和其他人有高补贴的绿卡，但因埃及官僚体制腐败低效，贫困家庭在申请配给卡时也会遇到障碍。1996年埃及综合住户调查数据显示，最贫穷的20%的人口中有11%没有配给卡，而第二档中15%的人没有配给卡。此外，在这两个较低层群体中多于10%的人持有低补贴的红卡，而最富裕的20%的人口实际上持有更多的高补贴的绿卡。[①]国际食物政策研究所的调查也表明，在1996/1997财年，埃及食品补贴中惠及非贫困群体的近20亿埃镑，占食品补贴总额的51.7%；埃及政府承担的粮食补贴只有约1/3惠及贫困人口；低收入阶层享受到的巴拉迪面包、面粉补贴分别占65%和13%，享受到的糖和食用油补贴只有12%、10%。[②]

到21世纪，食品补贴的分配情况没有多大改变。在2005年，最富有的埃及人得到21%的巴拉迪面包补贴，获得近75%的10皮阿斯特面包补贴和20%的配给卡补贴。[③] 相当比例的穷人和弱势群体并没有得到任何食物补贴，1/4的穷人被排除在巴拉迪面包补贴之外，绝大多数穷人被排除在10皮阿斯特面包补贴之外，超过1/3的穷人没有配给卡，被排除在配给卡补贴之外。弱势群体的百分比相似。这可能是由于大部分弱势群体的家庭在非正规部门工作，或者他们中的大部分是文盲，没有申请配给卡和永久性住房需要的有效证件。此外，配给卡的拥有情况，也与教育、就业情况有关。30%已经完成中等或更高水平教育的人可以获得配给卡，70%的就业者也获得了配给卡；而临时就业的人群中只有50%的人有配给卡；40%的配给卡持有者已经死亡，超过一半的卡属于

① A. U. Ahmed, H. E. Bouis, S. M. Ali, *Performance of the Egyptian Food Subsidy System: Distribution, Use, Leakage, Targeting, and Cost-Effectiveness*, Washington D. C.: International Food Policy Research Institute, 1998, p. 23.

② Akhter U. Ahmed, Howarth E. Bouis, Tamar Gutner, Hans Löfgren, *The Egyptian Food Subsidy System: Structure, Performance, and Options for Reform*, p. 114.

③ The World Bank, *Egypt-Toward A More Effective Social Policy: Subsidies and Social Safety Net*, pp. 40 – 42.

没有登记的人，它们或者是家庭流传下来的或者是靠其他手段获得的。①
这些情况表明，巨大的食品补贴资源没有被充分用来减少贫困和援助弱
势群体，而收入较高者获得了更大利益。

食品补贴还存在城乡不公平现象。如在1996年埃及补贴分配中，城
镇家庭平均为人均62.3埃镑，而乡村家庭只有45.5埃镑。② 这说明，原
本收入比较高的城镇家庭却获得了比乡村家庭多的补贴。城乡家庭所获
得的各类食品补贴有所不同。在城镇家庭获得的补贴中，面包占
75.9%，面粉占3.5%，食用油和糖占20.6%；而乡村家庭获得的补贴
中，面包占56.3%，面粉占22.2%，食用油和糖占21.6%。③ 城镇居民
得到的补贴比乡村高这一状况在穆巴拉克晚期也是如此，城镇面包补贴
率为27.3%，而乡村为25.9%。④ 这表明，埃及的食品补贴进一步拉大
了城乡差距。

埃及政府的巨额能源补贴的分配也不公平。如国家对汽油等进行补
贴，这实际上补贴了富裕的有车族，而穷人从这项补贴中得不到什么好
处。有关调查数据显示，埃及政府能源补贴总额的1/3流入了家庭收入
最高的20%的人群中，而贫困家庭群体实际享受到的能源补贴只占补贴
总额的3.8%。⑤

埃及庞大的补贴体系与巨额补贴支出，也使其成为腐败滋生之地。
利用国家补贴商品捞取私利成为许多埃及官员的做法。埃及一家酒店老
板指责说，国家补贴的煤气，官方公开卖价是每桶8埃镑，但是政府专

---

① World Food Programme, *Vulnerability Analysis and Review of Food Subsidy in Egypt*, p. 4.

② Hans Löfgren and Moataz El-Said, "Food Subsidies in Egypt: Reform Options, Distribution and Welfare," *Food Policy*, Vol. 26, No. 1, 2001, p. 68.

③ Hans Löfgren and Moataz El-Said, "Food Subsidies in Egypt: Reform Options, Distribution and Welfare," *Food Policy*, Vol. 26, No. 1, 2001, p. 68.

④ John William Salevurakis and Sahar Mohamed Abdel-Haleim, "Bread Subsidies in Egypt: Choosing Social Stability or Fiscal Responsibility," *Review of Radical Political Economics*, Vol. 40, No. 1, 2008, pp. 37 – 38.

⑤ 王振华:《埃及: 低价能源政策难以为继》,《中国石化报》2012年9月7日, 第5版。

卖店里每桶实际却需要 12 埃镑，因为那儿的工作人员索要好处费。①
2014 年 2 月，埃及供应与贸易部部长穆罕默德·艾布·沙迪就因被指控在
进口小麦的过程中贪污而落马。埃及供应与贸易部前部长哈纳菲也曾承
认，政府补贴的本意是帮助民众，却被贪腐侵蚀，"国家投了很多钱，受
惠者却远没有得到实惠，这中间存在巨大漏洞，最终受害的将是民众"②。

从 2016 年曝出的小麦采购腐败丑闻中也可窥见埃及补贴体系腐败之
一角。埃及政府 2016 年宣称采购了大约 500 万吨国产小麦，然而一些调
查显示，不少供应商可能勾结腐败官员，伪造收据，冒领政府补贴，各
地粮库里的实际小麦储备远远低于账面数字。路透社报道，埃及往年采
购的国产小麦规模约为 300 万～350 万吨。多名议员随后发起成立了一
个真相调查委员会，很快查出可能有多达 200 万吨国产小麦仅存在于账
簿上，而非粮库里。这意味着，多达 40% 的国产小麦采购系伪造记录，
相关财政支出被不法人员中饱私囊。③此丑闻引发埃及公众的愤怒和指
责，2016 年 8 月 25 日，埃及供应与贸易部部长哈立德·哈纳菲被迫
辞职。

综上所述，补贴在埃及是个影响面极大的问题。总体上，它对保障
低收入群体的生计起到兜底作用，维持了社会稳定，但也弊端重重，已
经成为制约埃及经济与社会发展的瓶颈之一。

三 埃及补贴制度改革

对于补贴制度的积弊与消极后果，特别是财政负担，埃及政府早已
感受到，也多次尝试进行改革。

1. 萨达特时期的补贴改革

在 1976 年，为解决外债问题，萨达特政府开始与国际货币基金组织

① 吴学丽编译：《〈华盛顿邮报〉：埃及黑市经济加剧社会危机》，《社会科学报》
2013 年 6 月 13 日，第 7 版。
② 杨舒怡：《谁动了百姓的饭碗？埃及小麦采购曝出腐败》，《中国纪检监察报》
2016 年 10 月 16 日，第 4 版。
③ 杨舒怡：《谁动了百姓的饭碗？埃及小麦采购曝出腐败》，《中国纪检监察报》
2016 年 10 月 16 日，第 4 版。

进行谈判。国际货币基金组织要求埃及政府进行一揽子经济改革和结构调整，以应对财政收支失衡，其中确定将粮食补贴作为减少支出的一个领域。1977年1月，埃及遵守与国际货币基金组织的谈判协议，进行了削减补贴的第一步。低廉的巴拉迪面包和沙米面包价格没有变，高级的菲诺面包提价50%，高级别的面粉提价67%，糖提价4%，大米提价20%，取消茶叶补贴。[①] 此次提价决定引起埃及民众激烈反对。上千名产业工人、学生和公务员走上埃及主要城市的街道进行抗议，认为削减补贴是不公平的。在1997年1月18日和19日两天，埃及全国各大城市都爆发了示威游行。在开罗，工人、学生和其他人砸碎窗户袭击车站和警察局，政府机构和官员住宅也遭到袭击，政府被迫动用军队维持秩序。1月20日，萨达特政府宣布取消削减补贴，抗议才得以结束。此次骚乱导致79人死亡，566人受伤，1250人被逮捕。[②] 这样，埃及的第一次补贴改革宣告失败。

2. 穆巴拉克时期的补贴改革

在20世纪80~90年代，尽管阻力很大，穆巴拉克政府还是对补贴制度逐步进行了一些改革。食品补贴方面的主要改革举措有四项。（1）1981年引入红卡，用于为收入较高人群提供低补贴的糖、烹调油、茶叶、大米等。（2）补贴食品的项目数量减少，逐步把肉类、鱼和其他主要由高收入群体消费的食物从补贴计划中删除。1990年删除了对肉类的补贴，1991年删除了对鱼和茶叶的补贴，1992年删除对大米的补贴。（3）减少配给卡系统中的人数。在1989年，埃及供应与贸易部停止在配给卡系统中增加新生儿。经过1981年、1994年和1997年的削减，持卡者从20世纪80年代初占人口的99%下降到1998年的70%左右，其中部分配给卡是因持卡者死亡或移民国外而被取消。（4）以一个更昂贵的版本逐步取代之前的某些项目，以缓慢减少补贴。如在1985年，埃及政府先引入一个高质量的2皮阿

① Harold Alderman and Joachim von Braun, "Egypt's Food Subsidy Policy: Lessons and Options," *Food Policy*, Vol. 11, No. 3, 1986, p. 223.

② Ram Sachs, *On Bread and Circuses: Food Subsidy Reform and Popular Opposition in Egypt*, p. 31.

斯特面包，与 1 皮阿斯特的面包在市场上并行销售，后逐步停止供应 1 皮阿斯特面包。1988～1989 年，把每个 2 皮阿斯特面包的价格提高到 5 皮阿斯特，而重量由 150 克降到 130 克。1992 年，埃及政府停止补贴菲诺面包。1996 年，停止补贴沙米面包的销售。[1] 配给卡的拥有者占总人口的比例也在下降。1990～2000 年，拥有配给卡的埃及人口的比例由 93% 降到 67%，其中拥有高补贴卡的人口的比例由 90% 降至 53%。[2]

此外，埃及也削减其他领域的补贴支出，提高商品价格。如在 1986 年，总理西德基在国际货币基金组织的压力下，决定于 1987 年 5 月 1 日起把国内能源价格上调 6%～8.5%。1989 年 4 月，埃及石油产品、电力提价 30%。[3] 在 1990～1993 年这 4 年里，埃及每年对工业生产品的补贴都在 1 亿埃镑之下，最高的年份才 9300 万埃镑，而最少的年份仅 4100 万埃镑；同期纺织品补贴也大幅度减少，多的年份有 4300 万埃镑、3900 万埃镑，而少的年份仅 200 万埃镑、600 万埃镑。[4] 埃及政府的努力取得一些成效，补贴支出占 GDP 的比重大幅度下降。1980～1994 年，埃及补贴支出占 GDP 的比重由 12.5% 下降至 2.2%。在 1994 年，埃及只保留了小麦、糖与食用油的补贴。[5] 1980～2000 年，食品补贴支出占埃及政府支出的比例也由 15% 降至 6%。[6] 到 21 世纪初，埃及保留的补贴有：面包（巴拉迪面包）、白糖和食用油（按月按配给量对消费者进行补贴）以及对自来水、电、成品油的补贴。[7]

进入 21 世纪后，特别是 2003 年后，埃及的补贴范围又有所扩大，补贴支出也明显增加。2003 年 1 月，埃镑汇率贬值幅度超过 30%，同时

① Tamar Gutner, *The Political Economy of Food Subsidy Reform in Egypt*, p. 21.
② Rachel Trego, "The Functioning of the Egyptian Food-Subsidy System during Food-Price Shocks," *Development in Practice*, Vol. 21, No. 4 - 5, 2011, p. 670.
③ 钱艾琳：《小议埃及的补贴问题》，《亚非纵横》2002 年第 2 期，第 29 页。
④ 财政部《财政制度国际比较》课题组编著《埃及财政制度》，第 64 页。
⑤ 财政部《财政制度国际比较》课题组编著《埃及财政制度》，第 63 页。
⑥ Rachel Trego, "The Functioning of the Egyptian Food-Subsidy System during Food-Price Shocks," *Development in Practice*, Vol. 21, No. 4 - 5, 2011, p. 670.
⑦ 钱艾琳：《小议埃及的补贴问题》，《亚非纵横》2002 年第 2 期，第 29 页。

埃及当地小麦产量下降，食品价格明显上涨。为应对危机，埃及在 2004 年给配给卡添加了 7 种额外的食品种类。食品补贴预算也迅速增加。2002/2003 财年到 2003/2004 财年，埃及食品补贴预算由 69 亿埃镑上升到 103 亿埃镑。[①] 但是埃及民众对通货膨胀和宏观经济形势的不满仍在增加，总理阿提夫·奥贝德（Atef Ebeid）于 2004 年 7 月被迫辞职，艾哈迈德·纳齐夫（Ahmad Nazif）被任命为总理。到 2006 年年中，当食品价格再次上涨时，埃及政府从配给卡补贴中删除了通心粉、豆类和酥油。这主要是由于消费者对这些种类的喜好程度相对较低，政府以额外配额的白糖替代，但白糖以更高的价格提供。[②]

纳齐夫在任埃及总理期间也试图把补贴制度改革作为其经济改革的一部分。其内阁的方法是把重点放在向贫困阶层投放食品补贴上，开始研究从实物补贴到有条件现金转移支付补贴的可行性。从 2007 年开始，小麦的市场价格迅速上升，进而导致埃及市场上的面包价格攀升，以前有能力购买高质量面包的埃及消费者也开始在面包糕点店购买粗糙的补贴面包。随着补贴面包需求的增加，补贴网点出现拥堵，消费者平均等待的时间增加。一项调查发现，在购买补贴面包时，78% 的家庭等了 30 多分钟才能购买到，其中 23% 的家庭等待的时间甚至超过 2 小时。[③] 最终，购买补贴面包的排队时间增加和面包短缺，引发打架事件，甚至导致有人死亡。对此，穆巴拉克下令用高效的军事面包糕点店生产面包，增加供应。为缓解面包糕点店的拥挤情况，住宅区的售货亭成为新的供给点，以提高消费者获得面包的可能和明显减少等待时间。

2007 年 12 月，埃及总理纳齐夫宣布政府计划将食品补贴制度转为

---

① Rachel Trego, "The Functioning of the Egyptian Food-Subsidy System during Food-Price Shocks," *Development in Practice*, Vol. 21, No. 4 – 5, 2011, p. 671.

② The World Bank, *Egypt-Toward A More Effective Social Policy: Subsidies and Social Safety Net*, p. 79.

③ Rachel Trego, "The functioning of the Egyptian Food-Subsidy System during Food-Price Shocks," *Development in Practice*, Vol. 21, No. 4 – 5, 2011, p. 672.

现金支付制度。但埃及民众对这一提议并不赞成，总统穆巴拉克很快回应了公众的抗议，称不会取消补贴，也不会提高面包价格，强调补贴政策的变化需要总统的批准。他向人民保证会优先考虑价格水平不变和补贴系统的扩展。①

2008 年春，国际市场粮价上涨，导致埃及国内食品涨价，补贴食品供应短缺，进而引起抢购潮。面对食品短缺问题，埃及政府采取了增加补贴、产销分开和打击不法商贩等措施。2008 年夏，埃及政府决定把部分低补贴卡变为高补贴卡；把所有在 1989～2005 年出生的人添加到配给卡系统中，配给卡系统由此增加超过 2300 万人。在 2004 年，共有 4000万持卡人（占人口的 56%），2009 年增至 6300 万人（超过总人口的80%），在配给卡系统中，个人数量增加了 60%，家庭数量上升了14%。② 此后，配给卡系统又为政府现金转移的接受者、寡妇、离婚妇女、女户主、慢性病患者等特定人群开放了多次。此外，埃及政府试行了智能卡系统。拥有嵌入式芯片的智能卡可记录每个家庭每月的补贴商品配额，以及家庭其他信息，还可以跟踪补贴商品的电子交易消费记录。埃及政府还决定，在 2008/2009 财年政府预算中将对食品的补贴由上一财年的 96 亿埃镑增至 170 亿埃镑，还拨款 47 亿埃镑专门用于应对由国际市场小麦价格上涨造成的埃及国内食品价格上涨的问题。此外，埃及全国 1.8 万家食品加工点也将全部实行产销分开，以防止不法商贩在黑市上出售以政府补贴价格获得的面粉。根据埃及政府与面包业行业组织2006 年签署的协议，以市场价格销售补贴面粉的商家会被处以 7500 埃镑至 10 万埃镑的罚款。③

3. 穆巴拉克时期之后的补贴改革

穆巴拉克时期之后，能源补贴改革成为焦点。2012 年 3 月，埃及爆

---

① Rachel Trego, "The Functioning of the Egyptian Food-Subsidy System during Food-Price Shocks," *Development in Practice*, Vol. 21, No. 4 – 5, 2011, p. 672.

② The World Bank, *Egypt's Food Subsidies: Benefit Incidence and Leakages*, p. 9.

③ 郭春菊、余忠稳：《埃及：政府补贴保证食品供应》，《中国社会报》2008 年 3 月28 日，第 2 版。

发油荒,埃及石油机构执行主席哈尼亚称此次油荒的直接原因是媒体谣
传埃及人民议会讨论取消能源补贴。① 为应对能源补贴高额赤字危机,
埃及政府采取了一些措施,如:提高工业用气和工业用电价格,减少钢
铁、水泥、陶瓷等行业企业的能源补贴,减少幅度约为33%;减少使用
昂贵稀缺的石油产品,采用储量丰富、方便适用的替代性能源,将天然
气作为石油产品的替代品。② 2013 年 9 月,埃及过渡政府内阁一致同意
建立政府补贴国民数据库,改进埃及政府财政补贴计划,实现更有效的
财政补贴发放并减少浪费。③ 2013 年 10 月,埃及财政部宣布开始推行
能源补贴智能卡系统,目的在于防止享受政府补贴的能源产品进入黑
市或走私市场,避免能源补贴浪费。为此,埃及政府已经准备了大约
700 万张智能卡。④

　　塞西 2014 年执政后,埃及数度削减能源补贴。2014 年 7 月,埃及
宣布大幅削减能源补贴,将当年的财政预算赤字削减 480 亿埃镑,其
中 440 亿埃镑通过削减能源补贴来实现,以此把财政赤字占 GDP 的比
重从 12% 降至 10% 以内。⑤ 2016 年 8 月,埃及与国际货币基金组织达
成为期 3 年的 120 亿美元贷款协议,按照协议,埃及需要采取财政紧
缩措施,削减能源补贴。2017 年 6 月,埃及政府大幅调高燃油价格,
其中 80 号汽油和轻柴油的价格从每升 2.35 埃镑调至每升 3.65 埃镑,
每罐民用液化气从 15 埃镑调至 30 埃镑。根据改革方案,埃及政府将

---

① 焦翔:《埃及"油荒"暴露民众信任危机》,《人民日报》2012 年 3 月 27 日,第
　　22 版。

② 胡英华:《埃及能源补贴改革两难中推进》,《经济日报》2012 年 4 月 6 日,第
　　4 版。

③ 《埃及政府拟建立国民数据库》,中国驻埃及大使馆经济商务参赞处,http://
　　eg. mofcom. gov. cn/article/jmxw/201309/20130900301143. shtml,最后访问日期:
　　2018 年 7 月 20 日。

④ 《埃及推行能源补贴智能卡》,中国驻埃及大使馆经济商务参赞处,http://
　　eg. mofcom. gov. cn/article/jmxw/201310/20131000367015. shtml,最后访问日期:
　　2018 年 8 月 29 日。

⑤ 陈婧:《塞西新政府开源节流收拾埃及经济烂摊子》,《中国青年报》2014 年 8 月
　　11 日,第 4 版。

在5年内完全取消能源补贴，改革的最终目的是取消全民补贴政策，将中上层群体从补贴对象中排除出去，将有限的财力用于下层群体的最低保障，同时改实物补贴为现金补贴。①2018年6月16日，为削减财政开支、落实与国际货币基金组织达成的贷款协议，埃及政府再度大幅度调高燃料价格，95号、92号、80号汽油每升价格分别从6.6埃镑、5埃镑和3.65埃镑涨至7.75埃镑、6.75埃镑和5.5埃镑；民用液化气每罐价格从30埃镑涨至50埃镑，商用液化气每罐从60埃镑涨至100埃镑。②2019年7月，埃及政府正式实施自动定价机制，从该年7月5日开始执行新的油气价格，完成取消燃油补贴的改革要求。新公布的价格调整包括：95号汽油从7.75埃镑/升调至9埃镑/升，92号汽油从6.75埃镑/升调整至8埃镑/升，80号汽油从5埃镑/升调整至6.75埃镑/升；柴油从5.5埃镑/升调整至6.75埃镑/升；汽车用天然气从2.75埃镑/立方米调整至3.5埃镑/立方米；民用液化气从50埃镑/罐调整至65埃镑/罐，商用液化气从100埃镑/罐调整至130埃镑/罐。③

2018年7月，埃及政府还把改革目标瞄向电力补贴。据报道，自2018年7月开始，埃及的电价平均上调26%，消费量在0～50度，每度电价从0.13埃镑涨至0.22埃镑；消费量在51～100度，每度电价从0.22埃镑涨至0.30埃镑；消费量在101～200度，每度电价从0.27埃镑涨至0.36埃镑；消费量在201～350度，每度电价从0.55埃镑涨至0.7埃镑；消费量在351～650度，每度电价从0.75埃镑涨至0.9埃镑；消费量在651～1000度，每度电价从1.25埃镑涨至

---

① 戴晓琦：《塞西执政以来的埃及经济改革及其成效》，《阿拉伯世界研究》2017年第6期，第43页。

② 《财政紧缩政策冲击民生 埃及汽油最高涨50%》，新华网，http://www.xinhuanet.com/world/2018-06/18/c_129895778.htm，最后访问日期：2019年3月25日。

③ 《埃及完成最后一轮燃油补贴削减》，中国驻埃及大使馆经济商务参赞处，http://eg.mofcom.gov.cn/article/jmxw/201907/20190702880303.shtml，最后访问日期：2019年9月7日。

1.35 埃镑；消费量超过 1000 度，每度电价为 1.45 埃镑，不享受电力补贴。① 2019 年 7 月 1 日，埃及电力分销公司再次调整电价。以居民户为例，用电量在 0～50 度，按照 0.3 埃镑/度收费；51～100 度，0.4 埃镑/度；101～200 度，0.5 埃镑/度；201～350 度，0.82 埃镑/度；351～650 度，1 埃镑/度；651～1000 度，1.4 埃镑/度；1000 度以上，1.45 埃镑/度。埃及电力部部长穆罕默德·沙克尔（Mohamed Shaker）称，按照新的阶梯电价标准，平均居民电价约为 0.961 埃镑/度，平均工业电价为 1.142 埃镑/度。②

从上述内容可以看出，埃及一直试图对补贴制度进行改革，改革在短期内也曾经产生一些效果，但改革效果普遍不佳，不仅没能有效克服积弊，有时还进一步加剧困境，补贴仍在持续。埃及石油部部长塔里克·穆拉 2018 年 2 月在接受路透社采访时称，2017/2018 财年上半年埃及能源补贴成本为 510 亿埃镑，比上一财年增长 34%，2017/2018 财年埃及政府燃料补贴预算为 1100 亿埃镑。③ 埃及供应与贸易部 2019 年 7 月称，埃及取消了 40 万不符合补贴资格（每月用电超过 1000 度、话费超过 1000 埃镑及每月支付子女上国际学校的费用超过 30000 埃镑）的埃及民众的补贴食品配给卡，以确保将补贴食品发放至最贫困民众手里。④ 根据埃及议会 2019 年 6 月 24 日批准的 2019/2020 财年预算，在 1.574 万亿埃镑的总预算中，补贴总额为 1490 亿埃镑，其中主要的补贴有：食品

---

① 《埃及将上调电价》，中国驻埃及大使馆经济商务参赞处，http://eg. mofcom. gov. cn/article/jmxw/201806/20180602756794. shtml，最后访问日期：2019 年 4 月 19 日。

② 《埃及从 7 月 1 日开始执行新阶梯电价》，中国驻埃及大使馆经济商务参赞处，http：//eg. mofcom. gov. cn/article/jmxw/201907/20190702878366. shtml，最后访问日期：2020 年 7 月 9 日。

③ 《2017/2018 财年上半年埃燃料补贴成本增加 34%》，中国驻埃及大使馆经济商务参赞处，http：//eg. mofcom. gov. cn/article/jmxw/201802/20180202711269. shtml，最后访问日期：2019 年 3 月 20 日。

④ 《40 万不合格的埃及民众被取消补贴食品配给卡》，中国驻埃及大使馆经济商务参赞处，http：//eg. mofcom. gov. cn/article/jmxw/201907/20190702882163. shtml，最后访问日期：2019 年 10 月 16 日。

补贴，890 亿埃镑；石油补贴，529 亿埃镑；电力补贴，40 亿埃镑；自来水补贴，10 亿埃镑；等等。[①]

四　埃及补贴制度改革困境的成因

数十年来，埃及补贴制度面临不得不改革却难以有效改革的困境，其原因非常复杂。

1. 大量贫困阶层依赖补贴维持生计

自 1974 年埃及实行开放政策起，埃及社会的两极分化倾向日益加剧。1960 年，埃及社会的上层群体占总人口的 20%～25%，下层占 75%～80%。[②] 萨达特时期，埃及形成一批因开放政策暴富的"肥猫"阶层，而普通民众生计艰难。到穆巴拉克时期，社会两极分化倾向进一步加剧。如在 1991 年，上层（年收入 1 万埃镑以上）占 3%，中层占 45%，下层（年收入低于 300 埃镑）占 52%。到 2006 年，上层占 18.4%，中层占 12.4%，下层占 69.1%，中层急剧减少。[③] 到 2008 年，不到 20% 的埃及富人拥有该国几乎 80% 的财富。[④] 在 2011 年，埃及的社会学家阿明把埃及全国人口分为 3 个层次：第一个层次是富人集团，其占总人口的 20%，却拥有社会财富的 55%；第二个层次是社会的中产阶级，其占总人口的 20%，占有 27% 的社会财富；第三个层次是穷人，其占总人口的 60%，拥有的财富仅占 18%。[⑤]

这样，在埃及形成了一个庞大的贫困群体，贫困率也长期处于高位。1981 年，埃及的贫困率为 16.1%，1995 年为 23.3%[⑥]，1999 年为

① 《埃议会通过史上最大规模财年预算 1.6 万亿埃镑，其中补贴占比降至 10% 以内》，中国驻埃及大使馆经济商务参赞处，http://eg. mofcom. gov. cn/article/jmxw/201907/20190702877634. shtml，最后访问日期：2020 年 7 月 7 日。
② 戴晓琦：《阿拉伯社会分层研究：以埃及为例》，第 88 页。
③ 戴晓琦：《阿拉伯社会分层研究：以埃及为例》，第 89 页。
④ Aladdin Elaasar, "Unsteady Egypt: Is Egypt Stable?" *Middle East Quarterly*, Vol. 16, No. 3, 2009, p. 1.
⑤ 安维华：《埃及的经济发展与社会问题探析》，《西亚非洲》2011 年第 6 期，第 21 页。
⑥ 戴晓琦：《阿拉伯社会分层研究：以埃及为例》，第 120 页。

16.7%，2004 年为 19.6%，同时临界贫困率也非常高。农村的贫困率更高，如在上埃及农村，1994 年为 29.3%，1999 年为 34.3%，2004 年达 39.1%。① 2010 年，埃及的贫困率为 21.6%，如果以每天生活费不低于 2 美元为贫困线进行计算，埃及贫困人口占总人口的 40%。② 埃及民主中心调查发现，埃及约有 1800 万人每月生活费用在 200 埃镑（约合 35 美元）以下，占总人口的 38%，主要居住于贫民窟，贫民窟的人口密度高达每平方公里 12.85 万人。③ 即使在首都开罗，也有大量贫困人口，1994 年开罗贫困人口就达到 240 万人，亚历山大也有近 200 万人。④

　　萨达特晚期以来，特别是在穆巴拉克时期，埃及失业问题非常严重。在穆巴拉克时期，所有年份的失业率均在 8% 以上，1986 年高达 14.7%。而民间机构估计的数字更高。⑤ 2000～2008 年，各年份的失业人数基本上在 200 万人以上，2005 年高达约 245 万人。女性失业严重，2000～2008 年，女性失业率基本上在 20% 以上。⑥ 埃及年轻人失业问题也非常突出。2006 年，埃及失业大军中的 90% 是 30 岁以下的年轻人。⑦

　　总体而言，埃及社会两极分化严重，贫困人口没有更多地从经济发展成果中获益，加上失业率与失业人数长期居高不下，这使大量埃及贫困人口维持生计非常艰难。埃及政府的补贴，特别是食品补贴中的巴拉迪面包补贴，成为贫困人口艰难度日的基本依靠。因此，在存在大量贫困人口的情况下，埃及政府的任何食品补贴改革都不能不慎之又慎。

---

① The World Bank, *Upper Egypt: Pathways to Shared Growth*, p. 9.
② 王林聪：《中东政治动荡的原因和影响》，载杨光主编《中东非洲发展报告 No. 13（2010～2011）》，第 11 页。
③ 刘冬：《埃及政权变更的前因后果》，载杨光主编《中东发展报告 No. 14（2011～2012）》，社会科学文献出版社，2012，第 40 页。
④ 毕健康：《埃及现代化与政治稳定》，第 391 页。
⑤ 王林聪：《中东政治动荡的原因和影响》，载杨光主编《中东非洲发展报告 No. 13（2010～2011）》，第 10 页。
⑥ 戴晓琦：《阿拉伯社会分层研究：以埃及为例》，第 180 页。
⑦ 刘冬：《埃及政权变更的前因后果》，载杨光主编《中东发展报告 No. 14（2011～2012）》，第 38 页。

2. 埃及粮食问题严重

食品补贴是埃及补贴中的关键项目。之所以如此，最根本的原因是粮食不足。埃及传统上是个农业国家，但近代以来，埃及农业主要转向种植甘蔗、棉花等经济作物，小麦等粮食产量不足。同时，近代以来埃及人口增长很快，这使粮食消费量大增，加剧了粮食不足的问题。埃及主要食品种类自给率不高。1960～1988 年，埃及小麦自给率由 70% 下降至 31%；玉米自给率由 94% 降至 72%；红肉自给率由 95% 降至 63%；糖与鸡肉由自给也转为不能自给，自给率分别由 114% 降至 62%、100% 降至 87%。[①]

为解决粮食不足问题，埃及大量进口粮食。自 20 世纪 70 年代起，埃及粮食进口量就不断上升。如埃及小麦进口量在 20 世纪 70 年代就翻了两番，以填补在小麦产量增长每年不到 2% 和消费增长几乎达 9% 之间的缺口。[②]从表 2－12 中可以看出，除稻米外，埃及的主要粮食种类——小麦和玉米的消费量都超过其产量，其缺口要通过进口来解决，尤其是小麦，其进口量不断增加。1995～2004 年，除稻米有少量出口外，埃及小麦几乎没有出口，玉米没有出口。从消费量与产量来看，稻米有结余，而小麦与玉米的缺口非常大。1995 年，埃及小麦和玉米的缺口分别为 600 万吨、243.6 万吨；2000 年的缺口分别为 635 万吨、450 万吨；2004 年的缺口分别为 717 万吨、417 万吨。埃及小麦的进口量不断增加，而玉米的进口量在起伏中呈增加态势。1995～2004 年，小麦进口量由 600 万吨增加到 750 万吨，而玉米由 285 万吨增加到 430 万吨。2007 年粮食危机爆发以前，埃及年均粮食产量为 1655 万吨左右，其中大米、玉米、小麦 3 个主要粮食品种的产量分别为 394 万吨、582 万吨、662 万吨左右；而年均粮食消费量为 2870 万吨，其中大米、玉米、小麦的年均消费量分别为 326 万吨、1047 万吨、1390 万吨左右。从总量看，埃及粮食自给率只有 58% 左右，玉米和小麦的自给率

---

① Heba Handoussa and Gillian Potter, eds., *Employment and Structural Adjustment, Egypt in the 1990s*, p. 60.

② Ray Bush, "Crisis in Egypt: Structural Adjustment, Food Security and the Politics of USAID," *Capital & Class*, Vol. 18, No. 2, 1994, p. 18.

分别只有 55.6% 和 47.6%，因此政府需要大量进口才能满足国内需要。[①]

表 2-12　埃及谷物生产、消费和进、出口状况

单位：万吨

年份	产量			消费量			出口			进口		
	小麦	玉米	稻米	小麦	玉米	稻米	小麦	玉米	稻米	小麦	玉米	稻米
1995/1996	510	573.8	210	1110	817.4	207.5	0	0	75	600	285	0
2000/2001	660	580	390	1295	1030	295.5	0	0	50	620	450	50
2004/2005	663	578	604.6	1380	995	332.5	1	0	77	750	430	75

资料来源：顾尧臣《埃及有关粮食生产、贸易、加工、综合利用和消费情况》，《粮食与饲料工业》2006 年第 6 期，第 44 页。

小麦和面粉是埃及主要进口食品种类。从表 2-13 中可以看出，1978 年，埃及分别进口小麦和面粉 376 万吨、98 万吨，1981 年进口小麦和面粉的数量分别增加到 460 万吨、138.8 万吨，2000 年进口小麦和面粉的数量分别增加到 620 万吨、479.3 万吨。2000~2005 年，埃及平均年进口小麦 700 万吨。[②] 在 2010/2011 财年，埃及食品补贴耗资约 55 亿美元，大部分是小麦补贴。埃及每年消费约 1400 万吨小麦，其中一半是进口的。[③]

表 2-13　埃及小麦、面粉进口历史情况

单位：万吨

年份	小麦	面粉
1978	376	98
1981/1982	460	138.8
2000/2001	620	479.3

资料来源：顾尧臣《埃及有关粮食生产、贸易、加工、综合利用和消费情况》，《粮食与饲料工业》2006 年第 6 期，第 45 页。

---

① 颜波：《埃及发展粮食生产的措施及其启示》，《世界农业》2006 年第 10 期，第 43 页。

② 顾尧臣：《埃及有关粮食生产、贸易、加工、综合利用和消费情况》，《粮食与饲料工业》2006 年第 6 期，第 45 页。

③ 《美国小麦明年 2 月向埃及出口量料增加》，中国驻埃及大使馆经济商务参赞处，http：//eg. mofcom. gov. cn/article/jmxw/201112/20111207892111. shtml，最后访问日期：2018 年 9 月 1 日。

穆巴拉克政府倒台后，埃及的粮食问题仍然十分严重。2012 年 9 月，埃及小麦、玉米、糖和大豆等商品的价格大幅上扬，玉米涨价 48%，每公斤肉类涨了约 5 埃镑，每盘鸡蛋（30 个）的价格提高了 3 埃镑。① 埃及供应与贸易部前部长披露，到 2013 年 7 月，埃及进口小麦储备仅有 50 万吨，尚不足维持 2 个月的需求，食品短缺问题远比预期严重。② 随着埃及经济下滑和埃镑贬值，到 2014 年 1 月，食品和燃料价格上涨，面粉和糖的价格比 2013 年上涨 50%，这严重影响埃及居民特别是低收入群体的生活。2014 年 1 月，埃及家庭平均将收入的 40% 用于食品支出，而贫困家庭将收入的 50% 用于食品支出。③ 据美国农业部埃及办公室的信息，2017 年埃及国内食品消费达 450 亿美元，大大超出 2008 年的水平（320 亿美元）。2016 年，埃及主要食品进口国为巴西（进口达 7.8 亿美元）、印度（进口达 4.5 亿美元）、美国（进口达 2.24 亿美元）等。④

可见，因国内粮食短缺，埃及不得不进口大量粮食。为保证国内粮食价格稳定，埃及政府又对进口粮食、国内收购的粮食予以巨额补贴，形成粮食缺口大，进口量增加，而补贴支出随之增加的恶性循环。埃及粮食不足的根本原因还是政府对农业投入不足。纳赛尔时期以来，尽管仍有大量劳动力在农业部门就业，但埃及农业在国民经济中的地位不断下降，埃及的发展重点转向工业与服务业，对农业的投入也不高。如1982～2000 年，

---

① 《世界粮食危机波及埃及市场物价》，中国驻埃及大使馆经济商务参赞处，http://eg. mofcom. gov. cn/article/jmxw/201209/20120908325599. shtml，最后访问日期：2018 年 9 月 1 日。

② 《社会动荡威胁埃及食品供应》，中国驻埃及大使馆经济商务参赞处，http://eg. mofcom. gov. cn/article/jmxw/201307/20130700212111. shtml，最后访问日期：2018 年 9 月 1 日。

③ 《埃及食品价格上涨影响居民生活》，中国驻埃及大使馆经济商务参赞处，http://eg. mofcom. gov. cn/article/jmxw/201401/20140100457344. shtml，最后访问日期：2018 年 9 月 1 日。

④ 《2017 年埃及食品消费额达 450 亿美元》，中国驻埃及大使馆经济商务参赞处，http://eg. mofcom. gov. cn/article/jmxw/201802/20180202715104. shtml，最后访问日期：2018 年 9 月 1 日。

埃及执行的投资总额为 7421 亿埃镑，工业部门 745 亿埃镑，占 18.8%；而农业与水利部门 669 亿埃镑，仅占 9%。[①] 对农业投入不足，加上粮食长期依赖进口，受国际市场影响大，这些进一步加剧了粮食危机。

3. 获益者反对

埃及的补贴范围广，受益者众多，不仅惠及城镇人口，也覆盖农村人口；补贴的受益者不仅是穷人，也包括富人。在这种情况下，一旦减少或取消补贴，等于触犯了众怒，改革举措常常遭到强烈反对，难以推行。1977 年 1 月，萨达特决定对一些补贴食品提价，这引起了一场全国性的骚乱，改革措施随之废止。

1984 年 10 月，阿里政府宣布提高面包等 10 种生活必需品的价格，并取消这些商品的物价补贴。此决定一宣布就引起埃及民众的强烈反对。工业城市卡夫尔达瓦发生暴力冲突，造成 3 人死亡，数十人受伤。仅几小时后，穆巴拉克就下令恢复面包以及其他商品原来的价格。1986 年 6 月，卢特菲总理建议减免 15% 的直接补贴，只有年收入少于 3000 埃镑的人才有资格享受补贴，但遭到三个主要反对党的反对。同年 11 月，卢特菲也被迫辞职。

为了弥补政府的财政赤字，从 1991 年开始，埃及政府连续制定和出台了一系列提价措施。石油、食品、煤气的价格上涨了 33% ~ 130%，其他主要商品价格也有不同程度的上涨。但为了安抚民心、防止社会动荡，埃及政府在提价的同时又拿出近 10 亿埃镑的资金给政府和国有企业职工与退休人员增加工资。职工生活补贴也得到较大幅度增长。如 1990 年，埃及政府用于职工生活补贴的资金为 20.61 亿埃镑，而 1991 年则增加到 35.79 亿埃镑。[②]

2008 年，全球小麦价格上涨，埃及粮价随之上升，马哈拉地区的工人呼吁举行一次大罢工，要求提高最低工资和降低食品价格，遭警察用催泪瓦斯、橡胶子弹阻止后，示威活动演变成暴力事件。数百名开罗大

---

① 阿拉伯埃及共和国新闻部新闻总署：《在埃及投资：稳定与发展》，第 20 页。
② 韩继云：《埃及穆巴拉克政府经济改革分析》，《改革与战略》1993 年第 5 期，第 70 页。

学和阿斯旺大学的学生和教师参与游行，高呼以罢工反对贫困和饥饿是合法的。事后，埃及又开始提供新的粮食补贴和增加工资，增加了食品和燃料补贴，支出比 2007 年多了 20%。①

穆巴拉克时期之后，埃及政府依然试图对补贴制度进行改革。在能源供需矛盾日显突出的 2012 年，埃及政府虽然多次表示要削减甚至取消能源补贴，但由于涉及面广、难度大，未敢贸然行动。为缓解电力供需矛盾，埃及政府打算推行一些节电措施，包括要求商店 21 时必须关门，餐馆 23 时必须停止营业等，但这一设想还未出台，就遭到了广泛的反对。②

由于民众多年来受惠于补贴，埃及政府任何削减补贴的措施都会面临来自中产阶级和商业界的强烈反对，贫困群体更不用说。对埃及数以百万计、其中大约 40% 的人一天生活费不足 2 美元的贫困人口来说，补贴的削减（特别是食品补贴的削减）对他们的打击最为严重，其自然也不希望削减补贴和提高价格。

4. 埃及政治与社会稳定之需

自萨达特晚期起，埃及国内矛盾突出，民众因没有享受到更多发展成果而产生的不满情绪不断加重，宗教极端势力影响加强，埃及面临严重的政治与社会稳定问题。为维持政治与社会稳定，埃及政府采取了许多措施，补贴就是其一。政府希望以此获得民众支持，进而维持其统治。对此，有不少学者进行了分析。如拉尔比·萨迪克（Larbi Sadiki）就称食品补贴就是独裁者确保和平和稳定的"民主面包"。③ 国内也有学者指出："埃及食品补贴制度起源于经济形势与政治需要。一方面劳动力过剩和物资短缺迫使政府采用行政手段调控劳动力供需与消费品市场，为保就业而实行低工资，为弥补低工资而采取高补贴。另一方面食品补贴

---

① John Bohstedt, *Food Riots and the Politics of Provisions in World History*, IDS Working Paper 444, Brighton: IDS, 2014, p. 20.

② 王振华：《埃及：低价能源政策难以为继》，《中国石化报》2012 年 9 月 7 日，第 5 版。

③ Larbi Sadiki, "Towards Arab Liberal Governance: From the Democracy of Bread to the Democracy of the Vote," *Third World Quarterly*, Vol. 18, No. 1, 1997, p. 127.

制度显然是一种维护社会稳定并赢得市民支持的政治策略。具体来说，共和国历届政府希望通过补贴制度调整收入分配结构，照顾下层市民，以便尽可能保障国家安全。可见，埃及食品补贴的实质是政府为保证政治稳定和扩大社会基础而支付的实物形态补充工资。"①

当然，埃及政府也颇受补贴之困。它希望满足民众的生活要求，借此获得民众支持，但同时，一旦国家向民众承诺低的食品价格，就不能轻易改变，否则就会带来社会动荡和经济危机。补贴导致对本就不足的资源的需求越来越大，民众对官方削减补贴的抵制增加。因为依赖者越来越多，示威者的能力越来越大。渐进的方式成为补贴改革的首选途径，而在埃及，这又意味着延长危机。一旦改革触动食品补贴，就会刺激埃及长期积累下来的经济社会问题，无力维持生活的民众就会走上街头发泄不满。对于已经习惯购买在政府维持下的低价食品等补贴商品的民众，一旦价格上涨、补贴减少，其就会将责任归咎于执政者。在埃及普通民众看来，补贴减少等于政府抛弃了理应履行的社会契约，人民就有理由推翻失职的政府。这也是穆巴拉克政府被推翻的重要原因之一。埃及的街头抗议最初就被称为"大饼革命"，政府的食品补贴难以为继，而黑市价格高得离谱。有学者称，"粮食价格上涨是'阿拉伯之春'发生的许多复杂原因的其中之一，从2007年开始的食品价格上涨，为一个不能够再履行社会契约的专制政权国家钉上了最后一颗钉子"②。

综上所述，由于种类多、支出巨大、覆盖面广、受益人员众多，补贴在埃及不仅是个民生问题，也是个敏感的政治问题，既关乎普通人的生计，也关乎埃及政治与社会稳定之大局。因此，尽管埃及政府充分认识到补贴改革的必要性与紧迫性，也多次进行改革，但改革任务的完成显然绝非一日之功。此外，补贴常常是国际货币基金组织等国际机构给埃及施压的利用因素之一。在1991年埃及经济改革时，国际货币基金组

---

① 刘志华：《1952—2011年埃及粮食问题研究》，《世界农业》2014年第2期，第57页。

② J. Harrigan and Hamed El-Said, *Economic Liberalisation, Social Capital and Islamic Welfare Provision*, London：Palgrave Macmillan, 2009, p. 31.

织就要求埃及削减补贴。2017 年 1 月 16 日，埃及财政部部长向媒体透露的国际货币基金组织向埃贷款的条件之一就是 5 年内全面取消财政对能源产品的补贴。① 外界的压力，加大了埃及补贴改革的难度，埃及需要在维持社会稳定与进行补贴改革之间艰难寻求平衡点。

从长远来看，埃及的补贴制度改革，一是要发展经济，并解决好经济成果的分配问题。补贴也是个经济问题，需要经济发展作为支撑。补贴之所以成为埃及的敏感事项，也是因为它几乎涉及每个人的利益。特别是对低收入者、贫困者来讲，补贴食品是其生存的基本依靠。因此，只有经济发展，把"蛋糕"做大，埃及才能为补贴提供更坚实的经济后盾。同时，经济发展成果分配机制要更多地向普通民众倾斜，特别是向低收入者、贫困者倾斜，增强其经济实力，减少其对补贴的依赖。二是要提升补贴的针对性。埃及的补贴实际上具有普惠性质，高收入阶层也获得大量补贴，这使政府财力难以承受。因此，应调整补贴制度设计，使补贴更多地为真正需要者服务，以减轻政府的财政困难。

---

① 《埃财政部披露 IMF 贷款向埃贷款条件》，中国驻埃及大使馆经济商务参赞处，http://eg. mofcom. gov. cn/article/jmxw/201701/20170102503927. shtml，最后访问日期：2018 年 2 月 21 日。

第三章

当代埃及教育发展及其困境

教育为民生关键领域之一。埃及现代教育兴起于穆罕默德·阿里时期。在 1952 年七月革命以前，埃及的现代教育就有了一些发展。纳赛尔时期以来，埃及教育取得了许多发展，但也面临诸多困境。同时，教育还与其他民生领域相关联。

第一节　纳赛尔与萨达特时期埃及教育

一　埃及现代教育的兴起与缓慢发展

上古时期，埃及就出现了神庙学校、宫廷学校等众多类型的教育机构。亚历山大征服埃及后，希腊文化逐渐在埃及传播并影响了埃及的教育发展，亚历山大城成为当时世界文化和教育中心之一，埃及的自然科学研究得到极大发展。当时的亚历山大图书馆是埃及最早的高等教育机构。

公元 7 世纪伊斯兰教传入埃及后，伊斯兰教育成为埃及教育的典型特征，埃及也成为伊斯兰教育、阿拉伯教育的中心之一。如闻名于世的爱资哈尔大学就是中世纪埃及乃至伊斯兰世界教育界首屈一指的高等学府，直至今天也在伊斯兰世界具有非常大的影响力。但在拿破仑入侵之前，埃及长期处于以农业为主的社会形态，教育内容与模式未发生显著变化，只有极少数人能够接受教育，且教育以清真寺的宗教常识教育为主。[1]

---

[1]　王海利：《埃及通史》，上海社会科学出版社，2014，第 155 页。

1798 年，拿破仑远征埃及，对埃及产生了一系列文化冲击，促进了埃及人的文化觉醒，这成为埃及教育现代化的开端。真正揭开埃及教育新一页的是 19 世纪上半叶穆罕默德·阿里的教育改革。穆罕默德·阿里热衷于发展教育事业。他经常教育子女要努力学习科学和艺术，认为教育是成功的关键，将为他们打开未来。他对孩子们表现出的唯一一次愤怒就是他们不愿意学习的时候。[①] 1836 年，阿里在埃及近代史上首次建立了教育行政部门——迪万·曼达里斯（Diwan al-Mandaris），这是首个确定学校制度及管理学校的中央机构。该部首要的教育改革措施是在开罗与各省建立小学。

穆罕默德·阿里时期，埃及主要采取了三方面措施推动教育改革。其一，派遣埃及留学生赴欧洲接受西方世俗教育，以突破传统宗教教育以及农耕文化对人才培养的束缚。其二，建立宗教、世俗教育并立的二元制教育体系。世俗教育体系独立于宗教教育体系之外，阿里政府通过新创立的高等院校和技术学校培养社会所需的专业技术人才，使更多的埃及青年接受西方的先进技术与理念。埃及逐步设立了一批初等、中等学校，为高等院校提供生源。1825 年，埃及创办了泉宫预备学校，这是埃及历史上的第一所高中。[②] 1829 年，外国教会建立了埃及第一所女子学校。[③] 其三，设立语言学校、印刷厂等机构，系统翻译介绍西方科学技术的发展成果。这些举措促进了埃及世俗教育体系的发展，培养了一批具有现代意识的社会精英，为埃及现代化进程奠定了人才基础。在此期间，埃及人也开始意识到现代教育对于提升埃及国家地位和提高个人社会流动性的重要价值。在穆罕默德·阿里时期，为引进、消化西方先进技术，军队成为埃及新式、世俗教育发展的重要推动者。1839～1840年，阿里政府共建立 47 所小学，学生数量为 4971 人；到 1882 年，埃及

---

① Afaf Lutfi Al-Sayyid Marsot, *A History of Egypt: From the Arab Conquest to the Present*, Cambridge: Cambridge University Press, 2007, p. 68.

② 李乾正、陈克勤：《当今埃及教育概览》，第 54 页。

③ J. Heyworth-Dunne, *An Introduction to the History of Education in Modern Egypt*, London: Luzac & Co., 1938, p. 131.

有 270 所官办小学，还有 200 所欧洲人经营的私立学校以及许多埃及人经营的私立学校。[①]

穆罕默德·阿里的教育改革也存在一些局限性。一是统治者的教育观念落后且薄弱，教育改革的动机存在功利性，改革在注重实用性的同时却忽视了教育的长远发展。阿里教育改革的主要目的是巩固其统治，而不是发展教育，继任者也并未延续改革时期的政策。二是教育改革的前期偏重于高等教育，而忽视了基础教育和中等教育，以至于改革前期出现了高等院校被迫招收宗教学校毕业生的现象。[②] 三是教育改革的成果并未普及，甚至统治者有意限制世俗教育的发展。穆罕默德·阿里认为："我们的责任就是有限度地教给人民如何读写，以使其更好地完成劳动的任务，而教育的普及不能超出此限度。"[③] 四是引入、效仿的法国中央集权式的教育管理体制，导致教育体制僵化，官僚主义严重，效率低下。

穆罕默德·阿里去世后，其继任者关闭了许多世俗学校，而外国人在创办的众多教会学校中继续进行世俗教育。伊斯玛仪继任后，埃及开始新一轮现代化改革，扭转了此前世俗教育发展停滞不前的局面。1867 年，埃及颁布了义务教育法令，要求在 30 年内实现全国民众具备基本识字能力的目标。但由于缺乏配套改革措施和基本的师资条件，这一法令的目标基本沦为空谈。这一时期，除了埃及官方大力兴办世俗教育，民间及国外的社会团体也在积极办学，推行免费世俗教育，学校数量得以大幅度增加。1862 ~ 1875 年，埃及新式学校数量由 185 所增至 4817 所。[④] 作为传统教育代表的爱资哈尔大学也因应时代潮流，开始了缓慢的现代化教育改革。到 1882 年，埃及世俗教育体系初具规模。官办的中

---

① M. A. Faksh，"An Historical Survey of the Educational System in Egypt," *International Review of Education*，Vol. 22，No. 2，1976，p. 236.

② Judith Cochran，*Education in Egypt*，London：Croom Helm，1986，pp. 5 – 7.

③ 转引自 J. Heyworth-Dunne，*An Introduction to the Hristory of Education in Modern Egypt*，p. 167。

④ 戴晓琦：《阿拉伯社会分层研究：以埃及为例》，第 27 页。

小学校发展较快，外国社团所创办的教育机构也初具规模，注册学生人数达 4.8 万人左右。[1]

英国殖民者占领埃及之后，为解决财政危机，开始大幅削减教育开支。1907 年，埃及免费教育基本中止。英国殖民者的教育政策使埃及中下阶层民众不得不让子女去接受传统的宗教教育。这一时期，埃及教育仍然相对落后。在 19 世纪末，埃及适龄儿童入学率仅为 3.5%，全国文盲率依然高达 90% 左右，文盲人口约为 730 万人。[2] 1882～1907 年，埃及教育经费仅有 280 万埃镑，约占这一时期政府总预算的 1%。[3] 到 1913 年，埃及约有 6.5% 的女孩和 20.5% 的男孩受过最低水平的教育，各级各类学校就学人数仅占适龄人口的 3.5%。[4]

1922 年，埃及获得形式上独立。次年，颁布 1923 年宪法，埃及进入宪政时期，埃及教育也有不小的发展。一是教育投入增加。1925/1926 学年至 1951/1952 学年[5]，埃及在教育领域的国家预算由 3628.8 万埃镑增加到 2.31 亿埃镑，教育部预算由 233.6 万埃镑增加到 2803 万埃镑。[6] 二是小学教育有所发展。1923 年宪法将小学教育纳入义务教育。1924 年，埃及颁布了义务教育法案，并在随后制定了义务教育普及规划和学前儿童教育规划。1930 年，埃及公立学校适龄儿童入学率为 18%，相较于 19 世纪末的教育状况已经有了明显发展（同期土耳其为 25%）。[7] 到 1951 年，埃及小学学生注册人数约为 132 万人，较 1925 年增长了约 4 倍。[8] 三是埃及高等教育也取得了一些发展。1925/1926 学年至 1951/1952 学

---

① 王素、袁桂林：《埃及教育》，第 18 页。
② 瞿葆奎主编《印度、埃及、巴西教育改革》，人民教育出版社，1991，第 514 页。
③ 李乾正、陈克勤：《当今埃及教育概览》，第 47 页。
④ 李建忠：《战后非洲教育研究》，江苏教育出版社，1996，第 406 页。
⑤ 埃及学年从当年 10 月开始，到次年 7 月结束。
⑥ Ahmed Abdalla, *The Student Movement and National Politics in Egypt, 1923–1973*, p. 25；王素、袁桂林：《埃及教育》，第 64 页。
⑦ Judith Cochran, *Educational Roots of Political Crisis in Egypt*, p. 64.
⑧ 李乾正、陈克勤：《当今埃及教育概览》，第 50 页。该书中的数据为 13.2 万人，疑有误，应为 132 万人。

年，埃及高校的预算由 11 万埃镑增加到 398.2 万埃镑。[①] 1952 年之前，埃及高等院校的学生一般都出身于富裕阶层。1930~1952 年，埃及高校学生注册人数约由 5000 人增加到超过 4 万人。[②]

二　纳赛尔时期埃及教育发展状况

纳赛尔时期，埃及教育迎来一个新时代，正式确立了当代埃及教育体制，实行中央集中管理体制，世俗教育和宗教教育两大体系并行，世俗教育管理体制采取中央集中管理、地方自主办学的模式。

1. 学制

从图 3-1 中可以看出纳赛尔时期埃及学制的概况。这一时期，埃及教育可分为世俗教育与爱资哈尔[③]教育两大体系。世俗教育体系包括基础教育（小学）、中等教育（预备学校和普通中学）和高等教育三个阶段。小学为 6 年制，学生在小学毕业后升入预备学校，未被录取者接受一年的职业培训。预备学校为 3 年制，是小学与中学教育的过渡阶段，毕业生除升入普通中学外，还可以进入各类职业技术中学，如 5 年制技术学校、6 年制师范学校、3 年制职业训练中心等。普通中学为 3 年制，毕业生可以升入 4 年制的大学、高等学院和 2 年制的技师培训学院。

爱资哈尔教育体系包括小学、预备学校、高中、大学四个阶段，其中小学为 6 年制，预备学校为 3 年制，高中为 3 年制，后升入 4 年制的爱资哈尔大学。

2. 学前教育与小学教育

1952 年七月革命胜利后，埃及新政府宣布，为体现社会公平和平等原则，每个埃及儿童都有权接受免费的公共教育。1953 年，埃及颁布法令，规定小学学制为 6 年，幼儿学校一般招收 4~5 岁的幼童且学费自

---

① Ahmed Abdalla, *The Student Movement and National Politics in Egypt*, *1923 – 1973*, p. 25；王素、袁桂林：《埃及教育》，第 64 页。

② Ahmed Abdalla, *The Student Movement and National Politics in Egypt*, *1923 – 1973*, p. 26；王素、袁桂林：《埃及教育》，第 64 页。

③ 爱资哈尔既是宗教机构（清真寺），也是教育机构。

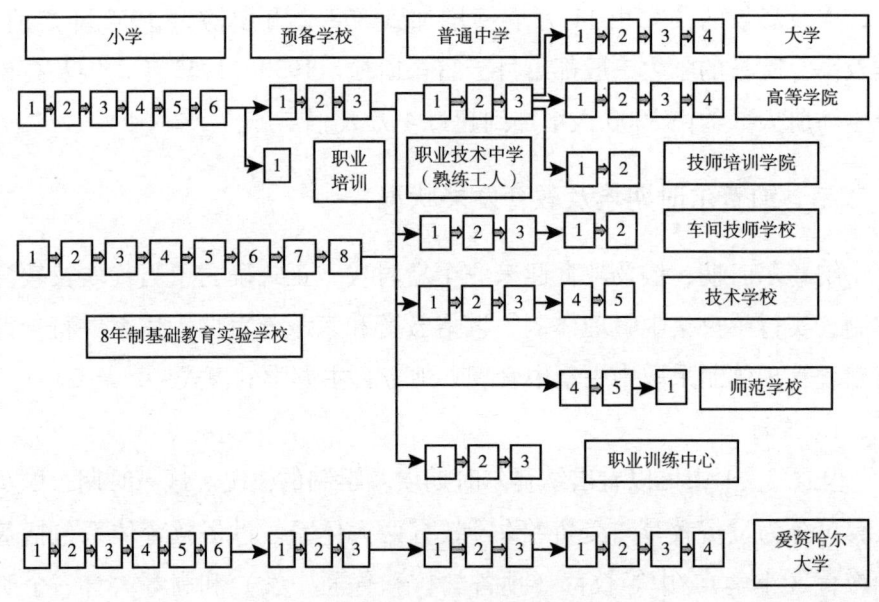

图 3 - 1　纳赛尔—萨达特时期埃及学制

资料来源：Georgie D. M. Hyde, *Education in Modern Egypt：Ideals and Realities*, London：Routledge & Kegan Paul, 1978, p. 79。

理。法令颁布不久，学前教育机构就因入学儿童数量锐减、办学经费困难而停办或与小学合并。同年，埃及针对小学实行统一集中管理，为全国 6～12 岁的儿童提供免费教育，规定年龄超过 14 周岁且未完成小学教育者将丧失进一步接受教育的机会。[1] 为此，埃及政府一度设立了校舍建设规划署，以满足日益增长的小学教育需求。

　　纳赛尔时期，埃及小学的在校生规模迅速扩大，入学率大幅提高。从表 3 - 1 中可以看出，1953/1954 学年至 1965/1966 学年，埃及小学在校生人数由 139.3 万人上升到 341.8 万人，增长了 145%。入学率也稳中有升。1950 年，埃及适龄儿童入学率约为 36%；到 1960/1961 学年，这一比例上升至 65% 左右。[2] 1964 年，城市适龄儿童入学率达到 90%，农

①　M. K. Harby and E. H. Affifi, "Education in Modern Egypt," *International Review of Education*, Vol. 4, No. 4, 1958, pp. 423 - 434.

②　M. A. Faksh, "An Historical Survey of the Educational System in Egypt," *International Review of Education*, Vol. 22, No. 2, 1976, p. 238.

村适龄儿童入学率约为65%~75%。1967年，埃及适龄儿童平均入学率达到78.2%。[1] 小学师资力量也增加了。1952年，埃及小学教师为5.25万人左右[2]，1970年增加到约9.9万人。[3]

纳赛尔时期，埃及教育部统一管理小学课程设置与课程标准制定的工作。小学主要有阿拉伯语、数学、常识、宗教、艺术、体育、音乐等课程。另外，埃及教育部专门为女生设置家政课，为男生设置农业课。[4] 此后，又增设了爱国主义教育和社会学等课程。

表3-1 埃及各教育层次学校在校生人数情况

单位：万人，%

	在校生人数		增长率
	1953/1954 学年	1965/1966 学年	
小学	139.3	341.8	145
普通预备学校	34.9	57.4	64
职业技术预备学校	0.3	2.7	800
普通中学	9.2	20.9	127
职业技术中学	1.9	10.1	432
师范学校	2.4	4.9	104
大学	5.4	12.4	130
合计	193.4	450.2	133

资料来源：U. A. R. , Central Agency of Public Mobilization and Statistics, *Population Increase in the U. A. R. and Its Deterrent to Development (in Arabic)*, Cairo, 1966, p. 190, 转引自 M. A. Faksh, "An Historical Survey of the Educational System in Egypt," *International Review of Education*, Vol. 22, No. 2, 1976, p. 240。

3. 预备教育与中学教育

1953年，埃及教育部调整了普通教育学制，将中等教育划分为预备

---

[1] Ahmed Abdalla, *The Student Movement and National Politics in Egypt*, *1923 – 1973*, p. 104.

[2] 李乾正、陈克勤：《当今埃及教育概览》，第52页。

[3] David Chapman and Suzanne Miric, "Education Quality in the Middle East," *International Review of Education*, Vol. 55, No. 4, 2009, p. 321.

[4] 王素、袁桂林：《埃及教育》，第95页。

教育和中学教育两个阶段。预备教育是小学教育与中学教育的一个过渡阶段，属免费教育，学制为4年（1957年改为3年）。预备教育最初包括普通预备教育（初中教育）和职业技术教育等，具体分为普通预备学校、工业学校、农业学校、商业学校、女子学校、职业训练中心等六大类。① 根据1953年第210号法令，预备教育独立于中学教育之外，学生毕业后一般会升入普通中学、职业技术中学或参加工作与生产，其中升入普通中学的学生需要通过基础知识、阿拉伯语和数学等科目的入学考试。预备教育阶段课程既有普通初中文化课程，也有职业技术类课程。1962年，预备教育阶段的职业技术类课程和学校被划归中学教育阶段。此后，预备教育实际上发挥着普通初中教育的功能。

中学包括职业技术中学、普通中学（高中）、师范学校、职业训练中心等学校。在预备学校毕业后，学生可选择进入普通中学、职业技术中学继续学习或就业。

职业技术中学学制和普通中学学制为3年，其中普通中学学生入学年龄不得超过17周岁。课程设置方面，普通中学一年级以公共课程为主，二年级文理分科教学，但仍然包括宗教、阿拉伯语、外语等公共课程。

1956年苏伊士运河战争后，埃及迫切需要培养国内的技术人员以取代外国技术人员，预备学校和职业技术中学也随着小学毕业人数的增长而规模有所扩张。

从表3-1中也可以看出纳赛尔时期埃及预备教育与中学教育发展的大致情况。1953/1954学年至1965/1966学年，埃及普通预备学校在校生由34.9万人增加到57.4万人，职业技术预备学校在校生由3000人增加到2.7万人，普通中学在校生由9.2万人增加到20.9万人，职业技术中学在校生由1.9万人增加到10.1万人，师范学校在校生由2.4万人增加到4.9万人。师资方面也增加了。1963/1964学年至1970/1971学年，埃及普通预备学校教师由18186人增加到27891人，普通中学教师则由9627人增加到

---

① M. K. Harby and E. H. Affifi, "Education in Modern Egypt," *International Review of Education*, Vol. 4, No. 4, 1958, pp. 429 – 430.

13941 人。① 中小学入学率也不断提高。1955 年，埃及中小学入学率为
36%，1960 年提高到 43%，1965 年升至 53%，1970 年为 52%。②

4. 高等教育

纳赛尔时期，埃及共有 6 所大学：爱资哈尔大学、开罗大学、亚历山
大大学、开罗美国大学、艾因夏姆斯大学和艾斯尤特大学。爱资哈尔大学
是世界最高伊斯兰学府。开罗大学是埃及建立最早的现代大学，其前身为
1908 年成立的埃及国民大学，1925 年改名为埃及国立大学，1940 年改名
为福阿德一世大学，1952 年革命后改为现名。亚历山大大学成立于 1952
年，其前身是埃及国民大学 1938 年在亚历山大市开办的文学院和法学院，
1952 年与亚历山大科学院、商学院等院校合并，位于亚历山大，后在埃及
各地有许多学院。开罗美国大学创建于 1919 年，为私立大学，位于开罗。
艾因夏姆斯大学创建于 1950 年。艾斯尤特大学创建于 1957 年，位于艾斯
尤特市。此外，埃及在纳赛尔时期还建立了 43 所高等院校。③

在纳赛尔时期，埃及高等教育以加强中央对大学的管理与指导、扩
大高等教育招生范围与规模、侧重理工科人才培养、加强阿拉伯社会主
义思想宣传与研究、服务经济社会发展为主要改革目标。1954 年，埃及
政府撤换了一批不服从纳赛尔教育政策的大学校长。1961 年，埃及成立
了高等教育部。通过这一轮高等教育改革，基本确立了埃及的当代高等
教育管理体系。不同于中小学的"中央—地方—学校"的垂直管理模
式，高等教育管理具有相对独立性和自主性。

为了落实社会公平正义、破除大学入学的阶层禁锢，埃及实行了统
一招考制度，大学面向所有中学毕业生招生。1962 年起，埃及公立大学
免收学费，政府承诺为毕业生提供就业机会。

在中央政府层面，教育部负责管理小学教育、中等教育、特殊教育
和成人扫盲教育，高等教育部担负着下属大学和高等学院的政策制定和

---

① Georgie D. M. Hyde, *Education in Modern Egypt: Ideals and Realities*, p. 85.
② 林富德、沈秋骅主编《世界人口与经济的发展（统计汇编）1950—1978》，中国
　人民大学出版社，1980，第 363 页。
③ 季诚钧、徐少君、李旭：《埃及高等教育研究》，第 21 页。

规划、学科指导、监督和评估、颁布成立许可证、大学行政管理、学制和专业设置、招生录取等职责。高等教育部下设大学最高委员会，这是埃及高等教育的最高决策和规划机构，负责规划和协调各大学的招生计划、教育与科研政策，委员会成员由高等教育部部长以及各大学校长、副校长，部分学者，部长指定的专家和秘书长所组成。

在大学层面，校长、副校长、秘书长负责学校的日常行政管理事务。大学委员会负责制定大学的发展规划、规章制度，安排招考奖助事宜等，委员会成员包括校长、两位副校长、秘书长以及各院系院长和部分学者。大学委员会下设考试、教学与学生工作、研究生和科研、实验室和器材设备、图书馆等相关的负责校务管理和规划的专业委员会。

在院系层面，院长和副院长负责学院的行政事务，院务委员会负责制定学院的教学科研等相关的规章细则。各系设有系主任、副系主任和系务委员会。

纳赛尔时期，埃及高等教育发展较快。如在 1951/1952 学年，埃及大学的总预算为 400 万埃镑，注册学生人数为 3.5 万人；而到 1961/1962 学年，埃及大学的总预算和注册学生人数分别增加到 1348 万埃镑、9.65 万人。[1] 大学的入学率，1960 年为 4.86%，1970 年提高到 7.92%。[2] 开罗大学发展尤其快。1953 年埃及高校调整时，将高等机械学院、高等商学院、高等农业学院以及高等兽医学院并入了开罗大学。1961～1971 年，开罗大学职员从 1069 人增加至 1140 人，在校学生从 4.5 万人增加至 6.5 万人左右，其中约有 4000 名外国留学生。[3]

5. 宗教教育与私立教育

埃及的宗教教育与世俗教育并行，主要包括爱资哈尔教育体系和从

---

① Donald Malcolm Reid, *Cairo University and the Making of Modern Egypt*, p. 181; Haggai Erlich, *Students and University in Twentieth Century Egyptian Politics*, pp. 177, 202.

② 林富德、沈秋骅主编《世界人口与经济的发展（统计汇编）1950—1978》，第 363 页。

③ 瞿葆奎主编《印度、埃及、巴西教育改革》，第 558 页。

事宗教教育与研究的公立学校两大类。爱资哈尔教育体系覆盖小学、预备学校、高中、大学各层次宗教教育，具有相对独立性，其教育不仅面向埃及，也面向伊斯兰世界的穆斯林。1959 年，爱资哈尔大学在开罗建立了外国留学生城，供各国留学生居住。1960/1961 学年，爱资哈尔大学及其分支机构共有 4.1 万名在校学生。1961 年 6 月，埃及颁布改革宗教教育的法令，规定埃及宗教事务部负责爱资哈尔大学的经费管理，爱资哈尔大学在设立伊斯兰教法以及宗教学等学科之外，新设立了科学以及人文学科的相关专业。1958～1963 年，埃及著名穆斯林学者马赫穆德·沙尔图特担任爱资哈尔大学校长。马赫穆德·沙尔图特在任内倡导对传统宗教教育进行改革，积极调整爱资哈尔大学的教学课程，改进教学方法；鼓励、倡导穆斯林在宗教学校学习外语和科学知识；允许穆斯林女性进入爱资哈尔大学学习；容许学院与学者研究和教授什叶派教法的内容等。[1]

经过改革，爱资哈尔教育体系的穆斯林儿童一般 6 岁入学，其小学、预备学校的学制、课程与世俗学校的内容基本相同，但主要以《古兰经》、圣训等宗教知识为学习和升学考试的重点。毕业考试合格者将会获得爱资哈尔下一阶段的教育资格。1962 年，爱资哈尔教育体系有小学 146 所，预备学校 43 所，高中 22 所，此外还有一些师范学校和诵经学校等，在校总人数达 30 多万人。[2]

纳赛尔时期所推动的宗教教育改革，试图将宗教教育体系与世俗教育体系进行某种程度的融合，促进爱资哈尔教育体系的制度化、规范化，但并未消弭二元制教育体系所产生的文化差异和思想冲突。

1952 年七月革命前，由外国人所创办管理的外语学校主要招收科普特人、犹太人、叙利亚人、黎巴嫩人以及希腊人、意大利人等少数族裔的子女。1956 年苏伊士运河战争前，埃及外语学校在校学生约为 9.7 万人。苏伊士运河战争的爆发导致英国籍与法国籍的教师离开埃及。除开

---

① Judith Cochran, *Educational Roots of Political Crisis in Egypt*, pp. 60 – 61.
② 李乾正、陈克勤：《当今埃及教育概览》，第 58 页。

罗美国大学未停办以外，由外国人所管理的中小学的教学活动被迫中断，在校学生也锐减了 1.7 万人。[1] 纳赛尔政府认为这些学校是滋生社会不公等弊病的温床，决定进行改革。1958 年，埃及将外国人所建立的学校转变为私立学校，逐步将这些学校纳入埃及教育部门的管理范围之内。此后直到 1996 年，开罗美国大学是埃及唯一的世俗私立大学。[2] 埃及教育部门要求私立学校使用阿拉伯语教学，遵循教育部制定的教学课程标准进行教学。由于外籍教师的离职，埃及本土教师被迫承担更为繁重的教学任务，导致私立学校教学质量下降，生源进一步流失。

三 萨达特时期教育发展状况

萨达特时期，埃及基本沿袭了纳赛尔时期建立的教育体制。萨达特提出：要着力培育每个受教育者的个性与品性，使之成为能够独立、自我引导、自我克制的人，这有助于下一代理解和定位好自己在埃及社会以及世界当中的角色；教学内容要结合现实生活中的实际需要，与社会和经济生活的脉动相连接。[3] 1976 年，萨达特在与时任教育部门负责人谈话时指出，埃及教育应当从传统的教育思想、模式、结构、趋势和方法中解放出来，埃及需要一个良好完备的教育规划来促进下一代身心协调平衡发展。[4] 1980 年，埃及教育部对教育目标做出规定：保证教育民主和机会均等，培养献身国家的人，使受教育者掌握继续学习和终身学习的技能，使教育促进国家的全面发展。[5]

1974 年后，埃及实行了教育开放政策以应对教育质量低下、经费不足等问题。教育开放政策倡导政治开放和大学自治，通过鼓励私人资本

---

① Judith Cochran, *Educational Roots of Political Crisis in Egypt*, p. 71.
② 兰香红：《埃及私立大学发展解析》，《教育与职业》2009 年第 18 期，第 143～144 页。
③ Harry Bluhm, "The Place of Guidance in Egypt," *International Journal for the Advancement of Counselling*, Vol. 6, No. 1, 1983, p. 31.
④ Harry Bluhm, "The Place of Guidance in Egypt," *International Journal for the Advancement of Counselling*, Vol. 6, No. 1, 1983, p. 31.
⑤ 季诚钧、徐少君、李旭：《埃及高等教育研究》，第 112 页。

投资、引入外国发展援助来弥补教育投入不足，解决基础教育薄弱等问题，基本实现了小学教育的普及化。

1. 小学教育

1972 年，埃及进行学制改革，仿效联邦德国建立了 8 年制基础教育实验学校，这类学校合并了小学、预备教育阶段，并将两阶段的学制由 9 年缩短为 8 年。为使农村及偏远地区适龄儿童能就近入学，埃及政府在这些地区开设了乡村学校、半沙漠地区学校、单班学校等，招收小学、预备教育阶段的适龄儿童入学，以降低这些地区的辍学率和文盲率。1975 年，埃及颁布了建设单班学校的相关法令，计划在 5 年内建设 5000 所单班学校，以解决居住分散、人口稀疏地区的儿童入学问题。① 1971/1972 学年，埃及有小学 9322 所，班级 9 万个，在校生 387.3 万人，1977/1978 学年分别增加到 10818 所、10.4 万个、421.1 万人。② 1966/1967 学年至 1974/1975 学年，埃及小学教师人数由 8.79 万人增加到 9.81 万人。③ 1974/1975 学年，小学适龄儿童入学率为 77.5%，其中女童入学率为 66.1%。1981/1982 学年，埃及教育经费约为 3.88 亿埃镑，小学教育阶段招生人数为 92.21 万人④，小学学生注册人数达到 474.84 万人。⑤

2. 中等教育

1970/1971 学年，在埃及预备学校招生人数中，职业技术预备学校招生约 27 万人，而普通预备学校招生约 30 万人。⑥ 1976/1977 学年，小

① Georgie D. M. Hyde, *Education in Modern Egypt: Ideals and Realities*, p. 84.
② Bikas C. Sanyal, *University Education and the Labour Market in the Arab Republic of Egypt*, Oxford & New York: Pergamon, 1982, p. 206；李乾正、陈克勤：《当今埃及教育概览》，第 52 页。
③ David Chapman and Suzanne Miric, "Education Quality in the Middle East," *International Review of Education*, Vol. 55, No. 4, 2009, p. 311.
④ 阿拉伯埃及共和国信息部国家新闻总署：《埃及 22 年成就 (1981–2003)》，埃及驻华使馆新闻处，2003，第 120 页。
⑤ 时延春：《中国驻中东大使话中东——埃及》，世界知识出版社，2012，第 81 页。
⑥ M. A. Faksh, "An Historical Survey of the Educational System in Egypt," *International Review of Education*, Vol. 22, No. 2, 1976, p. 240.

学毕业生总数为 46.77 万人，其中升入预备学校的人数为 44.47 万人。[①]
预备教育阶段设置统一课程，普通预备学校的学生将会参加统一的全国
普通预备教育考试，依据考试成绩决定升学去向。1974/1975 学年，通
过该考试的学生约有 60% 进入中学继续就读，其中 44% 升入普通中学就
读，53% 升入职业技术中学，其他进入师范学校等就读，未被录取的学
生在工业企业或私人企业中工作。[②] 1975/1976 学年至 1978/1979 学年，
埃及预备学校总入学人数从 139.91 万人增加到 154.73 万人。[③] 1981/
1982 学年，埃及预备学校学生注册人数为 165.29 万人。[④]

埃及的普通中学，1977/1978 学年的入学人数为 12.8 万人，在校人
数为 41.6 万人左右，比 1966/1967 学年分别增长了 48% 和 77%。[⑤]
1981/1982 学年，埃及中学学生注册人数达到了 120.9 万人。[⑥] 普通中学
依然是学生升学的优先选择。预备教育考试中成绩优异的学生一般仍会
优先选择进入普通中学就读。1974/1975 学年，普通中学教师人数约 1.5
万人，比上一学年增长了 3.7%；职业技术中学教师人数为 2.1 万人，
比上一年增长了 23.6%。[⑦]

在职业技术教育方面，埃及于 1970 年成立了技术教育委员会，颁布
职业技术教育改革法令，调整职业技术教育的学制、课程、专业设置等。
1976 年，埃及成立了人力资源开发与培训计划委员会，旨在引导教育尤

---

① 王素、袁桂林：《埃及教育》，第 140 页。
② Harry Bluhm, "The Place of Guidance in Egypt," *International Journal for the Advancement of Counselling*, Vol. 6, No. 1, 1983, p. 34.
③ Bent Hansen and Samir Radwan, *Employment Opportunities and Equity in A Changing Economy: Egypt in the 1980s, A Labour Market Approach*, pp. 250 – 251.
④ 阿拉伯埃及共和国信息部国家新闻总署：《埃及 22 年成就 （1981 – 2003)》，第 120 页。
⑤ International Institute for Educational Planning, UNESCO, *University Education and the Labor Market in the Arab Republic of Egypt*, 1982, p. 90, 转引自王素、袁桂林《埃及教育》，第 142 页。
⑥ 阿拉伯埃及共和国信息部国家新闻总署：《埃及 22 年成就 （1981 – 2003)》，第 120 页。
⑦ Georgie D. M. Hyde, *Education in Modern Egypt: Ideals and Realities*, p. 114.

其是职业技术教育的调整。在 20 世纪 70 年代，各类职业技术学校根据实际需要调整相关专业设置，职业技术中学注册人数、毕业生数量超过了普通中学。① 1975/1976 学年至 1979/1980 学年，埃及职业技术中学招生人数由 76. 89 万人增加到 106. 48 万人。②

3. 高等教育

萨达特重视发展高等教育。他在 1971 年指出："大学是由教授、学生和职员组成的统一体，这些人为我们构建现代化国家找寻出了最优的捷径。我们的大学必须制定出最适宜他们发展的规章制度，让铸就科技强国与信仰之邦的宏伟目标早日实现，使每个埃及公民都能真正、积极、切实地参与其中。变革已经开始，你们将要肩负武装这一代人头脑的历史重任。为了实现祖国繁荣的愿景，为了每个公民的安全与福利，为了我们所有梦想与愿望的早日实现，我们每个人都应负有同等的责任。"③ 1972 年，埃及整合有关大学的各种规定，颁布新的《大学组织法》，对高等教育的方方面面予以规定。该法后经历 20 余次修订，一直沿用至今。

萨达特时期，埃及高等教育部将纳赛尔时期设立的大学分校独立出来建立新的大学，形成了 12 所公立大学、1 所私立大学（开罗美国大学）以及 10 所高等技术学院的高等教育格局。1970 ~ 1979 年，埃及建立了曼苏拉、赫勒万（技术学院）、米尼亚、曼努菲亚、苏伊士、坦塔、扎加齐格 7 所大学。此外，还有一些高等教育机构提供 2 年制和 5 年制的技术培训课程。

萨达特时期，教育开放政策推动了埃及高校规模的扩大，在校生人数迅速增长，埃及高等教育向大众化阶段过渡。埃及政府要求大学及高等学院要录取所有中学应届毕业生，只要学生各科考试成绩平均分高于 50 分即可进入大学或高等学院继续深造。1970/1971 学年至 1980/1981

---

① Judith Cochran, *Educational Roots of Political Crisis in Egypt*, p. 84.

② Bent Hansen and Samir Radwan, *Employment Opportunities and Equity in A Changing Economy: Egypt in the 1980s*, *A Labour Market Approach*, pp. 250 – 251.

③ 转引自 Georgie D. M. Hyde, *Education in Modern Egypt: Ideals and Realities*, p. 113.

学年，埃及高等院校在校生人数就由 17.8 万人增加到 56.4 万人。[1]
1970～1980 年，埃及高等院校在校生人数年增长率达 8.3%。[2] 1970～
1975 年，大学的入学率由 7.92% 升到 12.36%。[3] 另有数据表明，在
1975 年，埃及全国 12.18 万名考生中有 11.96 万人被相关高校录取，录
取率达到了 98.2%。[4]

4. 扫盲、职业技术培训与女性教育

近代以来，埃及 10 岁及以上人口的文盲率呈逐渐下降的趋势，但文
盲人口的绝对数量逐渐增加。1907～1947 年，埃及 10 岁及以上人口的
文盲率由 92.7% 下降至 77.2%，但文盲人口由 727.7 万人增加到 1040.8
万人。[5] 纳赛尔当政后，埃及基础教育的普及使年轻一代的受教育人数增
加，文盲率有所下降，但文盲人口的绝对数量仍然很高。1960 年，埃及
10 岁及以上人口的文盲率降至 70.3%，但文盲人数仍增加到 1258.8
万人。[6]

扫盲是埃及教育发展面临的棘手问题。1970 年，埃及成立了成人教
育和扫盲最高委员会，颁布了第 67 号扫盲法令，开始全国性的扫盲运
动。该法令规定，文盲是指在 8～45 岁的埃及人中未参加过有组织的学
习、文化水平未达到小学四年级层次的人。法令还规定，未服兵役的大
学以及高等学院的毕业生，必须参加为期一年的社会服务，这为扫盲运
动提供了生力军。1971 年被定为阿拉伯扫盲年。到 1972 年，埃及各省
相继成立了成人教育和扫盲委员会。各级委员会的成员包括地方政府主
要部门的负责人、劳工、教育团体等，从事扫盲工作的主要是大学生和

① Haggai Erlich, *Students and University in Twentieth Century Egyptian Politics*, p. 202.
② 季诚钧、徐少君、李旭：《埃及高等教育研究》，第 25 页。
③ 林富德、沈秋骅主编《世界人口与经济的发展（统计汇编）1950—1978》，第 363 页。
④ 季诚钧、徐少君、李旭：《埃及高等教育研究》，第 24 页。
⑤ Donald C. Mead, *Growth and Structural Change in the Egyptian Economy*, Homewood：Richard D. Irwin, 1967, Statistical Appendix 301, Table 11 - A - 6.
⑥ Donald C. Mead, *Growth and Structural Change in the Egyptian Economy*, Statistical Appendix 301, Table 11 - A - 6.

教师群体。

　　除了政府动员，国际组织、社会团体和个人也为埃及扫盲运动提供帮助。联合国教科文组织资助设立了塞斯莱茵教育中心，协助埃及开展扫盲教学活动。到 1976 年，埃及文盲率降至 56.5%，其中男性文盲率降至 43.2%，女性文盲率降至 71%，但文盲总人口仍然高达 1561.1 万人。①

　　萨达特时期，埃及职业技术培训有所发展。1955 年，埃及教育部生产力司开办了管理培训班。1956 年，埃及工业部是组织工业培训方面的唯一领导机构。到萨达特时期，工业部、社会事务部等各部下属的职业技术培训机构负责为社会上的辍学失学青年和从未接受过任何形式的正规教育的年轻人提供职业技术培训。此外，较大的事业单位和企业机构也提供职业技术和管理培训。一些工厂也开设培训班培训工人以提高生产技能。到 1979 年，埃及有 218 个培训中心，可提供大约 4730 个在职培训机会，在培训中心学习或在职接受培训的人数累计为 54995 人。②

　　1952 年七月革命后，埃及重视女性教育，致力于提高女性的社会地位。1956 年埃及宪法以及 1962 年宪章明确规定男女同等享有选举权和被选举权，享有均等的受教育权和工作权。在扫盲运动中，埃及针对生活在农村的妇女开设了生产性扫盲教育课程，妇女可以在接受生产培训课程后，在家进行生产劳动。生产周期结束以后可以继续参加培训课程。在获得扫盲教育合格证书后，政府允许其在市场上进行贩卖活动。③ 在基础教育阶段，埃及政府设立了缝纫学校、女子学校等以鼓励女性接受教育，降低女性辍学率。在职业技术教育阶段，由于对技术女工的需求日益增加，商业学校和工业学校招收女性人数较多，这些学校为女性开设了护理、纺织、语言、艺术等专业课程。在高等教育阶段，爱资哈尔

---

①　王素、袁桂林：《埃及教育》，第 178 页。

②　Bent Hansen and Samir Radwan, *Employment Opportunities and Equity in A Changing Economy: Egypt in the 1980s*, *A Labour Market Approach*, pp. 250 – 251. 这些数据不包括农业部门所组织的培训以及一些非正式的培训，这些部门和机构内仍然盛行传统的学徒制。

③　Georgie D. M. Hyde, *Education in Modern Egypt: Ideals and Realities*, pp. 110 – 111.

大学、艾因夏姆斯大学等高校设有女子学院。在 20 世纪 70 年代，开罗美国大学的女性学生人数占该校在校学生人数的 66%。[1]

此外，1973 年十月战争后，随着开放政策的推行，外国援助与私人资本也进入教育行业。萨达特政府逐渐降低基础教育经费的投入比重，集中资源改善落后地区的办学条件，发展职业技术教育和高等教育。1977～1981 年，埃及初等教育的教育经费占总预算的比例由 25% 降至 17.8%，高等教育学生人均经费是基础教育学生的 8.1 倍。[2]

总体上，在萨达特时期，埃及各层级教育均取得了一些发展，小学教育普及化基本实现，职业技术教育、高等教育发展较快。因人口膨胀，在学生、教师人数增长的同时，教育质量参差不齐。

第二节　穆巴拉克时期以来埃及教育发展

一　穆巴拉克时期埃及教育发展状况

1. 学制、管理体制与教育发展战略

在穆巴拉克时期，埃及教育仍然分为世俗教育体系和宗教教育体系两类。从图 3－2 中可以看出，在穆巴拉克时期，埃及教育包括学前教育、基础教育、中等教育和高等教育四个阶段。学前教育学生年龄为 3～5 岁，学生在托儿所或幼儿园上学。基础教育学生年龄为 6～14 岁，基础教育属义务教育，包括 6 年小学教育与 3 年预备教育。预备学校毕业生的一部分升入 3 年制普通高中。在普通高中毕业后，一部分学生升入大学，接受高等教育。在大学毕业后，学生还可继续接受研究生教育。未升入大学者进入劳动力市场。预备学校毕业生的一部分进入工业学校、农业学校、商业学校与职业技术学校，学生在职业技术教育类学校毕业后可升入非大学的中等与高等技术学院，有人还可继续接受研究生教育，有的在职业技术教育类学校毕业后直接进入劳动力市场。

---

① Judith Cochran, *Educational Roots of Political Crisis in Egypt*, p. 95.
② 戴晓琦：《阿拉伯社会分层研究：以埃及为例》，第 27 页。

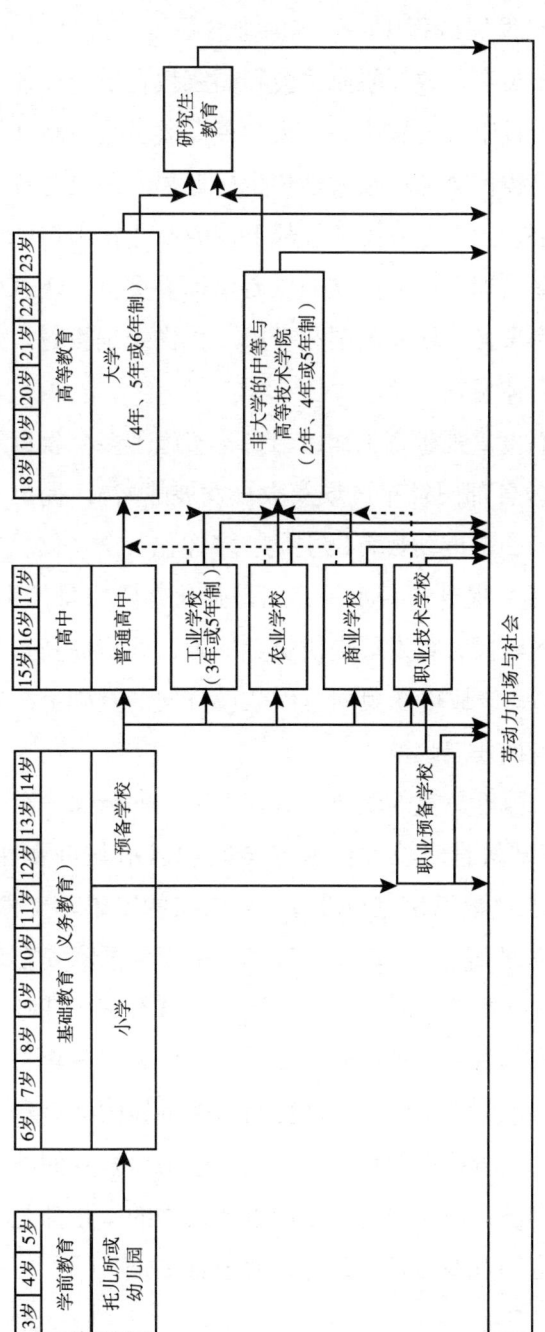

图 3 - 2　穆巴拉克时期埃及学制

资料来源：Dr. Mohsen Elmahdy Said, *Higher Education in Egypt*, Cairo: rojects Implementation Unit, Ministry of Higher Education of Egypt, 2001, p. 12。

在穆巴拉克时期，埃及教育部为大学前教育的最高管理部门，下设国家考试与教育评估中心、教材发展课程中心、国家教育研究与发展中心、教育理事会、爱资哈尔最高委员会、教师职业学会和国家教育质量保证与认证局等部门。高等教育部下设中央安置中心、大学最高委员会、私立大学最高委员会、技术学院最高委员会和埃及大学招生协调局。国家儿童与母亲委员会以及卫生与人口部、人力与移民部等部下设的职业技术培训中心，外贸与工业部下设的工业培训委员会设立的旅游培训委员会、建筑培训委员会也涉及职业技术教育事务。埃及全国教育中心提供统编教材。此外，宗教事务部负责宗教教育体系。

在穆巴拉克时期，埃及高度重视教育工作，出台、实施了多个教育发展规划文件。1987 年，埃及教育部门发布《埃及教育发展战略》，提出埃及教育发展的五个政策方向：一是推动教育民主化、多样化、全民化、灵活化；二是扩大技术教育规模、提升教育水平；三是强化师资力量培训，提升教师基本素养；四是为各阶段教育发展提供资金保障；五是提高教育部门和大学的行政管理效率。① 该战略在规划总体政策方向的基础上，还针对不同教育层次制定了相应的发展政策。

自 20 世纪 90 年代开始，穆巴拉克的演讲、教育部部长的新闻发布会以及官方声明几乎都会将基础教育定位为国家安全问题以示其重要性。1992 年，穆巴拉克政府发布了《穆巴拉克与教育：对未来的展望》文件，明确要改变"教育是一种服务的观念"，要将"教育危机视为国家安全危机"。该文件提出要进行全方位的教育改革，内容涵盖扫盲教育、基础教育、职业技术教育、高等教育等领域。1993 年，穆巴拉克发表"教育是国家基石"的讲话。他称："教育及其发展进步是我们通往世界的征途和门户。教育是国家安全的基石，它直接影响我们的政治、经济以及我们的文明在世界上的地位。发达的经济、现代的政治体制以及优秀的文化都是我们超越别国，走向繁荣、稳定和发展的必要条件，而教育更是我们参与地

---

① 李乾正、陈克勤：《当今埃及教育概览》，第 54 页。

区和国际竞争的先决条件。"① 在 1996 年的政府报告中，穆巴拉克称："埃及已将人力资源开发确定为优先事项。将教育与发展联系起来意味着教育是培养具有文化和技能的成人劳动力的重要媒介……单一竞争市场的全球村意味着特定国家的公民需要拥有必要的技能才能与其他国家的公民竞争。"② 1997 年，时任教育部部长侯赛因·卡迈勒·巴哈丁也指出："教育是国家安全的轴心和基础。从广义上讲，我们应该在经济上、政治上以及我们先于其他民族所扮演的文明角色上继往开来，使国内稳定、发展和繁荣。"③ 2005 年，埃及政府依据穆巴拉克的总统竞选纲领宣布新一轮教育改革，制定了《2007~2012 年大学前教育改革国家战略纲要》。

穆巴拉克时期，埃及召开了多次全国性教育发展大会。1993 年，召开了"全国发展中等教育大会"。1996 年，举行了主题为"教师的培养、提高与待遇"的全国大会。2000 年，又举行了"发现人才、培育人才"国家会议。④

穆巴拉克时期，埃及对教育的投入不断增加。1982/1983 财年到 1993/1994 财年，在投资预算中，埃及公共教育支出从 1.32 亿埃镑增至 6.78 亿埃镑，占投资支出的比重由 2.6% 提升至 5.6%。⑤ 在经常性预算中，同期公共教育事业经费支出从 6.58 亿埃镑增至 40.14 亿埃镑，1993/1994 财年已占经常性支出的 9.5%。⑥ 此外，教育投资总支出在 1982/1983 财年为 7.9 亿埃镑，1993/1994 财年增加到 46.67 亿埃镑，占财政总支出的比重由 7.8% 提高到 8.3%。⑦ 穆巴拉克晚期，埃及教育支出仍在不断增加。如 2005/2006 财年埃及教育公共预算开支为 242.95 亿埃镑，占国家公共

① 转引自季诚钧、徐少君、李旭《埃及高等教育研究》，第 134 页。
② 转引自 Bradley J. Cook, "Egypt's National Education Debate," *Comparative Education*, Vol. 36, No. 4, 2000, p. 482。
③ 〔埃〕侯赛因·卡迈勒·巴哈丁:《教育与未来》，王道余等译，人民教育出版社，1999，第 4 页。
④ 阿拉伯埃及共和国新闻部新闻总署:《埃及年鉴（2005）》，埃及驻华使馆新闻处，2005，第 139 页。
⑤ 财政部《财政制度国际比较》课题组编著《埃及财政制度》，第 55 页。
⑥ 财政部《财政制度国际比较》课题组编著《埃及财政制度》，第 56 页。
⑦ 财政部《财政制度国际比较》课题组编著《埃及财政制度》，第 56 页。

预算总开支的 12.9%；2009/2010 财年为 409.73 亿埃镑，占 12.6%。①

2. 学前教育、基础教育与中等教育

穆巴拉克时期，埃及的学前教育发展较快。2005～2009 年，埃及学前教育机构由 6259 所增加至 8212 所，班级数从 17945 个增加至 24237 个，学生数量从 53.43 万人增加到 72.78 万人。②

穆巴拉克时期，埃及推动全面教育改革，推动教育现代化。埃及先后于 1981 年、1988 年颁布法令，对基础教育进行改革。从 1972 年开始，埃及建立了多所 8 年制基础教育实验学校。到 1988 年，埃及将 8 年制基础教育制度推广到全国，决定从 1988/1989 学年起小学和预备教育阶段开始实行 5＋3 学制。20 世纪 90 年代，埃及重新制定了基础教育发展目标。

穆巴拉克时期，埃及基础教育为义务教育阶段，学生年龄在 6～14 周岁，基础教育的主要目标是通过对学生进行民族文化和民族特性方面的基础知识教育，培养他们的科学的逻辑思维方法、爱国主义精神、宗教意识和道德价值观念。中等教育为 3 年制，包括普通高中和职业技术教育类学校。职业技术教育类学校属于埃及中等职业技术教育体系，分工业学校、农业学校、商业学校和职业技术学校。

穆巴拉克时期，埃及基础教育得到很大程度发展。1982～1991 年，埃及政府共修建 6092 所学校；1992～2002 年，修建了 12350 所学校（包括基础教育阶段的各级各类学校）；2002～2007 年，埃及教育部计划投资 160.9 亿埃镑用于增建学校建筑。③ 从表 3－2 中可以看出，虽有起伏，但埃及小学毛入学率呈上升态势。1981 年为 68.96%，1991 年提高到 91.51%，2006 年达 99.51%。表 3－3 显示，在穆巴拉克时期，埃及从

① "11－37－21 State Public Expenditure on Education by State Public Budget（2005/2006～2013/2014），" in Central Agency for Public Mobilization and Statistics（Egypt），*Statistical Yearbook*（2015）.

② "11－1 Pre-Primary Education（2005/2006～2013/2014），" in Central Agency for Public Mobilization and Statistics（Egypt），*Statistical Yearbook*（2015）.

③ 王怀宇：《埃及义务教育的改革与发展》，《中国民族教育》2006 年第 6 期，第 43 页。

小学到职业技术教育类学校的各类学校的在校学生数量都呈在波动中增加的态势。1981/1982 学年,埃及在校生 761.04 万人,1991/1992 学年增加到1193.3 万人,2001/2002 学年再增至1517.61 万人,2009/2010 学年达 1549.83 万人。1981/1982 学年至 2009/2010 学年,埃及小学在校生由 474.84 万人增加到933.43 万人,预备学校在校生由 165.29 万人增至404.11 万人,普通高中在校生由50.72 万人增加到86.21 万人,职业技术教育类学校由 70.19 万人增至 126.08 万人。在 2009/2010 学年,埃及小学毕业生中有62%进入公立学校,29%进入私立学校,9%进入爱资哈尔学校。[①]

表3-2　1981~2010 年埃及小学毛入学率概况

单位:%

年份	1981	1982	1983	1984	1985	1986	1987	1988	1989	1990
入学率	68.96	70.91	73.73	76.39	78.90	81.28	83.89	86.35	87.17	89.14
年份	1991	1992	1993	1994	1995	1996	1997	1998	1999	2000
入学率	91.51	83.45	84.03	92.83	85.40	93.54	92.66		91.04	91.0
年份	2001	2002	2003	2004	2005	2006	2007	2008	2009	2010
入学率	91.87	93.33	94.78	96.30	96.90	99.51	101.51		104.01	103.58

注:2007 年、2009 年、2010 年数据原表如此,疑有误,应为 100%。

资料来源:UNESCO Institute for Statistics, "School Enrollment, Primary (% gross)," *The World Bank*, https://data.worldbank.org/indicator/SE.PRM.ENRR? end = 2016&locations = EG&start = 2016&view = map, accessed January 6, 2019。

表3-3　穆巴拉克时期在校学生人数概况

单位:万人

	1981/1982 学年	1991/1992 学年	2001/2002 学年
小学	474.84	656.8	721.39
预备学校	165.29	360.5	458.19
普通高中	50.72	65.2	121.98

[①] Organisation for Economic Co-operation and Development and International Bank for Reconstruction and Development/The World Bank, *Higher Education in Egypt*, p. 61.

续表

	1981/1982 学年	1991/1992 学年	2001/2002 学年
职业技术教育类学校	70.19	110.8	216.05
总计	761.04	1193.3	1517.61
	2007/2008 学年	2008/2009 学年	2009/2010 学年
小学	905.1	920.73	933.43
预备学校	378.13	396.49	404.11
普通高中	78.47	79.77	86.21
职业技术教育类学校	136.16	125.24	126.08
总计	1497.86	1522.23	1549.83

资料来源：阿拉伯埃及共和国信息部国家新闻总署《埃及二十一年成就（1981－2002）》，第65页；"11-5 Primary Education," in Central Agency for Public Mobilization and Statistics (Egypt), *Statistical Yearbook (2015)*；"11-7 Secondary Education," in Central Agency for Public Mobilization and Statistics (Egypt), *Statistical Yearbook (2015)*。

为提高教师素质，普及现代教育技术和发展远程教育，埃及在十月六日城斥巨资修建了全国性教师培训中心——穆巴拉克教育城。该教育城占地面积为58费丹，第一期工程于2002年2月竣工，第二期工程于2004年5月竣工，其主要功能是面向埃及全国中小学教师开展业务培训并开发教学课程软件。

在20世纪90年代，美国国际开发署、世界银行、欧盟等在埃及推动了包括基础教育改进项目、中等教育改进项目和教育改革方案等在内的若干教育改革项目和倡议。这些国家或国际组织主导的改革旨在改善埃及基础教育条件，提高教育质量，重点是促进教师的专业发展、现代教学技术的使用以及形成学校质量保证和认证体系，并帮助埃及建立起一个管理权限下放、能够持续提高教育质量的教育管理体系。1994~2004年，美国国际开发署针对埃及6~14岁从未入学或中途辍学的女孩设立了新学校项目。1995~2000年，上埃及农村地区女童小学入学率提高至74%，增加了将近20个百分点，有将近2万名农村女童因该项目受益，其中有1.06万名女生是首次在新公立学校入学。[1]

---

① Judith Cochran, *Educational Roots of Political Crisis in Egypt*, p. 130.

　　1987 年，埃及发布《埃及教育发展战略》，提出要扩大职业技术教育规模。1988 年，埃及重新设立职业预备学校以招收小学留级生，学制为 3 年。1988～1992 年，埃及普通高中与职业技术教育类学校的招生比例调整为 3:7，农业学校、工业学校的招生规模进一步扩大，而商业学校则相应缩小。2006～2009 年，埃及改造了 100 所工业学校和 65 所商业学校和农业学校。[①] 穆巴拉克政府启动了政府教育基金，以支持建立包括高级培训中心在内的职业技术教育集团，推动穆巴拉克—库勒双轨制教育的普及。2006～2010 年，埃及设立了职业技术教育项目，资助 5 万名接受职业技术教育的学生。[②]

　　在中等职业技术教育方面，1982/1983 学年，埃及职业技术教育类学校数量为 874 所，在校学生总人数为 73.46 万人，2003/2004 学年分别增加到 1933 所、219.95 万人。此后，由于招生计划的缩减，学校数量和在校学生人数都有所减少。2007/2008 学年，埃及职业技术教育类学校数量为 1792 所，这一年录取的学生人数为 19.3 万人，在校生总人数为 136.16 万人。在穆巴拉克时期，公立职业技术教育类学校仍然是职业技术教育的主体。在 2007 年，埃及公立职业技术教育类学校数量达到了 1567 所，在校学生人数达 128.46 万人左右；私立职业技术教育类学校数量为 225 所，在校学生人数约为 7.7 万人。[③]

　　埃及职业技术教育得到国际社会的援助。1986 年，联合国开发计划署设立了埃及职业技术教育援助项目（EGY86019），该项目累计投入 227.53 万美元。在 20 世纪 90 年代，埃及与德国合作设立了穆巴拉克—科尔计划。埃及利用德国先进的职业技术教育优势，双方在职业技术教育的教学、培训方面进行合作，培育埃及本土的高端技术人才。2002～2004 年，欧盟出资 3300 万欧元，与联合国开发计划署合作设立了职业技术教育培训项目，项目总预算 6600 万欧元，旨在加强埃及各层次职业

---

① 阿拉伯埃及共和国新闻部新闻总署：《埃及年鉴（2009）》，第 127 页。
② 阿拉伯埃及共和国新闻部新闻总署：《埃及年鉴（2009）》，第 127 页。
③ 阿拉伯埃及共和国新闻部新闻总署：《埃及年鉴（2009）》，第 127 页。

技术教育的实践能力。① 埃及还与国际组织合作改善工业学校的教育条件。在 2008 年，埃及计划投资 1500 万美元改造 15 所 5 年制工业学校，其中欧佩克投资约 1000 万美元。②

3. 高等教育

穆巴拉克时期，埃及高等院校主要包括大学和中、高等技术学院等非大学教育机构，前者学制分 4 年、5 年或 6 年，后者有 2 年、4 年或 5 年。

这一时期，阿拉伯语是各校官方教学语言，但一些私立学校用英语和法语教学，医学、药学、牙科和工程专业的大学课程通常以英语授课。所有高等院校的建立必须得到高等教育部的批准和许可。大学最高委员会负责制定招生政策和管理招生配额，同时还负责批准私立教育机构的建立及其学习计划。

埃及普通高等教育分为高等学院和大学，高等学院学制 3 年，不能授予学位。埃及大学学制 4~6 年，硕士研究生 2~3 年，博士研究生 2 年以上，相应可授予学士、硕士、博士学位。

埃及的高等职业技术教育主要分为商业、工业和技术三大领域。学生在获得职业技术教育类学校或普通高中文凭之后就可进入中、高等技术学院继续深造。技术学院相较于大学更为注重专业的应用性，通常提供面向少数专业或应用领域的本科课程。高等技术学院通常在一到两个职业领域的范围内向学生发放技术文凭。爱资哈尔高中毕业生可以继续在爱资哈尔大学学习。爱资哈尔大学的毕业证书通常被认为等同于埃及世俗公立大学颁发的毕业证书。

在埃及大学与高等学院，每学期课程平均为 18 学分。大学通常提供全日制的 4 年制的本科课程（120~150 学分）。5 年制包括牙科、工程、药学、兽医科学专业。医学专业通常为 6 年制，学生在毕业后可被授予医学博士学位。本科一年级通常是学生开始走向专业化的一年，因此各院校一般都提供专业领域的课程。硕士一年级课程的学习领域必须与之

---

① Judith Cochran, *Educational Roots of Political Crisis in Egypt*, p. 100.
② 阿拉伯埃及共和国新闻部新闻总署：《埃及年鉴（2009）》，第 127 页。

前在本科阶段的学习相关。有一些为期 2 年的硕士课程，这具体取决于专业设置和相关要求。硕士课程通常需要 2 年或 3 年的全日制学习，需要修满 30 ~ 42 学分，并要完成规定的专业课程和研究论文。博士研究生需要基于学术研究进行论文写作，经过外部评审委员评议、论文答辩通过之后才能最终获得博士学位。

　　穆巴拉克时期，在埃及高等院校内部，主要实行由校长个人负责，校、院、系三级管理相结合的管理体制。校长为法人代表，主持全面工作，高校一般设 3 名副校长和 1 名秘书。高校设有大学校务委员会等若干个管理委员会，学院在学术、行政和财务方面都是独立的实体，下设系。埃及私立高校一般享有更多的自主权。

　　在穆巴拉克时期，埃及高等教育发展显著。一是埃及对大学教育的投入增长较快。如 2005/2006 财年埃及高校公共预算开支 58.57 亿埃镑，2009/2010 财年增加到 95.08 亿埃镑。[①] 二是高等院校在校学生人数显著增长。1981/1982 学年，埃及各高等院校在校学生总人数为 62.5 万人，新入学大学生 1.4 万余人。到 2001/2002 学年，在校学生总人数增加至 170 万人左右，新生入学人数达 42.9 万人。[②] 2004/2005 学年，埃及公立大学在校学生人数达 176.14 万人，2009/2010 学年增加至 192.81 万人。[③] 2002 ~ 2008 年，埃及高等院校的毛入学率由 24% 提高到 32%。[④] 高等院校毕业生人数也大幅度增加。2000 ~ 2008 年，埃及大学本科毕业人数由 21.02 万人增至 23.59 万人，研究生毕业人数由 11.97 万人增至 14.62 万人。[⑤] 三是私立大学有所发展。1992 年，埃及颁行

① "11 – 37 – 21 State Public Expenditure on Education by State Public Budget (2005/2006 ~ 2014/2015)," in Central Agency for Public Mobilization and Statistics (Egypt), *Statistical Yearbook (2015)*.
② 阿拉伯埃及共和国信息部国家新闻总署:《埃及二十一年成就 (1981 – 2002)》，第 67 页。
③ "11 – 27 – 1," "11 – 27 – 2," "11 – 28," "11 – 29," "11 – 30," in Central Agency for Public Mobilization and Statistics (Egypt), *Statistical Yearbook (2015)*.
④ 阿拉伯埃及共和国新闻部新闻总署:《埃及年鉴 (2009)》，第 129 页。
⑤ 阿拉伯埃及共和国新闻部新闻总署:《埃及年鉴 (2009)》，第 130 页。

《私立大学法》，为私立大学的设立提供了法律依据。1996 年，一批私立大学相继投入办学。1981/1982 学年，埃及私立大学新入学学生人数仅为 180 人；2001/2002 学年，增加到 17368 人。① 2002 年，埃及颁布第 101 号私立大学法，埃及境内的私立外国大学纷纷建立。在2004 年，埃及共有 25 所大学，到 2008 年增至 34 所，其中有 16 所私立大学，所有大学的系和学院数量增加至 477 个。② 但由于私立大学学费高昂，普通民众仍以公立大学为首选。2004/2005 学年至 2009/2010 学年，埃及私立大学在校生人数由 82790 人降到 70309 人。③

埃及高等教育的国际化也有所发展。从近代开始，埃及就展开与国外的教育交流。纳赛尔时期，埃及与阿拉伯国家的教育交往密切。萨达特时期，埃及与美国等西方国家的教育交往密切。穆巴拉克时期，埃及教育的国际化进入新阶段。埃及高等教育部下设文化合作司、人员与文化交流司、留学生事务司 3 个司具体负责对外文化交流和合作事宜。据统计，1997～2004 年，埃及大学与国外大学签订了 709 项双边协议，涉及内容相当广泛。④ 埃及高校的主要合作与交往对象是美国和欧洲国家的高校。1980 年，埃及与美国签署联合协议，就两国大学间交流、建立学术互信关系等达成协议。2002 年，埃及与欧盟签订 "2002～2006 年地中海大学联盟计划"，实施环地中海区域高等教育合作计划。埃及高校与其他国际组织也有教育合作。1981 年，埃及争取到世界银行国际发展局的援助项目——开罗大学—国际发展局第三级教育援助计划。2008年，国际软件提供商 SAP 和开罗大学、艾因夏姆斯大学、开罗德国大学签订协议，共同实施 SAP 联合计划。埃及国内高校的国际化也继续向前推进。如在 2002/2003 学年，埃及著名国际化私立大学十月六日城大学

---

① 阿拉伯埃及共和国信息部国家新闻总署：《埃及二十一年成就（1981 - 2002）》，第 67 页。
② 阿拉伯埃及共和国新闻部新闻总署：《埃及年鉴（2009）》，第 129 页。
③ "11 - 27 - 1," "11 - 27 - 2," "11 - 28," "11 - 29," "11 - 30," in Central Agency for Public Mobilization and Statistics (Egypt), *Statistical Yearbook* (2015).
④ 季诚钧、徐少君、李旭：《埃及高等教育研究》，第 189 页。

的 14 个学院有注册学生 1.7 万人，学生分别来自亚洲、非洲、欧洲和美洲的不同国家。①

此外，在穆巴拉克时期，埃及留学生教育也有所发展。在 2001 年，有来自 94 个国家的近两万名留学生在爱资哈尔大学学习。② 在 2008 年、2009 年、2010 年三年，在埃及求学的外国留学生分别为 35031 人、35031 人和 49011 人，而留学其他国家的埃及学生分别为 8709 人、10257 人和 11627 人，其中主要留学目的地为美国、英国、法国、德国。2008～2010 年，美国、英国、法国、德国四国的埃及留学生分别为 5903 人、4230 人、3478 人、3431 人。加拿大在 2008 年、2009 年为埃及学生第五大留学目的地（分别有 498 人、744 人）；沙特阿拉伯在 2010 年上升到第五位，有 897 名埃及留学生。③

4. 宗教教育

穆巴拉克时期以来，埃及的宗教教育机构大致有两类：一类是爱资哈尔系统的宗教学校，另一类属于政府教育部系统的专门教授宗教传统学科的部分学校。爱资哈尔系统的宗教学校包括大学、高中、预备学校、小学及《古兰经》背诵学堂，由宗教事务部管理，经费由宗教事务部资助，教材和教学管理制度由爱资哈尔统一制定，师资的教育与培训也由爱资哈尔各学校或直接由爱资哈尔大学负责。该系统的学校遍布埃及全国，以伊斯兰教知识为基本知识开展教学，教学的根本目的是弘扬伊斯兰教文化遗产，按圣训的要求培养学生对安拉的准确态度和知识，为他们指明伊斯兰教振兴的道路。爱资哈尔教育与世俗教育差不多，不过更强调宗教教育，其教学的重点是《古兰经》、圣训、教律、教义、修辞和历史。1981～2001 年，在爱资哈尔系统中，小学在校生由 12.8 万人增加到 72.61 万人，预备学校在校生由 6.63 万人增加到 31.33 万人，高中

---

① 季诚钧、徐少君、李旭：《埃及高等教育研究》，第 125 页。
② 阿拉伯埃及共和国新闻部新闻总署：《埃及年鉴（2002）》，埃及驻华使馆新闻处，2002，第 110 页。
③ UNESCO Institute of Statistics，"Global Education Digest，2010 - 2012," UNESCO，http：//uis. unesco. org/en/country/eg，accessed January 9，2019.

在校生由 9.98 万人增加到 28 万人，诵经生由 2447 人增加到 1.18 万人，大学在校生由 8.3 万人增加到 26.55 万人。[①] 在 2001 年，爱资哈尔有小学 2736 所，预备学校 2019 所，高中 1267 所，另有师范学校 2 所。[②] 截至 2004 年，接受爱资哈尔教育（不含大学）的人口累计达 155.53 万人；在 2004 年，爱资哈尔系统内的学校（不含大学）在读学生人数为 43.66 万人。[③]

爱资哈尔最高权力机构是爱资哈尔最高委员会，主要负责政策制定及本系统伊斯兰教育和阿拉伯语教学等的规划。爱资哈尔大学是世界知名的伊斯兰学府，从 1961 年起，开始由宗教大学向综合大学转变。除了伊斯兰教相关专业、阿拉伯语院系，逐步增设了医学、工程、商贸、翻译和教育等系。在 2001 年，爱资哈尔大学有 61 个院系，另有 50 个研究中心。[④] 在 2008 年，爱资哈尔大学已有 68 个院系。[⑤] 2000～2008 年，爱资哈尔大学的预科教育总开支由 125 亿埃镑增加到 303 亿埃镑。[⑥] 在 2008 年，爱资哈尔大学预科录取人数为 53.1 万人，8862 所学院的注册人数为 197 万人。[⑦] 从表 3-4 中可以看出穆巴拉克晚期与穆巴拉克时期之后初期的爱资哈尔大学在校生人数变化情况。在 2006/2007 学年，爱资哈尔大学在校生人数为 35.02 万人，后呈下降趋势，到 2010/2011 学年有 28.41 万人，2013/2014 学年回升到 29.65 万人。[⑧]

[①] 阿拉伯埃及共和国信息部国家新闻总署：《埃及二十一年成就（1981-2002）》，第 66～67 页。

[②] 阿拉伯埃及共和国信息部国家新闻总署：《埃及二十一年成就（1981-2002）》，第 66 页。

[③] 阿拉伯埃及共和国新闻部新闻总署：《埃及年鉴（2005）》，第 141 页。

[④] 阿拉伯埃及共和国新闻部新闻总署：《埃及年鉴（2002）》，第 110 页。

[⑤] 阿拉伯埃及共和国新闻部新闻总署：《埃及年鉴（2009）》，第 129 页。

[⑥] 阿拉伯埃及共和国新闻部新闻总署：《埃及年鉴（2009）》，第 124 页。

[⑦] 阿拉伯埃及共和国新闻部新闻总署：《埃及年鉴（2009）》，第 128 页。

[⑧] "11-27-1 Student, Enrolled in Governmental & Private Universities by Sex & University," in Central Agency for Public Mobilization and Statistics (Egypt), *Statistical Yearbook (2015)*.

表 3 – 4　2006/2007 学年至 2013/2014 学年爱资哈尔大学在校生人数概况

单位：万人

	2006/2007 学年	2007/2008 学年	2008/2009 学年	2009/2010 学年
学生总数	35.0236	33.5153	32.2809	31.5533
男生人数	23.1667	22.0308	21.0096	20.3265
女生人数	11.8569	11.4845	11.2713	11.2268
	2010/2011 学年	2011/2012 学年	2012/2013 学年	2013/2014 学年
学生总数	28.4129	26.9017	27.9735	29.6506
男生人数	18.0546	16.8104	17.4747	18.2009
女生人数	10.3583	10.0913	10.4988	11.4497

资料来源："11 – 27 – 1 Student, Enrolled in Governmental & Private Universities by Sex & University," in Central Agency for Public Mobilization and Statistics (Egypt), *Statistical Yearbook* (2015)。

穆巴拉克政府倒台后，爱资哈尔大学毕业生数量出现波动。2011 ~ 2015 年，爱资哈尔大学毕业生数量分别为 39546 人、40115 人、37245 人、36821 人和 39407 人。[①]

除了爱资哈尔系统的学校，埃及一些高校也有以宗教学（主要是伊斯兰教）为主的学院。开罗大学的知识学院就是其一。还有 20 世纪 60 年代成立的伊斯兰研究学院等。

除了伊斯兰教育，埃及基督教徒也有自己的宗教学校。如新拉美西斯学院创立于 1994 年，是一所由埃及的福音教会拥有和经营的私立基督教学校。学校位于开罗，男女兼收，学生中有 60% 是基督徒，40% 是穆斯林。[②]

在埃及世俗教育体系中，宗教教育也是不可或缺的教学内容。埃及中小学的宗教教育课程由教育部负责管理，是埃及小学、预备学校和中学的必修课程。在小学阶段，学生每周约有 3 个小时的时间专门用于宗

---

① "11 – 31 University Graduates by University & Sex (2005/2006 ~ 2015/2016)," in Central Agency for Public Mobilization and Statistics (Egypt), *Statistical Yearbook* (2018).

② Charlotte M. Neill, "Islam in Egyptian Education: Grades K – 12," *Religious Education*, Vol. 101, No. 4, 2006, p. 493.

教学习，而预备教育和中学教育阶段的学生每周则有 2 个小时的时间专门学习宗教知识。一般而言，穆斯林学生学习伊斯兰教知识，而基督教徒学生学习基督教知识。穆斯林教师通常是带薪的工作人员，而公立学校的基督徒教师大多是志愿者。①

此外，埃及的其他教育也有所发展。穆巴拉克政府关注残疾人教育等特殊教育。2005 年，埃及有特殊教育学校 804 所，班级 3929 个，学生 36808 人。② 残疾人报考大学不受限制。针对扫盲和成人教育，埃及教育部下设扫盲与成教总局来负责，拨付专款开展此项工作。在穆巴拉克时期，埃及政府对文盲进行登记，举办扫盲师资培训班、扫盲和成教管理人员培训班，出版扫盲和成教教科书，进行扫盲和成教工作试点等。在 2002 年，埃及 10 岁及以上人口的文盲率降到 29.1%，埃及开办 3.3 万个扫盲班，吸收 66.3 万名学员，培养合格扫盲教师 5.3 万名。③ 在 2005 年，埃及拨专款 6000 万埃镑用于扫盲和成人教育事业。到 2006 年 6 月 30 日，埃及 10 岁及以上公民文盲率降至 25.2%（1996 年为 39.4%）；2005 年 4 月 1 日到 2006 年 6 月 30 日，埃及共扫除文盲 45 万人，有 7.2 万名青年毕业生作为教师参与扫盲事业。④

在成人教育方面，开罗美国大学走在前列。早在 1960 年，开罗美国大学就设立了公共服务部门，该部门相当于其他国家的继续教育部，以英语进行秘书和商务知识的培训。2006 年，该部门改名为成人与继续教育中心，进行阿拉伯语、英语、德语、法语、西班牙语等语言的研究与培训工作。开罗大学、曼苏拉大学、艾因夏姆斯大学等高校也开展了类似的成人与继续教育工作。到穆巴拉克时期结束时，埃及已形成了教师教育、扫盲教育、外语教育和商业性技能教育等丰富多样的成人教育项目。埃及成人教育的发展离不开美国等西方国家的帮助。从 1979 年起，

① Charlotte M. Neill, "Islam in Egyptian Education: Grades K – 12," *Religious Education*, Vol. 101, No. 4, 2006, pp. 485 – 487.
② 阿拉伯埃及共和国新闻部新闻总署：《埃及年鉴（2006）》，第 159 页。
③ 季诚钧、徐少君、李旭：《埃及高等教育研究》，第 66 页。
④ 阿拉伯埃及共和国新闻部新闻总署：《埃及年鉴（2006）》，第 160 页。

开罗美国大学的公共服务部门（成人与继续教育中心）每年都可从美国获得60亿美元的经济支持。

穆巴拉克教育城也是埃及的远程教学网络中心。穆巴拉克时期，埃及高校的远程开放教育也发展起来。以开罗大学为例，1990年12月，开罗大学开放教育中心成立，向所有具有高中学习背景且愿意接受高等教育的学习者开放。最先是文学院（英语系、法语系、德语系、西班牙语系、东方语言系等）各专业开展开放教育，后商务专业、农业应用法律专业、新闻专业相继实施开放教育，有的专业为非学历培训，有的专业可授予学位。到2004年，除了开罗大学，亚历山大大学、艾因夏姆斯大学、艾斯尤特大学也加入开放教育系统。

二　2011年以来的埃及教育状况

2011年初，穆巴拉克政权被推翻，埃及进入新阶段。在经历几年的纷乱后，从2014年塞西当政起，埃及政局渐趋稳定，埃及教育也迎来新机遇。

1. 教育体制

埃及依然实行世俗、宗教教育体系并行的教育体制。埃及各级政府所管理的世俗教育体系包括公立和私立教育，宗教教育体系则主要包括以伊斯兰教育为主的爱资哈尔系统以及以基督教教育为主的私立学校等。此外，还有外国学校为埃及少数族裔学生提供教育。埃及世俗教育主要由教育部和高等教育部负责管理。教育部负责监督学前教育以及包括小学教育、预备教育和中学教育在内的大学前教育，而高等教育部则主要负责监督和管理高等教育。大学最高委员会负责高等教育总体政策规划、建立新机构等。世俗教育体系的学校，无论是公立学校还是私立学校，都必须遵循埃及政府制定的课程标准。外国学校受埃及和有关国家签署的协议约束，可以不受这些课程标准限制。爱资哈尔教育由埃及宗教事务部负责。①

---

① Nathan J. Brown, *Post-Revolutionary Al-Azhar*, Washington, D. C.：Carnegie Endowment for International Peace, 2011, pp. 6 – 7.

世俗教育和宗教教育的大学前教育包括三个层次：小学教育、预备（初中）教育和中学（高中）教育。2014 年埃及宪法第 19 条规定，埃及年龄为 6～17 岁的学生在进入中学阶段或同等教育阶段之前须接受义务教育。埃及大学前教育学制遵循 6 + 3 + 3 普通升学模式：小学教育 6 年，预备教育 3 年，中学教育 3 年。① 在各阶段的最后一年进行升学考试。预备教育阶段结束时，学生可获得基础教育毕业证书。根据标准化考试成绩，学生可以选择进入职业技术教育类学校或普通高中继续学习，普通高中分数要求更高。在完成中学教育阶段学业以后，学生可获得普通高中教育文凭，而接受 5 年制中等职业技术教育课程的学生将获得中等职业技术教育文凭。

2. 大学前教育

穆巴拉克时期之后，埃及教育投入不断增长。2014 年，埃及新宪法规定每年国家教育拨款应不低于埃及国内生产总值的 4%，且逐渐达到全球平均水平。该宪法第 21 条规定，每年应将大约 2% 的国内生产总值用于发展大学前教育，并且逐步达到世界平均水平。②

从表 3-5 中可以看出，从 2010/2011 财年到 2017/2018 财年，埃及教育公共预算开支持续增加，由 465.39 亿埃镑增加到 962.66 亿埃镑，其中大学前教育预算开支由 363.05 亿埃镑增加到 705.12 亿埃镑。

表 3-5　2008/2009 财年到 2017/2018 财年埃及教育预算开支情况

单位：亿埃镑，%

开支类别	2008/2009 财年	2009/2010 财年	2010/2011 财年	2011/2012 财年	2012/2013 财年
国家公共预算开支	3439.12	3239.17	4031.68	4905.90	5337.85
教育公共预算开支	353.96	409.73	465.39	513.80	635.57

① "Education in Egypt," *World Education News & Reviews*, https：//wenr.wes.org/2013/11/education-in-egypt, accessed January 30, 2019.

② Ministry of Planning, Monitoring and Administrative Reform, *Sustainable Development Strategy: Egypt Vision 2030*, Cairo, 2016, p. 172.

续表

开支类别	2008/2009 财年	2009/2010 财年	2010/2011 财年	2011/2012 财年	2012/2013 财年
教育公共预算开支占国家公共预算开支的比例	10.3	12.6	11.5	10.5	11.9
大学前教育预算开支	271.75	314.65	363.05	402.94	498.29
大学前教育预算开支占国家公共预算开支的比例	7.9	9.7	9.0	8.2	9.3
大学前教育预算开支占教育公共预算开支的比例	76.8	76.8	78.0	78.4	78.4
高等教育预算开支	82.21	95.08	102.34	110.86	137.28
高等教育预算开支占国家公共预算开支的比例	2.4	2.9	2.5	2.3	2.6
高等教育预算开支占教育公共预算开支的比例	23.2	23.2	22.0	21.6	21.6

开支类别	2013/2014 财年	2014/2015 财年	2015/2016 财年	2016/2017 财年	2017/2018 财年
国家公共预算开支	6893.27	7894.31	8645.64	9747.94	12071.38
教育公共预算开支	731.09	877.87	905.15	950.29	962.66
教育公共预算开支占国家公共预算开支的比例	10.6	11.1	10.5	9.7	8.0
大学前教育预算开支	550.29	678.02	693.04	724.02	705.12
大学前教育预算开支占国家公共预算开支的比例	8.0	8.6	8.0	7.4	5.8
大学前教育预算开支占教育公共预算开支的比例	75.3	77.2	76.6	76.2	73.2
高等教育预算开支	180.80	199.85	212.11	226.27	257.54
高等教育预算开支占国家公共预算开支的比例	2.6	2.5	2.5	2.3	2.1
高等教育预算开支占教育公共预算开支的比例	24.7	22.8	23.4	23.8	26.8

资料来源："11 - 37 - 1 State Public Expenditure on Education by State Public Budget (2008/2009 ~ 2017/2018)," in Central Agency for Public Mobilization and Statistics (Egypt), *Statistical Yearbook* (2018)。

埃及教育部制定全国性课程标准，所有学校都必须遵循该标准进行教学。小学阶段主要科目包括阿拉伯语、英语、数学、音乐、宗教研究和科学。四年级时会增加一门农业课，五年级增加艺术、家庭经济学和社会学等课程。在爱资哈尔学校，所开设的课程与世俗学校大致相同，但更加强调伊斯兰教育。除此以外，埃及还有美国、英国或加拿大等国所设立的外国学校，这些学校的课程设置和教学内容相对自由和灵活。

预备教育阶段课程包括阿拉伯语、农业、艺术、英语、工业教育、数学、音乐、宗教研究、社会研究。除英语和阿拉伯语外，许多学校还开设欧洲其他国家语言的课程，主要是法语、西班牙语。爱资哈尔预备学校课程通常与世俗学校相同，只是更加强调伊斯兰教育。在完成包括小学教育和预备教育在内的基础教育课程以后，学生将获得基础教育证书或爱资哈尔基础教育证书。持有基础教育证书或爱资哈尔基础教育证书的学生有资格入读普通高中、职业技术教育类学校或爱资哈尔高中。

中学教育主要有三种类型：一是普通高中，主要为升入大学做铺垫；二是爱资哈尔高中，除了一般课程，还提供伊斯兰教课程；三是职业技术教育类学校，包括工业、技术、商业三种类型技术学校，学制为3～5年，为学生提供职业技术课程，除实践培训外，还提供专业教学课程。在通识教育方面，中学必修科目包括英语和阿拉伯语，其他必修科目实行文理分科。理科课程有数学、物理、化学和生物学，文科课程有艺术、历史、地理和家政。选修科目包括环境科学、社会研究、国家研究、哲学、心理学、音乐、欧洲语言等。这些科目由学生依据自己的专业水平进行选择。爱资哈尔高中课程基本涵盖了这些科目，但另设专门的伊斯兰研究科目。学生在完成普通高中课程并通过毕业考试后将获得普通中等教育证书。爱资哈尔高中的毕业生被授予爱资哈尔普通中等教育证书。

在职业技术教育类学校，学生有一半的课堂时间专门用于学习中学阶段的普通科目，包括阿拉伯语和英语；40%的课堂时间用于学习专业科目，10%的课堂时间用于学习选修课程。与普通高中一样，职业技术教育类学校学制为3年，高级职业技术教育类学校学制为5年，课程学习要比 3 年制的职业技术教育类学校更为专业。学生在完成中等职业技术教育课程且成绩达到一定要求后，可以进入高等技术学院继续学习，而高级职业技术教育类学校毕业生可以申请到与其专业领域相关的大学或高等学院继续学习。

2011 年以来，埃及大学前的各级教育均有所发展。2011 年到 2016 年，埃及学前教育学校数量由 8928 所增加到 11250 所，班级数量由 25723 个增加到 35105 个，学生人数由 87.47 万人增加到 124.41 万人。①同一时期，埃及小学学校数量由 17246 所增加到 18263 所，班级数量由 22.4 万个增加到 23.9 万个，学生人数由 964.45 万人增加到 1107.48 万人②；预备学校由 10372 所增加到 11667 所，班级由 10.35 万个增加到 10.99 万个，学生人数由 415.88 万人增加到 472.57 万人③；中学由 2780 所增加到 3334 所，班级由 35177 个增加到 41296 个，学生人数由 132.44 万人增加到 164.12 万人。④

师资方面，在 2016 年，埃及私立学前教育教师有 12762 人，公立机构有 32937 人⑤；公立小学教师有 38.23 万人，而私立小学教师有 38568 人⑥；公立预备学校有教师 23.81 万人，私立预备学校有 15865 人⑦；公

---

① "11 – 1 Pre-Primary Education （2007/2008 ~ 2016/2017），" in Central Agency for Public Mobilization and Statistics （Egypt）, *Statistical Yearbook（2018）*.

② "11 – 5 Primary Education （2005/2006 ~ 2016/2017），" in Central Agency for Public Mobilization and Statistics （Egypt）, *Statistical Yearbook（2018）*.

③ "11 – 6 Preparatory Education （2005/2006 ~ 2016/2017），" in Central Agency for Public Mobilization and Statistics （Egypt）, *Statistical Yearbook（2018）*.

④ "11 – 7 Secondary Education （2005/2006 ~ 2016/2017），" in Central Agency for Public Mobilization and Statistics （Egypt）, *Statistical Yearbook（2018）*.

⑤ "11 – 2 Teachers & Students in Pre-Primary Education by Sex, Sector and Governorate （2016/2017），" in Central Agency for Public Mobilization and Statistics （Egypt）, *Statistical Yearbook（2018）*.

⑥ "11 – 8 Teachers & Students in Primary Education by Sex, Sector and Governorate （2016/2017），" in Central Agency for Public Mobilization and Statistics （Egypt）, *Statistical Yearbook（2018）*.

⑦ "11 – 10 Teachers & Students in Preparatory Education by Sex, Sector and Governorate （2016/2017），" in Central Agency for Public Mobilization and Statistics （Egypt）, *Statistical Yearbook（2018）*.

立中学有教师99180人，私立中学有6536人①。

在职业技术教育方面，2011年，职业技术教育类学校为1829所，在校生人数162.82万人。到2013年，职业技术类学校数量增加至1984所，学生人数却下降至160.99万人。② 到2016年，埃及职业技术教育类学校有学生179.31万人，其中农业学校241所，班级5050个，学生21.04万人；商业学校841所，班级17697个，学生70.52万人；工业学校1122所，班级25014个，学生87.76万人。③

3. 高等教育

2011年以来，埃及高等教育也有所变化。2012年，埃及对《大学组织法》进行修订，将大学校长由总统直接任命改为通过选举产生，力图通过推进教育管理民主化来提升教育质量。埃及对高等教育的支出有所增加。2010/2011财年到2017/2018财年，埃及高等教育预算支出由102.34亿埃镑增加到257.54亿埃镑。④ 从表3－6中可以看出，埃及2011～2012年国内局势的动荡冲击了埃及高等教育。2008～2010年，埃及高等教育毛入学率由28.88%提高到30.21%，而2011年降到25.87%，后开始回升，2014年恢复至2010年水平，达30.77%，2015年、2016年分别达到35.13%、34.44%；男女生毛入学率趋势类似，2011～2016年，男生由24.62%提高到34.85%，女生则由27.06%提高到34.04%。

---

① "11－14 Teachers & Students in General Secondary Education by Sex, Sector and Governorate (2016/2017)," in Central Agency for Public Mobilization and Statistics (Egypt), *Statistical Yearbook* (2018).

② "11－19 Secondary Education (Technical Education)," in Central Agency for Public Mobilization and Statistics (Egypt), *Statistical Yearbook* (2018).

③ "11－24 Number of Schools, Classrooms, Students in Technical Education (Industrial-Commercial-Agricultural) (1) by Governorate (2016/2017)," in Central Agency for Public Mobilization and Statistics (Egypt), *Statistical Yearbook* (2018).

④ "11－37－1 State Public Expenditure on Education by State Public Budget (2008/2009 ～2017/2018)," in Central Agency for Public Mobilization and Statistics (Egypt), *Statistical Yearbook* (2018).

表 3 – 6　2008～2016 年埃及高等教育毛入学率

单位：%

年份	2008	2009	2010	2011	2012	2013	2014	2015	2016
毛入学率	28.88	29.35	30.21	25.87	26.91	29.5	30.77	35.13	34.44
男生毛入学率	27.86	27.75	28.87	24.62	25.38	27.79	29.02	34.44	34.85
女生毛入学率	29.85	30.88	31.5	27.06	28.38	31.13	32.44	35.78	34.04

资料来源：UNESCO Institute of Statistics, "Education (2017, 2018)," UNESCO, http://uis. unesco. org/en/country/eg, accessed January 19, 2019。

埃及的大学在校生人数也不断增加。到 2019 年，埃及共有 27 所公立大学。2011～2016 年，埃及的大学学生注册人数由 172.3 万人增加到 242.91 万人，其中公立大学注册学生数量由 162.74 万人增加到 227.43 万人。[1] 到 2017 年，埃及 10 岁及以上人口中上过大学的比例为 11.8%，其中城镇人口的比例为 18.5%，而乡村为 6.6%；男性为 12.8%，女性为 10.8%。[2] 2011～2015 年，埃及大学毕业生数量起伏较大，依次为 33.42 万人、33.91 万人、20.02 万人、26.18 万人和 34.12 万人。[3]

穆巴拉克时期之后，埃及私立教育也有所发展。2015 年，在埃及大学前教育中，有私立学校 7235 所，在校生人数 193.88 万人（同年公立学校有 44787 所，在校生人数 1799.08 万人）；在高等教育方面，有私立高校 24 所，在校生人数 183.5 万人。[4]

---

① "11 – 27 – 1 Students. Enrolled in Governmental & Al-Azhar & Private Universities by Sex & University (2006/2007 ～ 2016/2017)," in Central Agency for Public Mobilization and Statistics (Egypt), *Statistical Yearbook* (2018).

② "2 – 15 Percentage Distribution of the Population (10 Years & Over) according to the Education Status, Sex, Place of Residence by Urban & Rural and total of Republic (1986 – 1996 – 2017) %," in Central Agency for Public Mobilization and Statistics (Egypt), *Statistical Yearbook* (2018).

③ "11 – 31 University Graduates by University & Sex (2005/2006 ～ 2015/2016)," in Central Agency for Public Mobilization and Statistics (Egypt), *Statistical Yearbook* (2018).

④ Nagwa Megahed, ed., *Education during the Time of the Revolution in Egypt: Dialectics of Education in Conflict*, p. 3.

各高校的师资状况差异较大。在 2016 年，开罗大学的教职工人数为 11525 人，其中教授 1944 人，助理教授 1606 人，讲师 3136 人，助理讲师 2815 人，助教 2024 人；爱资哈尔大学教职工总人数为 15178 人，其中教授 1691 人，助理教授 1939 人，讲师 3766 人，助理讲师 2738 人，助教 5044 人。而新成立的大学师资规模相对较小。同一年，萨达特大学有教职工共 548 人，其中教授 60 人，助理教授 61 人，讲师 172 人，助理讲师 138 人，助教 117 人。① 在同一年，开罗美国大学的教职工人数为 436 人，其中教授 222 人，助理教授 89 人，讲师 125 人，而多数私立大学中有教授职称的教职工的占比不到 10%。②

在爱资哈尔系统，2011～2016 年，小学由 3465 所增加到 3567 所，班级由 33457 个下降到 30245 个，学生由 115.87 万人降到 93.73 万人③；同期，爱资哈尔预备学校由 3133 所增加到 3333 所，班级由 15051 个降到 13873 个，学生由 48.46 万人降到 40.09 万人④；爱资哈尔高中由 2068 所增加到 2181 所，班级由 11899 个增加到 13357 个，学生由 33.93 万人增加到 39.11 万人。⑤ 2016 年，在爱资哈尔系统，幼儿园有教师 3948 人⑥；

---

① "11 – 39 – 1 Teaching Staff In Governmental Universities 2016/2017," "11 – 39 – 2 Teaching Staff In Private Universities 2016/2017," in Central Agency for Public Mobilization and Statistics (Egypt), *Statistical Yearbook* (2018).

② "11 – 39 – 2 Teaching Staff In Private Universities 2016/2017," in Central Agency for Public Mobilization and Statistics (Egypt), *Statistical Yearbook* (2018).

③ "11 – 11 Primary Education (2005/2006 – 2016/2017) (Al-Azhar Primary Education)," in Central Agency for Public Mobilization and Statistics (Egypt), *Statistical Yearbook* (2018).

④ "11 – 12 Preparary Education (2005/2006 – 2016/2017) (Al-Azhar Preparary Education)," in Central Agency for Public Mobilization and Statistics (Egypt), *Statistical Yearbook* (2018).

⑤ "11 – 13 Secondary Education (2005/2006 – 2016/2017) (Al-Azhar Secondary Education)," in Central Agency for Public Mobilization and Statistics (Egypt), *Statistical Yearbook* (2018).

⑥ "11 – 3 Teachers & Students in Al-Azhar Kindergarten Education by Sex & Governorate (2016/2017)," in Central Agency for Public Mobilization and Statistics (Egypt), *Statistical Yearbook* (2018).

小学有教师 75819 人。①

2011 年后，爱资哈尔大学在校生总人数有所下降。爱资哈尔大学在校生总人数在 2011 年、2012 年两年分别为 26.9 万人、27.97 万人，2013 年略有回升，为 29.65 万人，但与 2006 年相比仍有不小的差距，其中女生人数变化不大，而男生人数降幅明显。2006~2010 年，爱资哈尔大学在校男生人数由 23.16 万人降至 18.05 万人，2011 再降至 16.81 万人，后 2012 年、2013 年两年略有回升，分别为 17.47 万人、18.2 万人，但仍未达到 2006 年的人数。②

2011 年埃及剧变后，埃及的特殊教育有所发展。在 2014 年，埃及残疾人学校数量为 921 所，共有 4526 个班级，在校残疾学生 37331 人。到 2017 年，埃及残疾人学校数量增至 955 所，有 4660 个班级，在校残疾学生 38461 人。残疾人学校比较集中地分布在开罗和吉萨地区。2017 年，开罗地区有残疾人学校 119 所，在校残疾学生 5163 人；吉萨地区有残疾人学校共 88 所，在校残疾学生 3197 人。③

2011 年后，埃及教育的国际化继续向前推进。如 2016 年，埃及与日本政府宣布建立教育合作伙伴关系，日本国际协力机构（JICA）以优惠贷款的形式为埃及出资 1.68 亿美元建设 200 所左右的埃及日本学校。根据两国此前签署的协议，埃及日本学校将按照日式教育模式进行教学和管理，埃及教育部选派教师前往日本接受教育培训，教育培训旨在普及日式"特别活动学时"教育模式。到 2018 年 9 月，已经有 35 所此类学校建成并投入使用。④

---

① "11 – 4 Teachers & Students in Al-Azhar Primary Education by Sex & Governorate (2016/2017)," in Central Agency for Public Mobilization and Statistics (Egypt), *Statistical Yearbook* (2018).

② "11 – 27 – 1 Student, Enrolled in Governmental & Private Universities by Sex & University," in Central Agency for Public Mobilization and Statistics (Egypt), *Statistical Yearbook* (2015).

③ "11 – 18 Schools, Classes & Pupils Disability By Governorate (2014/2015 – 2017/2018)," in Central Agency for Public Mobilization and Statistics (Egypt), *Statistical Yearbook* (2018).

④ 《日本援建的埃及日本学校已有 35 所建成开学》，中国驻埃及大使馆经商参赞处，http://eg.mofcom.gov.cn/article/jmxw/201812/20181202814654.shtml，最后访问日期：2020 年 11 月 6 日。

第三节　当代埃及教育发展困境及其成因和影响

客观而言，历经几十年的发展，埃及各级教育获得许多发展。但也毋庸讳言，埃及教育发展中也存在一系列突出问题与困境。

一　当代埃及教育存在的主要问题与困境

1. 总体发展水平与质量不高

从世界范围看，埃及教育发展的水平与质量不高，与埃及的综合国力、地区地位不相符。在 2008 年，埃及教育质量指数为 2.1，在 134 个国家和地区中居 129 位。[1] 据2017～2018 年世界经济论坛报告，埃及初等教育入学率为 98%，居世界第 33 位，中等教育入学率为 86.1%，居世界第 84 位，大学入学率为 36.2%，居世界第 76 位；埃及初等教育质量指数为 2.1，在 137 个国家和地区中居第 133 位，高等教育及职业教育指数为 3.6，居第 100 位，埃及教育体系质量指数为 2.5，居第 130 位。[2]

文盲率高和文盲人口庞大是埃及教育落后的一个缩影。埃及政府致力于通过扫盲教育来消除文盲人口，文盲率总体上呈下降趋势，但文盲率依然很高。如埃及 10 岁及以上人口的文盲率，1907 年为 92.7%，1947 年、1960 年分别降至 77.2%、70.3%[3]，1976 年再降至 56.5%[4]，

[1] Marwa Biltagy, "Quality of Education, Earnings and Demand Function for Schooling in Egypt: An Economic Analysis," *Procedia-Social and Behavioral Sciences*, Vol. 69, 2012, p. 1745.

[2] The World Economic Forum (2017), *The Global Competitiveness Report*, *2017–2018*, https://www.weforum.org/reports/global–competitiveness–index–2017–2018, accessed January 11, 2019.

[3] Donald C. Mead, *Growth and Structural Change in the Egyptian Economy*, Statistical Appendix 301, Table 11–A–6.

[4] 王素、袁桂林：《埃及教育》，第 178 页。

1986 年为 49.9%，1996 年为 39.4%，2006 年为 30.1%，2017 年为 25.8%。[①] 尽管文盲率呈不断下降趋势，但由于埃及人口激增，其文盲人口的绝对数字依然很高。

2. 高等教育发展出现偏差，职业技术教育落后

纳赛尔时期，埃及比较重视理工科教育，理工科招生分数线高于文科，出国深造的大部分是理工科学生。1960～1961 年，埃及大学在校学生中人文和社会科学专业的学生为 51340 人，理工科学生人数为 33885 人。[②] 1962 年，埃及送 5670 名学生出国学习，其中 75% 的学生学习理科。理科师资力量超过文科。如在 1958/1959 学年，开罗大学理工科教师占 77%，而文科教师为 23%；理工科师生比为 1:10，而文科为 1:57。[③] 萨达特时期，高校学生人数大幅度增加，但主要增加的是文科生人数，而理工科在校生人数占比逐渐下降。1971～1981 年，埃及高校中理工科学生人数由 19.15 万人增加到 55.6 万人，但占比却由 55% 降到 33.3%。[④] 这一趋势在穆巴拉克时期延续了下来。到 1989 年，埃及高校中理工科学生人数略增至 56.77 万人，占比却降到 25.3%。[⑤] 另有统计数据表明，1981～2001 年，埃及大学的理工科在校生数量由 50.85 万人增加到 128.2 万人，但理科生明显比工科生多：同一时期，埃及大学理科在校生由 30.98 万人增加到 84.6 万人，而工科由 19.87 万人增加到 43.6 万人。[⑥] 根据世界银行的数据，在 2010 年埃及在校大学

① "2 – 15 Percentage Distribution of the Population（10 Years & Over）according to the Education Status，Sex，Place of Residence by Urban & Rural and total of Republic（1986 – 1996 – 2017）%，" in Central Agency for Public Mobilization and Statistics（Egypt），*Statistical Yearbook*（*2018*）.

② Donald Malcolm Reid，*Cairo University and the Making of Modern Egypt*，p. 191.

③ 王素、袁桂林：《埃及教育》，第 108 页。

④ Organisation for Economic Co-operation and Development and International Bank for Reconstruction and Development/The World Bank，*Higher Education in Egypt*，p. 165.

⑤ Organisation for Economic Co-operation and Development and International Bank for Reconstruction and Development/The World Bank，*Higher Education in Egypt*，p. 165.

⑥ 阿拉伯埃及共和国信息部国家新闻总署：《埃及二十一年成就（1981 – 2002）》，第 68 页。

生专业分布中，人文占 35%，社会科学占 41.2%，医学占 7.4%，科学、技术和工程占 10.2%，其他占 6.1%。① 就是与其他阿拉伯国家相比，埃及就读人文、社会科学专业的大学生比例明显偏高，而就读科学、技术和工程专业的大学生比例明显偏低。

在穆巴拉克时期，与理工科专业不同，埃及高校人文专业学生数量增多，增长幅度比较大。1995～2006 年，埃及高等院校艺术及人文学科专业学生人数由约 11.76 万人增长到 23.8 万人，增长了 102%；伊斯兰和阿拉伯学研究专业人数从 3.44 万人增加至 10.62 万人左右，增长率达到了209%；商学专业从 19.2 万人增加至 46.26 万人，增长了约 141%。②

埃及高等教育呈现重理论研究、轻应用的状况。1995～2005 年，埃及理论研究型专业学生人数由 69.68 万人增至 151.64 万人左右，应用型专业学生人数则从 17.52 万人增至 36.41 万人，而理工科专业的增长率和人数都远低于人文学科和商科。③ 2007～2009 年，埃及公立大学与爱资哈尔大学理论研究型院系注册学生人数由 148.28 万人增加到 156.22万人，2010 年、2011 年有所下降，分别降至 131.53 万人、126.5 万人，2012 年开始回升。2012～2016 年，埃及公立大学与爱资哈尔大学理论研究型院系注册学生人数由 128.71 万人增加到 179.63 万人，其中学生最多的专业是商学，由 38.15 万人增加到 48.44 万人；其次是法学，由24.05 万人增加到 32.89 万人；再次是艺术与人文研究，由 22.28 万人增加到 33.62 万人；教育专业增幅也很大，同期由 98926 人增加到 17.93万人。④ 而应用型院系专业的学生数量远比理论研究型院系专业少。

① The World Bank, *World Development Indicators* （2010），转引自孙萍等《阿拉伯六国高等教育财政投入比较研究》，《现代教育管理》2016 年第 9 期。

② Organisation for Economic Co-operation and Development and International Bank for Reconstruction and Development/The World Bank, *Higher Education in Egypt*, p. 181.

③ Organisation for Economic Co-operation and Development and International Bank for Reconstruction and Development/The World Bank, *Higher Education in Egypt*, p. 181.

④ "11 - 28 Students Enrolled in Theoretical Faculties in Governmental & Al-Azhar University by Sex & Faculty （2007/2008 - 2016/2017），" in Central Agency for Public Mobilization and Statistics （Egypt），*Statistical Yearbook*（2018）.

2006~2009 年，埃及公立大学应用型院系的注册学生人数变化不大，为 38 万人左右，2010 年有所下降，降至 33.47 万人，而 2011 年为 36.23 万人。2012~2016 年，埃及公立大学应用型院系注册学生人数由 36.74 万人增加到 47.8 万人，其中学生比较多的专业首先是工程，由 83628 人增加到 10.1378 万人；其次是科学，由 55406 人增加到 67489 人；再次是药剂学，同期由 45703 人增加到 55775 人；医学由 54107 人增加到 67883 人，农业由 30944 人增加到 54542 人，其他专业的学生人数都比较少。①

在毕业生数量方面，埃及的大学也是理论研究型院系超过应用型院系。2005~2010 年，埃及理论研究型院系毕业生数量由 24.3 万人增加到 26.83 万人。② 2011~2015 年，埃及理论研究型院系毕业生数量波动较大，依次为 25.35 万人、25.91 万人、13.16 万人、20.71 万人和 25.49 万人。③ 而 2005~2010 年，埃及应用型院系毕业生数量略有增加，由 68700 人增加到 75659 人。④ 2011~2015 年，埃及应用型院系毕业生数量有起伏，依次为 80752 人、80085 人、68613 人、54705 人和 82245 人。⑤

商学院、艺术与人文学院和法学院是毕业生数量居于前列的三个学院。2005 年，埃及大学毕业生数量中，商学院为 60825 人，艺术与人文学院 42740 人，法学院 32904 人。2011 年，埃及大学毕业生数量中，商

---

① "11 – 29 Students Enrolled in Practical Faculties in Governmental University by Sex & Faculty (2006/2007 – 2016/2017)," in Central Agency for Public Mobilization and Statistics (Egypt), *Statistical Yearbook (2018)*.

② "11 – 32 University Graduates by Faculty & Sex (2005/2006 ~ 2015/2016) (Theoritical Faculties)," in Central Agency for Public Mobilization and Statistics (Egypt), *Statistical Yearbook (2018)*.

③ "11 – 32 University Graduates by Faculty & Sex (2005/2006 ~ 2015/2016) (Theoritical Faculties)," in Central Agency for Public Mobilization and Statistics (Egypt), *Statistical Yearbook (2018)*.

④ "11 – 33 University Graduates by Faculty & Sex (2005/2006 ~ 2015/2016) (Practical Faculties)," in Central Agency for Public Mobilization and Statistics (Egypt), *Statistical Yearbook (2018)*.

⑤ "11 – 33 University Graduates by Faculty & Sex (2005/2006 ~ 2015/2016) (Practical Faculties)," in Central Agency for Public Mobilization and Statistics (Egypt), *Statistical Yearbook (2018)*.

学院为 73843 人，艺术与人文学院 56111 人，法学院 44308 人。2015 年，这三个学院的毕业生数量分别为 75346 人、46751 人和 43836 人。①

在教学上，埃及高校以理论教学为主，实践教学薄弱。埃及各高校的实训基地建设不足，实践设施落后，实践教学师资和管理人员缺乏，大学评价注重的仍是理论教学。以曼苏拉大学为例，在该校 2005 年部分专业的学位课程方案里，高频词是"课程""学术""考试"等，实践和实训的专门计划很少。②

尽管埃及政府重视技术教育，但埃及的职业技术教育明显滞后。在萨达特时期，埃及职业技术教育呈现"商热农冷"，商业学校学生人数约占职业技术教育阶段的学生总数的一半以上，但人才培养的专业结构与埃及国内劳动力实际需求并不匹配。1977 年，埃及劳动力分配比例中商业仅占 9.6%，工业占 14.3%，而农业仍然是劳动力就业最为集中的产业，所占比例达到了 44.4%③，而 3.5 万名农业学校毕业生只占预估市场需求的一半左右。④ 在造船、油气钻探与开采、海洋运输、农业机械装备、卫生等急需劳动力的行业领域，直到 1979 年埃及都没有开设相对应的职业技术培训项目。

在穆巴拉克时期，埃及职业技术教育尽管取得不小发展，但与该时期的高等教育发展规模相比，实际规模太小。如 1981～2001 年，埃及公立职业技术教育类学校在校生由 11.41 万人增加到 13.88 万人，私立职业技术教育类学校在校生由 5.98 万人增加到 32.9 万人。⑤ 实际上，从穆巴拉克晚期起，埃及职业技术教育仍发展滞后，甚至有倒退的迹象。

---

① "11 - 32 University Graduates by Faculty & Sex (2005/2006 ~ 2015/2016) (Theoritical Faculties)," in Central Agency for Public Mobilization and Statistics (Egypt), *Statistical Yearbook (2018)*.

② 季诚钧、徐少君、李旭：《埃及高等教育研究》，第 87 页。

③ International Institute for Educational Planning, UNESCO, *University Education and the Labor Market in the Arab Republic of Egypt*, 1982, p. 97, 转引自王素、袁桂林《埃及教育》，第 144 页。

④ Judith Cochran, *Educational Roots of Political Crisis in Egypt*, p. 83.

⑤ 阿拉伯埃及共和国信息部国家新闻总署：《埃及二十一年成就（1981 - 2002）》，第 68 页。

2003～2009 年，埃及职业技术教育类学校由 1933 所减少到 1829 所，班级由 56947 个减少到 40168 个，学生由 219.95 万人减少到 126.08 万人，之后才有所回升，分别升到 1984 所、47162 个、160.98 万人，但都没有超过 2003 年的数量。[1]

3. 教育发展不均衡

自纳赛尔时期以来，埃及教育发展呈不均衡态势。一是各类教育发展规模与速度不均衡。1953～1965 年，埃及小学在校生人数由 139.3 万人增加到 341.8 万人，增长 1.45 倍；普通预备学校在校生人数由 34.9 万人增加到 57.4 万人，增长 0.64 倍；普通中学在校生人数由 9.2 万人增加到 20.9 万人，增长 1.27 倍；而大学在校生人数由 5.4 万人增加到 12.4 万人，增长 1.3 倍。[2] 萨达特时期也是如此。1971～1977 年，埃及小学在校生人数由 387.33 万人增加到 421.13 万人，增长 0.09 倍。[3] 1970～1980 年，埃及高等院校在校生人数由 17.8 万人增加到 56.38 万人，增长 2.17 倍。[4] 在穆巴拉克时期，情况依旧如此。1981～2008 年，埃及在校小学生人数由 474.84 万人增加到 920.73 万人，增长 0.94 倍；预备学校在校生人数由 165.29 万人增加到 396.49 万人，增长 1.4 倍；普通高中在校生人数由 50.72 万人增加到 79.77 万人，增长 0.57 倍。[5] 而在高等教育方面，1981～2001 年，大学在校生人数由 62.58 万人增加到 175.79 万人，增长 1.81 倍。[6] 2006～2009 年，埃及大学注册学生人数由 196.33

[1] "11 - 11 Primary Education," in Central Agency for Public Mobilization and Statistics (Egypt), *Statistical Yearbook (2015)*.

[2] M. A. Faksh, "An Historical Survey of the Educational System in Egypt," *International Review of Education*, Vol. 22, No. 2, 1976, pp. 239 - 240.

[3] Bikas C. Sanyal, *University Education and the Labour Market in the Arab Republic of Egypt*, p. 206.

[4] Haggai Erlich, *Students and University in Twentieth Century Egyptian Politics*, p. 202.

[5] 阿拉伯埃及共和国信息部国家新闻总署：《埃及二十一年成就（1981 - 2002）》，第 65 页；阿拉伯埃及共和国新闻部新闻总署：《埃及年鉴（2009）》。

[6] 阿拉伯埃及共和国信息部国家新闻总署：《埃及二十一年成就（1981 - 2002）》，第 68 页。

万人增加到 200.48 万人。①

2011 年以来，情形也没变化。2010～2013 年，埃及小学学生总人数由 950.64 万人增加到 990.62 万人，增长 0.04 倍②；预备学校学生总人数由 415.31 万人增加到 447.92 万人，增长 0.08 倍③；职业技术教育类学校学生总人数由 160.71 万人增加到 160.98 万人，几乎没增长④；普通高中学生总人数由 72.32 万人增加到 145.55 万人，增长 1.01 倍⑤。在高等教育方面，2010～2016 年，埃及公立大学在校生人数由 165 万人增加到 227.43 万人，增长 0.38 倍；私立大学则由 7.3 万人增加到 15.48 万人，增长 1.12 倍。⑥

总体上，埃及高等教育要比基础教育发展快。这也反映在教育投入方面。从 2008/2009 财年到 2017/2018 财年，埃及大学前教育预算开支由 271.75 亿埃镑增加到 705.12 亿埃镑，增长 1.59 倍；而高等教育预算开支由 82.21 亿埃镑增加到 257.54 亿埃镑，增长 2.13 倍。⑦

二是城乡、地区间发展不均衡。埃及教育资源主要集中在下埃及地区，而教育优质资源往往集中于城市地区。以高等教育为例，纳赛尔时期，埃及高等教育机构数量较少，位于开罗等几个主要城市，很多省份

---

① "11－27－1 Students Enrolled in Governmental & Al-Azhar & Private Universities by Sex & University （2006/2007－2016/2017），" in Central Agency for Public Mobilization and Statistics （Egypt），*Statistical Yearbook*（2018）.

② "11－5 Primary Education，" in Central Agency for Public Mobilization and Statistics （Egypt），*Statistical Yearbook*（2015）.

③ "11－6 Preparatory Education，" in Central Agency for Public Mobilization and Statistics （Egypt），*Statistical Yearbook*（2015）.

④ "11－11 Primary Education，" in Central Agency for Public Mobilization and Statistics （Egypt），*Statistical Yearbook*（2015）.

⑤ "11－7 Secondary Education，" in Central Agency for Public Mobilization and Statistics （Egypt），*Statistical Yearbook*（2015）.

⑥ "11－27－1，" "11－27－2，" "11－28，" "11－29，" "11－30，" in Central Agency for Public Mobilization and Statistics （Egypt），*Statistical Yearbook*（2018）.

⑦ "11－37－1 State Public Expenditure on Education by State Public Budget （2008/2009～2017/2018），" in Central Agency for Public Mobilization and Statistics （Egypt），*Statistical Yearbook*（2018）.

甚至没有高等教育机构。在萨达特时期，埃及在各地相继成立了一些地方性大学和高等教育机构，但并未从根本上改变优质高等教育资源过于集中的区域分布格局。穆巴拉克时期以来，埃及陆续在各地兴建高等院校，但教育资源向大中城市地区集中的趋势并未改变。不仅高等教育机构，连学前教育机构也集中在城市。埃及的幼儿园和幼儿福利设施主要集中在大中城市，能够进入幼儿园、享受儿童福利待遇的儿童大多是埃及中上层家庭的子女。

在入学率、文盲率等方面，埃及也呈现出城乡差异。如在 1964 年，埃及城市适龄儿童入学率为 90%，而农村适龄儿童入学率约为 65% ~ 75%。① 埃及 10 岁及以上人口的文盲率，乡村要比城镇高不少，如在 1986 年，城镇文盲率为 35.6%，乡村文盲率为 61.9%；1996 年城镇和乡村的文盲率分别为 26.7%、49.6%；2006 年城镇和乡村的文盲率分别为 20.7%、37.5%；2017 年城镇和乡村的文盲率分别为 17.7%、32.2%。② 在 2008 年，12 岁、13 岁、14 岁儿童中没接受预备教育的埃及城市儿童占适龄儿童人数的比例分别是 1%、2% 和 3%，而在农村这一比例则为 6%、6% 和 8%，比城市高出很多。③ 埃及 10 岁及以上人口中上大学的比例，城镇也要远高于乡村，如在 1986 年，城镇为 5.4%，乡村为 1.0%；1996 年城镇和乡村的比例分别为 9.6%、2.82%；2006 年城镇和乡村的比例分别为 15.5%、4.7%；2017 年城镇和乡村的比例分别为 18.5%、6.6%。④

① Ahmed Abdalla, *The Student Movement and National Politics in Egypt*, *1923 - 1973*, p. 104.
② "2 - 15 Percentage Distribution of the Population (10 Years & Over) according to the Education Status, Sex, Place of Residence by Urban & Rural and total of Republic (1986 - 1996 - 2017) %," in Central Agency for Public Mobilization and Statistics (Egypt), *Statistical Yearbook (2018)*.
③ UNICEF, *Egypt Country Report on Out-of-school Children*, New York: UNICEF Middle East and North Africa Regional Office, 2014, p. 36.
④ "2 - 15 Percentage Distribution of the Population (10 Years & Over) according to the Education Status, Sex, Place of Residence by Urban & Rural and total of Republic (1986 - 1996 - 2017) %," in Central Agency for Public Mobilization and Statistics (Egypt), *Statistical Yearbook (2018)*.

三是师资、学生规模不平衡。埃及各地的师资情况差异很大。在2016 年，公立高中的教师数量，开罗有 11916 人，亚历山大有 6350 人，而苏伊士省、马特鲁省（Matrouh）、红海省、北西奈省都在千人以下，最少的南西奈省只有 235 人。① 师资的地区差异也体现在爱资哈尔系统中。如在 2016 年，开罗的爱资哈尔高中有教师 3353 人，占该系统高中教师总数的 7.9%；达卡利亚省（Dakahlia）有 4740 人，占 11.2%；而最少的南西奈省只有 183 人，占 0.4%。②

埃及各地学生数量、师生比差异非常大。在 2016 年，埃及公立小学学生数量，吉萨省达 87.67 万人，开罗其次，有 74.07 万人，而最少的南西奈省只有 16235 人；小学的师生比，最低的吉萨省达 1：40.1，其次为开罗，为 1：33.6。私立小学情况类似。在 2016 年，埃及私立小学学生人数最多的是开罗，有 34.21 万人，其次是吉萨省，有 12.68 万人，最少的是南西奈省，只有 1110 人；师生比最低的是南西奈省，为 1：48.3，开罗为 1：28.1，最高的是马特鲁省，是 1：21.7。③ 高中的情况也是如此。2016 年，埃及公立高中学生数量最多的是开罗，达 18.31 万人，其次是吉萨省，15.46 万人，最少的是南西奈省，只有 1882 人；师生比最低的是吉萨省，是 1：23.2，开罗为 1：15.4，而最高的是南西奈省，有 1：8。同一年，埃及私立高中学生人数最多的是开罗，有 72777 人，最少的是北西奈省，仅 49 人；师生比开罗为 1：28.8，红海省为 1：15.5。④

① "11 - 14 Teachers & Students in General Secondary Education by Sex, Sector and Governorate （2016/2017）," in Central Agency for Public Mobilization and Statistics （Egypt）, *Statistical Yearbook （2018）*.

② "11 - 16 Teachers & Students in Al-Azhar Secondary Education by Sex & Governorate （2016/2017）", in Central Agency for Public Mobilization and Statistics （Egypt）, *Statistical Yearbook（2018）*.

③ "11 - 8 Teachers & Students in Primary Education by Sex, Sector & Governorate （2016/2017）", in Central Agency for Public Mobilization and Statistics （Egypt）, *Statistical Yearbook（2018）*.

④ "11 - 14 Teachers & Students in General Secondary Education by Sex, Sector and Governorate （2016/2017）", in Central Agency for Public Mobilization and Statistics （Egypt）, *Statistical Yearbook（2018）*.

埃及各地职业技术教育的发展不平衡。在 2016 年，达卡利亚省职业技术教育类学校数量最多，有 20 所；职业技术教育类学校在校生，米尼亚省（Menia）为 14.24 万人，而南西奈省只有 2099 人。①

埃及高校的规模差异很大。在 2011 年，注册学生最多的是爱资哈尔大学，达 26.9 万人，其次是米尼亚大学（Menia University），为 23.92 万人，开罗大学为 22.69 万人，而最少的阿斯旺大学只有 7651 人；到 2016 年，注册学生最多的是爱资哈尔大学，达 31.7 万人，其次是开罗大学，为 25.24 万人，而最少的阿里什大学只有 8237 人。②毕业生数量也差距比较大。在 2011 年，毕业生人数最多的是爱资哈尔大学，有 39546 人；其次是开罗大学，36806 人；艾因夏姆斯大学，35298 人；亚历山大大学，30276 人。有 5 所公立大学在 5000 人之下，最少的阿里什大学仅 1326 人，而私立大学毕业生数量普遍不多，有的甚至只有几十人。③

四是不同社会阶层教育差距大。纳赛尔时期，埃及推行阿拉伯社会主义，埃及阶层差距缩小，免费教育政策也逐步缩小了社会阶层间的教育差距。但在高等教育方面，纳赛尔认为高等教育主要是培养一代能够传播和领导泛阿拉伯主义的精英分子，更多顾及城市中产阶级，学生中中产阶级的子弟占 85.5%，工农子弟仅占 11.4%。④萨达特时期，埃及推行开放政策，导致贫富差距日益扩大，各阶层间的教育差距逐渐显现。穆巴拉克时期，埃及政府在教育方面的分配经费集中于高等教育。如在 1981/1982 财年，埃及高等院校的学生人均经费是中小学的 8.1 倍，到 1994/1995 财年更升至 16.6 倍；1994 年与 1981 年相比，埃及高等教育

①　"11 - 24 Number of Schools, Classrooms, Students in Technical Education (Industrial-Commercial-Agricultural) (1) by Governorate (2016/2017)," in Central Agency for Public Mobilization and Statistics (Egypt), *Statistical Yearbook (2018)*.

②　"11 - 27 - 1 Students, Enrolled in Governmental & Al-Azhar & Private Universities by Sex & University (2006/2007 ~ 2016/2017)," in Central Agency for Public Mobilization and Statistics (Egypt), *Statistical Yearbook (2018)*.

③　"11 - 31 University Graduates by University & Sex (2005/2006 ~ 2015/2016)," in Central Agency for Public Mobilization and Statistics (Egypt), *Statistical Yearbook (2018)*.

④　季诚钧、徐少君、李旭：《埃及高等教育研究》，第 24 页。

的投入额增长了70%，而基础教育却下降了17%。① 基础教育的受益者主要是中下层民众，而高等教育的主要受益者为上层民众。在萨达特与穆巴拉克时期，外国资本纷纷在埃及投资办学，私立教育机构发展迅速，这些教育机构实行双语教学，学费昂贵但教育质量和就业竞争力相对较高，对埃及中产阶层及以上阶层具有吸引力，而贫困阶层无力承担高昂的学前教育、教育辅导、私立教育等方面的教育开支，只能在教育质量相对较低的公立学校接受教育。2007年，最富裕阶层中的35%的学生进入了私立小学或实验小学，而其余阶层近90%的学生进入了公立小学；绝大多数埃及学生进入公立中学，而最富裕阶层有25%的学生进入私立中学或实验中学。私立学校或实验学校的教育质量要明显优于公立学校。2007年，埃及私立中学、私立语言中学、实验中学的数学平均分均超过公立同类学校很多。② 私立学校在城市地区更为集中，尤其是开罗周边地区。2012年，埃及大学前教育中有7%的学生选择进入私立小学就读。在城市地区，6~17岁的学生中有16%上私立小学，在开罗地区，这一比例达到了25%左右。就读于私立小学的学生家庭中，有接近1/3是埃及家庭收入最高的20%的富裕家庭，而在家庭收入最低的20%的贫困阶层中，只有不到1%的孩子上过私立小学。③

埃及大学教育的社会阶层差异在穆巴拉克当政晚期尤为突出。2007年，埃及大学前教育的学生占学生总数的88%，却占公共教育开支的72%，换言之，占学生总数12%的左右的大学生，占据了28%的公共教育开支。这一公共教育开支模式不利于贫穷人口，因为绝大部分贫困家庭的学生在义务教育结束后继续上学的机会比较小。2004年，埃及最富裕的1/5家庭的大学净入学率为47.95%，而最贫穷的1/5家庭的大学净

① 戴晓琦：《阿拉伯社会分层研究：以埃及为例》，第96页。

② Lier Ersado & Jeremie Gignoux, *Egypt: Inequality of Opportunity in Education*, Policy Research Working Paper No. WPS 6996, 2014, pp. 29-30, 转引自毕健康、陈勇《当代埃及教育发展与社会流动问题评析》，《西亚非洲》2015年第5期，第118页。

③ Ragui Assaad and Caroline Krafft eds., *The Egyptian Labor Market in an Era of Revolution*, pp. 139-140.

入学率仅为9.07%。① 1998～2005年，埃及最富有的20%家庭的中学毕业生进入大学的比例增长最快，其中男性增长近10%，女性增长11.5%；次富有的20%家庭的中学毕业生进入大学的比例与最富有的20%家庭差不多；但其余60%家庭的男性中学毕业生进入大学的比例在此期间并没有增长。② 不同阶层间的教育投入渐趋拉大。1995年，埃及最富裕阶层的教育投入是最贫困阶层的2.3倍；在2004年则扩大到4.4倍。③

4. 性别差异显著，女性教育滞后

在教育方面，性别不平衡，且女性受教育水平低，是埃及教育发展中长期存在的问题。尽管埃及政府做出了许多努力，以提高女性教育水平，但女性教育滞后这一态势仍然没有从根本上得到改变，极高的文盲率就是例证。以埃及10岁及以上人口中的文盲率为例，在1907年，男性文盲率为87%，而女性达98.6%；1947年，男性和女性的文盲率分别为66.1%、88.2%；1960年，男性和女性的文盲率分别为56.6%、83.8%④；1976年，男性和女性的文盲率分别为43.2%、71%。⑤ 穆巴拉克时期及以后，这一状况依旧存在。埃及10岁及以上人口的文盲率，1986年，男性为37.6%，女性为62.8%；1996年男性和女性分别为29.1%、50.3%；2006年男性和女性分别为22.8%、37.6%；2017年男性和女性分别为21.1%、30.8%。⑥ 可见，在

---

① 毕健康、陈勇：《当代埃及教育发展与社会流动问题评析》，《西亚非洲》2015年第5期，第119页。

② Emily Cupito and Ray Langsten, "Inclusiveness in Higher Education in Egypt," *Higher Education*, Vol. 62, No. 2, 2011, p. 190, 转引自毕健康、陈勇《当代埃及教育发展与社会流动问题评析》，《西亚非洲》2015年第5期，第120页。

③ The World Bank, *Arab Republic of Egypt Improving-Quality, Equality, and Efficiency in the Education Sector*, Report No. 42863, 2014, p. 42, 转引自毕健康、陈勇《当代埃及教育发展与社会流动问题评析》，《西亚非洲》2015年第5期，第124页。

④ Donald C. Mead, *Growth and Structural Change in the Egyptian Economy*, Statistical Appendix 301, Table 11 – A – 6.

⑤ 王素、袁桂林：《埃及教育》，第178页。

⑥ "2 – 15 Percentage Distribution of the Population (10 Years & Over) according to the Education Status, Sex, Place of Residence by Urban & Rural and total of Republic (1986 – 1996 – 2017) %," in Central Agency for Public Mobilization and Statistics (Egypt), *Statistical Yearbook (2018)*.

总体上，埃及女性的文盲率高于男性。而埃及 10 岁及以上人口中上大学的比例，女性则远低于男性：在 1986 年，男性为 4.6%，女性为 1.3%；1996 年男性和女性的比例分别为 7.1%、3.8%；2006 年男性和女性的比例分别为 10.9%、7.9%；2017 年男性和女性的比例分别为 12.8%、10.8%。[1]

在各级教育中，埃及在校生数量中女生普遍比男生少。如在 2007 年，埃及学前教育阶段的学生中女生为 32.26 万人，男生为 35.59 万人；2010 年女生和男生分别为 40.49 万人、44.63 万人；2016 年女生和男生分别为 59.89 万人、64.52 万人。[2] 在小学教育阶段，埃及女生与男生入学率的差距不断缩小，但在校男女生数量有差别。如在 1974 年，埃及小学适龄儿童入学率为 77.5%，其中女童入学率为 66.1%。[3] 21 世纪以来，埃及小学男女生的入学率已实现基本平衡，但在校生数量还是有差别。2003～2013 年的每一年，埃及普通小学的在校女生都比男生少几十万人，如 2003 年女生为 345.39 万人，男生为 376.09 万人，女生比男生少 30.7 万人；2013 年女生和男生分别为 479.48 万人、511.14 万人，女生比男生少 31.66 万人。[4] 预备学校的情况类似。2003～2010 年的每一年，埃及预备学校在校女生都比男生少 5 万～20 万人，如 2003 年女生为 200.17 万人，男生为 218.18 万人，女生比男生少 18.01 万人；2010 年女生和男生分别为 204.72 万人、210.6 万人，女生比男生少 5.88 万人。[5] 在 2003～2013 年的每一年，埃

---

① "2 – 15 Percentage Distribution of the Population（10 Years & Over）according to the Education Status, Sex, Place of Residence by Urban & Rural and total of Republic（1986 – 1996 – 2017）%，" in Central Agency for Public Mobilization and Statistics（Egypt）, *Statistical Yearbook（2018）*.

② "11 – 1 Pre-Primary Education（2007/2008～2016/2017）," in Central Agency for Public Mobilization and Statistics（Egypt）, *Statistical Yearbook（2018）*.

③ 阿拉伯埃及共和国新闻部国家新闻总署：《埃及 22 年成就（1981 – 2003）》，第 120 页。

④ "11 – 5 Primary Education," in Central Agency for Public Mobilization and Statistics（Egypt）, *Statistical Yearbook（2015）*.

⑤ "11 – 6 Preparatory Education," in Central Agency for Public Mobilization and Statistics（Egypt）, *Statistical Yearbook（2015）*. 2004 年之后，六年级人数被归入小学教育阶段进行统计。

及职业技术教育类学校的女生都比男生少 8 万~20 万人，如 2003 年女生为 100.74 万人，男生为 119.20 万人，女生比男生少 18.46 万人；2013 年女生和男生分别为 70.94 万人、90.05 万人，女生比男生少 19.11 万人。①

在高等教育方面，埃及女性的状况也类似。1976 年，埃及 10 岁及以上人口中仅有 1.2% 的女性获得了本科以上的文凭。② 1985~1987 年，埃及女大学生人数占大学生总人数的 33.3%，1992~1997 年占 40%。③ 2000 年，埃及高等教育机构的女生占比为 47%④，2004 年为 49%。⑤ 2006 年，埃及注册大学生中，女生为 92.94 万人，男生为 103.39 万人；2010 年女生和男生分别为 98.42 万人、102.07 万人；2012 年女生和男生分别为 82.6 万人、88.81 万人。⑥ 不过，从 2013 年起，埃及大学注册学生中的女生开始比男生略多。如 2013 年女生为 168.88 万人，男生为 167.91 万人；2016 年女生和男生分别为 125.28 万人、117.64 万人。⑦

埃及教育的性别差异也体现在爱资哈尔系统中。2001 年，在爱资哈尔小学注册的学生中，女生为 27.54 万人，男生为 45.07 万人，女生比男生少 17.53 万人；高中女生和男生分别是 9.8243 万人、18.1686 万人，女生比男生少 8.34 万人。⑧ 在 2011 年，爱资哈尔小学女生为 52.57 万人，男生为 63.3 万人；到 2016 年，小学女生和男生分别为 43.98 万人、49.75

---

① "11–11 Primary Education," in Central Agency for Public Mobilization and Statistics (Egypt), *Statistical Yearbook (2015)*.

② Judith Cochran, *Educational Roots of Political Crisis in Egypt*, p. 95.

③ 阿拉伯埃及共和国新闻部新闻总署：《埃及年鉴 (2005)》，第 259 页。

④ 阿拉伯埃及共和国信息部国家新闻总署：《埃及二十一年成就 (1981–2002)》，第 85 页。

⑤ 阿拉伯埃及共和国新闻部新闻总署：《埃及年鉴 (2005)》，第 256 页。

⑥ "11–27–1 Students, Enrolled in Governmental & Al-Azhar & Private Universities by Sex & University (2006/2007~2016/2017)," in Central Agency for Public Mobilization and Statistics (Egypt), *Statistical Yearbook (2018)*.

⑦ "11–27–1 Students, Enrolled in Governmental & Al-Azhar & Private Universities by Sex & University (2006/2007~2016/2017)," in Central Agency for Public Mobilization and Statistics (Egypt), *Statistical Yearbook (2018)*.

⑧ 阿拉伯埃及共和国新闻部新闻总署：《埃及年鉴 (2002)》，第 111 页。

万人。① 在 2011 年，爱资哈尔高中女生为 14.1 万人，男生为 19.83 万人；到 2016 年，高中女生和男生分别为 16.92 万人、22.19 万人。②

爱资哈尔大学的情况却不同。在该校 2008 年的预科招生中，女生占比为 41%。③ 2006～2013 年，爱资哈尔大学在校生中男生人数基本呈下降趋势，由 23.17 万人降至 18.2 万人，最少的年份只有 16.8 万人；虽然女生人数变化不大，为 10 万～11.8 万人，但男女生比例基本在 2∶1 与 1.6∶1 之间。④

但在学前教育的师资中，女教师人数要远远超过男教师人数。如在 2013 年，埃及私立学前教育中，女教师为 11581 人，而男教师只有 163 人；在公立学前教育中，女教师为 26072 人，而男教师只有 31 人；爱资哈尔学前教育中也一样，女教师有 3698 人，男教师只有 621 人。⑤

二 当代埃及教育发展困境成因

1. 受制于经济发展水平，教育投入不足

教育为基础事业，需要国家长期、巨额的财政投入，而投入程度首先取决于一个国家的经济发展水平。客观而言，埃及经济取得了不少发

---

① "11 - 11 Primary Education （2005/2006 - 2016/2017）（Al-Azhar Secondary Education），" in Central Agency for Public Mobilization and Statistics （Egypt），*Statistical Yearbook* （2018）.

② "11 - 13 Secondary Education （2005/2006 - 2016/2017）（Al-Azhar Secondary Education），" in Central Agency for Public Mobilization and Statistics （Egypt），*Statistical Yearbook* （2018）.

③ 阿拉伯埃及共和国新闻部新闻总署：《埃及年鉴 （2009）》，第 183 页。

④ "11 - 27 - 1 Student, Enrolled in Governmental & Private Universities by Sex & University," in Central Agency for Public Mobilization and Statistics （Egypt），*Statistical Yearbook* （2015）.

⑤ "11 - 2 Teachers & Students in Pre-Primary Education By Sex, Sector & Governorate （2013/2014），" "11 - 3 Teachers & Students in Al - Azhar Kindergarden Education By Sex & Governorate （2013/2014），" in Central Agency for Public Mobilization and Statistics （Egypt），*Statistical Yearbook* （2015）.

展。1981～2001 年，埃及国内生产总值由 1267 亿埃镑增加到 3631 亿埃镑①，2009 年已突破一万亿大关，达 11810 亿埃镑。② 但埃及依然属于发展中国家，长期面临诸多突出问题。纳赛尔时期，埃及初步建立起国民经济体系，但政府不顾国情，贪大求洋，投资过大，消费增长过快，加上 1967 年六五战争的惨败，到纳赛尔晚期，埃及国库空虚，经济形势非常严峻。萨达特时期，开放政策的推行极大地推动了埃及经济的发展，但也带来一系列问题，如国民经济发展比例严重失调、物价飞涨、贫富不均、外债高企等。到 1981 年 10 月穆巴拉克就任总统时，埃及国内生产总值不到 210 亿埃镑，预算赤字达到 26%，通货膨胀率为 33%，外债占国家总收入的 50%。③

穆巴拉克时期，埃及继续推行外向型经济发展战略，虽然发展数据并不难看，但问题更为突出，巨额财政赤字、高通货膨胀率、高额外债、外贸逆差大、高失业等成为埃及经济发展中长期存在、难以解决的顽疾。1993/1994 财年，埃及财政赤字达 90.83 亿埃镑④，2005/2006 财年则接近 100 亿美元⑤。1974～1981 年，埃及通货膨胀年均增长率达 25%～30%⑥，1985 年的通货膨胀率高达 50%⑦，2008 年 8 月也达 25.6%⑧。1982 年，埃及在世界上负债最多的国家中名列第 9，外债为 130 亿埃镑⑨，2010 年已升至 308.07 亿美元⑩。1977 年，埃及对外贸易逆差为

① 阿拉伯埃及共和国信息部国家新闻总署：《埃及二十一年成就（1981－2002）》，第 5 页。
② 阿拉伯埃及共和国新闻部新闻总署：《埃及年鉴（2009）》，第 51 页。
③ 黄培昭：《穆巴拉克亦铁血亦悲泣》，《环球人物》2007 年第 7 期，第 38 页。
④ 世界知识出版社编《世界知识年鉴（1997/98）》，世界知识出版社，1998，第 259 页。
⑤ 周华：《埃及现政府经济改革思路探析》，《阿拉伯世界》2005 年第 4 期，第 31 页。
⑥ 杨灏城、江淳：《纳赛尔和萨达特时代的埃及》，第 379 页。
⑦ 王东来：《埃及经济开放政策的实施及其调整的措施与政策》，《阿拉伯世界》1988 年第 2 期，第 71 页。
⑧ 王林聪：《中东政治动荡的原因和影响》，载杨光主编《中东非洲发展报告 No. 13（2010～2011）》，第 10 页。
⑨ 周顺贤：《埃及经济初露峥嵘》，《阿拉伯世界》1998 年第 1 期，第 3 页。
⑩ 陈沫：《2010 年西亚非洲国家经济指标》，载杨光主编《中东非洲发展报告 No. 13（2010～2011）》，第 307 页。

12. 16 亿埃镑①，2009 年已高达 251 亿美元②。从萨达特时期起，埃及的失业问题开始显现。整个穆巴拉克时期，埃及失业问题非常严重，所有年份的失业率均在 8% 以上，1986 年高达 14.7%。而民间机构估计的数字更高。③

穆巴拉克政府倒台后，特别是塞西当政以来，埃及非常重视经济发展，但经济形势依然严峻。2015 年，埃及国内生产总值 3308 亿美元，人均国内生产总值 3635 美元，约有 26% 的人口生活在贫困线以下。④ 2018 年，埃及国内生产总值为 2495 亿美元。⑤ 埃及的财政赤字也继续攀升。2010/2011 财年到 2016/2017 财年，埃及的财政赤字由 1334.6 亿埃镑增加到 3795.9 亿埃镑。⑥ 2011～2017 年，埃及国内债务也急剧攀升，由 10448.98 亿埃镑攀升至 31608.64 亿埃镑。⑦ 同一时期，埃及的外债有所下降，由 349.06 亿美元降至 84.503 亿美元。⑧

总体而言，埃及经济发展依然依赖外国投资和国际组织的援助，经济发展水平不高，面临重重困难。而埃及教育的发展自然要受制于其经济发展水平。

从绝对值来看，埃及对教育的投入一直在增长，但教育经费占政府

---

① 世界知识年鉴编委会编《世界知识年鉴（1982）》，第 224 页。

② 姜英梅：《中东经济：稳步复苏，风险犹存》，载杨光主编《中东非洲发展报告 No. 13（2010～2011）》，第 190 页。

③ 王林聪：《中东政治动荡的原因和影响》，载杨光主编《中东非洲发展报告 No. 13（2010～2011）》，第 10 页。

④ UNESCO Institute for Statistics, "World Bank National Accounts Data," The World Bank, https://data. worldbank. org/country/egypt-arab-rep, accessed December 2, 2018.

⑤ Country Economy, "Egypt GDP-Gross Domestic Product," https://countryeconomy. com/gdp/egypt, accessed July 6, 2019.

⑥ "10 – 1 Public Revenues & Expenditures of the State by financial Statements（2009/2010～2016/2017）," in Central Agency for Public Mobilization and Statistics（Egypt）, *Statistical Yearbook（2018）*.

⑦ "10 – 2 Governmental Gross Domestic Debt & Economic Authorities Debt（2010～2017）," in Central Agency for Public Mobilization and Statistics（Egypt）, *Statistical Yearbook（2018）*.

⑧ "10 – 3 External Debt（2008～2017）," in Central Agency for Public Mobilization and Statistics（Egypt）, *Statistical Yearbook（2018）*.

总预算、占国内生产总值的比例依然偏低。从表3-7中可以看出，1960~2000年，埃及教育经费占政府总预算的比例呈先降后升态势，由17.4%降到16.0%，1975年、1980年，仅为9.6%和8.0%，而1980~2000年，由8.0%上升到16.0%；而同期教育经费占GDP的比例，除1980年为9.0%、1990年为6.7%外，其余年份均在6%以下。

表3-7　1960~2000年埃及教育经费占比

单位：%

	1960年	1975年	1980年	1990年	1995年	2000年
教育经费占政府总预算的比例	17.4	9.6	8.0	13.4	14.7	16.0
教育经费占国内生产总值(GDP)的比例	3.3	5.5	9.0	6.7	5.3	5.0
教育经费占国民生产总值(GNP)的比例			4.1	6.8		

资料来源：M. Riad El-Ghonemy, ed. , *Egypt in the Twenty-First Century: Challenges for Development*, London & New York: Routledge Curzon, 2003, p. 47; Aysit Tansel and Abbas Kazemi, "Educational Expenditure in the Middle East and North Africa," *Middle Eastern Studies*, Vol. 36, No. 4, 2000, pp. 77 - 82。

从埃及教育财政支出看，虽然金额呈增加态势，但其占财政总支出的比重增长不明显。如表3-8所示，1982~1993年，埃及教育财政支出每年都在增加，由7.9亿埃镑提高到46.67亿埃镑，但其占财政总支出的比重，有9个年份都比1982年低，最低的1989年仅占6.0%，只有2个年份比1982年高。

表3-8　埃及教育财政支出占财政总支出的比重

单位：亿埃镑，%

	1982年	1983年	1984年	1985年	1986年	1987年
教育财政支出	7.9	8.86	10.64	12.67	14.73	17.44
占财政总支出的比重	7.8	6.6	6.8	7.3	7.2	6.9

续表

	1988 年	1989 年	1990 年	1991 年	1992 年	1993 年
教育财政支出	20.25	23.40	31.52	36.38	43.08	46.67
占财政总支出的比重	6.7	6.0	6.3	7.1	8.2	8.3

资料来源：财政部《财政制度国际比较》课题组编著《埃及财政制度》，第 56 页。

从穆巴拉克晚期起，虽然埃及教育支出的金额在不断增加，但其占国家公共预算开支的比重变化不大，甚至还在下降。从表 3-5 中可以看出，2008/2009 财年到 2017/2018 财年，埃及教育公共预算开支由353.96 亿埃镑增加到 962.66 亿埃镑，但占国家公共预算开支的比例却由 10.3% 降至 8.0%，这期间占比最高的财年也仅占 12.6%；大学前教育预算开支由 271.75 亿埃镑增加到 705.12 亿埃镑，占埃及国家公共预算开支的比例从 7.9% 降至 5.8%，这期间占比最高的财年占 9.7%。同一时期，大学前教育预算开支占教育公共预算开支的比例，最高占78.4%，最低占 73.2%。[1]

埃及高等教育的投入也是类似情况。1951 年，埃及大学总预算 400万埃镑，注册学生 3.5 万人，学生人均 114.3 埃镑；到 1961 年，埃及大学总预算增加到 1348 万埃镑，注册学生 9.65 万人，学生人均 139.7 埃镑；1951～1961 年，好几个年份还在减少，如 1953 年大学总预算为 352万埃镑，学生人均 65 埃镑；1954 年大学总预算为 370 万埃镑，学生人均64 埃镑。[2] 穆巴拉克末期以来，情况依旧如此。2008/2009 财年到 2017/2018 财年，埃及高等教育预算开支由 82.21 亿埃镑增加到 257.54 亿埃镑，占国家公共预算开支的比例却由 2.4% 降到 2.1%，占比最高的财年也仅为 2.9%，高等教育预算开支占教育公共预算开支的比例由 23.2%

---

[1] "11-37-1 State Public Expenditure on Education by State Public Budget (2008/2009～2017/2018)，" in Central Agency for Public Mobilization and Statistics (Egypt), *Statistical Yearbook* (2018).

[2] Donald Malcolm Reid, *Cairo University and the Making of Modern Egypt*, p. 181.

略增到26.8%，但基本为22%～23%。[①]

埃及政府的教育支出中，人员工资占很大比例。如在20世纪80年代初，人员工资占埃及高等教育投入的55.7%，到80年代末增长到69.3%。[②] 2006年，教育部门的工资开支相当于大学前教育预算开支总额的82%。[③] 因此，实际上直接用于教育方面的经费更少，办学条件难以得到改善。

受制于生活水平，埃及普通居民的教育支出不高。从表3-9中可以看出，1958～1999年，在埃及居民支出中的教育费用占比方面，尽管城市居民比乡村居民高，但城市居民最高的年份也仅占5.7%，一般都在3%以下，有好几个年份不到2%。乡村居民更低，基本在3%以下，许多年份都不到1%，最低的年份只占0.4%。

表3-9　1958～1999年埃及居民支出情况

单位：%

消费项目	1958年		1964年		1981年		1990年		1995年		1999年	
	乡村	城市	乡村	城市	乡村	城市	乡村	城市	乡村	城市	乡村	城市
食品饮料类	66.3	50.0	62.0	50.5	60.0	53.3	57.6	53.0	57.0	49.0	50.1	41.3
服装类	7.8	7.9	9.6	7.5	10.0	10.0	6.2	7.5	8.1	9.2	9.0	10.4
日用品	0.7	1.7	1.0	1.7	2.5	5.0	2.6	4.3	3.5	4.3	2.8	2.8
教育	0.6	3.0	0.4	1.5	0.7	1.7	1.6	1.8	3.0	4.2	3.3	5.7
医疗卫生	1.9	2.9	2.7	4.0	1.6	2.6	3.4	4.2	3.1	3.6	3.5	4.6
烟草	6.7	5.3	8.0	5.6	6.6	5.4	4.7	4.6	4.1	3.7	3.6	3.8
交通	1.8	3.8	1.8	3.6	2.4	4.6	2.8	4.4	2.9	4.4	5.5	7.6
其他	14.2	25.4	14.5	25.6	16.2	17.4	21.1	20.2	18.3	21.6	22.2	23.8
合计	100	100	100	100	100	100	100	100	100	100	100	100

资料来源：M. Riad El-Ghonemy, ed., *Egypt in the Twenty-First Century: Challenges for Development*, p. 45。

[①] "11-37-1 State Public Expenditure on Education by State Public Budget (2008/2009～2017/2018)," in Central Agency for Public Mobilization and Statistics (Egypt), *Statistical Yearbook (2018)*.

[②] Alan Richards, *Higher Education in Egypt*, Policy Research Working Paper No. WPS862, Washington, D. C.: The World Bank, 1992, p. 9, 转引自季诚钧、徐少君、李旭《埃及高等教育研究》，第74页。

[③] Youssef Wardany, "The Mubarak Regime's Failed Youth Policies and the January Uprising," *IDS Bulletin*, Vol. 43, No. 1, 2012, p. 40.

2. 盲目发展，教育体制僵化，师资力量薄弱

纳赛尔时期，埃及推行免费教育，从 1962 年起实行大学生毕业包分配政策，这大大超过了埃及的发展阶段。以高等教育为例，在 20 世纪 60 年代，埃及高校开始扩招。到 1963 年，埃及高校在校生人数就超过了英格兰、威尔士和苏格兰大学生人数的总和。[1] 20 世纪 70 年代初到 80 年代初，埃及高校在校生数量急剧增加。1973 年，埃及大学在校生 23 万人，1984 年增至 65 万人；在 1985 年，埃及大学在校生人数已经达到设计最大容量的 5 倍。[2] 自 20 世纪 80 年代中期起，埃及高等教育规模有所减小。到 1991 年，公立大学在校生人数降至约 43.19 万人。[3] 但从 21 世纪初开始，埃及高等教育规模又开始扩大。2001 年，埃及高校在校生人数增至 177.82 万人，其中公立大学在校生人数为 128.2 万人。[4] 到 2006 年，埃及各高校在校生总人数达 240.31 万人，其中公立大学在校生人数为 187.59 万人。[5] 2016 年，埃及学前教育阶段的学生人数达 451.72 万人，小学在校生人数达 1158.65 万人，预备学校及中学在校生人数达 1033.44 万人，高等院校在校生人数高达 809.98 万人。[6]

大量学生进入公立学校以及高校在校生人数增长迅猛，导致办学条件难以满足教学的需求，学校硬件设施严重匮乏，没有起码的实验室、设备和校舍场地，无法保证正常开展教学和教育任务的完成，教育质量自然也就无从谈起。萨达特时期，埃及政府要求高等院校大力扩招，各科成绩平均分高于 50 分的中学毕业生都可进入高等院校学习，埃及

① 瞿葆奎主编《印度、埃及、巴西教育改革》，第 524 页。

② Alan Richards, *Higher Education in Egypt*, Policy Research Working Paper No. WPS862, Washington, D. C. : The World Bank, 1992, p. 9, 转引自季诚钧、徐少君、李旭《埃及高等教育研究》，第 73 页。

③ 阿拉伯埃及共和国新闻部新闻总署：《埃及年鉴（2009）》，127 页。

④ 阿拉伯埃及共和国信息部国家新闻总署：《埃及二十一年成就（1981－2002）》，第 63 页。

⑤ Organisation for Economic Co-operation and Development and International Bank for Reconstruction and Development/The World Bank, *Higher Education in Egypt*, p. 165.

⑥ UNESCO Institute of Statistics, "Education System," UNESCO, http: //uis. unesco. org/en/country/eg, accessed December 25, 2018.

高等教育走向大众化，但却使所有的教学设施超负荷运转，师资更加紧缺，进一步影响了教学质量。而大学生人数的日益增加，使得包分配政策难以为继。萨达特的教育开放政策，使埃及校园气氛变得活跃，但也导致了一些新的教育问题。穆巴拉克时期，埃及政府继续大力发展教育，也推动教育改革，但学生人数的过快增长引发许多问题，如学校的软硬件设施不足、更新缓慢，大班额现象普遍，信息网络建设滞后，偏远地区的学校条件更差。连埃及教育部前部长巴哈丁也称："半数以上的校舍按人类最低限度尊严的尺度衡量已经破败不堪，不敷应用；许多校舍没有盥洗室，濒临倒塌，窗户和门破旧，实验室、图书馆、课外活动场所奇缺。"① 可以说，埃及教育不是建立在经济发展基础上的，其发展超越了埃及现实发展阶段。只有名牌学校的个别专业（如医学和应用基础学科）才能保证基本的教学条件，大部分高校的多数专业的教学条件都很落后。职业技术教育类学校更糟，学生多，师资不足，教学条件有限，实践机会非常有限。埃及政府被迫调整了教育政策，特别是高等教育政策。在 1984 年，埃及开始控制高校的招生人数。但从 21 世纪起埃及教育规模又进入高速扩张时期。由于教育规模扩张过快，尽管教育投入不断增加，但可能导致人均投入不升反降。如 1991/1992 学年，埃及政府教育投入占 GDP 的 3.9%，1997/1998 学年增长到 5.9%，其中28% 投向高等教育，但由于高校规模扩张，埃及高校学生人均经费从6600 埃镑下降到 4000 埃镑，年均下降 8%。②

埃及教育体制总体上由政府主导，学校缺乏自主权。教育政策和教育计划由中央政府集中制定，教育部负责制定总教育政策和计划，各省教育局负责实施，省教育局局长由教育部任命，对教育部负责，实行垂直领导，公立学校教育经费由国家拨款。在高等教育方面，高等教育部决定招生规模；教师的选拔任用、培训和职务晋升的标准与程序，也都由该部统一规定，教师任用一般是终身制。课程开发是高等教育部下设

---

① 〔埃〕侯赛因·卡米勒·巴哈丁：《教育与未来》，王道余等译，第 12 页。

② Dr. Mohsen Elmahdy Said, *Higher Education in Egypt*, p. 36；季诚钧、徐少君、李旭：《埃及高等教育研究》，第 130 页。

的课程开发委员会负责，高校的主要职能是开展课程，各高校的相同专业开展基本一致的课程和使用基本相同的教材。资金需求计划由埃及大学最高委员会决定，再由财政部划拨，最后由计划部负责分配，而高等教育部在预算程序上作为有限，高校在经费预算程序和资金使用上的自主空间更小。这些环节之间缺乏强有力的协调机制，这导致资金拨付和使用效率低下。而在高校内部，资金分配模式如出一辙，预算和分配按事先设定的路线和程序进行，校长有绝对权威，二级学院受到很大限制。

埃及公立教育机构长期缺乏有效监督，私立教育机构长期处在边缘地位，公众的教育参与度较低；埃及考试制度僵化，改革迟缓；社会上私人家教盛行；课程管理模式滞后，教学管理机械化。这些导致埃及教育缺乏对于时代变革的应变能力。埃及僵化的教育体制，造成教育发展相对滞后，埃及舆论对教育发展普遍不满。尽管穆巴拉克政府也推行教育改革，但成效不大。

良好的师资是教育质量的保证，但埃及的师资力量却长期不足，教师合格率不高。如 1963/1964 学年至 1972/1973 学年，埃及小学教师数量仅由 80949 人增加到 97375 人，教师合格率由 78.1% 略提升到 84.8%[1]；预备学校教师数量仅由 18186 人增加到 28755 人，而教师合格率都在 66% 左右[2]；中学教师由 9627 人增加到 14573 人，教师合格率由 73.71% 略升到 75.26%。[3] 大学的师资情况也类似。如 1958/1959 学年，开罗大学的师生比为 1∶21.7，教师合格率为 62.2%；亚历山大大学的师生比为 1∶19.4，教师合格率为 63.3%；艾因夏姆斯大学的师生比为 1∶23.6，教师合格率为 59.7%。[4] 萨达特时期，情况趋于恶化。学者卢兹·阿·约瑟夫在 1977 年的研究表明，埃及大学中的一些院系里师生比达到 1∶666，连亚历山大大学这样的名牌高校的课程也在巨大的大厅中进行，几百人

---

① Georgie D. M. Hyde, *Education in Modern Egypt: Ideals and Realities*, p. 81.
② Georgie D. M. Hyde, *Education in Modern Egypt: Ideals and Realities*, p. 85.
③ Georgie D. M. Hyde, *Education in Modern Egypt: Ideals and Realities*, p. 91.
④ 王素、袁桂林：《埃及教育》，第 118 页。

一起听课，根本无法讨论。[1]

在穆巴拉克时期，随着学生人数的增加，师资薄弱的问题更为突出。如在 1981 年，有 23% 的小学教师需要进一步培训，这些教师既没有获得教师培训机构的证书，也没有大学、高等师范学校等颁发的文凭。小学教师的主要培训机构是 5 年制师范学校，仅有 1% 的小学教师有大学文凭，而有 25%～30% 的小学和预备学校教师低于职业标准，是以非专业人员的名义被雇用的。[2] 高等院校的师资力量也严重不足。据埃及大学最高委员会的统计，在 1985 年，埃及大学商学、法律和阿拉伯语专业的师生比分别达到 1∶178、1∶159 和 1∶121。[3] 到 21 世纪，情况依旧如此。以曼苏拉大学为例，2005/2006 学年，该校各院师资分布不均，有的学院教师数量太少，师生比奇高，如该校法学院师生比达 1∶273；商学院为 1∶167。[4] 曼努菲亚大学情况也类似。2004/2005 学年，该校法学院师生比为 1∶232，商学院为 1∶167，教育学院为 1∶101。[5] 私立大学的师资力量也不强。在穆巴拉克时期，埃及私立高校发展较快，而多数私立高校从公立高校聘请教师，师资力量无法保证。如在 2004 年秋，开罗美国大学注册学生为 5394 人，教职工为 626 人，专职教工仅 364 人。[6] 受待遇诱惑，一些公立高校教师辞去公职到私立高校任职，这又影响到公立高校的师资力量。

2011 年后，埃及的师资状况也没有得到有效改善。在 2016 年，埃及公立学前教育机构的师生比为 1∶28.3，私立机构为 1∶24.4，但各地区差别很大。如私立学前教育机构的师生比，阿斯旺省达 1∶94.7，南西奈省也达 1∶68.3，而北西奈省只有 1∶12.9，红海省为 1∶16.4，开罗为 1∶23.4。公立学前教育机构的师生比差距也很大，最低的马特鲁省达

① 季诚钧、徐少君、李旭：《埃及高等教育研究》，第 25 页。
② Judith Cochran, *Educational Roots of Political Crisis in Egypt*, p. 84.
③ 季诚钧、徐少君、李旭：《埃及高等教育研究》，第 74 页。
④ 季诚钧、徐少君、李旭：《埃及高等教育研究》，第 91 页。
⑤ 季诚钧、徐少君、李旭：《埃及高等教育研究》，第 92 页。
⑥ 季诚钧、徐少君、李旭：《埃及高等教育研究》，第 126 页。

1:56.1，开罗为1:36.1。① 埃及各大学的教职工数量悬殊。2016年，埃及公立大学中教职工超过万人的有爱资哈尔大学、开罗大学和艾因夏姆斯大学，其教职工人数分别为15078人、11525人和11590人，大多数高校教职工都在6000人以下，最少的阿里什大学只有385人，苏伊士运河大学和坦塔大学也比较少，分别为526人、548人。② 私立大学教职工人数普遍比较少。在2016年，只有十月现代科学与艺术大学一所教职工超过千人（1064人），大多在600人以下，有6所大学在百人以下，最少的阿拉伯开放大学只有19名教职工。③

　　埃及教师的薪水待遇不高。埃及普通中小学教师的收入很低。20世纪70年代末，在埃及公立学校新任职的年轻教师每月的薪金是30埃镑，而私人建筑公司里的技术工人的日薪是10～15埃镑。④ 高校教师的工资情况也类似。在20世纪70年代末80年代初，开罗大学教授的月工资只有300埃镑，只相当于当时阿拉伯产油国一个文盲女佣的收入，当时中东地区石油国家教师的平均工资是埃及的15倍。⑤ 埃及教育部相关机构的研究也指出，埃及教师1989年的平均年薪约为360美元，2011年为460美元，不到埃及人均年收入的一半。⑥ 由于通货膨胀与埃镑贬值，埃及教师的实际生活水平在降低。许多教师为维持生计或保持体面生活而在外兼职，第二职业现象普遍，这无疑会对日常教学工作产生影响。2011年后，教师薪水过低成为埃及政府关注的议题。2013年，埃

① "11-2 Teachers & Students in Pre-Primary Education by Sex, Sector and Governmental (2016/2017)," in Central Agency for Public Mobilization and Statistics (Egypt), *Statistical Yearbook* (2018).
② "11-39-1 Teaching Staff in Governmental Universities (2016/2017)," in Central Agency for Public Mobilization and Statistics (Egypt), *Statistical Yearbook* (2018).
③ "11-39-2 Teaching Staff in Private Universities (2016/2017)," in Central Agency for Public Mobilization and Statistics (Egypt), *Statistical Yearbook* (2018).
④ 〔德〕克恩特·姆·莱万：《埃及的教育现状》，张振国译，《外国教育动态》1981年第4期，第58页。
⑤ 季诚钧、徐少君、李旭：《埃及高等教育研究》，第75页。
⑥ Rania Kandil, "The Egyptian Education System & Public Participation," *Social Policy*, Vol.41, Issue 2, 2011, p.58.

及公立大学教授的工资翻了一番，达到每月 7000 埃镑（1014 美元）左右。[①] 尽管如此，埃及教师待遇与海湾国家相比悬殊，埃及不少公立大学教授获评终身教职后会选择前往海湾国家大学任教，这削弱了埃及公立大学的师资力量。

3. 其他因素

一是人口增长太快。如前所述，进入 20 世纪以来，埃及人口增长迅猛。尽管对教育的投入、师资等在绝对数方面都在增长，但这些投入和师资的增长，远远赶不上过快的人口增长速度。可以说，人口增长抵消了埃及政府在教育上的投入和努力。

二是传统因素。埃及自古就有重视教育的传统。伊斯兰教传入埃及后，《古兰经》和圣训对教育的推崇，使教育成为历代统治者关注的重要领域。埃及崇尚伊斯兰教育，直至今天，伊斯兰教育在埃及仍具有非常重要的地位。当然，伊斯兰传统教育方式也对埃及当代教育产生了不可忽视的影响。在埃及，《古兰经》是文化知识的源泉，人们传统上对文化知识的掌握是通过记忆和背诵《古兰经》而实现的，强调记忆成为人们学习的主要方法。这形成了埃及教育重人文、轻理工，重理论、轻实践的基本特点。纳赛尔时期以前的埃及高等教育，理工科教育非常弱。据统计，1911～1951 年，埃及大学总共才培养了 5000 名工程师。[②] 尽管纳赛尔时期以后埃及大力加强理工科教育，埃及高等教育仍是以人文领域见长，理工科教育偏弱的局面没有从根本上得到改变。

埃及传统教学方式盛行。埃及大部分课程仍然沿用大班开课，教师讲解，学生记笔记，课后背诵的模式；课堂为唯一教学平台，注重知识灌输，学生与教师缺乏交流互动。这影响教学效果，也影响学生创新思维能力的培养。

此外，中东地区与埃及自身的形势动荡也常常影响教育发展。如在纳

① Al-Fanar Media Reporting Team, "The Economic Struggle of Public-University Professor," https：//www. al - fanarmedia. org/2014/01/the - economic - struggle - of - public - university - professors/, accessed July 9, 2019.

② 季诚钧、徐少君、李旭：《埃及高等教育研究》，第 72 页。

赛尔与萨达特时期，埃及三次参与阿以冲突，国家战略与财力主要集中在军事方面，对教育的投入自然会受影响。此外，2011～2013 年，埃及的政治动荡严重冲击了国内大学的招生工作，在校生数量有所下降就是明证，这还影响到埃及的留学生。2011～2013 年，在埃及的美国留学生人数由1923 人降至 1096 人，在中东地区的埃及留学生人数也下降了 13%。[①]

三 教育困境对埃及社会发展的不利影响

埃及教育发展中存在的问题与面临的困境，对埃及经济社会影响巨大。

1. 财政负担沉重

免费教育是埃及宪法保障的一项公民权利。1923 年埃及宪法就规定，公民受教育权是受政府保护的一种权利，在所有教育阶段，公立教育机构都是免费的。在纳赛尔时期，埃及真正实施了免费高等教育。1962 年 7 月，埃及公立高等院校全部实行免费教育。免费教育不只是免学费，还为学生免费提供医疗卫生、各种学术计划等服务，学生只是象征性地交一些工本费、书费等，符合条件的外国留学生也享受这一待遇，私立学校学生也会得到政府的学费补助。埃及公立学校学生支出不算高。如 2002/2003 学年，埃及公立高校一年级学生的学费仅 10 埃镑，杂费 75埃镑，书本费及其他费用 195 埃镑，总费用 280 埃镑，家长需支出的生活费用 1303 埃镑（住宿费 35 埃镑、伙食费 776 埃镑、交通费 240 埃镑、其他费用 252 埃镑）；而私立高校一年级学生，学费为 10000 埃镑，家长需支出的生活费用达 22700 埃镑。[②]

毋庸置疑，免费教育对推动埃及教育发展有重要意义，但也造成巨大的财政负担。如开罗大学 2005/2006 学年的预算高达 10 亿埃镑，全部需要国家掏钱。据 2002 年的统计，埃及公立大学学费为人均 30～150 埃镑，而 2002/2003 学年的人均预算经费却为 3053 埃镑，2003/2004 学年

---

① "Education in Egypt," *World Education News & Reviews*, https：//wenr. wes. org/2013/11/education – in – egypt, accessed January 30, 2019.

② 季诚钧、徐少君、李旭：《埃及高等教育研究》，第 85 页。

又猛增到 6300 埃镑。[①] 2005/2006 财年，埃及教育公共预算开支 242.95 亿埃镑，2009/2010 财年增至 409.73 亿埃镑。[②] 2010/2011 财年到 2017/2018 财年，埃及教育公共预算开支由 465.39 亿埃镑增加到 962.66 亿埃镑。[③]

2. 国民教育负担增加

埃及政府投入大量教育经费发展公立教育，这使普通民众能够获得教育机会，促进了教育公平与社会正义。但埃及经济发展程度不高，公立教育陷入教育规模扩张与教育质量下滑的不良循环。公立教育质量不佳，迫使中下阶层加大投入让子女进行课外辅导。中产以及富裕阶层则倾向于选择优质的私立学校和外国学校就学，这也扩大了不同阶层之间的教育差距。

尽管埃及实行免费教育，但因公共教育发展水平不能满足国民需要，自费教育发展很快，埃及国民的教育负担并不轻。家教补习在埃及大学前教育的各个阶段都较为普遍，尤其是在预备教育和中学教育阶段。根据联合国开发计划署 1997 年对埃及的一项调查，参加过私人辅导课程的学生人数，在家庭贫困的学生中占 51%，在家庭富裕的学生中占 60%。[④] 2012 年，在埃及最富有的阶层中，有 61% 的学生接受私人辅导，而在最不富有的阶层中这一比例为 34%。[⑤] 据 2012 年的另一调查，有 49% 的埃及学生接受过家教辅导；在 6~17 岁的学生中，超过 50% 的人在大学前教育阶段接受过家教辅导。小学生中有 43% 的人选择教育辅

---

① 季诚钧、徐少君、李旭：《埃及高等教育研究》，第 85 页。

② "11 – 37 – 1 State Public Expenditure on Education by State Public Budget（2005/2006 ~ 2013/2014），" in Central Agency for Public Mobilization and Statistics（Egypt），*Statistical Yearbook（2018）*.

③ "11 – 37 – 1 State Public Expenditure on Education by State Public Budget（2008/2009 ~ 2017/2018），" in Central Agency for Public Mobilization and Statistics（Egypt），*Statistical Yearbook（2018）*.

④ United Nations Development Programme，*Egypt Human Development Report 2005，Choosing Our Future： Toward A New Social Contract*，Cairo：UNDP，2005.

⑤ Ragui Assaad and Caroline Krafft，eds.，*The Egyptian Labor Market in an Era of Revolution*，p. 141.

导，61%的预备教育阶段学生选择家教补习；在普通高中的升学阶段，接受家教辅导的学生比例为73%。[1] 一些中学的教师和学生甚至为了补习课程而放弃在学校的课程学习。

私人辅导支出不菲。据2000年埃及国家规划研究所的一项调查显示，私人辅导支出占贫困家庭年收入的1/5。[2] 据2003年联合国教科文组织的估计，埃及中产阶级家庭将大约1/3的收入用于子女的家教补习。[3] 2001年，埃及的私人辅导支出达170亿埃镑。[4] 在2012年，埃及的私人辅导支出约为120亿～150亿埃镑。[5] 巨额私人辅导支出，也使埃及国民背上了沉重的经济负担。

私立教育费用高昂，埃及普通家庭无法承受，对中产阶级家庭而言也是沉重负担。如2002/2003学年，在埃及私立高校一年级学生的教育费用方面，除了1万埃镑的学费，家长需支付住宿费9000埃镑、伙食费6000埃镑、交通费1700埃镑、其他费用6000埃镑等。[6] 到穆巴拉克时期之后，情况依旧类似。此外，教育费用高昂不仅仅局限于私立学校。2015/2016学年，埃及开罗大学以阿拉伯语授课的专业每名学生的学费为200埃镑/年，以英语授课的专业为10000埃镑/年；艾因夏姆斯大学一般专业每名学生学费为500埃镑/年，而其下设的私立的国际学院为20000埃镑/年。[7] 而私立大学，尤其是外国学校的收费标准远高于公立

---

[1] Ragui Assaad and Caroline Krafft, eds., *The Egyptian Labor Market in an Era of Revolution*, pp. 141 - 142.

[2] Mariz Tadros, "Resistance Clouds the Future," *Al-Ahram Weekly*, http://weekly. ahram. org. eg/2001/558/intrvw. htm, accessed January 10, 2019.

[3] UNESCO, *Educational Reform in Egypt, 1996 - 2003, Achievement and Challenges in the New Century*, Cairo: UNESCO, 2003.

[4] 转引自戴晓琦《阿拉伯社会分层研究：以埃及为例》，第96页。

[5] Hania Sobhy, "The De-facto Privatization of Secondary Education in Egypt：A Study of Private Tutoring in Technical and General Schools," *Compare：A Journal of Comparative and International Education*, Vol. 42, No. 1, 2012, p. 50.

[6] 季诚钧、徐少君、李旭：《埃及高等教育研究》，第85页。

[7] Sherry El-Kilany, "The Cost of a University Education in Egypt," *Scoopempire*, https://scoopempire. com/cost - university - education - egypt/, accessed January 5, 2019.

大学，这些学校采取灵活的市场化定价策略，针对不同的专业、年级、生源制定出差异化的学费缴纳标准。如 2015/2016 学年，开罗德国大学机械工程、生物科学、管理工程学等专业的学费为 69240 埃镑/年；开罗英国大学商科、经济学、政治学等专业为 39000 埃镑/年；现代科学与艺术大学语言类专业为 11500 埃镑/年，牙科为 24950 埃镑/年；开罗美国大学一般专业高达 130190 埃镑/年。[①] 2018 年，埃及一些私立学校计划在新学年将学费上调 40%，引发了埃及社会舆论的不满。

3. 加剧就业困境

埃及教育的发展，在一定程度上改善了埃及劳动力市场的学历结构。据埃及劳动力市场调查，1998～2012 年，25～29 岁埃及劳动力中，文盲率由 25% 下降至 17%；而有中等职业技术教育学历者的比例由 26% 提高到 37%，有大学及以上学历者的比例由 13% 提高到 23%。[②]

埃及推行的免费教育政策，特别是毕业包分配政策，加上 20 世纪 70 年代起高等教育规模的扩张，使埃及政府安置毕业生的压力越来越大，其最终于 20 世纪 80 年代中期废除了该政策，却造成了此后 10 年埃及毕业生失业率的大幅攀升。从 1986 年到 20 世纪 90 年代中期，埃及中学毕业生的失业率由 20.6% 升至 31.5%。[③] 埃及培养的毕业生人数增长速度超过劳动力需求速度。如 1976～1986 年，埃及劳动力需求量以每年 2.2% 的速度增长，而毕业生的供应量则以每年 7.4% 的速度增长[④]，这造成大批毕业生无法就业。从表 3 - 10 中可以看出，高学历的失业人口占比远远高于低学历。在 2006 年 15～64 岁的埃及失业人口中，文盲占失业人口的 1.8%，具备读写能力（6 年在学水平）的占 1.2%，低于中等教育水平（9 年在学水平）的占 2.6%，而中等教育水平（12 年在学

① Sherry El-Kilany, "The Cost of a University Education in Egypt," *Scoopempire*, https：// scoopempire. com/cost - university - education - egypt/, accessed January 5, 2019.

② Ragui Assaad and Caroline Krafft, eds. , *The Egyptian Labor Market in an Era of Revolution*, p. 130.

③ 转引自戴晓琦《阿拉伯社会分层研究：以埃及为例》，第 96 页。

④ Carrie R. Wickham, *Mobilizing Islam：Religion，Activism and Political Change in Egypt*, p. 42.

水平）的占60.8%，大学教育水平及以上（16年以上在学水平）的占26.8%。这从另一个侧面说明，埃及教育发展超越了其发展阶段需要，培养的人才不能适应社会需求。

表3-10　2006年埃及就业、失业情况统计（以受教育程度划分）

单位：%

教育背景	占人口（10岁及以上）的百分比	占就业人口（15～64岁）的百分比	占失业人口（15～64岁）的百分比
文盲	29.6	23.2	1.8
具备读写能力（6年在学水平）	12.0	21.2	1.2
成人教育毕业生	1.0		
低于中等教育水平（9年在学水平）	19.4	6.2	2.6
中等教育水平（12年在学水平）	25.8	28.2	60.8
高于中等教育水平（14年在学水平）	2.5	5.2	6.7
大学教育水平及以上（16年以上在学水平）	9.6	15.8	26.8
总计	100	100	100

注：原表数据如此。因四舍五入，百分比总计不一定等于100%。

资料来源：Organisation for Economic Co-operation and Development and International Bank for Reconstruction and Development/The World Bank, *Higher Education in Egypt*, p. 185。

在穆巴拉克晚期，高学历人员的失业状况更严重。在2010年，埃及18～29岁人口的失业率为20.4%，其中拥有大学学历的男性失业率为26.8%，拥有高中学历和中等职业技术教育学历的男性的失业率分别为19.3%和11.2%；而拥有技术文凭、大学学历和高中学历的女性所占比例更高，分别达56.1%、55.1%和45.5%。[1] 2011年以来，埃及

---

[1] Heba Handoussa, ed., *Egypt Human Development Report-Youth in Egypt: Building Our Future*, Cairo: The Institute of National Planning, Egypt, UNDP, 2010, pp. 153-154.

高学历人员的失业状况依旧严重。如在 2014 年，埃及失业人口为 364.59 万人，其中文盲的失业人口约为 28.05 万人，而本科以上学历失业人口达 101.17 万人。①

高学历毕业生失业严重，从一个侧面表明埃及教育特别是高等教育的快速发展明显超过埃及发展阶段，造成供过于求，致使毕业生就业困难，这也是埃及失业问题长期严重的重要原因。世界银行有关报告指出："2013 年，埃及大学在校生超过 250 万人，职业技术教育与培训体系下的毕业生为 28.54 万人，但埃及经济没有创造足够多的工作机会。埃及失业问题达到新的高点。在 2011 年，埃及总劳动力为 2770 万人，而新增劳动力为 85 万人。2009 ~ 2012 年，埃及官方公布的失业率由 9.4% 增到 13%（专家认为这显著低于现实）。失业在很大程度上是由劳动力市场需求与教育制度及培训制度的不匹配造成的。"② 在 2017 年，埃及失业率为 11.8%，但大学及以上学历劳动力的失业率为 20.8%（其中男性为 14.8%，女性为 31.3%），而文盲的失业率仅为 2.2%，具有读写水平的只有 2.9%，中等教育水平的为 6.9%。③ 这说明，大学及以上学历的人才数量超过市场需求。

埃及教育，特别是高等教育中的专业设置不合理，进一步加剧了就业困难。埃及高等教育快速增长的主要是理论研究型专业人数，而非应用型专业人数。1995 ~ 2005 年埃及高校毕业生中，理论研究型专业总人数由 69.68 万人增加到 151.64 万人，占比由 80% 略升至 81%；而应用

---

① International Labor Organization, "Unemployment, Total (% of Total Labor Force) (Modeled ILO Estimate)," *The World Bank*, https：//data. worldbank. org/indicator/ SL. UEM. TOTL. ZS? locations = EG&view = chart，accessed January 5，2019.

② The World Bank, *SABER Workforce Development Country Report：Egypt 2012*, Washington, D. C.：The World Bank, 2012; Khaled Salah Hanafy Mahmoud, "The Development of the Egyptian Technical Secondary Education Considering Some Contemporary Global Trends：An Analytical Study," *European Journal of Social Science Education and Research*, Vol. 5, No. 3, 2018, p. 24.

③ "4 – 7 Unemployment Rate & Annual Estimates of Labor Status, by Educational Status and Sex in 2017," in Central Agency for Public Mobilization and Statistics (Egypt), *Statistical Yearbook (2018)*.

型专业总人数由 17.52 万人增加到 36.41 万人，但占比由 20% 下降到 19%。从表 3-11 中还可以看出，在理论研究型专业中，教育学、艺术与人文学科、商学、法律是人数比较多、占比比较高的专业，都超过了 10%，而商学超过了 20%。从增速来看，大众传播、古兰经研读、语言学、旅游与酒店管理增速很快，增长率都超过 200%，大众传播更是高达 1343%，古兰经研读也达 604%。在应用型专业毕业生方面，尽管各专业毕业生人数略有增加，但占比变化不大，有的还下降了。除了工程学占 5.2%，其他各应用专业的占比都很低，有不少都低于 1%。① 可见，不论是毕业生总人数还是占比，理论研究型专业均大大超过应用型专业。

由于埃及高校人文学科毕业生数量大、占比高，这部分学生的就业非常困难。在人文学科毕业生普遍难以就业的情况下，许多学生转而追求提高学历，对硕士和博士的文凭需求又推动了埃及研究生教育的发展，这使高学历贬值，就业市场的供求矛盾更加突出。

职业技术教育的情况也类似。1988~2006 年，埃及职业技术教育毕业生占埃及 21~24 岁年轻人的比例从 24% 增至 42%。但是教育回报率低。②

综上所述，1952 年七月革命以来，埃及教育虽然取得不小发展，但也是积弊丛生。教育关乎国民素质，也与就业、社会公正息息相关。如埃及教育失衡，是埃及失业问题严重的原因之一；教育的不平等，也是埃及社会阶层差距拉大的重要体现。埃及政府也进行过多轮教育改革。以高等教育改革为例，自 1989 年起，埃及实施高等教育提升计划。该计划于 1997 年扩大为高等教育全面综合改革计划，2002 年正式实施，包含诸多子计划。2016 年 5 月，埃及总统塞西又宣布了《2030 愿景》，其中

① Organisation for Economic Co-operation and Development and International Bank for Reconstruction and Development/The World Bank, *Higher Education in Egypt*, pp. 180-181.

② The World Bank, *Arab Republic of Egypt-Improving Quality, Equality, and Efficiency in the Education Sector*, Report No. 42863, 2014, p. 42, 转引自毕健康、陈勇《当代埃及教育发展与社会流动问题评析》，《西亚非洲》2015 年第 5 期，第 123 页。

就包括教育改革。《2030 愿景》明确提出：要建设高质量的教育体系，应该在有效、公正、可持续和灵活的体制框架内无歧视地向所有人提供教育机会；教育体系应该为学生和受训人员提供必要的技能培训，使他们创造性地思考，并使他们在技术上获得能力；教育应着力培养具有民族自豪感、有创造力、有责任感和有竞争力的现代公民，让其接受多样性的教育和文化环境，为国家的悠久历史感到自豪，渴望建设埃及，并且形成区域性和国际性的人才竞争力。① 2018 年，埃及启动了为期五年的教育改革。但总体而言，埃及教育改革成效不大，各种问题依然复杂难解。

　　当代埃及教育的发展与困境，给更多发展中国家的教育发展以启示。一是要加强传统文化教育。埃及有以传授伊斯兰传统知识为主的独特的爱资哈尔教育体系，就是在世俗教育中，以伊斯兰教育为主的宗教教育也占有重要地位。换言之，教育的现代化并非全部抛弃传统文化，也绝非西方化，而是需要坚持传统文化，增强文化自信。二是教育发展需立足于服务经济发展。尽管教育有其自身独特性，但教育发展不能置身于经济发展需求之外。埃及教育，特别是高等教育的一大弊端就是文科教育发展过快，而理工科教育发展偏慢，导致培养的学生无法满足经济发展需求，这造成大学生就业困难、失业问题严重。此外，也要重点发展经济发展需要的职业技术教育。埃及职业技术教育发展偏慢，而这恰是埃及经济发展所迫切需要的。

---

① Ministry of Planning, Monitoring and Administrative Reform, *Sustainable Development Strategy: Egypt Vision 2030*, Cairo, 2016, p. 172.

第四章

当代埃及住房与困境

住房为基本民生需求，是关系百姓能否安居乐业的大事。纳赛尔时期以来，埃及历届政府重视住房问题，采取了一系列政策和措施，但总体上效果不佳，住房问题日趋严重，对埃及政治、经济与社会产生了重大影响。

第一节　当代埃及住房政策与住房概况

一　当代埃及住房政策演变

1. 纳赛尔时期的住房政策

1952 年之前，埃及住房市场由私人部门支配，主要面向中高收入群体。七月革命后初期，埃及新政权基本沿袭资本主义自由经济制度，在住房领域的干预相对较少，私人资本仍然在住房领域占据主导地位。20 世纪 50 年代末起，埃及把住房发展与建筑工业置于政府控制之下。1966 年，埃及签署了联合国《经济、社会和文化权利国际公约》，其中第 11 条规定："本条约缔约各国承认人人有权为他自己和家庭获得相当的生活水准，包括足够的食物、衣着和住房，并能不断改进生活条件。"①

埃及首个政府提供的住房项目是 1944 年在吉萨的埃姆巴巴（Embaba）为低收入工人建造的工人城。之后的纳赛尔政府对住房市场奉行广泛介入政策。为加强和工人阶级的联系，扩大政权基础，纳赛尔

---

① David Sims and Hazem Abd-El Fattah, *Egypt Housing Profile*, p. Ⅵ.

政府采取了一系列措施降低中低收入群体的住房成本，维护中低收入群体的利益，以获得他们的支持。一是降低房租。1952 年 9 月，埃及政府颁布第 129 号命令，规定在 1944~1952 年建造的所有房屋，房租下降15%，房东无权更改。1958 年，又下令把 1952 年后新建住房的房租降低 20%。① 为进一步抑制私人资本将住房出租获利，埃及政府于 1961 年规定，1958 年后的新建住房，其租金降低 20%，1958 年之前建造的住房的租金视房东缴纳的税费而定。1962 年，埃及政府又出台新规定，所有住房的租金最高额为地价和建筑费的 5%，外加 3% 的维修费。② 1965年、1969 年、1970 年，埃及又三次颁布新的房租控制法律，减少新建住房的租金。

二是建立大众住房公司，为中低收入群体提供低成本型住房。这一公共住房主要在大开罗地区和亚历山大建造，在前者建造了 5350 套，在后者建造了 1500 套。埃及还为工人与政府雇员建造住宅，建造在赫勒万（Hilwan）、开罗北部铁路职工生活的阿波扎阿巴勒（Abo Zaabal）等当时建立的主要工业中心。1958 年，纳斯尔城被设计为新政府中心与中等阶层的公务员住宅区。③

住房建设合作社的作用也受到埃及政府的关注。埃及第一个住房建设合作社于 1952 年 11 月 17 日在马迪成立。在随后的一年，又成立了大约 21 家住房建设合作社，这些合作社主要位于埃及的几座大城市，如开罗有 13 家，吉萨有 4 家，其余 4 家分别位于卡夫拉·谢赫、达卡利亚、塞得港和艾斯尤特地区。④ 在 1953 年，埃及政府第一次给住房建设合作社提供了低利率贷款。

三是从 20 世纪 60 年代开始，埃及政府通过大型公共住房计划，单

① 杨灏城、江淳：《纳赛尔和萨达特时代的埃及》，第 105 页。
② 杨灏城、江淳：《纳赛尔和萨达特时代的埃及》，第 108 页。
③ Ahmed M. Soliman, *A Possible Way Out: Formalizing Housing Informality in Egyptian Cities*, p. 74.
④ Abdel Hamid Hassaballa El Kafrawy, Housing Policy and Finance in Egypt: Extending the Reach of Mortgage Credit, Dissertation for Degree of Doctor of Philosophy, University of Glasgow, 2012, p. 39.

独负责为中低收入群体提供住房。埃及在 20 世纪 60 年代开始实行国有化战略，住房领域也不例外，马阿迪（Maadi）、希利奥泼利斯（Heliopolis）等公司被国有化。在第一个五年计划期间（1960～1965），埃及把房地产开发公司和建筑材料生产公司都置于国家控制之下，政府开始承担起为中低收入阶层提供合适住房的责任。

从表 4-1 中可以看出，纳赛尔政府提供的住房数量并不多。1960～1965 年，埃及住房领域的总投资估计为 348.2 万埃镑，总共提供了 6.8 万套住房，其中基本忽视了农村的住房需求，5 年对农村住房的总投资约为 10 万埃镑，才提供了 500 套住房。纳赛尔政府所提供的主要是中低档住房，并以低档住房为主。如 1960～1965 年，埃及政府所提供的城镇住房全部为中低档住房。这些公共住房设计的居住密度为每费丹 75 人，房屋的面积为 65～85 平方米，小一点的住房主要提供给单身工人，较大一点的主要提供给国家公务员。[①] 这些住房主要分布在开罗和亚历山大。1965 年 7 月，埃及住房政策有所调整，重点关注农村住房与私人资金建造的住房，关注城镇住房的修缮与更新。1965～1970 年，埃及共提供正规住房 16.6 万套，其中公共部门提供住房 5.6 万套，私人部门提供住房 11 万套。[②]

表 4-1 1960～1965 年埃及房屋供给情况

单位：套，万埃镑

住房类型	房屋数量	平均每年建造数量	建造成本(估计)
低档城镇住房	45000	9000	158.2
中档城镇住房	22500	4500	180
农村住房	500	100	10

资料来源：J. Abu-Lughod, *Cairo: 1001 Years of the City Victorious*, New York: Princeton University Press, 1971, 转引自 Ahmed M. Soliman, *A Possible Way Out: Formalizing Housing Informality in Egyptian Cities*, p. 75。

① Ahmed M. Soliman, *A Possible Way Out: Formalizing Housing Informality in Egyptian Cities*, p. 75.
② Gil Feiler, "Housing Policy in Egypt," *Middle Eastern Studies*, Vol. 28, No. 2, 1992, p. 301.

四是利用政府补贴共建住房计划的自由信贷制度，推动建造独立产权住房。为解决城市贫困家庭的住房问题，在世界银行的协助下，埃及实施"核心住房计划"（Core Housing Program）。该计划的主要内容是：由国家提供土地和基础设施服务，住房由受益人自己建造；国家提供的每块土地面积为60平方米，受益人的选择标准是年收入低于500埃镑的家庭，国家提供15～20年的低息贷款。[1] 这一计划的初衷是为城市贫困家庭提供最基本的容身之所，所以建筑材料以当地生产的为主，建造标准也都以法律规定的最低标准为限。相较于埃及政府直接提供住房，"核心住房计划"的开支降低了很多，在一定程度上缓解了政府的财政负担。该计划集中在开罗，其缺陷也显而易见，很多家庭在分得土地以后，由于过于贫困，根本无法依靠自身力量来建造符合法定标准的住房，有的家庭把得到的土地通过代理人转卖给了其他人，也有的家庭用不符合法律规定的建筑材料来建造房屋，实际上导致了很多新的贫民窟的出现。后埃及政府逐渐废除了该政策。

为把有限的资金用来发展工业与国防建设，纳赛尔政府实际上对住房投资采取抑制政策。1956年，埃及限定年度住房投资为3000万埃镑，强制设定私人承包公司的年度合同额的上限为3万埃镑。[2] 由于1967年第三次中东战争的爆发以及其后与以色列持续的消耗战，埃及的财政资金集中用于军事支出，城市的住房与基础设施建设被搁置，埃及政府几乎完全冻结了正规住房建设的项目。1960～1970年，埃及住房投资占GDP的比重由5.7%下降到4.3%。[3]同时，开罗和亚历山大两地还接收了从苏伊士运河地区撤离的150万左右难民，其中大多数人被安置在城市的边缘地带。[4] 这在一定程度上加重了开罗和亚历山大的住房问题。

---

[1] Ahmed M. Soliman, "The Egyptian Episode of Self-build Housing," *Habitat International*, Vol. 36, No. 2, 2012, p. 231.

[2] The World Bank, *Arab Republic of Egypt: Analysis of Housing Supply Mechanisms, Final Note*, p. 5.

[3] Ahmed M. Soliman, "Housing the Urban Poor in Egypt: A Critique of Present Policies," *International Journal of Urban and Regional Research*, Vol. 12, No. 1, 1988, p. 67.

[4] Ahmed M. Soliman, *A Possible Way Out: Formalizing Housing Informality in Egyptian Cities*, p. 76.

纳赛尔时期，埃及重视建筑科技工作。1954年，埃及成立了隶属建设部、在全国设有分支机构的建筑研究中心。该中心除承担住房与建筑方面的科研任务外，还负责建筑材料质量及钢筋混凝土质量的监测、建设科技人才的培训、建设标准规范的制定，并参与全国区域规划、城市规划、新城规划、低标准住宅设计等工作。该中心经费主要由财政拨款，其也通过向社会提供技术服务和咨询业务获得服务费。该中心后得到埃及历届政府的支持。

纳赛尔时期，纳赛尔政府广泛介入住房市场，尤为关注中下阶层的住房问题，数次颁布法律来降低房租，保障租户的利益，而且公共租赁房的房租远低于市场价。这些政策也产生了一些消极影响，如加重了国家的财政负担，在很大程度上损害了房东的利益。房租控制法禁止房东驱逐租户，且双方的租住契约可以继承，租户去世以后，其子女可以继续居住。一般来说，房东让租户搬离的唯一办法就是给他们一笔可观的现金。① 这一政策直接导致出租房屋变得无利可图，甚至还会倒贴，因此很多房主宁愿让房屋空置，也不愿出租。虽然国家依然允许私人资本进入房地产领域，但因为无利可图，私人资本自20世纪60年代起基本退出了埃及的正规房地产领域，国家的住房供应远不能满足需求，住房问题开始显现。

2. 萨达特时期的住房政策

萨达特继任总统之时，面临严峻形势。一方面，第三次中东战争的惨败，使埃及国内一直笼罩在失败的氛围之下；另一方面，国内经济不振，民生问题突出。萨达特通过发动第四次中东战争使埃及的国内、国外局势发生了重大改变。1974年，萨达特开始实行开放政策，埃及内外政策发生重大调整。

在住房领域，萨达特政府奉行积极和有针对性的介入政策，国家从住房的直接提供者变成住房问题解决的促进者。起初，萨达特政府

---

① Ahmed M. Soliman, *A Possible Way Out: Formalizing Housing Informality in Egyptian Cities*, p. 76.

的主要关注点在于重建被战争损毁的城市，后制定了一系列住房计划。从表4-2中可以看出，萨达特政府力图用多种手段来解决埃及的住房问题：在新城镇完善基础设施，提升居住环境质量，以吸引更多的年轻人来此居住；针对埃及工人缺乏且技术不够娴熟的状况，设立工程培训中心，培养建筑行业需要的各类型工人；同时提高主要建筑材料的产量，以满足市场的需求；并通过促进住房金融业的发展，提高住房的可购性。

表4-2 萨达特时期埃及住房计划

主要领域	目标
土地	通过评估把土地分为四类:旅游用地、农业用地、军事用地和城市发展用地
基础设施	对电力系统、用水系统、排污系统、道路等公共基础设施的发展进行规划
建筑材料	提高国有建材公司的产量(水泥、石膏、铁和钢等的产量),促进私人部门对主要建筑材料的生产
劳动力	在住房市场中设立工程培训中心,培养建筑工人、管子工和电工等熟练工人
住房金融	建立新的信贷机构和网络,提高贷款的可获得性,对建房的个人和机构提供贷款补贴
机构与规章制度	在对住房市场中的国有公司进行改造的同时,扩大私营企业和公私合作社的作用; 颁布了新的城市发展法、不动产投资条例、房屋出租规定等

资料来源：Abdel Hamid Hassaballa El Kafrawy, Housing Policy and Finance in Egypt: Extending the Reach of Mortgage Credit, Dissertation for Degree of Doctor of Philosophy, University of Glasgow, 2012, p. 39。

为促进住房建设，萨达特政府成立了一些专门机构。1971年，成立了住房建设合作社总组织，隶属住房、公共设施与城镇发展部。1979年，成立了新城镇社区局，负责新城镇建设。同年，成立了联合计划局、住房与开发银行。联合计划局受美国国际开发署资助，负责开罗南部赫勒万地区的升级改造。住房与开发银行对低收入家庭提供低息贷款。这些机构在穆巴拉克时期继续存在并运行。

萨达特政府鼓励私人资本回归住房市场。在纳赛尔时期，由于政府对租赁与住房市场的控制，私人资本撤出了住房市场。为鼓励私人资本重回住房市场，萨达特政府把私人承包公司年度合同额的上限提高到 10 万埃镑，后又提升到 50 万埃镑，允许私人资本与国有资本一起进入建筑有关材料的贸易与生产领域，允许外国公司投标无上限。① 萨达特政府颁布了 1977 年第 49 号法、1977 年第 106 号法等新房房租法律，规定新房租金仍然保持在成本的 7%，但中上等型、豪华型住房不受此限制；新建住房可以以高租金率出租，但租约达成后租金冻结。埃及还鼓励个人或合伙组织投资低、中等收入住房，政府对建造材料等进行补贴。②

1979 年，萨达特政府出台了国家住房计划，计划到 2000 年提供 360 万套住房，平均每年建造 18 万套。③ 在这一计划中，埃及政府关注的焦点由直接提供完全补贴的住房转移到提供服务或物资上，鼓励中低收入群体在国家的帮助下自己解决住房问题。为此，亚历山大、伊斯梅尔、赫勒万、阿斯旺、开罗等城市实行了许多项目。

为解决住房问题及埃及人口过分集中的问题，萨达特政府颁布了 1979 年第 59 号法（《新城镇社区法》），开始推行新城镇计划。埃及兴建的第一座新城是斋月十日城，后又开始建立十月六日城、五月十五日城、萨达特城等。新城镇的建立一方面缓解住房危机，降低大城市尤其是开罗和亚历山大的人口密度；另一方面可以提供更多的就业机会，促进经济的发展。另外，在沙漠地区建立新城镇也可以避免居住区对农田的侵占，保护埃及十分有限且珍贵的耕地。这一政策后来被穆巴拉克政府延续。

在 20 世纪 70 年代末，埃及认为只要对擅自占地建房者和非正规部

① The World Bank, *Arab Republic of Egypt: Analysis of Housing Supply Mechanisms*, *Final Note*, p. 5.

② The World Bank, *Arab Republic of Egypt: Analysis of Housing Supply Mechanisms*, *Final Note*, p. 6.

③ Ahmed M. Soliman, *A Possible Way Out: Formalizing Housing Informality in Egyptian Cities*, p. 77.

门进行有效管理，就能发挥其巨大的潜力来解决埃及住房短缺问题；同时，埃及高达75%的住房是由脱离政府控制的私人部门建造的，埃及政府开始承认非正规部门成为埃及住房市场不可缺少的组成部分。①

表4-3显示了萨达特中后期埃及城镇住房情况。可以看出，1975～1980年，埃及在城市地区共建造住房32.48万套，其中经济型占63.7%，高档型所占比例很小。在这6年里，除1980年，其余年份的经济型都占64%以上，1977年高达87.2%。但埃及提供的住房数量比较少，1975年仅1.5万套，只有1980年超过10万套。

表4-3 1975～1980年埃及城市地区住房数量情况

单位：套，%

项目	1975年	1976年	1977年	1978年	1979年	1980年
经济型	11023	16932	45807	32177	58489	42290
所占比例	73.5	86.4	87.2	74.5	64.4	40.8
中等型	3815	2264	5835	7519	20646	52984
所占比例	25.4	11.6	11.1	17.4	22.7	51.2
高档型	162	404	894	3485	11740	8284
所占比例	1.1	2.0	1.7	8.1	12.9	8.0
总计	15000	19600	52536	43181	90875	103558

资料来源：转引自刘冰洁《20世纪60-80年代埃及住房问题研究》，硕士学位论文，北京外国语大学，2014。

萨达特政府虽然制定了完整的住房计划，但是很多措施都没有得到落实。比如埃及住房、公共设施与城镇发展部制定的1975～1980年的五年计划打算在国内建立65家新的工程培训中心，但实际上只建立了24家。② 埃及的建筑工人数量也没有获得较大幅度的增长。1975年埃及国

① Ahmed M. Soliman, *A Possible Way Out：Formalizing Housing Informality in Egyptian Cities*, p. 77.

② Ahmed M. Soliman, "Housing Mechanisms in Egypt：A Critique," *The Netherlands Journal of Housing and Environmental Research*, Vol. 4, No. 1, 1989, p. 38.

内的建筑工人数量为 14.2 万人，1980 年为 16 万人，仅增加了 1.8 万人①，这导致埃及建筑工人短缺。

3. 穆巴拉克时期的住房政策

1981 年上任后，穆巴拉克非常重视埃及日益严重的住房问题。1982 年 11 月，他宣布住房问题为当时埃及面临的七个严重问题之一。② 穆巴拉克时期，埃及召开多次有关住房的会议，如 1990 年的居所与城镇化会议、1992 年的政策与住房制度会议、1996 年的新城镇社区会议等。该时期，埃及颁布了一系列住房方面的法律与政令，主要有七类：第一类是住房信贷方面的立法，如 2001 年第 148 号法等；第二类是有关古旧房屋保护的立法，包括 1996 年第 7 号军令、1998 年第 463 号法、1998 年第 2 号军令等；第三类是有关房屋出租的法令，包括 1981 年第 136 号法、《新租赁法》（1996 年第 4 号法）、1996 年第 6 号法、1996～1997 年租佃关系法等；第四类是有关建筑的立法，包括 1996 年第 101 号法、《统一建造规范法》（2008 年第 119 号法）等；第五类是有关政府对物业管理的法令，如 2001 年第 75 号政令、2001 年第 94 号政令等；第六类是有关土地分区的法令；第七类是埃及《民法典》、《不动产税法》（2008 年第 196 号法）等有关保护房产、房产税等的规定。这些法律和政令对埃及人的住房贷款与抵押、房屋出租、房屋建造、物业管理、税收等做出了明确规定。

在穆巴拉克时期，国家在住房领域依然起着关键作用。尽管私人部门已广泛建设正规住房，但中央政府对城镇住房部门的政策及决策过程、住房计划的制定与实施、住房供应等实行准总控制（quasi-total control），埃及成为很少几个仍然直接介入大规模住房建设活动的国家。③

---

① Ahmed M. Soliman, "Housing Mechanisms in Egypt: A Critique," *The Netherlands Journal of Housing and Environmental Research*, Vol. 4, No. 1, 1989, p. 38.

② Mostafa Morsi El Araby, "The Role of the State in Managing Urban Land Supply and Prices in Egypt," *Habitat International*, Vol. 27, No. 3, 2003, p. 439.

③ The World Bank, *Arab Republic of Egypt: Analysis of Housing Supply Mechanisms*, *Final Note*, p. 4.

穆巴拉克时期，埃及实施了一系列住房计划和工程。一是继续推行低成本型与经济型住房计划。早在 20 世纪 40 年代，为解决埃姆巴巴的低收入工人的住房问题，埃及政府推出了低成本型住房计划。1952 年七月革命后，为解决城镇穷人的住房问题，埃及新政府实施国家公共住房计划（公共住房被称为 Iskan Shaabi，相当于现在的经济型住房）。该计划施行于 1954～1965 年，建设住房的典型特征是有 5 层楼，每个单元 4 套房，每套面积 52～65 平方米。在 20 世纪 70 年代，该计划被新城镇计划取代。1982 年后，埃及政府大力建造低成本型住房与经济型住房。低成本型住房每套面积为 52～79 平方米，除厨房和卫生间外未装修。经济型住房是公共住房的流行住房，每套面积为 63～79 平方米，中央与地方政府提供的大多数公共住房均为此类型。在 2003 年，埃及提供的低成本型住房的平均建造成本为每平方米 353 埃镑，而经济型住房为 362 埃镑；到 2006 年，两类住房的成本差不多，均为每平方米 500～600 埃镑。①

二是继续推行萨达特时期开始的新城镇计划。1989～1993 年，斋月十日城、十月六日城、五月十五日城、萨达特城等 7 个第一代新城镇每年可提供住房 27531 套，年均建造量为 9190 套，占埃及全年住房建造总量的 4.5%。另外，到 1993 年，斋月十日城、十月六日城、五月十五日城分别完成的住房建造量为 23943 套、24115 套、25824 套。这 3 个城市的居民大多已定居于此。② 十月六日城和五月十五日城，尤其是后者，在为定居于此的人提供住房方面扮演了积极角色。这两座城市对在此工作的居民提供相当的购房优惠。五月十五日城为工人聚居区，城中 90% 的住房都属于低价房。到 1993 年，第一代的 7 个新城镇已经建设完成住房 105295 套，估计生活人口 26.8 万人。③ 2004/2005 年，埃及共在新城

---

① The World Bank, *Arab Republic of Egypt：Analysis of Housing Supply Mechanisms*, *Final Note*, p. 23.

② Ahmed M. Soliman, *A Possible Way Out：Formalizing Housing Informality in Egyptian Cities*, p. 179.

③ Ahmed M. Soliman, *A Possible Way Out：Formalizing Housing Informality in Egyptian Cities*, p. 180.

镇内建设住房 900 套，水净化站 5 个，医疗服务站 6 个，发电站、变电站和供电站 15 个，卫生站和医院 20 个，幼儿园和中小学 40 所，延长供水管道 97 公里，排水管道 110 公里。[①] 到 2008 年，埃及已建立新城镇 22 个，新城镇总面积 71 万英亩（1 英亩约合 4047 平方米），建筑群面积 34.2 万英亩，实施建造的住房总数为 79 万套。[②] 根据埃及新城镇社区局的数据，到 2014 年 12 月 31 日，不包括"自建住房项目"（Ebny Baitak Project）的住房数量，埃及 18 个新城镇建成的住房总量为 90.19 万套，其中公共部门住房（几乎全部为经济型住房，分布在各新城镇，数量最多的是十月六日城）32.41 万套，占 35.9%；合作房（利益共享房，几乎全部为低中等与中等阶层住房，主要在大开罗周边新城镇，数量最多的是十月六日城）11.23 万套，占 12.5%；个人住房（中等、上层阶层住房，集中在大开罗周边新城镇，数量最多的是新开罗城）37.44 万套，占 41.5%；投资房（几乎全部为豪华型住房，只分布在大开罗周边新城镇，数量最多的是新开罗城）9.11 万套，占 10.1%。[③]

三是实施一系列住房工程。为满足不断增长的住房需求，穆巴拉克政府在 1993 年制定了年均建造新住房 30 万套的计划。埃及政府建造住房数量达到年均建造新住房量的 40%，其余 60% 由私人部门完成。但根据对埃及住房建造历史的考察，政府每年提供的住房数量不会超过 18 万套，占住房建造总量的比例不会超过 14%。[④] 1993 年 5 月，穆巴拉克宣布一个升级非正规居住区的国家计划，到 2002 年，该计划得到的分配资金为 5.5 亿埃镑。[⑤]

1996 年，埃及住房、公共设施与城镇发展部宣布实施"穆巴拉克青年住房工程"（Mubarak Youth Housing Project），在新建城市社区为青年

① 阿拉伯埃及共和国新闻部新闻总署：《埃及年鉴（2005）》，第 166 页。
② 阿拉伯埃及共和国新闻部新闻总署：《埃及年鉴（2009）》，第 135~136 页。
③ David Sims and Hazem Abd-El Fattah, *Egypt Housing Profile*, p. 30.
④ Ahmed M. Soliman, *A Possible Way Out: Formalizing Housing Informality in Egyptian Cities*, p. 82.
⑤ Ahmed M. Soliman, *A Possible Way Out: Formalizing Housing Informality in Egyptian Cities*, p. 88.

提供高额补贴住房，直接与间接补贴的比例高达房屋总成本的75%；同时，住房的设计也寻求差异化，以满足不同人的需求并以此吸引他们来此定居。该工程在13个新城镇实施，总共分为三期，一期工程主要提供100平方米户型的住房，二期和三期分别提供70平方米户型和63平方米户型的住房。① 从表4-4中可以看出，"穆巴拉克青年住房工程"取得不小的成效。1996~2004年，共建造住房68459套，其中以面积70平方米户型和63平方米户型的住房为主，约占建造总量的77%。到2005年，埃及政府仅为该计划花费的建设成本就估计达到27.5亿埃镑，还不包括土地与基础设施的费用。② 这对缓解埃及青年的住房危机起到了一定作用。

表4-4 1996~2004年"穆巴拉克青年住房工程"执行情况

单位：套

新城镇名称	一期工程：100平方米户型	二期工程：70平方米户型	三期工程：63平方米户型	总计
斋月十日城	848	0	2046	2894
埃尔肖鲁克城	3516	4665	2063	10244
奥伯尔城	4088	3083	2073	9244
新开罗城	3788	14961	0	18749
三月十五日城	692	0	0	692
十月六日城	2896	2949	4081	9926
扎伊德城	0	5199	0	5199
萨达特城	0	140	0	140
新达米埃塔城	0	3449	2496	5945
新贝尼苏维夫城	0	60	1085	1145
新梅利亚城	0	220	1700	1920
新艾斯尤特城	0	0	1869	1869
塔巴城	0	0	492	492
总计	15828	34726	17905	68459

资料来源：The World Bank, *Arab Republic of Egypt：Analysis of Housing Supply Mechanisms，Final Note*，p. 26。

① The World Bank, *Arab Republic of Egypt：Analysis of Housing Supply Mechanisms，Final Note*, p. 26.
② The World Bank, *Arab Republic of Egypt：Analysis of Housing Supply Mechanisms，Final Note*, p. 26.

在参加 2005 年总统竞选时，穆巴拉克又推出了新的住房项目——国家住房工程（The National Housing Program）。该工程于 2005 年 10 月启动，由埃及住房、公共设施与城镇发展部负责执行，计划 2005～2011 年为中低收入群体提供适价住房 50 万套，预算总支出为 250 亿埃镑。为实施该工程，埃及财政每年补贴 10 亿埃镑。补贴主要用于：为每个有资格的申请者补贴 1.5 万埃镑；为购房者提供 5000 埃镑的首付款，160 埃镑的月供款，最长年限 20 年的抵押贷款，利率为 7.5%；按照购房者的个人能力，为购房者每套住房提供银行贷款 3 万埃镑。①国家住房工程所承诺建造的 50 万套住房主要由三部分组成：一部分住房由埃及政府负责建造，从住房的选址、户型设计到具体实施都由政府作为责任主体来完成，建造完成后直接提供给目标群体；一部分住房由政府提供土地给房地产开发商，允许其根据不同的情况来建造；一部分住房由政府将土地提供给受益人，让受益人根据自己的实际需要和经济能力来建造。国家住房工程规划建造的住房，面积一般为 63 平方米或 35～40 平方米，前者主要是提供给中低收入群体家庭的住房，为两居室，后者主要是出租给那些无法自己买房的贫困人口。埃及住房、公共设施与城镇发展部采取了很多的措施和创新手段来满足不同群体的需求。

在国家住房工程中，由国家提供土地和基础设施，居民自建住房的方法是其核心与关键，也被称为"自建住房项目"。该项目于 2006 年 11 月宣布实施，国家提供的土地主要在一些新城镇中，离大城市较远。国家在被选中的新城镇中总共提供超过 9 万块的单块面积为 150 平方米的土地，由受益人自己建造住房。被选中的新城镇有 13 个，其中斋月十日城和十月六日城提供的地块数量最多，分别为 15871 块和 41965 块。② 这个项目计划建成 27 万套住房，面积都为 63 平方米，目标受益群体超过100 万人。该项目对受益人的年龄、收入、户籍等有严格规定。根据埃及住房、公共设施与城镇发展部和一些政府部门会议所发布的标准，受

---

① 李超民编著《埃及社会保障制度》，第 287 页。

② Ahmed M. Shalaby，"Implications from Recent Experience of An Incremental Housing Project in Egypt," *Open House International*，Vol. 30，No. 4，2014，p. 6.

益人的年龄必须为21~40岁，单个受益人的月收入不能低于1000埃镑，如果是夫妻两人共同作为受益人，则其月收入不能低于1500埃镑。另外，政府选中的实施"自建住房项目"的城市的居民才有资格成为受益人；受益人及其家庭必须在其他城市发展项目中没有获得土地。如果申请土地的受益人数量超过了规划人数，则通过公开摇号的方法来选择受益人。受益人获得的土地并不是无偿的，政府提供的土地价格为每平方米70埃镑，一块土地总的价格为10500埃镑。受益人首先需要支付总价的1/10，剩下的通过由政府提供的7年无息贷款来支付。受益人在建造住房之前，需要得到政府的许可，并需缴纳300埃镑的建造许可税。

从表4-5中可以看出，国家住房工程的实施较为顺利。到2010年，该工程已经建成住房23.5万套，在建19万套，总共有42.5万套。2012年，埃及把该工程目标调整为建造60.81万套。但到2016年，该工程建造的一些房屋仍未完成或交付。[①] 这一工程对埃及青年住房危机的缓解起到了积极作用。但该工程大多选在城郊和人口密度不太大的地区实施，给受益人上班带来一些不便，配套的生活、交通等设施也需要不断完善。另外，埃及政府在制定受益者资格条件时，没有做到根据实际情况进行选择，很多急需住房的中低收入群体因为没有有效证明而被排除在外，这使部分廉价补贴房流入高收入群体中。

表4-5 2010年国家住房工程进展情况

单位：万套

	已建成	在建
省市已有套数	11.7	11
为个人建房提供城市用地的住房	8.9	0
为私营开发商提供建房用地的住房（单套63平方米）	1.6	2
分给赤贫家庭的住房（单套30~40平方米）	0.4	4.3
各省廉租房（单套63平方米）	0.4	1.2

① David Sims and Hazem Abd-El Fattah, *Egypt Housing Profile*, p. 40.

	已建成	在建
沙漠边缘地带省份村庄自由住房	0.4	0.3
十月六日城家庭自由住房	0.1	0.2
总计	23.5	19

资料来源：Heba Handoussa, ed., *Egypt Human Development Report-Youth in Egypt: Building Our Future*, p. 194。

穆巴拉克时期，埃及推行的或延续以前的住房计划或工程还有以下四项。（1）非正规居住区改建项目及家庭住房计划。非正规居住区改建项目是通过捐助机构来对一些非正规居住区进行升级改造，对城镇穷人提供低价建房土地与基础设施，满足其居住需求。该项目自20世纪70年代中期以来在伊斯梅利亚实施，80年代在阿斯旺实施。在伊斯梅利亚，此类建房土地一般为90～200平方米，每平方米售价2.25～10埃镑（经过改造后，到2005年价格升到每平方米20埃镑）。[1] 1993年，埃及政府实施非正规居住区国家升级改造计划，决定对1201个非正规居住区进行改造，提供必要的公共设施与服务，其余20个或经维修或被安排拆除。到2005年，埃及投入28亿埃镑，对895个非正规居住区进行了升级改造。[2] 2008年，开罗非正规居住区——杜威卡区（Duweika）发生滑坡，造成大量人员损失。这一事件促使埃及建立了非正规居住区发展基金（Informal Settlements Development Fund），负责监测埃及城镇所有不安全地区，承担必要的非正规居住区的重建工作。2014年，非正规居住区发展基金被整合进新成立的国家城镇发展与非正规居住区部。[3]

非正规居住区改建项目后演化为住房、公共设施与城镇发展部推行

---

[1] The World Bank, *Arab Republic of Egypt: Analysis of Housing Supply Mechanisms, Final Note*, p. 28.

[2] The World Bank, *Arab Republic of Egypt: Analysis of Housing Supply Mechanisms, Final Note*, p. 50.

[3] David Sims and Hazem Abd-El Fattah, *Egypt Housing Profile*, p. 12.

的家庭住房计划，其为家庭提供 150 ~ 300 平方米土地，在 4 ~ 5 年内建造 3 ~ 4 层房屋以扩大家庭居所。① 在家庭住房计划推行的同时，新城镇社区局把公共土地分配给中等收入居民，主要是在大开罗地区的谢赫扎耶德城、十月六日城和新开罗城实施，每块土地 600 ~ 1000 平方米，每平方米售价 450 ~ 500 埃镑。②

（2）紧急住房项目。该住房项目始于 20 世纪 60 年代，为在自然灾难、战争之后失去住所的贫困家庭提供临时住所。此类住房常为一个家庭一间，共用厨房和卫生间，一套为 20 ~ 25 平方米。这些临时居所后来转变为贫困家庭的永久居所。1982 ~ 2005 年，埃及共建造紧急住房 46366 套，此类住房在苏伊士最多，为 23232 套，占 50.1%；其次是开罗，为 11845 套，占 25.5%。③

（3）贫民窟升级改造项目。穆巴拉克多次谈到要高度重视贫民窟问题。1992 年 11 月，他指出，"城外的棚户区的基本服务水平低下，其环境不适合居住和生活"，要求"关注棚户区人口的人道主义问题"。④ 1996 年 2 月 14 日，他在接见卫生与人口部部长时强调解决棚户区问题的重要性，称这是埃及的首要问题，必须解决棚户区的卫生和住房问题。⑤

（4）未来住房计划。该计划于 1998 年 3 月为非政府组织未来协会（Gameyet el Mostaqbal, Future Society）所推进，模仿"穆巴拉克青年住房工程"，也从住房、公共设施与城镇发展部获得同样的土地与基础设施补贴，旨在促进低收入群体之间的包容以及富人与穷人之间的团结。该计划计划在每个新城镇建造 7 万套住房，每套 63 平方米，入住者支付 1000 埃镑，获得低息贷款 15000 埃镑，利率为 5%，偿还期 40 年，每月

---

① The World Bank, *Arab Republic of Egypt: Analysis of Housing Supply Mechanisms*, *Final Note*, p. 28.

② The World Bank, *Arab Republic of Egypt: Analysis of Housing Supply Mechanisms*, *Final Note*, p. 28.

③ The World Bank, *Arab Republic of Egypt: Analysis of Housing Supply Mechanisms*, *Final Note*, p. 30.

④ 毕健康：《埃及现代化与政治稳定》，第 229 页。

⑤ 毕健康：《埃及现代化与政治稳定》，第 229 页。

还 67 埃镑。该计划第一阶段提供 15000 套，第二阶段提供 25000 套。①

此外，在住房方面，埃及政府为军官提供优厚待遇。埃及少校以上的军官基本购买自有住房，房源以军队供应为主，社会保障为辅，少量公寓住房的主要保障对象是初级军官。埃及政府为军官提供住房优惠政策。埃及军官购买自有住房，本人首期付款只需付售价的 1/3，国家提供售价的 1/3 的贷款，期限 30 年，其余 1/3 从军队开发住房外销收益中解决。②

在穆巴拉克时期，私人部门在埃及住房供应中起着重要作用。如1982~1999 年，埃及城镇住房中，公共部门共提供房屋 103.57 万套，而私人部门提供了 143.83 万套，占 58.1%；除公共住房外，私人部门所提供的住房在豪华型、中等及以上型住房中所占的比重均大大超过公共部门提供的住房。③ 另有资料表明，1982~2004 年，埃及城镇正规住房 354万套的 2/3 由私人部门建造，其中在 1993~2003 年，私人部门建造的住房占的比例由 33% 提升到 90%。④

穆巴拉克时期，埃及对租客—房东关系有了新规定。1996 年第 4 号法规定，自该法生效之日起不限制房东根据市场原则与租客签订租房合同并获得租金收入，但仍坚持房东应履行在根据以前法律签订的、政府对租金予以限制的合同到期前的租金合同。⑤ 该法鼓励空置房房主与投资者以自由市场为基础，不受政府对租金的约束来回归住房租赁市场，为新建家庭与中等、中上等收入家庭解决住房提供了可能。

穆巴拉克政府还推动按揭贷款进入住房市场。2001 年，埃及颁布了

① The World Bank, *Arab Republic of Egypt: Analysis of Housing Supply Mechanisms*, *Final Note*, p. 27.

② 李超民编著《埃及社会保障制度》，第 93 页。

③ The Ministry of Housing, Utilities and New Communities, *Government of Egypt*, Cairo: GOPP, 1999; Ahmed M. Soliman, *A Possible Way Out: Formalizing Housing Informality in Egyptian Cities*, p. 82.

④ The World Bank, *Arab Republic of Egypt: Analysis of Housing Supply Mechanisms*, *Final Note*, p. 13.

⑤ Ahmed M. Soliman, *A Possible Way Out: Formalizing Housing Informality in Egyptian Cities*, p. 79.

新的住房按揭金融法，建立了一个特殊的担保与补贴基金，与按揭金融局一起通过给予补贴来支持低收入家庭，确保按揭金融服务提供给城镇穷人。该基金启动资本为 1.5 亿埃镑，针对年收入不足 1 万埃镑的家庭，帮助其获得按揭贷款来购得经济型或中等型住房（一般一套为 60 ~ 90 平方米），贷款利率为 6%，对市场利率 6% 与 14% 之间的差额予以补贴。到 2006 年 6 月，该基金发放补贴 2500 万埃镑。① 2005 年 9 月，在按揭制度下埃及各类房产总贷款有 1.84 亿埃镑；2010 年 3 月，增加到 44.36 亿埃镑，这些贷款的 60% 为私人银行的，40% 为按揭贷款公司的。②

4. 2011 年后的住房政策

2011 年埃及剧变后，埃及政府依然非常重视住房问题。2014 年，埃及修正的宪法第 78 条保障国民充分的住房权，"国家将保障国民充分、安全的住房权，以保护人的尊严与实现社会公正"，还规定国家将设计全民住房计划来解决住房问题，设计规范的国家计划来处理非正规居住区问题。③ 2016 年，埃及住房、公共设施与城镇发展部部长穆斯塔法·马德布利（Mostafa Madbouli）指出："作为社会、环境与经济发展的一个中心推动力，国家住房部门在可持续城镇化方面起着重要作用。住房不只影响国家预算与支出，更重要的是，很好的计划与国家住房政策的实施能保障不同群体的平等权，支持可持续的社会经济平衡的社区发展。"④

穆巴拉克政府倒台之后，原来穆巴拉克政府与私人房地产开发商签订的合同被质疑有腐败问题，签过合同但仍未开始开发的土地被政府收回，政府准备等局势稳定以后再重新签订合同，这在一定程度上限制了私人部门在房地产领域的投资。同时，按揭利率开始上涨，这加大了中低收入群体的购房难度。

但埃及的住房政策几乎无多少变化，以往的"政府财政支持与建造

---

① The World Bank, *Arab Republic of Egypt : Analysis of Housing Supply Mechanisms*, *Final Note*, p. 42.

② David Sims and Hazem Abd-El Fattah, *Egypt Housing Profile*, p. 84.

③ David Sims and Hazem Abd-El Fattah, *Egypt Housing Profile*, p. 8.

④ David Sims and Hazem Abd-El Fattah, *Egypt Housing Profile*, p. Ⅵ.

可买得起的住房"的政策仍在继续实行，政府只在存量房方面与穷人住房问题上有些许尝试，大多数城镇住房仍不是正规部门建造的，而政府仍在推出供给侧的住房计划。2011 年 4 月，埃及投资与国际合作部提出未来住房发展计划——"全民社会住房计划"，提出 5 年内建造 100 万套低成本型住房，由住房、公共设施与城镇发展部，新的社会住房发展基金，住房发展银行，新城镇社区局实施，住房分布在新城镇和各省。①该计划于 2013 年正式开始，主管部门为住房、公共设施与城镇发展部，住房建设基金来自新设立的社会住房发展基金（该基金依据 2014 年第 19 号法已于 2014 年 5 月 2 日建立），其启动基金来自中央预算分配和阿联酋政府，住房与基础设施建设所需的公共土地由新城镇社区局与各省提供。

2013 年 4 月，埃及住房、公共设施与城镇发展部起草了一份文件《埃及住房政策与战略》，涉及住房需求、政府在住房市场中的角色、住房建设面临的挑战以及住房政策的一些指导性原则，并设定了清晰的短期（从 2012 年至 2017 年）目标和长期（到 2027 年）目标。如：直接对公民而不是对土地和住房补贴；住房计划由中央政府制定，地方政府负责具体实施；支持获得租金与增加住房部门份额；采取措施鼓励空置房屋进入住房市场；强调在制定住房政策和建造目标前，一定要进行科学的调查；等等。②

塞西 2014 年当政后，埃及加大了住房建设力度。埃及总理兼住房、公共设施与城镇发展部部长穆斯塔法·马德布利称，自 2014 年塞西出任总统到 2017 年 12 月初，埃及已建与在建公寓达 170 万套，已投入数十亿埃镑用于住房建设，政府所建公寓大多是为了满足有限收入者、青年或贫民窟居民的住房需求。③ 埃及开始在开罗与苏伊士运河之间建造新行政首都，预计提供 110 万套房屋，可供最多 500 万人居住，预计将提

---

① David Sims and Hazem Abd-El Fattah, *Egypt Housing Profile*, pp. 13 – 14.

② David Sims and Hazem Abd-El Fattah, *Egypt Housing Profile*, p. 16.

③ 《自 2014 年中期以来埃及已建及在建公寓达 170 万套》，中国驻埃及大使馆经济商务参赞处，http：//eg. mofcom. gov. cn/article/jmxw/201712/20171202680140. shtml，最后访问日期：2019 年 12 月 6 日。

供 175 万个工作岗位，5～7 年竣工。① 据埃及中央公共动员与统计局的报告，在 2016 年，埃及公共及私人部门总计建造住房 27.66 万套，总耗资超过 850.52 亿埃镑，其中政府建造住房 6 万套，投资达 342.06 亿埃镑，私人部门建造住房 21.66 万套，投资达 508.46 亿埃镑；所建低档住房为 14.56 万套（政府建 5.75 万套，私人部门建 8.81 万套），总耗资 411 亿埃镑。②

二　当代埃及住房供给状况

1. 住房类型

根据不同标准，埃及的公共住房可以划分为不同类型。从住房面积来划分，可以分为小户型或经济型、中户型和大户型。一般认为面积 70 平方米以下的住房为经济型，70～120 平方米的为中户型，120 平方米以上的为大户型。根据 1979 年埃及协商会议公布的数据，在埃及住房中，经济型的占比为 55%，中户型占 37%，大户型占 8%。按收入来划分，月均收入少于 30 埃镑的家庭，住房平均面积为 45 平方米；月均收入 30～50 埃镑的家庭，住房平均面积为 50 平方米；月均收入 50～80 埃镑的家庭，住房平均面积为 70 平方米；月均收入 80～100 埃镑的家庭，住房平均面积为 80 平方米；月均收入 100 埃镑以上的家庭，平均住房面积为 120 平方米；另外一些高收入家庭的住房面积在 120 平方米以上。③

从所有权来划分，埃及城市住房一般可分为租赁型住房和产权房两种类型。据 2004 年的一项调查报告，埃及住房自有率④只有 32%，在中东国

---

① 刘永明、王云松、韩晓明：《埃及，向世界亮出发展雄心》，《人民日报》2015 年 4 月 27 日，第 23 版。

② 《2016/2017 财年埃建造住房 27.66 万套，总耗资超 850.52 亿埃镑》，中国驻埃及大使馆经济商务参赞处，http://eg.mofcom.gov.cn/article/jmxw/201803/2018030 2722472.shtml，最后访问日期：2018 年 3 月 22 日。

③ 刘冰洁：《20 世纪 60-80 年代埃及住房问题研究》，硕士学位论文，北京外国语大学，2014，第 6 页。

④ 住房自有率是指居住在自己拥有产权的住房的家庭户数占整个社会住房家庭户数的比例。

家中排名靠后。随着政府住房政策的调整，埃及住房的自有率在2008年达到了44%。埃及租赁型住房的占比为36.5%，其中依据旧房租法租赁的为26.9%，依据新房租法租赁的为8.8%，属于政府廉租房的为0.8%。①

从住房供应者来说，埃及政府供应的社会住房的供应者主要有三类：各省、新城镇社区与混合机构。埃及住房最大的提供者是各省，即各省根据中央预算与本地特别基金建造住房。②

也有按照其他类型来划分的，如把埃及的住房分为公寓、别墅、被整合进城镇住房的乡村住房、共用套房、单独房、简易小棚或帐篷、墓地等。在2000年，埃及公寓占51.29%，别墅占5.49%，被整合进城镇住房的乡村住房占30.63%，共用套房占8.18%，单独房占3.4%，简易小棚或帐篷占0.2%，墓地占0.01%，其他占0.8%。③

2. 正规住房

由于历史原因，埃及住房供给形成了正规住房体系（the formal sector）与非正规住房体系（the informal sector）两大不同体系。这两大体系的住房供给量在不同时期和不同地区有差别。

正规住房是指个体或机构在规划的土地上或按照建设条例和法律在已被批准建造房屋的土地上所建造的住房，其建设地点合乎规划，合乎法律。这对建造正规住房的建筑企业也有一定的要求，如建筑企业资本量大和建筑方法先进等。④ 正规住房包括公共部门建造的和私人部门建造的正规住房。

穆巴拉克时期之前，埃及正规住房建设的发展不快。1952～2005年，埃及共建造城镇公共住房111.87万套，其中1952～1981年每年的建造量为37290套，只有1982～2005年的25%。⑤ 从表4-6中可以看出1960～

① David Sims and Hazem Abd-El Fattah, *Egypt Housing Profile*, p. 22.
② David Sims and Hazem Abd-El Fattah, *Egypt Housing Profile*, p. 35.
③ The World Bank, *Arab Republic of Egypt: Analysis of Housing Supply Mechanisms*, *Final Note*, p. 81.
④ 李超民编著《埃及社会保障制度》，第267页。
⑤ The World Bank, *Arab Republic of Egypt: Analysis of Housing Supply Mechanisms*, *Final Note*, p. 14.

1976 年埃及住房发展情况。这一时期，埃及共建造正规住房 43.3 万套，其中公共住房 15.7 万套，私人住房 27.6 万套，公共住房还呈不断下降趋势，这与同一时期人口的大量增长极不相称，可以说埃及住房发展严重滞后。1977～1983 年是埃及住房发展的一个小高峰，建造住房总量约为前 16 年总和的 1.8 倍，达 76.9 万套。其中私人建造住房发展更为迅猛，这几年的总量约为前 16 年总和的 2.2 倍，达 61.9 万套，而公共住房仅 15 万套。

表 4－6　1960～1983 年正规住房建造量与同时期的人口增长数量

单位：万套，万人

时期	公共住房	私人住房	总计	人口增长数量
1960～1964 年	6.1	7.9	14	327.4
1965～1970 年	5.6	11	16.6	300
1971～1976 年	4	8.7	12.7	296.1
1977～1983 年	15	61.9	76.9	942.8
总计	30.7	89.5	120.2	1866.3

资料来源：Ahmed M. Soliman, "Housing Mechanisms in Egypt: A Critique," *The Netherlands Journal of Housing and Environmental Research*, Vol, 4 No. 1, 1989, p. 34。

到穆巴拉克时期，埃及的住房投资与供应明显增加。1982～2000 年，埃及执行的投资总额为 7421 亿埃镑，其中住房部门 771 亿埃镑，占 10.4%。[1] 表 4－7 显示，1982～2004 年，埃及共建造房屋 345.6 万套，其中公共部门建造 124.64 万套，私人部门建造 220.96 万套，均超过纳赛尔和萨达特时期的建造量。埃及住房建造情况呈现不均衡状态。从表 4－7 中可以看出，1982～1987 年、1987～1992 年、1997～2002 年是埃及住房建造比较多的时期，分别达到 84.57 万套、90.40 万套、73.82 万套，这三个时期的建造量均超过萨达特末期。而 1992～1997 年、2002～2004 年则大幅度减少，分别只有 56.04 万套和 40.76 万套。从表 4－8 中可以看出，2004/2005 财年至 2007/2008 财年，埃及城镇住房总投资由 65.76 亿埃镑增加到 138.15 亿埃镑，城镇住房建造总量由 14.39 万套增加到 19.08 万套。

---

[1]　阿拉伯埃及共和国新闻部新闻总署：《在埃及投资：稳定与发展》，第 20 页。

表4-7 1982~2004年公共部门和私人部门建造房屋数量对比

单位：套，%

时间	公共部门建造数量	所占比例	私人部门建造数量	所占比例	总量
1982~1987年	197647	23.4	648032	76.6	845679
1987~1992年	386879	42.8	517107	57.2	903986
1992~1997年	331417	59.1	229026	40.9	560443
1997~2002年	287957	39.0	450281	61.0	738238
2002~2004年	42521	10.4	365105	89.6	407626
总量	1246421	36.07	2209551	63.93	3455972

资料来源：Sawsan El Sayed Yacoub Bakr, Formal and Informal Housing Production in Egypt: Trend & Implication, paper represented at the Arab Regional Symposium on Development of "Arab Cities and Current global Conditions", Cairo, Egypt, December 2006, p. 9。

表4-8 2002/2003财年至2013/2014财年埃及城镇住房投资与建造情况

财年	2002/2003	2003/2004	2004/2005	2005/2006	2006/2007	2007/2008
总投资（亿埃镑）	48.77	71.13	65.76	55.67	105.94	138.15
公共部门投资（亿埃镑）	9.72	7.43	6.77	8.89	10.74	22.49
占比(%)	19.9	10.4	10.3	16.0	10.1	16.3
私人部门投资（亿埃镑）	39.05	63.7	58.99	46.78	95.2	115.66
占比(%)	80.1	89.6	89.7	84.0	89.9	83.7
住房建造总量（套）	133373	152960	143933	116457	159049	190817
公共部门建造量（套）	21788	14945	17440	14136	16567	25774
占比(%)	16.3	9.8	12.1	12.1	10.4	13.5
其中:经济型（套）	3936	985	4473	3791	2820	15040

续表

财年	2002/2003	2003/2004	2004/2005	2005/2006	2006/2007	2007/2008
中等型（套）	2628	1372	590	640	1624	2354
中上等型（套）	1649	1245	1088	804	742	664
豪华型（套）	88	—	—	—	24	153
低成本型（套）	13487	11343	11289	8901	11357	7563
私人部门建造量（套）	111585	138015	126493	102321	142482	165043
占比（%）	83.7	90.2	87.9	87.9	89.6	86.5
财年	2008/2009	2009/2010	2010/2011	2011/2012	2012/2013	2013/2014
总投资（亿埃镑）	111.17	165.06	133.5	109.83	80.56	207.16
公共部门投资（亿埃镑）	30.27	51.24	59.31	32.65	17.53	52.24
占比（%）	27.2	31.0	44.4	29.7	21.8	25.2
私人部门投资（亿埃镑）	80.9	113.82	74.19	77.18	63.03	154.92
占比（%）	72.8	69.0	55.6	70.3	78.2	74.8
住房建造总量（套）	158534	196060	184442	176717	135630	145783
公共部门建造量（套）	33904	53651	70293	78529	30573	42500
占比（%）	21.4	27.4	38.1	44.4	22.5	29.2
其中:经济型（套）	29222	50584	66832	71696	23218	35961
中等型（套）	1299	1669	859	5579	6889	1488
中上等型（套）	—	—	—	—	—	—
豪华型（套）	—	40	—	—	—	314
低成本型（套）	3383	1358	2602	1254	466	4737
私人部门建造量（套）	124630	142409	114149	98188	105057	103283
占比（%）	78.6	72.6	61.9	55.6	77.5	70.8

资料来源："7 - 2 Dwelling Units in Urban, by Sector & Level（2002/2003 - 2013/2014）" in Central Agency for Public Mobilization and Statistics（Egypt）, *Statistical Yearbook（2015）*; "7 - 3 Housing Investments, by Sector（2002/2003 - 2013/2014）," in Central Agency for Public Mobilization and Statistics（Egypt）, *Statistical Yearbook（2015）*。

　　私人部门为埃及住房供应主体。从表4-7中可以看出，1982～2004年，私人部门建造房屋整体上占63.93%。除了1987～1992年、1992～1997年，私人部门建造住房所占比例总体上超过60%，2002～2004年高达89.6%。从表4-8中也可以看出，2004/2005财年，埃及城镇住房总投资中，私人部门投资为58.99亿埃镑，占住房总投资的89.6%；2009/2010财年为113.82亿埃镑，占69%；2013/2014财年为154.92埃镑，占74.8%。私人部门也是住房建造的主体。从表4-8中还可以看出，在2004/2005财年，埃及私人部门建造城镇住房12.65万套，占当年住房建造总量的87.9%；2009/2010财年为14.24万套，占72.6%；2013/2014财年为10.33万套，占70.8%。另据埃及中央公共动员与统计局的统计公告，2015年埃及私人建筑企业完成项目总额为398亿埃镑，其中参与的住房建筑项目总额为89亿埃镑，比2014年（78亿埃镑）增长14.1%。① 可见，尽管私人部门的住房投资与建造量所占比重有所下降，但仍是埃及住房投资与住房建造的主体。

　　在埃及正规住房中，公共部门主要提供低成本型住房，而私人部门除了提供低成本型住房，还提供相当数量的中高成本型住房。表4-9显示，1982～2004年，公共部门建造的低成本型住房占其建造总量的81.69%，经济型住房占其建造总量的16.58%，中上等型、豪华型住房所占比例很低。而私人部门则不同，它建造的低成本型住房占其建造总量的45.31%，经济型、中上等型、豪华型住房所占比例均大大超过公共部门，分别达到32.85%、15.08%和6.76%。表4-8显示，在2004/2005财年，埃及公共部门建造城镇住房17440套，其中经济型4473套，占25.6%；低成本型11289套，占64.7%；到2009/2010财年，埃及公共部门建造城镇住房53651套，其中经济型50584套，占94.3%；低成本型1358套，占2.5%。这一状况也延续到穆巴拉克时期之后。在2011/2012财年，埃及公共部门建造城镇住房78529套，其中经济型71696套，占91.3%；低成本型1254

---

① 《2015年埃私营企业完成项目总额398亿埃镑》，中国驻埃及大使馆经济商务参赞处，http://eg.mofcom.gov.cn/article/jmxw/201612/20161202154747.shtml，最后访问日期：2016年12月11日。

套, 占1.6%; 在2013/2014财年, 埃及公共部门建造城镇住房42500套, 其中经济型35961套, 占84.6%; 低成本型4737套, 占11.1%; 2002/ 2003财年至2013/2014财年, 埃及公共部门只有5个财年建造了少量豪华 型住房, 其余财年没有建造豪华型住房。①

表4-9　1982~2004年公共部门和私人部门所提供的住房层次比例

单位: %

	低成本型住房	经济型住房	中上等型住房	豪华型住房	总计
公共部门	81.69	16.58	1.57	0.16	100.00
私人部门	45.31	32.85	15.08	6.76	100.00

资料来源: Sawsan El Sayed Yacoub Bakr, Formal and Informal Housing Production in Egypt: Trend & Implication, paper represented at the Arab Regional Symposium on Development of "Arab Cities and Current global Conditions", Cairo, Egypt, December 2006, p. 7.

在中央层面, 埃及公共住房的供应主要由以下机构负责: 新城镇社 区局、住房建设合作社总组织 (这两个机构隶属住房、公共设施与城镇 发展部)、住房与发展公司、联合计划局、住房金融基金、住房与开发 银行、发展局等。在地方, 各省都有自己的住房部门及计划。根据世界 银行的数据, 在1982~2004年, 埃及共供应公共住房125.82万套, 其 中各省是最大的供应者, 达55.38万套, 占44%; 新城镇社区局供应 25.11万套, 占20%; 住房建设合作社总组织供应27.83万套, 占 22.1%; 住房与发展公司供应4.31万套, 占3.4%; 联合计划局供应 1.77万套, 占1.4%; 住房金融基金提供2.22万套, 占1.8%; 住房与 开发银行供应6.37万套, 占5.1%; 发展局供应2.83万套, 占2.2%。②

据埃及城市住房调查委员会 (Housing Survey of Urban in Egypt) 2008

① "7-2 Dwelling Units in Urban, by Sector & Level (2002/2003 – 2013/2014)," in Central Agency for Public Mobilization and Statistics (Egypt), *Statistical Yearbook* (2015).

② The World Bank, *Arab Republic of Egypt: Analysis of Housing Supply Mechanisms*, *Final Note*, p. 14.

年的抽样调查，在埃及城市已使用住房中，中位住房建筑面积为 75 平方米（中位室内面积为 70 平方米），平均建筑面积为 80.6 平方米；建筑面积在 65～90 平方米的房屋占城市已使用住房总数的 44%，40～65 平方米的占 19%，90～120 平方米的占 21%，超过 120 平方米的占 10%，不足 40 平方米的占 6%。总的来看，埃及人均住房室内面积为 23.2 平方米，大多数城市家庭的住房有 3～4 个房间（包括客厅、餐厅和卧室），其中有 3 个房间的占 46%，有 4 个房间的占 35%，8.1% 的城市住房拥有 5 个及以上房间，10.9% 的城市家庭的住房只有 1～2 个房间。[1]

3. 非正规住房

埃及住房中有相当比例的是非正规住房。非正规住房（the informal housing）是指建造在以下土地上的住房：非法拥有的土地、合法拥有但由农业用地非法转变为城镇用地的土地、合法拥有但非法细分（即无土地细分许可）的土地、城镇边界以外的土地（即无规划土地许可的土地）。非正规住房主要包括以下类型：城市边缘乡村移民居住的以非永久性材料建造的棚，公用设施的一居室，墓地居所，楼梯、车库、屋顶等非居住建筑或地方的住房，未获规划许可或未达建筑标准的住房等。[2]也有学者把非正规住房分为部分不正规的住房和擅自占用土地建造的住房，前者是指未经法定程序审批与未获住房机构承认但房屋保有权合法、有正规占用许可的房屋，后者指不合法占用公共土地并以自助技术建造的房屋。[3]

一般认为，埃及的非正规住房出现于 20 世纪 40～50 年代，主要是在开罗地区。20 世纪 70 年代中期之前，此类住房发展不快。20 世纪 70 年代中期以后，随着大量埃及劳工在海湾国家打工，巨额侨汇汇回国内，

---

[1] David Sims and Hazem Abd-El Fattah, *Egypt Housing Profile*, p. 21.

[2] The World Bank, *Arab Republic of Egypt: Analysis of Housing Supply Mechanisms, Final Note*, p. 45.

[3] Ahmed M. Soliman, "Housing the Urban Poor in Egypt: A Critique of Present Policies," *International Journal of Urban and Regional Research*, Vol. 12, No. 1, 1988, p. 69.

而正规住房数量远远不能满足市场需求，自建住房就成为很多人的选择，非正规住房大量出现。在 20 世纪 70 年代，埃及出现了 130 万套新的非正规住房，新建非正规住房总面积占新建住房总面积的 80%。[1] 1960 ~ 1983 年，埃及的非正规住房约占 54%，大约为 150 万套。[2] 据多个城市的调查，在 20 世纪 70 年代末，擅自占用土地建造的房屋数量增长比较快。如在 1978 年，擅自占用土地建造房屋的定居者占开罗总人口的 20%，达 114 万人；在苏伊士占 25%，为 6.5 万人；在塞得港占 12%，为 4.6 万人；在伊斯梅利亚占 18.4%，为 6.4 万人。[3]

　　对于埃及非正规住房的数量与居住人口的统计，各方的数据不一。埃及官方曾进行过三次较大规模的调查。1993 年协商会议的调查报告显示，埃及共有 406 个非正规居住区，分布在 10 个城市，人口为 700 万人，相当于当时城市总人口的 40%。[4] 第二次调查是由内阁下属的"信息和决策支持中心"（Information and Decision Support Center）进行的，结果显示埃及有 1034 个非正规居住区，分布在 22 个城市，总占地面积为 344 平方千米，居住人口为 1200 万人。第三次是 1999 ~ 2000 年由地方发展部（Ministry of Local Development）实施的调查，此次调查第一次公布的数据是埃及有 1174 个非正规居住区，2002 年更改为 1221 个。[5]

　　表 4 - 10 是研究埃及住房问题的著名学者艾哈迈德·M. 索利曼根据自己的实际调查并参考协商会议的调查报告制作而成的。可以看出，非正规居住区的总数达 707 个，所居住的人口为 1020.57 万人，占埃及城

① 戴晓琦：《阿拉伯社会分层研究：以埃及为例》，第 118 页。

② Ahmed M. Soliman, "Housing the Urban Poor in Egypt: A Critique of Present Policies," *International Journal of Urban and Regional Research*, Vol. 12, No. 1, 1988, p. 69.

③ Ahmed M. Soliman, "Housing the Urban Poor in Egypt: A Critique of Present Policies," *International Journal of Urban and Regional Research*, Vol. 12, No. 1, 1988, p. 69.

④ The World Bank, *Arab Republic of Egypt: Analysis of Housing Supply Mechanisms, Final Note*, p. 43.

⑤ The World Bank, *Arab Republic of Egypt: Analysis of Housing Supply Mechanisms, Final Note*, p. 43.

市总人口的 36.0%；所居住人口最多的是开罗，达 243.8 万人，吉萨、盖勒尤比、法尤姆三省也都超过了百万人。从非正规居住区的人口占城市总人口的比例来看，盖勒尤比省最高，达 93.6%；其次是吉萨省，达到 59.9%；再次为索哈杰省，占 59.3%；基纳省也超过 50%，达到 52.0%；伊斯梅利亚省和苏伊士省超过 40%，分别达到 43.0% 和 46.4%。

表 4－10 埃及非正规居住区的数量及人口

省份	非正规居住区的数量（个）	非正规居住区的人口（万人）	城市总人口（万人）	所占比例（%）
开罗	79	243.8	677.4	36.0
吉萨	32	139.8	233.2	59.9
盖勒尤比	60	139.8	149.4	93.6
亚历山大	40	68.6	328.5	20.9
法尤姆	28	116.3	325*	35.8
贝尼·苏夫	46	10	45.8	21.8
米尼亚	30	14.5	55.8	26.0
艾斯尤特	49	27.3	159	17.2
索哈杰	34	40.1	67.6	59.3
基纳	8	38.1	73.2	52.0
阿斯旺	14	2.27	56	4.1
伊斯梅利亚	16	17	39.5	43.0
苏伊士	18	13	28	46.4
塞得港	15	14	56	25
西部	48	42	170	24.7
达卡利亚	50	20	80	25
曼努菲亚	40	23	85	27.1
卡夫拉·谢赫	38	18	70	25.7
杜姆亚特	32	16	64	25
布哈拉	30	17	70	24.3
总计	707	1020.57	2833.4	36.0

＊原表为 32.5，疑为 325。

注：本表城市总人口与所占比例两栏的数据有误，笔者重新核算了。

资料来源：Ahmed M. Soliman, *A Possible Way Out: Formalizing Housing Informality in Egyptian Cities*, p. 85。

　　2011 年之后，埃及的非正规住房问题依旧存在。世界银行估计，在 2012 年，大开罗地区 2/3 的人口即约 1200 万人生活在非正规住房里。[①] "埃及贫民窟开发联盟" 协调人阿提夫·阿明（Atef Amin）在 2017 年 11 月称，埃及有 2600 万人居住在非正规居住区，其中 150 万人居住在墓地，埃及危房数量比重达 70%，其中不安全贫民窟达 252 个，居民人数为 100 万人。[②] 埃及住房、公共设施与城镇发展部副部长艾哈迈德·达维什（Ahmed Darwish）2017 年 4 月称，埃及 40% 的住房是未经规划的非正规建筑，其中 1%（351 个区域）的非正规住房区域是较为危险的区域。[③]

　　可以说，埃及非正规住房分布范围非常广泛，在大多数省份都存在，所生活的人口众多。非正规居住区面临的普遍问题是：无组织，街道狭窄（一般 2~4 米宽），缺乏足够空地或公共空间以提供必要的设施，几乎 100% 的土地覆盖率，楼层无限制，人口密度大（有的每费丹超过 1000 人）。但埃及城镇，特别是大开罗地区的非正规住房质量比较高，大多数为 4~7 层，大多数为混凝土框架、砖墙。[④] 非正规居住区在基础设施方面存在诸多问题，如水压低、易断水，断电、偷电，缺乏污水管网、污水横流、街道垃圾乱扔、存在大昆虫，等等。[⑤] 据世界银行的信息，埃及大多数非正规住房建造在私人土地上（国有土地占 10%），多为 4~7 层，每套平均为 40~70 平方米，大多数非正规住房与水网、污

---

① The World Bank, *Arab Republic of Egypt, Reshaping Egypt's Economic Geography: Domestic Integration as A Development Platform*, Report No. 71289 - EG, Washington, D. C. : The World Bank, 2012, p. 52.

② 《埃及有 2600 万人居住在非正规居住区域》，中国驻埃及大使馆经济商务参赞处，http://eg. mofcom. gov. cn/article/jmxw/201711/20171102667000. shtml，最后访问日期：2018 年 11 月 9 日。

③ 《埃及 40% 的住房为违建房》，中国驻埃及大使馆经济商务参赞处，http://eg. mofcom. gov. cn/article/jmxw/201704/20170402559890. shtml，最后访问日期：2019 年 5 月 18 日。

④ The World Bank, *Arab Republic of Egypt: Analysis of Housing Supply Mechanisms*, Final Note, p. 49.

⑤ The World Bank, *Arab Republic of Egypt: Analysis of Housing Supply Mechanisms*, Final Note, p. 64.

水管网和电网连接，但这些公共网通常年久失修、不堪重负，在远郊地区只有半数房舍与污水管网连接。①

总体而言，埃及政府解决住房问题的效果不佳。有调查表明，34.1%的埃及家庭面临住房条件不足的问题，但各地住房不足率不一，如卢克索省的住房不足率达37.4%，基纳省达51.3%，三角洲地区的曼努菲亚省为29.4%，大开罗地区为23.7%～33.6%，苏伊士运河地区为22.2%～27.9%，新河谷省为5%，红海省为19.5%。② 调查还表明，54.3%的埃及人认为房租和房价超出其支付能力，59.4%的家庭将其25%以上的月收入用于租住一套中等价位的房屋，70%的住户没有居住保障，9.2%的埃及住户无力购买中等价位（约22.5万埃镑）的住房，3.2%的住户居住在危房里，每年有390套住房坍塌，约200人因此丧生，800个住户丧失居所，17%的住户不能获得安全用水，约230万个住户的住房没有自来水装置。③ 由于埃及公共部门投资不足，埃及形成正规住房和非正规住房并存的二元供给结构。从萨达特后期开始，私人部门成为住房供给的主体。由于埃及人口迅速增长，而住房供给滞后，埃及住房长期处于供给不足的局面，特别是中下层收入群体住房困难。

第二节 当代埃及住房领域存在问题及其成因

一 当代埃及住房领域存在问题

1952年七月革命以来，埃及历届政府在住房领域采取了一系列政策，也取得了一些进展，但也存在不少问题，主要表现在以下几个方面。

---

① The World Bank, *Arab Republic of Egypt, Reshaping Egypt's Economic Geography: Domestic Integration as A Development Platform*, p. 52.
② 《机构统计显示34%的埃及家庭住房条件较差》，中国驻埃及大使馆经济商务参赞处，http://eg.mofcom.gov.cn/article/jmxw/201704/20170402559887.shtml，最后访问日期：2019年6月18日。
③ 《机构统计显示34%的埃及家庭住房条件较差》，中国驻埃及大使馆经济商务参赞处，http://eg.mofcom.gov.cn/article/jmxw/201704/20170402559887.shtml，最后访问日期：2019年6月18日。

1. 住房发展滞后

尽管埃及政府高度重视住房问题，出台了多个计划，也建造了不少住房，但总体而言，埃及住房发展滞后。其一，与人口增长不适应。19世纪末以来，埃及人口增长很快，尤其是1952年以来，埃及人口增长更快，一般10年就会增加1000万人。而在人口飞速增长之时，埃及房屋供应总量却严重不足。从表4-6中可以看出，1965~1970年，埃及人口增加了300万人，但正规住房建造量才增加了2.6万套；1971~1976年，埃及人口增加了296.1万人，而建造的正规住房还减少了3.9万套；1977~1983年，人口猛增了942.8万人，而建造的正规住房仅增加了64.2万套。[1] 另有资料表明，1952~1982年，埃及国家建造的公共住房为110万套（年均37790套，不包括军队与警察住房），1982~2005年为126万套（年均54700套）。[2] 由于供应不足，从纳赛尔时期起，埃及就存在相当大的住房缺口，而且缺口不断扩大。1960年，埃及住房缺口为59万套，1966年增加到77万套，1976年达到149.2万套，1983年再升至170万套。[3] 在1996年，埃及新建住房100万套，而需求量为250万套，缺口为150万套。[4] 据2002年和2003年的统计，埃及全年的住房供给只能满足1/3左右的需求。[5]

其二，埃及城镇住房供应分布不均衡。如1982~2005年，埃及供应的城镇公共正规住房共353.93万套，而开罗就达120.13万套，占33.9%；亚历山大为45.81万套，占12.9%；吉萨为32.14万套，占9.1%。而其他地区的供应量和占比很小，如上埃及地区的艾斯尤特为

---

① Ahmed M. Soliman, "Housing Mechanisms in Egypt: A Critique," *The Netherlands Journal of Housing and Environmental Research*, Vol. 4, No. 1, 1989, p. 34.

② David Sims and Hazem Abd-El Fattah, *Egypt Housing Profile*, p. 9.

③ Ahmed M. Soliman, "Housing the Urban Poor in Egypt: A Critique of Present Policies," *International Journal of Urban and Regional Research*, Vol. 12, No. 1, 1988, p. 66.

④ 吴亚琴：《埃及的房地产开发及住宅建设》，《中国房地信息》2003年第6期，第48页。

⑤ Stephen Everhart, Berta Heybey and Patrick Carleton, *Egypt: Overview of the Housing Sector*, Housing Finance International, 2006, p. 14.

64269 套，占 1.8%；米尼亚仅 26472 套，占 0.7%；卢克索为 15050 套，占 0.4%；南西奈只有 11628 套，占 0.3%。① 在重点解决青年住房问题的"穆巴拉克青年住房工程"建造的住房中，大开罗地区分到 56948 套，占该项目建造量的 83.5%。② 1982～2004 年，新城镇与各省补贴的住房中，超过 69% 的住房建造在大开罗周边的 7 个新城镇（不包括斋月十日城），而大开罗地区人口只占全国的 23%。③ 可见，埃及政府更多关注和解决开罗与亚历山大这样的大城市的住房问题，而对其他城市关注不够。

其三，非正规住房大量出现。埃及正规住房的建设速度远远跟不上人口增长速度，大量非正规住房的出现就成了必然。如前所述，埃及存在大量非正规住房。除了棚户区等环境恶劣的非正规居住区，也存在一些带有豪华设施的非正规住房。如私人部门大量投资于新城镇，建造了一些带有游泳馆、体育馆的住房，这些住房耗资巨大，但却处于空置状态，此类住房在大开罗地区郊区、亚历山大郊区普遍存在。

其四，埃及住房供给结构不太合理。长期以来，埃及重点关注低收入群体的住房问题，政府推行了许多低收入住房建设计划和相关补贴政策。1982～1999 年，埃及共供应城镇住房 247.4 万套，其中经济型 154.89 万套，占 62.6%；豪华型为 9.46 万套，占 3.8%；中上等型 20.62 万套，占 8.3%；中等型占 62.43 万套，占 25.2%。④ 从表 4-8 中也可以看出，2002/2003 财年至 2013/2014 财年，埃及公共部门建造的城镇住房主要是经济型，而中等型数量最多的是 2012/2013 财年，为 6889 套，最少的是 2004/2005 财年，仅建造了 590 套，其余财年多在两千套

① The World Bank, *Arab Republic of Egypt*：*Analysis of Housing Supply Mechanisms*，*Final Note*, p. 16.

② The World Bank, *Arab Republic of Egypt*：*Analysis of Housing Supply Mechanisms*，*Final Note*, p. 27.

③ David Sims and Hazem Abd-El Fattah, *Egypt Housing Profile*, p. 37.

④ Ahmed M. Soliman, *A Possible Way Out*：*Formalizing Housing Informality in Egyptian Cities*, p. 82.

以下。同期埃及公共部门建造的城镇中等型住房占公共部门建造的城镇住房的比例最高的是 2012/2013 财年，为 22.5%；最低的是 2010/2011 财年，仅占 1.2%，其余多在 10% 以下，一些财年也只占 3% 多一点。①随着埃及经济的发展，在市场预期普遍看好以及高利润、高回报的市场推动下，埃及房地产开发商开始热衷于开发高档小区。2008 年国际金融危机爆发之前，埃及高档住宅和别墅销售火爆，数十个别墅房产项目很快销售一空，购房者有信心通过投资高档住宅获取更高的回报。到穆巴拉克执政晚期，房地产市场持续升温，开发商更愿意投资兴建高档住宅和别墅区，形成了埃及房地产市场的哑铃状结构，高档住宅建设和低收入住房建设取得了相当程度的发展，而针对中等收入群体的普通住房开发则成为薄弱环节。一项对埃及城镇住房情况的调查显示，绝大多数住房购买者对普通住房更感兴趣，95% 的住房购买者希望自己的住房小于 125 平方米，超过一半的购买者对两居室的住房更为青睐。② 显然，与民众需求相比，埃及政府并没有充分关注到中等型住房的供应。

　　其五，青年的住房问题十分突出。埃及的住房自有率在中东北非国家中比较低。埃及住房自有率为 32%，而阿尔及利亚为 45%，摩洛哥为 46%，约旦高达 75%，突尼斯为 67%，土耳其达 60%。③ 埃及青年的住房自有率更低，青年大多无力解决住房问题，婚后大多同父母居住在一起。据调查，有 37% 的埃及青年在婚后和父母生活在一起，其中有 95% 以上的已婚妇女和丈夫的家庭在一起生活。在埃及乡村地区，有 97% 的已婚夫妇和父母一起生活，在最贫困家庭中，婚后和父母一起生活的比

①　"7 – 2 Dwelling Units in Urban, by Sector & Level（2002/2003 – 2013/2014）," in Central Agency for Public Mobilization and Statistics（Egrpt）, *Statistical Yearbook*（2015）.

②　胡英华：《埃及规范房地产市场重在调结构》，《经济日报》2010 年 12 月 31 日，第 8 版。

③　Stephen Everhart, Berta Heybey and Patrick Carleton, *Egypt：Overview of the Housing Sector*, p. 14.

例最高。①

由于大量人口涌入城市，埃及城市的住房问题非常突出。而对于乡村的住房，埃及政府更是无暇顾及。此外，埃及国家供应的公共住房，由于土地是无成本的国有土地，几乎所有的政府住房都位于新城镇或地方政府的荒漠土地，远离城市繁华区，这对受益者特别是低收入者的正常生活造成许多不便，政府住房工程存在大量空置房就不足为奇了。

2. 普通民众购房难

随着经济发展，人均收入提高，物价也会升高，房价也不例外。但埃及的住房价格不断攀升，其增幅大大超过居民收入的增幅，使得住房价格超出居民的购买能力。

埃及不同时期房价的上涨幅度是不同的。具体来说，埃及房价在纳赛尔时期上涨较为缓慢，在萨达特和穆巴拉克时期上涨较快。从表4-11中可以看出，1960～1970年，埃及的房价变化不大，每平方米总共才上涨了5.4埃镑，涨幅较小。但1972～1978年，房价从17埃镑/平方米涨到43埃镑/平方米，上涨幅度较大，远远大于同期埃及人均收入的增长幅度。

表4-11　纳赛尔与萨达特时期的埃及房价

单位：埃镑/平方米

年份	1960	1966	1970	1972	1973	1974	1975	1976	1977	1978
房价	10	12.5	15.4	17	24.3	28.7	33	38	40	43

资料来源：Central Agency for Public Mobilization and Statistics （CAMPS, 1960－1978），转引自 Ahmed M. Soliman, "Housing Mechanisms in Egypt: A Critique," *The Netherlands Journal of Housing and Environmental Research*, Vol. 4, No. 1, 1989, p. 41。

---

① The Population Council & Egyptian Cabinet, Information and Decision Support Center, *Survey of Young People in Egypt*, Cairo: The Population Council, 2010, p. 16.

穆巴拉克时期，埃及房价大幅攀升。到 2010 年，开罗的普通住房价格已超过每平方米 4000 埃镑，而大多数中等收入家庭希望购买 100～120 平方米的住房，这导致购房总支出将超过 40 万埃镑，即使是月收入 1 万埃镑的家庭，也难以负担如此高的房价。① 埃及房价收入比也不断提高。1998 年，埃及房价收入比为 4.9∶1，2006 年达到 7∶1，而 2006 年，约旦房价收入比为 3∶1，土耳其为 5∶1。② 2015 年，埃及开罗一套 80 平方米的非正规公寓，售价为 11 万埃镑，按人均国民支出最低档中位家庭的收入标准（年收入 14352 埃镑），售价与收入比为 7.7∶1；"全民社会住房计划"核心项目的一套 75 平方米的公寓，售价为 13.5 万埃镑，按人均国民支出最低档中位家庭的收入标准，售价与收入比为 9.4∶1；私人开发商的一套 110 平方米的公寓，售价为 37 万埃镑，按人均国民支出最低档中位家庭的收入标准，售价与收入比为 25.8∶1；新城镇私人开发商的一套 130 平方米的公寓，售价为 60 万埃镑，按人均国民支出最低档中位家庭的收入标准，售价与收入比为 41.8∶1。③ 可见，收入最低的群体很难买得起住房。

住房的价格主要由土地价格、建筑材料价格、人工成本以及住房的稀缺程度决定。土地价格的上涨是埃及房价上涨的重要因素之一。从表 4－12 中可以看出，1960～1993 年，埃及城市地区的土地价格大幅度增长，其中一般地段每平方米地价上涨 49 倍，较好地段的地价上涨 63 倍，黄金地段的地价则上涨 58 倍。同时，也能清楚地看出，1960～1970 年，埃及的地价虽然变化不小，但仍非常便宜。1975 年是个节点，1975 年之后，埃及地价飞涨。1975～1993 年，一般地段每平方米地价上涨超过 8.5 倍，较好地段上涨 12.3 倍，黄金地段上涨 9.6 倍。到 21 世纪初，开罗地区更是寸土寸金，开罗城市规划区内的地价已经涨到 1000～3000 埃镑/平方米，市中心则上涨到了

---

① 胡英华：《埃及规范房地产市场重在调结构》，《经济日报》2010 年 12 月 31 日，第 8 版。
② 李超民编著《埃及社会保障制度》，第 264 页。
③ David Sims and Hazem Abd-El Fattah, *Egypt Housing Profile*, p. 65.

30000 埃镑/平方米，地价最高的阿盟大街达到 60000 埃镑/平方米，城市周边非规划地区为 500～1500 埃镑/平方米，卫星城为 400～1000 埃镑/平方米。①

表 4-12　1960～1993 年埃及城市土地价格的变化

单位：埃镑/平方米

年份	1960	1965	1970	1975	1980	1983	1988	1993
一般地段	4	6	12	21	47	93	120	200
较好地段	6	9	16	29	80	154	240	385
黄金地段	12	16	33	67	136	266	436	710

资料来源：Mostafa Morsi El Araby，"The Role of the State in Managing Urban Land Supply and Prices in Egypt," *Habitat International*, Vol. 27, No. 3, 2003, p. 451.

建筑材料价格和人工成本也是影响住房价格的重要因素。1990～2006 年，埃及的水泥价格每吨由 90 埃镑提高到 354.6 埃镑，增长了 294%；每吨钢筋的价格由 700 埃镑上涨至 2906 埃镑，上升了 315%。② 而水泥和钢作为建造住房的主要材料，一般约占住房建设成本的 25%，其价格的上涨必然会引起住房价格的提高。2014 年 3 月，埃及的水泥价格大幅上涨，直接导致埃及房价增长了 10%。

另外，萨达特时期埃及实施劳务输出政策，打开了劳动力去国外务工的大门，大量埃及劳工赴阿拉伯产油国打工，而埃及国内劳动力大幅减少。到穆巴拉克时期，埃及依然有大量劳工在海外打工。1983 年，埃及有海外劳工 328 万人。③ 2005 年的统计资料显示，埃及仍然输出劳工

---

① 吴亚琴：《埃及的房地产开发及住宅建设》，《中国房地信息》2003 年第 6 期，第 48 页。

② Abdel Hamid Hassaballa El Kafrawy, Housing Policy and Finance in Egypt: Extending the Reach of Mortgage Credit, Dissertation for Degree of Doctor of Philosophy, University of Glasgow, 2012, p. 39.

③ Ayman Zohry, *Interrelationships between Internal and International Migration in Egypt: A Pilot Study*, Brighton: Development Research Centre on Migration, Globalisation and Poverty, University of Sussex, 2005, p. 30.

190 万人左右，主要接收国是沙特阿拉伯、利比亚、约旦和科威特，这些国家的埃及劳工占其埃及海外国民总数的 87.6%。[1] 这些埃及劳工在接收国大都集中在建筑行业。这虽然在一定程度上缓解了埃及国内日益严重的失业问题，但也影响到埃及国内属于劳动力密集型的建筑行业的工人数量。建筑工人的相对减少，导致建筑工人工资上涨。如在 1970~1975 年，埃及建筑工人工资的上涨幅度达到年均 58.4%[2]，住房建造成本增加，价格自然也会随之提高。

面对高房价，埃及的购房贷款办理却困难重重。由于受传统消费观念的影响，埃及的住房抵押贷款市场起步较晚。2001 年以前，埃及很多商业银行不愿意开展房贷业务。一方面，因为埃及没有信贷信息管理局，缺少对贷款人资格的审查，这使得银行与贷款人之间的信息不对等，银行对房贷申请人的情况知道较少;[3] 另一方面，埃及法律禁止银行在借款人无法及时还清贷款的情况下没收住房。同时，借款人可将住房转租给其他人，即使房东无力偿还贷款甚至案件已在法院审理，房东仍可继续收取房租。此类贷款购房纠纷案件如果提交法院，判决可能需耗时 3~5 年。此类贷款购房纠纷案件耗时耗力，因此多数银行不愿提供住房抵押贷款。银行自身也规定了一系列烦琐程序，如银行在批准贷款之前，须去中央银行核查申请人记录，有不良记录者将被拒绝贷款申请。即使有的银行开展房贷业务，也会提高贷款的门槛，把大部分中低收入阶层排除在外。[4]

为提高中等收入群体的购买力，埃及政府制定了抵押贷款业务发展计划，对抵押贷款政策进行调整。埃及人民议会参照美国的住房抵押法

① Ayman Zohry, *Interrelationships between Internal and International Migration in Egypt: A Pilot Study*, p. 31.

② Ahmed M. Soliman, "Housing Mechanisms in Egypt: A Critique," *The Netherlands Journal of Housing and Environmental Research*, Vol. 4, No. 1, 1989, p. 38.

③ Abdel Hamid Hassaballa El Kafrawy, Housing Policy and Finance in Egypt: Extending the Reach of Mortgage Credit, Dissertation for Degree of Doctor of Philosophy, University of Glasgow, 2012, p. 287.

④ 秦征、于梦、杨爱花:《埃及的房地产业及房地产金融》，《中国房地产金融》2002 年第 5 期，第 44 页。

制定并通过了 2001 年第 148 号法，规定在借款人无力偿还贷款的情况下，房产将被公开拍卖，贷款银行可以参与竞买。① 为保证该法律的实施，埃及政府成立了首家房地产金融企业塔米尔公司，注册资金为 5 亿埃镑。2001 年第 148 号法的真正实施时间是 2004 年，但是直到 2006 年初，总共才办理了 16 笔住房抵押贷款业务。② 后埃及房贷有所发展。2010 年，埃及房贷总额达到 45 亿埃镑，抵押贷款购买的住房近 2 万套。③ 但这与埃及庞大的住房贷款需求相比，仍是杯水车薪。此外，由于大多数中低收入阶层所购买或居住的房屋是非正规住房，而非正规住房没有在政府机构注册，未获政府承认，产权不明晰，很难进行抵押。

商业银行的房贷利息也是很多家庭难以承受的。在埃及，如果贷款额度为 1 万埃镑，贷款利息 2000 埃镑将在贷款的同时提前扣除，实贷额仅为 8000 埃镑，4 年内还款 1 万埃镑。埃及大量人口生活在贫困线以下，这部分人和中产阶级的下层人口根本无力承受如此高的贷款负担。④ 埃及政府提供的住房贷款虽然利息较低，但是对申请人的资格要求很严，一般人很难申请到贷款。

2011 年后，因埃及国内局势动荡，按揭市场停滞。到 2013 年第三季度，埃及房产按揭贷款总额仅 480 万埃镑，到 2014 年才有所增长，达到 23.02 亿埃镑。⑤

房价高昂，严重超过居民收入，而贷款又困难重重，埃及大量普通民众只能望房兴叹。

3. 房屋建筑质量不高

1992 年 10 月 12 日，开罗发生了一场里氏 5.9 级的地震。此次地震震级并不是非常高，但却造成了十分严重的灾难：死 550 多人，伤 6000

① 秦征、于梦、杨爱花：《埃及的房地产业及房地产金融》，《中国房地产金融》2002 年第 5 期，第 44 页。
② 李超民编著《埃及社会保障制度》，第 270 页。
③ 胡英华：《埃及规范房地产市场重在调结构》，《经济日报》2010 年 12 月 31 日，第 8 版。
④ 李超民编著《埃及社会保障制度》，第 270 页。
⑤ David Sims and Hazem Abd-El Fattah, *Egypt Housing Profile*, p. 84.

多人，5000 多个建筑物受到破坏，财产损失约 3 亿美元。① 这一灾难很直观地反映出埃及房屋的质量问题。

有关统计资料显示，开罗市区有近一半的住房年久失修，其中的 1/3 属于不同程度的危房。② 埃及的非正规住房质量普遍不高，经常会有房屋倒塌的事件发生。居住在非正规住房聚居区的基本是中低收入群体，他们选择建造房屋的建筑材料多为廉价的不合格产品。很多房屋就是用木头、铁皮、厚纸板、碎砖、油布、帆布、麻布、芦苇或树枝搭成的。据统计，1975 年开罗郊外的曼施纳赛尔地区的穆盖塔木贫民窟内，大部分住房为罐头瓶搭建的窝棚，其中只有 5 户人家的住房选取了永久性的建筑材料。③ 这一状况一直延续到穆巴拉克时期之后。《埃及邮报》2018 年 5 月 29 日的报道援引埃及住房权利中心的研究称，埃及有 140 万套建筑有倒塌危险；一份建筑质量技术检测建议称，埃及应把 6 万套建筑进行拆除；另有非官方统计表明，埃及有违章建筑 700 多万套，其中 200 多万套为过去 8 年所建；开罗有三个区是危房较为集中的区域。④

埃及住房质量不高的另一个突出表现就是烂尾楼较为普遍，房屋楼层随意增加。穆巴拉克时期，政府规定完工的房屋需要缴税，在完工之前是不需要缴税的。因此很多家庭为了避税，往往选择半拉子工程。这些楼从外面看，好像并没有完工，房主还在盖房，但实际上很多房屋已经入住多年。烂尾楼的存在给很多家庭加盖房屋带来方便。埃及人多地少，地价不断上涨，很多家庭买了宅基地以后，就会随时随着自己家庭成员数量的增加而不断往上加盖，以满足自己的实际需要。这些经常加盖的烂尾楼不仅严重影响城市面貌，而且自身的建筑质量堪忧，房屋倒塌事件经常发生，

有严重安全隐患。如在 2010 年 7 月 2 日，开罗一栋 5 层住宅楼倒塌，造成至少 5 人死亡、3 人受伤，另有几人失踪。在 2014 年 11 月 25 日凌晨，开罗西郊一栋居民住宅楼突然坍塌，造成至少 12 人丧生、7 人受伤。埃及《金字塔报》援引政府官员的话报道说，初步调查显示，楼内居民未经允许而在楼顶私搭房屋可能是此次坍塌事故的主要原因。① 据埃及《每日新闻》，埃及有 3.2% 的住户居住在危房里，每年有 390 套住房坍塌，约 200 人因此丧生，800 个住户丧失住所。②

4. 房屋空置现象严重

埃及住房领域长期存在住房难、空置房多两个问题并存的现象。一方面，埃及住房困难，很多中低收入阶层无法获得一套合适的住房；而另一方面，大量房屋空置，常年无人居住。1986～1996 年，埃及房屋空置率由 12.8% 上升到 19.13%，其中乡村地区由 5.16% 上升到 9.11%，城镇地区由 20.06% 上升到 28.41%。③ 另一资料估计，1986 年，埃及全国的房屋空置数量达到了 180 万套，房屋空置率达到了 17%，但在开罗地区还有 52.3 万套空置住房没有计算在内。④ 城镇地区特别是大开罗地区的房屋空置现象尤为严重。1986～1996 年，大开罗地区空置房由 57.66 万套增加到 122.27 万套，房屋空置率变化不大，由 40.29% 变为 40.69%。⑤ 据 2006 年人口普查结果，埃及全国住房空置数量为 572.94 万套，占全部住房的 23.18%，其中城镇空置房为 342.81 万套，占城镇

① 马岩：《埃及首都发生住宅楼坍塌事故致 12 人死亡》，人民网，http://world. people. com. cn/n/2014/1125/c157278 - 26092182. html，最后访问日期：2018 年 3 月 5 日。
② 《机构统计显示 34% 的埃及家庭住房条件较差》，中国驻埃及大使馆经济商务参赞处，http://www. mofcom. gov. cn/article/i/jyjl/k/201704/20170402559887. shtml，最后访问日期：2019 年 6 月 20 日。
③ The World Bank, *Arab Republic of Egypt：Analysis of Housing Supply Mechanisms*, *Final Note*, p. 35.
④ Ahmed M. Soliman, *A Possible Way Out：Formalizing Housing Informality in Egyptian Cities*, p. 81.
⑤ The World Bank, *Arab Republic of Egypt：Analysis of Housing Supply Mechanisms*, *Final Note*, p. 36.

住房总量的 26.91%；乡村为 230.13 万套，占乡村住房总量的 19.22%。① 另据美国国际开发署 2008 年的调查，埃及有超过 350 万套的城镇住房闲置。②

埃及存在的大量空置房，有的是父母为孩子结婚准备的，其担心在需要使用时难以收回而不愿意出租；有的是房主为了防止通货膨胀所带来的货币贬值而进行的保值储蓄（Inflation-proof Savings）投资；有些地理位置较好的空置房，主要是房主夏日度假时使用；还有一部分住房因为租金太高而租不出去。埃及协商会议 2003 年关于埃及住房危机的报告估计，42.5% 的空置房是为家庭年轻成员将来使用的，37.5% 的空置房处于建造的不同阶段或缺少基础设施，17.3% 的空置房在市场销售。③

房屋空置问题曾经在埃及社会引发广泛的讨论。一部分人认为政府应该干预，住房作为公共资源，不能浪费，要求对空置房屋征收高昂的空置税；另一部分人认为政府不应该干预，因为住房是个人所有，私有财产不可侵犯，房主有权处置其房屋。

二 当代埃及住房问题成因

埃及的住房问题不是从来就有的，它是伴随着埃及现代化和城市化进程而来的。住房问题从无到有、从不严重到严重，是一个持续的过程。在这一过程中，埃及政府出台了一系列政策，实施了一系列规划，试图缓解或解决住房问题，但是都没有取得良好的效果，使住房问题日益严重。埃及住房问题的形成与延续，有复杂的因素。

1. 政府方面的因素

由于埃及政府长期支配住房市场，其政策与行为对住房市场影响巨

---

① David Sims and Hazem Abd-El Fattah, *Egypt Housing Profile*, p. 26.

② The World Bank, *Arab Republic of Egypt*, *Reshaping Egypt's Economic Geography: Domestic Integration as A Development Platform*, p. 34.

③ The World Bank, *Arab Republic of Egypt: Analysis of Housing Supply Mechanisms*, *Final Note*, p. 35.

大。对于埃及住房领域存在的突出问题，政府自然难逃其责。这突出表现在以下三个方面。

其一，政府投资不足。在不同时期，埃及政府在住房领域的投资会有所不同，但从总体来看，投资偏不足，无法满足住房发展需求。纳赛尔前期，埃及在住房领域的投资在总投资中所占的比例较高。据统计，1952～1960年，埃及政府在住房领域的投资占总投资的28.2%。[①] 这一时期，埃及的住房问题不突出。20世纪60年代后，埃及在住房领域的投资额与其所占的比例不高。1960～1965年，埃及住房领域的总投资约为348.2万埃镑，对农村住房的投资更少，仅约10万埃镑。[②] 1982～2000年，埃及投资住房部门771亿埃镑，占政府执行投资总额的10.4%。[③] 在2008年，埃及通过新城镇社区局落实的投资总额为376亿埃镑，在住房方面已实施的投资为80亿埃镑，占21.3%。[④] 虽然从总体上讲埃及对住房的投资在增加，但金额时常起伏不定。如2007/2008财年，埃及城镇住房总投资为138.15亿埃镑，但2008/2009财年却降至111.17亿埃镑，2009/2010财年又升至165.06亿埃镑，后连续三年下降，2012/2013财年跌至80.56亿埃镑，2013/2014财年又回升到207.16亿埃镑。[⑤]

埃及公共部门的住房投资与住房建造量不足。1982～2005年，埃及对正规住房的总投资为865亿埃镑，其中公共部门投资为264亿埃镑，只占30.5%，而私人部门投资达到601亿埃镑，占69.5%。[⑥] 2002/2003财年至2013/2014财年，埃及公共部门城镇住房投资由9.72

---

① 刘冰洁：《20世纪60-80年代埃及住房问题研究》，硕士学位论文，北京外国语大学，2014，第19页。

② Ahmed M. Soliman, *A Possible Way Out: Formalizing Housing Informality in Egyptian Cities*, p. 75.

③ 阿拉伯埃及共和国新闻部新闻总署：《在埃及投资：稳定与发展》，第20页。

④ 阿拉伯埃及共和国新闻部新闻总署：《埃及年鉴（2009）》，第135～136页。

⑤ "7-3 Housing Investments, by Sector (2002/2003 - 2013/2014)," in Central Agency for Public Mobilization and Statistics (Egypt), *Statistical Yearbook (2015)*.

⑥ The World Bank, *Arab Republic of Egypt: Analysis of Housing Supply Mechanisms, Final Note*, p. 36.

亿埃镑增加到 52.24 亿埃镑，最高的 2010/2011 财年为 59.31 亿埃镑，最低的 2004/2005 财年仅 6.77 亿埃镑；埃及公共部门投资占当年城镇住房总投资的比例，2003/2004 财年、2004/2005 财年、2006/2007 财年三个财年最低，均占 10%，最高的 2010/2011 财年为 44%，其余财年多在 20% 与 30% 之间。① 埃及公共部门建造的城镇住房数量也不多。2002/2003 财年至 2013/2014 财年，各财年埃及公共部门建造的城镇住房数量相差很大，最多的 2011/2012 财年建造了 78529 套，最少的 2005/2006 财年只建了 14136 套；同期埃及公共部门城镇住房建造量占当年城镇住房建造总量的比例，最低的是 2003/2004 财年、2006/2007 财年，仅占 10%；有 6 个财年在 16% 及以下；最高的为 2011/2012 财年，占 44%，其余基本在 30% 以下。②

外资也不重视住房投资。20 世纪 70 年代中期以来，埃及大力引进外资，外资成为埃及经济发展的引擎，但外资在住房领域的投资并不多。如在 2007 年、2008 年两年的外商直接投资中，投向房地产的资本分别为 4000 万美元和 1000 万美元，分别只占当年外商在埃及投资总额的 3% 和 1.2%。③

在住房问题，特别是低收入群体的住房问题的解决上，政府无疑是关键角色。但埃及政府在住房领域的投资严重不足，这制约了埃及住房事业的发展，最直接的影响是住房的供应量不足。

其二，埃及政府住房政策和计划存在缺陷。从纳赛尔时期开始，埃及政府针对住房问题颁布了一系列政策，实施了一些住房计划，这些政策和计划的出发点是好的，但大多没有取得良好效果，甚至导致住房问题进一步恶化。究其根源，在于这些政策和计划自身存在这样或那样的缺陷。一是强制降房租政策的负面效果明显。1952 年七月革命后，埃及政府在住房领域的一个基本政策就是强制降低房租。埃及政府颁布了一

① "7 – 3 Housing Investments, by Sector (2002/2003 – 2013/2014)," in Central Agency for Public Mobilization and Statistics (Egypt), *Statistical Yearbook (2015)*.
② "7 – 2 Dwelling Units in Urban, by Sector & Level (2002/2003 – 2013/2014)," in Central Agency for Public Mobilization and Statistics (Egypt), *Statistical Yearbook (2015)*.
③ 阿拉伯埃及共和国新闻部新闻总署：《埃及年鉴（2009）》，第 58 页。

系列降低房租的法律，保障租房人利益（有关房租制定标准的法律见表 4-13）。如 1952 年 9 月，埃及政府颁布 199 号军事法令，规定自 1952 年 10 月起，1944 年 1 月 1 日与 1952 年 9 月 18 日之间建造的房屋，下调合同房租额 15%。此后，埃及政府又陆续颁布法律，降低不同时期建造的房屋的租金和房产税。事实上，从纳赛尔时期开始，埃及的房租就被法律固定下来了，几十年保持不变。长期实行低房租，有利于低收入群体，但导致正规房供应短缺，使私人资本从房屋租赁市场与低端住房市场撤出，这使得埃及住房市场长期处于停滞状态。

表 4-13　埃及历年有关房租制定标准的法律

单位：%

房屋建造时间	房租确定标准	房租下调比例	下调生效日期	法律编号
1944 年 1 月 1 日前	1944 年 4 月当月房租额； 按照房产税免税额下调房租	— 平均 13.7	— 1962 年 1 月	1947/121 1961/169
1944 年 1 月 1 日至 1952 年 9 月 18 日	下调合同房租额； 减免房产税	15 20 13.7	1952 年 10 月 1965 年 3 月 1962 年 1 月 1 日	1952/199 1965/7 1961/169
1952 年 9 月 18 日至 1958 年 6 月 12 日	下调合同房租额； 减免房产税	20 20 13.7	1958 年 7 月 1965 年 3 月 1963 年 1 月	1958/55 1965/7 1961/169
1958 年 6 月 12 日至 1961 年 11 月 5 日	下调合同房租额； 减免房产税	20 20 13.7	1961 年 12 月 1965 年 3 月 1962 年 1 月	1961/168 1965/7 1971/169
1961 年 11 月 5 日至 1977 年 12 月	5% 地价 + 8% 建筑成本	—	—	1962/47
1977 年 12 月至 2014 年	7% 地价 + 10% 建筑成本	—	—	1977/49
1981 年至 2014 年	7% 地价与建筑成本，增加非住宅租金	—	—	1981/136

资料来源：刘冰洁《20 世纪 60-80 年代埃及住房问题研究》，硕士学位论文，北京外国语大学，2014，第 7 页。

埃及政府实施的强制降房租政策，产生的另一消极影响就是租房小费的出现。为逃避政府对房租的限制，获得更高收益，房东向租户收取高昂小费。无论是高档住房还是中档住房，租房小费都远远高出房租，一些住房的小费甚至与房价相等，有的甚至是房价的好几倍。高昂的租房小费远远超出中低收入群体的经济承受能力，进一步加剧了住房危机。同时，租房小费的出现也严重影响了社会公平，使富人凭借富余房源就可获得高额租房小费收入，而收入相当的两个家庭因是否租房而实际经济状况迥然不同。①

埃及存在大量非正规住房，也与埃及政府扭曲住房市场的不合理政策直接相关。政府控制房租导致租房市场扭曲；住房直接供应部门没有效率；建筑规定与建筑许可颁发程序复杂，难以操作，费时费力；城镇土地市场功能失调；等等。② 这些都使民众建造或获得正规住房非常困难，非正规住房成为其不得已的选择。不仅是贫困阶层，连一些受过良好教育、从事高端工作的工程师、会计、律师、教师、公务员等也建造或生活在非正规住房中。

新城镇计划先天不足。建设新城镇是埃及政府为解决就业、住房、发展不平衡等问题而实施的一项重要政策，虽取得一些成效，但也存在不少缺陷，如缺乏中央规划，缺少就业机会与社会、文化设施，缺乏活力及老城的威望，重点放在低收入群体而缺乏吸引力，住房价格对低收入群体来说较高等。③ 以十月六日城的建设为例，该城是埃及政府1979年开始建造的新城，目的是缓解大开罗地区人口过度膨胀的压力。该城位于开罗以西28公里处，是埃及最大的新城之一，面积约为500平方公里，与开罗有开罗—亚历山大沙漠公路、开罗—法尤姆沙漠公路两条公

① Christian Arandel and Manal El Batran, *The Informal Housing Development Process in Egypt*, Working Paper No. 82, France: Centre Nacional de la Recherche Scientifique (CNRS), 1997, p. 5.
② The World Bank, *Arab Republic of Egypt: Analysis of Housing Supply Mechanisms, Final Note*, p. 50.
③ Gil Feiler, "Housing Policy in Egypt," *Middle Eastern Studies*, Vol. 28, No. 2, 1992, p. 308.

路连接。① 在穆巴拉克 2005 年倡议的国家住房工程中，十月六日城作为被选定的新城之一，2008 年开始向受益人划拨土地，并于 2009 年完成划拨。截至 2012 年 4 月，该城的道路和一些基础设施还未完工，尤其是电力系统的修建远远落后于整个工程的进度。总的来看，埃及政府允诺提供的基础设施的完成量不超过总量的 60%。

从根本上看，埃及新城镇开发是典型的供给侧过程，存在诸多问题。新城镇几乎没考虑位置、目标受益群体；由于要新建基础设施，建设新城镇的费用高昂；新城镇过分依赖政府投资，其持续发展依然要巨额预算支出；吸纳人口有限，按照计划到 2005 年要吸纳人口 500 万人，但 2006 年人口普查时才有居民 76.6 万人；许多私人部门的开发商未针对市场需求进行建设，导致许多计划失败；许多新城镇，特别是工业区的新城镇产生了环境污染问题；交通、商店等基础设施不完善，生活成本高；等等。②

其三，行政效率低下以及腐败进一步加重了住房问题。埃及行政效率低下，在住房领域也不例外。在埃及中央政府、省政府、外国顾问等有关方面之间要经历艰难的谈判，一个项目的洽谈、审批常常要花费 2～3 年甚至更长的时间。如伊斯梅利亚省政府与外国顾问就海克（El Heker）升级改造项目协议谈判了超过两年，埃及与美国国际开发署就赫勒万升级改造项目协议谈判了四年。

埃及按揭贷款发展不快，这与埃及烦琐的不动产登记制度有关。埃及在 1946 年颁布了《房契法》（第 114 号法）、1964 年颁布了《所有权法》（第 142 号法），建立了现代意义的不动产登记制度，但由于官僚主义与烦琐要求，房产登记进展甚微。在开罗，所有的非正规不动产，甚至大部分正规房产都未登记。而没有登记，房产就无法进行按揭贷款。美国国际开发署 2005 年的一份报告指出："目前的状况是，对申请人来说，埃及不动产登记制度被描述为费力而复杂的制度，官僚主义严重，

---

① Ahmed M. Shalaby, "Implications from Recent Experience of An Incremental Housing Project in Egypt," *Open House International*, Vol. 39, No. 4, 2014, p. 11.

② David Sims and Hazem Abd-El Fattah, *Egypt Housing Profile*, pp. 70 - 71.

不受欢迎，目前的制度形式无力推动房地产按揭贷款金融市场发展。"①

埃及的腐败问题长期存在。特别是在萨达特后期和穆巴拉克后期，腐败盛行，住房问题也受其影响。埃及的小费现象十分普遍，甚至成为埃及社会正常运转必不可少的环节。在埃及政府部门办事，需要根据不同的事项支付不同数量的小费，一般为 30 ~ 100 埃镑。② 在埃及建造住房，需要得到埃及政府的批准，需要到政府部门办理相关手续。而一般的正规手续需要经过 31 个部门，走 77 个官方程序，这个过程一般需要花费 6 ~ 14 年。③ 如果走完一整套程序，那么需要给政府雇员一笔数额不小的小费。这笔费用对很多中低收入群体来说，无疑是难以负担的，很多人就不去政府注册，这在一定程度上导致埃及的非正规住房现象非常普遍。另外，腐败使得很多住房计划无法落到实处，很多为中低收入阶层建造的经济适用房却被权贵所占。

腐败对埃及住房问题的影响还体现在有很多官员插手住房项目，利用手中的权力为自己或朋友在项目中捞取利益。住房、公共设施与城镇发展部前部长马格拉比就是其中的一位。他和侄子官商勾结，获取廉价土地和税收优惠，打造出埃及有名的棕榈山房地产开发公司。④ 马格拉比利用手中的权力，为自己的侄子在土地获取、承包项目上提供很多帮助。后马格拉比本人因贪污受贿、滥用权力、洗钱等罪名被调查处理。

自 20 世纪 70 年代起，埃及有诸多法律与规定禁止建设非正规住房并对其予以惩罚，尤其是对在农业用地上的非正规住房建设加以严惩。但由于这些法律的强制力弱以及地方政府的腐败，这些法律只在阻止整块私有农业用地转变为住房用地时才有效。2011 年剧变后初期，所有控制非正规住房建设的措施消失，非正规住房建设随之泛滥。⑤

---

① David Sims and Hazem Abd-El Fattah, *Egypt Housing Profile*, p. 100.

② 颜武：《埃及："革命"未能免于腐败》，《廉政瞭望》2016 年第 2 期，第 89 页。

③ Abdel Hamid Hassaballa El Kafrawy, Housing Policy and Finance in Egypt: Extending the Reach of Mortgage Credit, Dissertation for Degree of Doctor of Philosophy, University of Glasgow, 2012, p. 39.

④ 颜武：《埃及："革命"未能免于腐败》，《廉政瞭望》2016 年第 2 期，第 88 页。

⑤ David Sims and Hazem Abd-El Fattah, *Egypt Housing Profile*, p. 12.

2. 经济与社会因素

住房同样也是个经济发展问题。住房是埃及经济发展的重要行业。在 2004 年，埃及住房设施的增加值占该国增加值总额的 5.6%，属于埃及第 7 大产业部门；在 2002 年，埃及住房建筑部门的雇员有 153 万人。[①] 据埃及《每日新闻》的报道，在 2015 年，埃及房地产税收收入达 12.94 亿埃镑。[②] 埃及住房、公共设施与城镇发展部部长穆斯塔法·马德布利 2017 年 11 月称，房地产行业是 2017 年埃及增长最快的行业，前三季度的增速达 10.8%，房地产投资占 2017 年埃总投资的 18.5%。[③] 但总体来看，埃及住房行业在经济中并不占主导地位。这是埃及长期以来的经济发展战略与经济结构所决定的。纳赛尔时期，埃及奉行国有化经济发展战略，重点发展重工业。萨达特实行开放政策后，石油、旅游业、苏伊士运河、侨汇成为埃及经济发展的四大支柱产业，这在穆巴拉克时期乃至 2011 年埃及剧变之后依然如此。在埃及经济发展战略中，住房属于边缘化行业。同时，尽管埃及经济取得长足发展，但经济在总体上仍发展滞后，水平不高，这也决定了埃及对住房的总投入不足。

埃及经济的痼疾，如高失业率、融资难等也加剧了住房困难。高失业率是埃及长期存在的顽疾，其中青年失业率更高。在15～29 岁的人口中，1988 年、2006 年和 2009 年三年的男性失业率分别为 32.3%、21.2% 和 23.7%，女性失业率更高，分别达到 85.5%、81.4% 和 87.5%。[④] 高失业率影响民众的经济收入，而高企的房价使人们难以负担购买住房所需的费用。对埃及青年来说，很多人面临购买婚房的问题，

---

① 李超民编著《埃及社会保障制度》，第 263 页。

② 《2015/2016 财年埃及房地产税收收入达 12.94 亿埃镑》，中国驻埃及大使馆经济商务参赞处，http：//eg. mofcom. gov. cn/article/jmxw/201711/20171102676646. shtml，最后访问日期：2019 年 12 月 27 日。

③ 《2017 年前 3 季度埃房地产业增速为 10.8%》，中国驻埃及大使馆经济商务参赞处，http：//eg. mofcom. gov. cn/article/jmxw/201711/20171102671045. shtml，最后访问日期：2020 年 11 月 15 日。

④ *Egypt Human Development Report 2010*，p. 151.

而失业使这一问题无从谈起，这无形之中加剧了埃及的住房危机，许多青年不得不与父母住在一起。融资难也是埃及住房困难的突出因素。如在 2014 年 2 月，埃及央行推出了长达 20 年的住房抵押贷款方案，实行梯度利息，低收入阶层的利息为 5% ~ 7%，中等收入阶层为 8%，高收入阶层为 10.5%。埃及央行在 2014 年划拨 100 亿埃镑作为第一期资金来支持该方案，到了 2017 年，总共划拨了 200 亿埃镑。但到 2019 年，这一方案却变成只针对低收入阶层实施。而对于低收入阶层来说，即使埃及提供贷款，他们也买不起房。所以，住房抵押贷款方案名存实亡。通货膨胀也是影响住房信贷的重要因素。通胀高，利率就高。2019 年 5 月，埃及商业银行的贷款年利率是 17%，住房抵押贷款尽管得到政府支持，但利率也达 10%，很多人就算有资格贷款，也因不想承担高额利息而放弃购房。

　　埃及长期存在的社会问题，如贫富差距、人口膨胀等对住房问题也有影响。埃及的贫富差距在纳赛尔时期并不大，但在萨达特时期，由于政府实行的开放政策和私有化政策，埃及的贫富差距迅速拉大。在穆巴拉克时期，埃及贫富差距大的问题依然没有得到有效解决，20% 的富人占有社会财富的 55%，而 60% 的穷人仅占有 18% 的社会财富。[①] 贫富差距大导致的一个结果就是富有家庭拥有不止一套住房，而大量贫困家庭则无处立足。根据埃及计划部 2001 年的调查数据，埃及国内有 2% 的家庭拥有 3 套住房，8% 的家庭拥有 2 套住房；在城市地区，10% 的家庭占有了 19.6% 的住房。[②] 贫富差距导致住房差距。房价收入比是衡量房价高低的一个重要指标。埃及的房价是家庭年度收入的 7 倍，在中东地区仅次于阿尔及利亚（12 倍），与摩洛哥相同，而约旦为 3 倍，突尼斯为 6 倍，土耳其为 5 倍；埃及住房自有率不高，仅为 32%，大大低于约旦（75%）、突尼斯（67%）、土耳其（60%）、摩洛哥（46%）、阿尔及利

①　田文林：《对当前阿拉伯国家变局的深度解读》，《现代国际关系》2011 年第 3 期，第 32 页。

②　The World Bank, *Arab Republic of Egypt: Analysis of Housing Supply Mechanisms, Final Note*, p. 25.

亚（45%）等，也远远低于美国（61%）和墨西哥（83%）。①造成这一现象的一个重要原因就是埃及的贫富悬殊。

综上所述，埃及住房领域存在的一系列突出问题，反映了埃及住房问题的严重性与复杂性。埃及住房问题的恶化，既有现代化进程中所难以避免的客观性原因，如城市化与工业化带来的人口快速向城市聚集；也有埃及政府投资不足、政策缺陷等主观原因。

第三节　当代埃及住房问题的影响

埃及住房问题自纳赛尔时代出现以来，一直没有得到很好的解决，且有愈益恶化的趋势。住房问题的恶化，对埃及发展产生了许多消极影响。

一　住房问题与埃及政治稳定

埃及住房问题的出现及其不断恶化，影响了埃及民众特别是低收入群体的正常生活与幸福感，是埃及民众对政府不满的一个重要方面，是影响埃及政治稳定的一个因素，其中最突出的问题是大量非正规居住区的出现。

虽然非正规居住区也有个别生活环境较好的地区，但绝大多数属于贫民窟。有学者称此类居住区为"城市边缘区"。其基本特征是：位于城乡接合部；存在高比例的低收入人口；人口极其稠密；合住现象较为普遍，房间内拥挤不堪；卫生和教育条件差；社会问题严重，犯罪率高，离婚率高；家庭、邻里关系不睦；多数住房环境差；缺乏基础设施和公共服务；街道狭窄；工商业活动区与居民生活区相互交错；等等。②

贫民窟在大多数国家是伴随城市化进程而出现的，埃及也不例外。贫民窟的形成大多是因为中低收入群体无法解决住房问题，其既是住房

---

① Stephen Everhart, Berta Heybey and Patrick Carleton, *Egypt：Overview of the Housing Sector*, p. 14.

② 毕健康：《埃及现代化与政治稳定》，第 213 页。

问题的体现，也是个社会问题。对于埃及贫民窟的人口，各方数据不一。
2003 年联合国人居署的统计显示，埃及的贫民窟人口占城市总人口的
33.9%，约有 1180 万人生活在贫民窟内。① 世界最大的 30 座贫民窟中，
中东地区有 6 座，其中 4 座在开罗。② 据联合国人居署的统计，2014 年
生活在贫民窟的城市人口占埃及城市总人口的 10.6%。③

埃及贫民窟数量较多，规模较大，主要集中在开罗地区。据统计，
在大开罗都市区的贫民窟数量超过 100 座，近 70% 的城市居民生活在其
中。④ 埃及最大的两座贫民窟——印巴巴贫民窟和埃兹贝特埃尔—哈格
嘎纳贫民窟的人口都在 100 万人左右，在全球最大的 30 座贫民窟中分居
第 13 位和第 14 位。埃及贫民窟内的居住环境恶劣，其住房大多不符合
建筑标准，缺乏专门的通风和采光设计，往往采用非永久性的建筑材料。
"死人城"原本是马穆鲁克的坟墓区，被周边的高速公路和围墙环绕，
后第三次中东战争时从苏伊士运河地区后撤到开罗的难民大多居住于此。
在此地的居住者纷纷把墓地改造成住房，原先存放骨灰的壁龛被用来放
置衣物或电视，墓碑之间挂着绳子晾晒衣服。

萨达特执政末期，极端势力一直是影响埃及政治稳定的关键力量，
是埃及政府的心头大患，而贫民窟的恶劣环境，为极端势力的渗透提供
了温床。贫民窟常常是被埃及政府遗忘的角落，政府在贫民窟提供很少
的基础设施与服务。在基本的社区用水方面，超过 50% 的贫民窟居民无
法得到城市安全供水。在非政府组织的资助下，下水道等卫生设施在各
贫民窟有所发展，但即使是覆盖率相对较高的埃兹贝特埃尔—哈格嘎纳

---

① 〔美〕迈克·戴维斯：《布满贫民窟的星球》，潘纯林译，新星出版社，2009，第
245 页。

② Marwa A. Khalifa, "Redefining Slum in Egypt: Unplanned Versus Unsafe Areas,"
Habitat International, Vol. 35, No. 1, 2011, pp. 40 – 49. 这 4 座贫民窟分别为印巴
巴贫民窟、埃兹贝特埃尔—哈格嘎纳贫民窟、死人城和曼施纳赛尔城。

③ 《埃及有 2600 万人居住在非正规居住区域》，中国驻埃及大使馆经济商务参赞处，
http://eg.mofcom.gov.cn/article/jmxw/201711/20171102667000.shtml，最后访问
日期：2018 年 12 月 7 日。

④ 〔美〕迈克·戴维斯：《布满贫民窟的星球》，潘纯林译，第 30 页。

贫民窟，连通下水道的家庭也不到50%。① 很多家庭需要共用一个公共水龙头，有的则需要去较远的地方取水。1976年，埃及四大贫民窟之一的印巴巴贫民窟只有42%的建筑连接上了生活用水供应系统，凯迈勒贫民窟则只有16%。② 埃及政府在贫民窟社会服务方面的缺位，为极端组织的渗入提供了良机。极端组织在贫民窟内提供一些基本的市政服务，实际上在这一地区行使了政府的某些职能，解决老百姓的实际问题，具有相当的社会基础。③ 埃及政府多次在贫民窟采取行动打击极端势力，如在1993年，埃及政府就在开罗贫民窟发动了34次清剿作战。据有关资料的统计，1993~1996年，双方的对抗造成2610人死亡，33235名极端分子被逮捕。④

在1993年5月，穆巴拉克宣布在全国范围内实施贫民窟升级改造项目，在未来10年内投入55亿埃镑。⑤ 但这一项目进展迟缓。根据埃及地方发展部信息中心的数据，截至2004年，贫民窟升级改造项目才完成了总量的24%。⑥

作为民生重要方面之一的住房问题在埃及不断恶化，住在墓地、修车铺、贫民窟、渔船上、店铺内的现象非常普遍。不仅是低收入阶层的住房问题严重，很多中产阶级也很难购买或租到合适的住房；而且埃及的人口结构中青年所占比例较大，这一部分人又急需住房。住房问题的恶化，使得民众对政府的不满增加，在2011年埃及剧变中，解决住房问题成为民众的诉求之一。

---

① Hani Serag et al. , *Voices from Urban Settings in Egypt*, Cairo： Association for Health and Environmental Development, 2007, p. 18.

② Moustafa Abdel Khalek Mourad, The Need for A New Approach：Analysis of the Built Environment of Informal Settlements and Housing Policy in Egypt, Dissertation for Degree of Master of Science, Columbia University, 1983, p. 125.

③ 李超民编著《埃及社会保障制度》，第226页。

④ 王海利：《埃及通史》，第295页。

⑤ Ahmed M. Soliman, *A Possible Way Out： Formalizing Housing Informality in Egyptian Cities*, p. 89.

⑥ The World Bank, *Arab Republic of Egypt： Analysis of Housing Supply Mechanisms, Final Note*, p. 51.

二　住房问题与埃及经济发展、社会稳定

埃及政府当然也认识到房地产行业对经济发展的作用。2015 年 3 月，埃及政府在沙姆沙伊赫市召开"埃及经济投资会议"，强调政府将致力于通过对房地产的投资来促进埃及经济的快速增长。此外，房地产行业也与水泥、钢材等行业密切相关，可带动相关产业的发展。房地产行业是劳动力密集型行业，可吸纳大量劳工，有助于解决埃及长期存在的高失业问题。埃及工业联合会房地产分会主席塔里克·舒克利（Tarek Shoukry）2017 年 3 月称，埃及房地产投资领域包括 100 个行业，直接雇用工人约 50 万人，房地产行业占埃及 GDP 的 16%。[①]

埃及住房问题长久难以得到有效的解决，对社会稳定产生了许多消极影响。很多来到城市务工的农村人，梦想在城市能够成家立业，但作为埃及社会的中低收入阶层，其普遍无法获得一套与自己经济能力相适应的住房，这使他们的理想破灭，期望受挫，对社会慢慢产生一种疏离感。现实与期望的较大差距会使人们产生不满、受挫的心理，提高了社会不安定的可能性。[②] 但与此形成鲜明对比的是，埃及的房屋空置现象却十分严重，许多富人拥有数套住房，社会各阶层的贫富差距不断扩大。这导致了社会凝聚力的下降，中低收入群体迫切需要通过改革来争取自身合法权利，结果必将影响埃及社会的安定。

住房问题对埃及青年的婚姻产生了消极影响。埃及的婚姻风俗与中国有不少相似之处，尤其在婚房的问题上。与中国一样，埃及的婚房主要由新郎及其家庭提供，而且在一般情况下，这也是新娘一方的必备要求，很少妥协。在很多订婚后悔婚的案例中，住房问题往往是一个十分重要的影响因素。埃及青年的结婚支出中，住房估计占 30%，住房首付

---

① 《埃房地产行业产值占国民生产总值 16%》，中国驻埃及大使馆经济商务参赞处，http：//eg. mofcom. gov. cn/article/jmxw/201703/20170302543058. shtml，最后访问日期：2017 年 3 月 27 日。

② 刘冰洁：《20 世纪 60–80 年代埃及住房问题研究》，硕士学位论文，北京外国语大学，2014，第 25 页。

款大约需 3 年的工资。① 购房难又进一步导致结婚、生育延后。据抽样
调查，埃及 1960 年出生的男性结婚的中位年龄是约 27 岁，1970 年出生
的则约为 28 岁。②

　　随着埃及高等教育的发展，埃及青年的受教育水平不断提高，导致很
多青年在婚后不愿意与父母同住，小夫妻想要独自居住。这从埃及新婚夫
妻中组成核心家庭的比例的变化中就可以看出。2007～2011 年，埃及结婚
的夫妻中有 77% 从一开始就组成核心家庭，而 2000～2005 年这一比例为
63%。③ 因此，这种变化也在一定程度上加大了对住房的需求，但埃及的
住房问题使得很多人负担不起买房的高昂费用，甚至也很难租到合适的房
子。住房成为埃及青年结婚时面临的一个严重问题，很多青年因此而被迫
推迟结婚。由买房难导致的结婚难，会引发一系列社会问题。一方面，很
多青年处于性待业期，出现强奸等性犯罪的可能性提高；另一方面，很多
青年实行不被社会认可的"事实婚姻"，很多伊斯兰保守人士对这一现象
持强烈反对态度，认为这对埃及社会的稳定会产生不利影响。

　　埃及住房问题的恶化，还产生了侵占农业用地等严重问题。埃及本
就是人多地少特别是耕地少的国家，因此政府禁止占用农业用地建房。
但大量非正规住房多数建在城市周边地区的农业用地上。埃及的土地拥
有者先弃耕，把农业用地变成"Bour"（即贫瘠地、荒地），再通过复杂
耗时的程序获得官方文件，接下来该土地将被分割、出售以用于住房建
造。埃及农业用地转为"Bour"的普遍做法是：首先，农民把自己的农
田弃耕 1～2 年；其次，通知开发商和邻居可以往自己的农田免费扔垃
圾，或者放出消息说自己的地块可以给年轻人免费踢足球，甚至自己购
买一些运动器材来吸引年轻人，一段时间以后，这块地就完全失去了耕

① Ragui Assaad, Caroline Krafft, Dominique J. Rolando, *The Role of Housing in the Timing of Marriage in Egypt, Jordan, and Tunisia*, p. 2.

② Ragui Assaad, Caroline Krafft, Dominique J. Rolando, *The Role of Housing in the Timing of Marriage in Egypt, Jordan, and Tunisia*, p. 9.

③ Ragui Assaad, Caroline Krafft, Dominique J. Rolando, *The Role of Housing in the Timing of Marriage in Egypt, Jordan, and Tunisia*, p. 2.

地的特征；最后，向测量监督局申请变更土地用途。在调查人员来之前，申请人会和邻居商量好，保持口风一致，一般为了达到目的，申请人会根据土地的位置和面积给调查人员 50～200 埃镑的好处费。[①] 据估计，到 20 世纪 90 年代中期，已有超过 100 万费丹的农业用地被撂荒，其上建立了大量非正规住房。[②] 另据艾哈迈德·M. 索利曼的调查，大开罗地区的非正规住房侵占农田的面积达到 105.5 平方千米，亚历山大地区的非正规住房侵占农田的面积达到 23.8 平方千米，坦塔市的侵占面积为 5 平方千米。[③]

综上所述，埃及住房政策与市场的一个突出特点是政府主导。由政府对房屋租金进行控制，大力推行各种住房计划。可以说，政府是埃及住房领域的主角。埃及虽然允许私人部门进入住房供应体系，但在政府主导的补贴住房项目中没有其位置。截止到 2005 年，没有一家私人企业介入补贴住房项目的开发工作，甚至大多数住房建设项目都留给了国有建筑公司。总体而言，埃及历届政府非常重视住房问题，特别重视低收入群体的住房问题，但主要是在供给侧发力，政策效果不佳、局限性突出。戴维·希姆斯与哈泽姆·阿卜德·法塔赫对此分析道："截至 2011 年，埃及住房供应政策主要局限于社会住房计划，即使所有计划的目标都实现，也只能满足城镇 15%～25% 的低收入家庭的住房需求。以往的住房计划在很大程度上是供给侧计划，无论是在新城镇还是在各省，都只是旨在增加住房套数，住房常常建在国家土地上，地理位置偏僻，难以和已有城镇繁华地区形成一体。另外，与住房政策有关的法律也不清晰，这些法律没有使穷人甚至中等收入家庭更易买得起住房，大多数法律反而使住房更贵，穷人和中等收入家庭更不易购买得起住房。"[④]

---

① The World Bank, *Arab Republic of Egypt: Analysis of Housing Supply Mechanisms, Final Note*, p. 56.

② The World Bank, *Arab Republic of Egypt: Analysis of Housing Supply Mechanisms, Final Note*, p. 4.

③ Ahmed M. Soliman, *A Possible Way Out: Formalizing Housing Informality in Egyptian Cities*, p. 146.

④ David Sims and Hazem Abd-El Fattah, *Egypt Housing Profile*, p. 13.

非常突出的住房问题，对埃及的政治稳定和经济发展、社会稳定产生了许多消极影响。住房问题的恶化，尤其是很多中产阶级也无法获得合适的住房，使得民众对政府的不满日益增加，这也是"1·25革命"爆发的原因之一。埃及住房问题的日益严重，使得房地产行业没有发挥出对经济发展应有的促进作用，这反过来又恶化了住房问题，形成恶性循环。对于埃及住房领域遭遇的困境，政府难辞其咎，根子还在于经济发展。从长远看，在埃及住房问题的缓解与解决上，政府的顶层设计至关重要，除了关注低收入者，政府要关注中产阶级的住房需求，而增加民众收入、提高住房购买力是关键。

埃及的住房政策以及住房困境，给我们解决住房问题以许多启示。其一，应该注重积极发挥私人部门的作用。埃及住房政策的基本特点是政府主导住房计划的制定和实施以及住房分配，这造成政府财政负担过重，而且供给、分配效率低下，腐败问题出现。因此，政府应该多渠道解决住房投入问题。虽然私人部门已在埃及住房供应中充当了重要角色，但没有进入公共住房领域，政府应充分发挥私人部门的作用，这样可以大大减少财政负担。其二，加强城镇土地规划，发展集约住房。埃及虽然国土面积并不小，但适宜生活的土地却不多，土地资源十分紧缺，然而埃及住宅楼普遍不高，城镇以"摊大饼"方式发展，面积不断扩大，加上非正规住房的无序发展与泛滥，侵占了大量宝贵的耕地资源。因此，政府应加强城市规划，增加住宅楼的建筑高度，使其能够容纳更多的居民。其三，发挥市场调节作用，重点从需求侧解决问题。埃及住房政策的指导路径是从供给侧出发的，主要是大力增加住房的提供数量，但实际存在的问题之一是大量房屋空置，这是由住房供应与需求不匹配所致的。埃及政府提供的公共住房多建在新城镇，而新城镇因位置较偏、基础设施不完善等而缺乏吸引力。埃及政府主要提供经济型住房，而低收入者很难买得起房，需要住房的中等、中上等收入者的购房需求无法得到满足。因此，应该充分发挥市场的调节作用，以市场需求来调节住房的供给，减少住房资源的闲置与浪费。

第五章

当代埃及医疗卫生事业的发展与改革

　　医疗卫生事业事关民众身体健康与生活幸福，是基本民生问题之一。埃及现代医疗卫生事业始于穆罕默德·阿里时期。纳赛尔时期，基本建立了埃及现行的公共医疗卫生制度。萨达特时期，埃及私立医疗卫生事业有所发展。到穆巴拉克时期，埃及医疗卫生事业有了不小的发展，但也面临诸多困境。本章重点分析穆巴拉克时期埃及医疗卫生事业的发展、改革及存在的问题。

第一节　当代埃及医疗卫生事业发展概况

　　穆罕默德·阿里时期，埃及在进行强国强军改革的同时也致力于医疗卫生事业的发展。1827 年，穆罕默德·阿里在埃比·祖阿拜勒创建了医学院，该学院于 1837 年迁到开罗的艾因宫，其附属医院艾因宫医院当时可容纳 1000 余名病人、300 名学生；1838 年，艾因宫医院创设了埃及第一个妇产科。① 英国统治埃及期间，为抗击流行病，扩建了埃及已有的基础卫生设施，私人治疗也逐渐兴起。纳赛尔执政初期，在埃及全国范围内建立了许多"综合社区医院"（General Collective Unit），向社区成员提供包括医疗服务在内的多种服务。萨达特执政后，实行开放政策，埃及的私立医疗机构迅速发展起来。② 穆巴拉克时期，埃及的医疗卫生事业有了长足的发展。

---

① 阿拉伯埃及共和国新闻部新闻总署：《埃及年鉴（2004）》，第 178 页。
② Samer Jabbour et al. , eds. , *Public Health in the Arab World*, New York：Cambridge University Press，2012，p. 480.

一 埃及医疗卫生资源基本状况

1. 医疗设施

医院等医疗卫生设施是医疗卫生服务的载体与基础。埃及的医疗设施包括公立医院与中心医院、各种乡村医疗保健机构、妇幼保健机构和科研机构等。

从表5-1中可以看出，1981/1982年，埃及主要医疗卫生设施共有床位84163张，公立医院与中心医院169家（床位数为21149张），乡村卫生所1880家（床位数为1111张），乡村医院39家（床位数为7584张）。到1996/1997年，上述设施的数量分别达到119463张、219家（33800张）、2350家（5400张）、200家（10600张）。到2000/2001年，上述设施的数量再分别增加到136000张、246家（43500张）、3500家（9100张）、475家（12500张）。

表5-1 1981/1982年至2000/2001年埃及主要医疗卫生设施的发展状况

单位：张，家

年份	1981/1982	1996/1997	1997/1998	1998/1999	1999/2000	2000/2001
床位数	84163	119463	124000	130500	132500	136000
公立医院与中心医院	169	219	227	236	239	246
公立医院与中心医院床位数	21149	33800	35600	40800	42000	43500
乡村卫生所	1880	2350	2700	3050	3250	3500
乡村卫生所床位数	1111	5400	6800	7900	8400	9100
乡村医院	39	200	275	375	425	475
乡村医院床位数	7584	10600	11000	11500	12000	12500

注：原表单位为"千"，结合其他年份的埃及年鉴与《埃及二十一年成就（1981－2002）》相关数据，原表单位有误。各资料对埃及医疗卫生机构的称呼不一，笔者结合埃及年鉴，把原表中的"公共医院"统称为"公立医院"，把"乡村保健单位"统称为"乡村卫生所"。

资料来源：阿拉伯埃及共和国新闻部新闻总署《埃及年鉴（2000）》，第185页。

表 5 - 2 反映了进入 21 世纪后埃及主要医疗卫生设施的发展状况。可以看出，2002/2003 年至 2008/2009 年，埃及的公立医院与中心医院由 228 家增加到 412 家，主要医疗卫生设施的床位数由 14.3 万张增加到 20.8 万张。可见，在穆巴拉克执政晚期，埃及医疗卫生设施数量显著增加。

表 5 - 2　2002/2003 年至 2008/2009 年埃及主要医疗卫生设施的发展状况

单位：家，万张

年份	2002/2003	2003/2004	2004/2005	2005/2006	2006/2007	2008/2009
公立医院与中心医院	228	250	292	326	387	412
乡村医院		631	783	757		
床位数	14.3	14.31	14.76	15.7	17	20.8

资料来源：笔者根据阿拉伯埃及共和国新闻部新闻总署相关年份的埃及年鉴有关数据制作。

2011 年穆巴拉克政府倒台后，埃及医疗卫生设施继续发展。以农村为例，据埃及中央公共动员与统计局的农村生活状况和基础设施状况的报告，到 2015 年底，埃及农村约 83.3% 的村庄有药店，69.7% 的村庄有医疗点，60.2% 的有私人诊所，2.1% 的有私立医院。[①]

埃及的医疗卫生设施主要分为公立和私立两大类。公立医疗卫生设施主要指的是埃及卫生与人口部下属的医疗单位，另外还包括教育部所属的大学医院、国防部下属的医院等。埃及公立医院尚没有建立转诊制度，有的区医院已经建立了相关的医疗项目，进行转诊示范。埃及的私立医疗卫生机构由非营利性和营利性机构两大类组成，主要包括私人诊所、医院、药店、清真寺和教堂等。据埃及卫生与人口部 2005 年的估

---

① 《埃及中央公共动员与统计局（CAPMAS）发布农村生活状况和基础设施状况的报告》，中国驻埃及大使馆经济商务参赞处，http://eg.mofcom.gov.cn/article/jmxw/201601/20160101229121.shtml，最后访问日期：2018 年 2 月 7 日。

计，私立医疗卫生机构床位数约占埃及全国总床位数的 16%①，但在服务质量、临床效果和病人满意度方面比公立医疗卫生机构要高很多。

此外，埃及针对专门疾病的专业医院和科研机构、医疗设备等其他医疗资源也在不断发展。在 2000 年，埃及投入使用了 8 个国际肿瘤中心、4 个心脏中心、10 个烧伤中心、7 个隔离中心，创建了中东地区第一家配有医疗专家及现代化设备的"病毒实验室"。② 此外，在这一年，埃及还新建了 165 个保健站与保健医院、20 个心理医院、7 个一日手术诊所、325 个急救点、570 个妇幼保健中心和 7 个国际接种中心。③ 2001年，埃及建立了地方病和肝病医院并将之作为热带医学研究院的附属医院，建设制氧车间并投入服务，建设了 26 个急救中心，392 个妇幼保健中心；在哈姆拉地区建立了托老所。④2001 年，埃及新建了 480 个面向偏远地区的移动门诊、约 3088 个医护站和 89 个专业医护中心，发展建立了 97 家妇产所，耗资 3650 万埃镑建立了开罗大学口腔医院，耗资 2 亿埃镑在卢克索、亚历山大东部大马哈拉和曼苏拉落成 4 家心血管医学院。⑤ 2002 年，埃及新建了开罗国家血库调配中心及分布各省的 7 个地区血库，扩建及装备了 30 个国家级血库调配中心，提供 50 辆分布各省的装备完善的采血车。⑥ 2007 年，埃及投资 2.29 亿埃镑为各省医院配备了各种 X 光机。⑦在 1995 年，埃及医疗设备市场总额达到 1.1 亿埃镑，但埃及没有能力生产满足国内市场需要的医疗设备，绝大部分医疗设备依赖进口。⑧

---

① 杨善发：《埃及的医疗卫生改革与民主化困境》，《中国农村卫生事业管理》2013年第 2 期，第 152 页。

② 阿拉伯埃及共和国新闻部新闻总署：《埃及年鉴（2000）》，第 184 页。

③ 阿拉伯埃及共和国新闻部新闻总署：《埃及年鉴（2000）》，第 183~184 页。

④ 阿拉伯埃及共和国新闻部新闻总署：《埃及年鉴（2001）》，埃及驻华使馆新闻处，2001，第 162 页。

⑤ 阿拉伯埃及共和国新闻部新闻总署：《埃及年鉴（2002）》，第 116 页。

⑥ 阿拉伯埃及共和国新闻部新闻总署：《埃及年鉴（2003）》，第 129 页。

⑦ 阿拉伯埃及共和国新闻部新闻总署：《埃及年鉴（2009）》，第 119 页。

⑧ 章晋生：《埃及高技产业的发展状况》，《全球科技经济瞭望》2001 年第 5 期，第37 页。

2. 药品

埃及现代医药产业创立于 1939 年，其医药市场被认为是中东和北非地区最大的医药市场，在整个中东和北非地区拥有最大的生产和消费规模。2004 年，埃及约有 62 家制药厂在运营，其中 47 家是私营企业。[①]到 2005 年，埃及的制药厂数量增加到 64 家，其中 49 家为私营制药厂。[②]到 2010 年，制药厂的数量已增至 70 余家，包括本地公司，也包括跨国企业的本地子公司，其产品出口到 45 个国家和地区。[③] 埃及的药品产值在整个中东和北非地区排在前列且不断增长。据统计，在 1998 年，埃及的药品产值约为 11.4 亿美元，消费 11.7 亿美元。[④] 2003 年，医药市场销售额为 65.6 亿美元，国内药品产值为 55 亿埃镑。[⑤] 2004 年，埃及医药市场销售额增长至约 71 亿美元，到 2005 年，埃及医药市场销售额进一步增长到 72.11 亿美元，国内药品产值达 61 亿埃镑。[⑥] 尽管埃及的医药市场总量很大，但由于人口众多，其人均药品消费水平并不高。在 20 世纪末，埃及人均药品消费约为 18.6 美元，排在黎巴嫩（62 美元）、沙特阿拉伯（39 美元）、约旦（35 美元）和突尼斯（27 美元）之后；而当时的全球水平约为人均 74 美元。[⑦] 2000 年，埃及在奥布尔城建成最大的制药及医疗器械工厂，使埃及药品出口价值达 2 亿埃镑。[⑧] 2004 年，埃及药品出口总额达 4.4 亿埃镑。[⑨]

埃及的国内药品是由当地的国有和私人公司及跨国公司生产的。

[①] 阿拉伯埃及共和国新闻部新闻总署：《埃及年鉴（2004）》，第 181 页。

[②] 阿拉伯埃及共和国新闻部新闻总署：《埃及年鉴（2006）》，第 174 页。

[③] Heba Wanis, "Agreement on Trade-Related Aspects of Intellectual Property Rights and Access to Medication: Does Egypt Have Sufficient Safeguards against Potential Public Health Implications of the Agreement," *The Journal of World Intellectual Property*, Vol. 13, No. 1, 2010, p. 26.

[④] 刘建军：《浅谈埃及的医药市场及管理》，《全球经济瞭望》2001 年第 5 期，第 41 页。

[⑤] 阿拉伯埃及共和国新闻部新闻总署：《埃及年鉴（2004）》，第 181 页。

[⑥] 阿拉伯埃及共和国新闻部新闻总署：《埃及年鉴（2006）》，第 174 页。

[⑦] 刘建军：《浅谈埃及的医药市场及管理》，《全球经济瞭望》2001 年第 5 期，第 41 页。

[⑧] 阿拉伯埃及共和国新闻部新闻总署：《埃及年鉴（2000）》，第 184 页。

[⑨] 阿拉伯埃及共和国新闻部新闻总署：《埃及年鉴（2004）》，第 181 页。

1981 年，埃及的药品自给率仅为 73.6%；到 2000 年，埃及药品自给率为 94%，2002 年药品自给率增长到 95%[①]，2004 年达 96%[②]。到 2008 年，埃及的药品生产占其药品需求的 94%，埃及药品出口到阿拉伯、非洲和欧洲的 90 个国家和地区。[③]

此外，埃及还有许多天然药品。埃及使用天然药品的历史悠久。早在古埃及时期，埃及人就利用草药治疗各种疾病，至今在埃及民间仍有不少草药疗法广为流传。随着天然药品的兴起，草药在埃及日渐流行，埃及政府对此也持比较积极的态度。1996 年，埃及卫生与人口部组建了药用植物应用研究中心，专门负责天然药品的试验、研究与注册。在埃及国家研究中心制定的 1998～2001 年第四个四年研究计划中，天然药品的研究是主要内容之一。具体研究项目有埃及护肝药品的产业化、药用植物的提取工艺、利用动物生产药物、埃及民间药用植物及海洋生物的研究，以及药用植物的种植等。[④] 但埃及天然药品产业的规模仍比较小，产品出口以原料为主，每年药用植物的出口约为 3000 万美元，其中薄荷、春黄菊以及小豆蔻在美国市场的份额约为 6%。阿拉伯植物药物公司是埃及著名的植物药品公司，该公司注册的天然药品有 50 多种，生产的产品有人参片、花粉胶囊、姜片以及南瓜子油等，年销售额约为 1000 万埃镑（约合 270 万美元）。[⑤]

埃及的防疫接种水平居中东地区前列。埃及生物药剂与防疫总局提供所有防疫接种疫苗，包括细菌性感冒和病毒性感冒的疫苗，提供结核病疫苗和甲型肝炎疫苗，其中部分产品可供出口。到 2001 年，埃及乙型病毒肝炎疫苗和脊髓灰质炎疫苗的国产化率为 50%。[⑥] 埃及在全民接种运动中取得了长足进展，于 1998 年消灭了疟疾，并向非洲国家传授经

① 阿拉伯埃及共和国信息部国家新闻总署：《埃及二十一年成就（1981-2002）》，第 72 页。
② 阿拉伯埃及共和国新闻部新闻总署：《埃及年鉴（2005）》，第 153 页。
③ 阿拉伯埃及共和国新闻部新闻总署：《埃及年鉴（2009）》，第 120 页。
④ 刘建军：《浅谈埃及的医药市场及管理》，《全球经济瞭望》2001 年第 5 期，第 41 页。
⑤ 刘建军：《浅谈埃及的医药市场及管理》，《全球经济瞭望》2001 年第 5 期，第 41 页。
⑥ 阿拉伯埃及共和国新闻部新闻总署：《埃及年鉴（2001）》，第 162 页。

验。1999 年 10 月，埃及在 98 个村庄开展了反血吸虫病大战。①

3. 医护人员

表 5-3 反映了穆巴拉克当政时期埃及医护人员的发展情况。可以看出，在 1981/1982 年，埃及医生数量为 52159 人，药剂师为 17571 人，护士为 60192 人。到 1996/1997 年，医生、药剂师、护士人数分别增至12.46 万人、3.51 万人和 14.17 万人。到 2000/2001 年，医生、药剂师、护士人数分别再增加到 14.3 万人、3.7 万人和 17 万人。

表 5-3　1981/1982 年至 2000/2001 年埃及医护人员数量

单位：人

年份	1981/1982	1996/1997	1997/1998	1998/1999	1999/2000	2000/2001
医生数	52159	124600	135000	138000	141000	143000
牙医数	6814	15900	16200	16700	17000	17500
药剂师数	17571	35100	35500	36000	36500	37000
护士数	60192	141700	152000	160000	165000	170000

资料来源：阿拉伯埃及共和国新闻部新闻总署《埃及年鉴（2000）》，第 185 页。

之后，埃及的医护力量继续发展。2002 年，埃及共有医生 14.5 万人，护士 17.6 万人，药剂师 3.75 万人，牙医 1.82 万人。② 到 2004 年，埃及医生人数增长至 15.5 万人，护士数量增长至 18.7 万人。③ 到 2010年，埃及的医生数量已增至 23 万人，药剂师数量增至近 14 万人，护士达 28 万人。④

二　埃及医疗卫生领域的对外合作

在医疗卫生领域，埃及与世界上许多国家特别是西方发达国家建立了广泛的国际合作。在美国的帮助下，到 1984 年，埃及已经建成妇幼保健中

① 阿拉伯埃及共和国新闻部新闻总署：《埃及年鉴（2000）》，第 186 页。
② 阿拉伯埃及共和国新闻部新闻总署：《埃及年鉴（2002）》，第 115 页。
③ 阿拉伯埃及共和国新闻部新闻总署：《埃及年鉴（2005）》，第 152 页。
④ The Ministry of Health（Egypt）and World Health Organization，*Egypt Pharmaceutical Country Profile*，p. 5.

心5个，如吉萨省海尔望妇幼保健中心就是由美国投资12万美元、埃及政府投资3万多美元建造的。① 埃及医疗卫生领域的对外合作涉及多个方面，其医疗卫生改革计划就有外国政府和组织的参与。如1997年埃及政府提出的"医疗系统改革计划"就有美国、欧盟、奥地利和世界银行、非洲开发银行等外国政府和组织参与。② 这些外国政府和组织一方面参与埃及政府医疗卫生改革政策的制定，另一方面也为埃及医疗卫生改革计划的实行提供资金援助。2006～2012年，埃及卫生与人口部与美国国际开发署合作开展了"20/20计划"。该计划是美国国际开发署在埃及、马里、尼日利亚等国开展的加强世界各地医疗保健系统的计划，涉及新技术开发、应对传染病和改善管理监督等工作。该计划的一个重要组成部分是与开罗当地的卫生组织合作，以1000万美元来帮助埃及卫生与人口部评估预算和评估卫生与健康方面的需求。2011年，该计划发布了埃及《国家卫生账户报告》，跟踪和分析了埃及医疗保健系统面临的最大问题。③

许多外国政府与组织为埃及医疗卫生事业提供资金援助。在1998年，欧盟承诺在1998年12月至2004年6月为埃及提供1.1亿美元援助，与埃及合作进行基础医疗服务水平提升的项目；同年，美国国际开发署援助0.8亿美元、世界银行提供技术援助，用于亚历山大省医疗试验和测试项目。④ 在1999年，埃及分别与美国、奥地利、突尼斯、意大利就实施"2010年健康者"计划达成一致意见，意大利向埃及提供价值4200万埃镑的实物，用以更新基纳省等三省的47家医疗单位的设施，还捐赠了20辆救护车用于帮助16家农村医疗机构实施家庭医生制度。埃及卫生与人口部、外交部与日本国际协力机构合作，共同组织第15届非洲主持护理工作者会议，1985～2000年已培训421名主持护理工作者。⑤在2002

---

① 李明宗：《埃及的农村卫生工作》，《中国卫生事业管理》1985年第2期，第46～47页。
② 李超民编著《埃及社会保障制度》，第198页。
③ 李金秋：《埃及的20/20医疗健康计划》，《中国保险报》2013年3月18日，第5版。
④ 刘晓莺：《发展中国家医疗体制述评》，《中共山西省委党校学报》2006年第2期，第75～76页。
⑤ 阿拉伯埃及共和国新闻部新闻总署：《埃及年鉴（2000）》，第189页。

年，埃及卫生与人口部与意大利政府签订协议，意大利政府为埃及心血管医学院提供的奖学金由原来的 350 万欧元增加到 1000 万欧元；根据埃及与瑞士卫生部签订的协议，埃及实施了所有省开办放射科的项目，瑞士政府投资 1000 万瑞士法郎，还另外提供了 200 万瑞士法郎。① 在 2008年，荷兰为埃及提供了 1630 万欧元的援助，用于亚历山大大学 3 所附属医院的建设。② 此外，埃及还积极派送医护和管理人员去发达国家学习。自 2006 年起，为提高医院管理水平，埃及的医院管理人员由美国国际开发署提供资金，前往美国参加 MBA 课程。③

埃及多次举办国际医学会议。仅在 1999 年，埃及就举办了第 6 届非洲卫生部长会议、第 4 届超声波诊断心脏与动脉国际大会、埃及心脏与胸腔外科协会第 7 届国际大会、开罗（世界卫生组织）中东会议、儿童声音病最新成果世界大会、埃及肝与消化道疾病协会第四次国际大会、儿童顽固疾病性贫血与未成年人贫血国际大会、世界第 38 届外科手术协会大会等国际医学会议。2003 年 10 月，埃及与中国联合在开罗举办了埃中植物药开发与应用研讨会，两国 100 多名专家参加会议，双方就加强中药和植物药的研究与开发进行了有益的学术探讨。2004 年，在金字塔报社大楼内举行了中国埃及肝病学术研讨会，来自埃中两国的 100 多位医学专家、学者齐聚一堂，就两国医药领域的合作成果以及如何探讨新的合作途径等进行了交流。④

三　埃及特殊群体医疗卫生状况

1. 儿童医疗卫生状况

儿童在埃及人口中的比例颇高。1997 年，15 岁以下的儿童占埃及总

---

① 阿拉伯埃及共和国新闻部新闻总署：《埃及年鉴（2002）》，第 117 页。

② 阿拉伯埃及共和国新闻部新闻总署：《埃及年鉴（2009）》，第 108 页。

③ Donald Robert Haley and Sama A. Bég, "The Road to Recovery：Egypt's Healthcare Reform," *The International Journal of Health Planning and Management*, Vol. 27, No. 1, 2012, p. e86.

④ 《中国埃及肝病学术研讨会在开罗举行》，《医疗保健器具》（医疗器械版）2004年第 7 期。

人口的比例为 37.44%，1998 年为 37.14%，1999 年为 36.6%①，2003 年为 39.4%②。因此，儿童在埃及医疗卫生工作中居重要地位。20 世纪 80 年代被埃及宣布为"儿童的十年"，儿童医疗服务水平得到了很大提升。穆巴拉克时期，埃及制定了保护埃及儿童的第一个十年文献（1989 ~ 1999）和第二个十年文献（2000 ~ 2010）。其中，保护埃及儿童的第二个十年文献（2000 ~ 2010）由穆巴拉克本人亲自主持制定，其宗旨是：保障埃及儿童的医疗保健权利；对有特殊需要的儿童给予保障和关爱；提供预防严重疾病的疫苗；向儿童提供精细营养品，关心胎儿发育。③ 到 2010 年，埃及婴儿和 5 岁以下儿童的死亡率分别为 18‰、21‰。④

　　残疾是埃及儿童重要的健康问题。据统计，在 21 世纪初，埃及儿童中约 6% 的儿童有严重残疾。⑤ 许多儿童有身体、认知和心理残疾，导致他们需要依赖照顾者。腹泻是埃及 5 岁以下儿童的一个重要健康问题。埃及儿童腹泻的发病率为每人每年 3.6 次，这意味着在埃及每年 5 岁以下儿童的腹泻发病次数高达 3000 万次，母乳喂养率低是造成婴儿腹泻的一个重要原因，埃及 0 ~ 3 个月的婴儿的母乳喂养率很高，但其他年龄段的婴儿的母乳喂养率却不尽如人意。⑥ 埃及政府积极采取措施来预防儿童腹泻。在 20 世纪 80 年代初，埃及就在美国的支持下成立了小儿腹泻研究项目办公室，主任由卫生与人口部妇幼局局长兼任，工作人员有 10 人，主要研究用于小儿腹泻的盐溶液的配制和使用。⑦

① 阿拉伯埃及共和国新闻部新闻总署：《埃及年鉴（2000）》，第 16 页。
② Hanan Tork, Theo Dassen, Christa Lohrmann, "Care Dependency of Children in Egypt," *Journal of Clinical Nursing*, Vol. 17, No. 3, 2008, p. 288.
③ 阿拉伯埃及共和国新闻部新闻总署：《埃及年鉴（2002）》，第 117 页。
④ The Ministry of Health (Egypt) and World Health Organization, *Egypt Pharmaceutical Country Profile*, p. 3.
⑤ Hanan Tork, Theo Dassen, Christa Lohrmann, "Care Dependency of Children in Egypt," *Journal of Clinical Nursing*, Vol. 17, No. 3, 2008, p. 288.
⑥ K. M. Yassin, "Diarrhoeal Disease Morbidity and Home Treatment Practices in Egypt," *Public Health*, Vol. 111, No. 1, 1997, p. 8.
⑦ 李明宗：《埃及的农村卫生工作》，《中国卫生事业管理》1985 年第 2 期，第 47 页。

在穆巴拉克时期，埃及儿童的医疗卫生状况明显改善。以埃及婴儿的死亡率为例，2007 年，埃及新生婴儿的死亡率降为 17‰，2008 年降到 16‰；2005 ~ 2009 年，埃及 5 岁以下儿童的死亡率由 41‰ 下降到 28‰。[1] 埃及为残障儿童提供了众多辅助医疗。到 2008 年，埃及有残疾人托儿所 104 家，受益人数 3176 人；有假肢装置生产厂 14 家，受益人数 9444 人；有特别护理品生产厂 5 家，受益人数 276 人；有全面康复中心 21 个，受益人数 798 人；有物理治疗中心 73 个，受益人数 79570 人；有社会康复中心 193 个，受益人数 27942 人。[2]

在穆巴拉克时期，第一夫人苏珊·穆巴拉克非常关注儿童问题。1999 年 11 月，在她的推动下，"反小儿麻痹接种"全国性运动向 700 万名 1 ~ 4 岁儿童提供疫苗。2000 年 7 月，在她的支持下，埃及掀起"各省治疗儿童肿瘤"捐助活动。2000 年 8 月，她又发起"第一次根除虐疾病运动"。

2. 女性医疗卫生状况

1952 年以来，埃及政府重视女性的医疗卫生工作，开展、实施了许多活动与项目，主要有反对和惩治女性割礼运动、早期检查乳腺癌运动、家庭保健项目、普及女童早婚危害性项目、支持生殖健康服务项目等。2009 年 5 月，苏珊·穆巴拉克妇女健康发展区域中心在亚历山大市正式成立，负责向埃及和邻国提供包括健康服务在内的全方位服务。

埃及女性健康状况有了改善。一是埃及女性的平均预期寿命不断提高。埃及女性平均预期寿命，1950 年为 44 岁（男性为 41 岁），1970 年提高到 53 岁（男性为 51 岁），1987 年提高至 62 岁（男性为 57 岁），2001 年达 71 岁（男性为 66 岁）[3]，2007 年提高到 74 岁[4]。

---

[1]　阿拉伯埃及共和国新闻部新闻总署：《埃及年鉴（2009）》，第 119 页。

[2]　阿拉伯埃及共和国新闻部新闻总署：《埃及年鉴（2009）》，第 113 页。

[3]　Morsi Mansour, Joan Mansour, Abdo Swesy, "Scaling up Proven Public Health Interventions Through A Locally Owned and Sustained Leadership Development Programme in Rural Upper Egypt," *Human Resources for Health*, Vol. 8, No. 1, 2010, p. 1.

[4]　阿拉伯埃及共和国新闻部新闻总署：《埃及年鉴（2009）》，第 184 页。

二是埃及孕产妇医疗卫生状况明显改善。孕产妇死亡是威胁女性健康的重要问题。世界卫生组织 1990 年的统计显示，每年约有 50 万名妇女死于怀孕和分娩，其中 99% 发生在发展中国家。[①] 埃及为改善孕产妇的医疗卫生状况而积极努力。在 20 世纪 80 年代，埃及在美国的帮助下建成了 5 个妇幼保健中心，吉萨省海尔望妇幼保健中心就是其一。该中心建有约 500 平方米的业务用房，设有营养教育室、检诊分类室、候诊室、诊断室、治疗室、免疫注射室、计划生育宣传室、药房等。其主要任务是向 8 万名服务对象中的每一位母亲宣传儿童的喂养知识，指导母亲预防小儿腹泻，对妇女进行孕期保健指导以及计划生育指导。妇幼保健中心还有专门负责家访的护士。[②] 之后，埃及建立了大量妇幼保健中心。仅在 1994 年，在穆巴拉克夫人的倡导下，埃及就成立了 900 个妇幼保健中心和 430 个流动站，为埃及全国的母亲做定期医疗检查。世界卫生组织 2005 年的数据显示，埃及产前护理服务的覆盖面是 70%，只有约 20% 的农村妇女和 14.9% 的城市妇女没有接受任何形式的产前护理服务。[③] 除了总人数增加，女性接受产前护理的次数也增多，很多女性在产前至少接受 4 次定期护理。在医务人员护理下分娩的埃及产妇所占的比例在 1984 年只有 24%[④]，1995 年提高到 42%，2005 年再升至 71%；与此同时，在家庭内接生的比例下降。[⑤] 为保护产妇的身体健康，埃及政府推行了一项产后女性和 9 个月婴儿补充维生素 A 的计划。2000～2005 年，产后补充维生素 A 的埃及产妇的比例从 12% 提高到 49%，增

① Hala Ibrahim Awadalla, Emad Girgis Kamel, Eman Mohamed Mahfouz, Tahany Mahmoud Refaat, "Evaluation of Maternal and Child Health Services in El-Minia City, Egypt," *Journal of Public Health*, Vol. 17, No. 5, 2009, p. 322.

② 李明宗：《埃及的农村卫生工作》，《中国卫生事业管理》1985 年第 2 期，第 46～47 页。

③ Hala Ibrahim Awadalla, Emad Girgis Kamel, Eman Mohamed Mahfouz, Tahany Mahmoud Refaat, "Evaluation of Maternal and Child Health Services in El-Minia City, Egypt," *Journal of Public Health*, Vol. 17, No. 5, 2009, p. 324.

④ 伍庆玲：《现代中东妇女问题》，云南大学出版社，2004，第 126 页。

⑤ Zeinab Khadr, "Monitoring Socioeconomic Inequity in Maternal Health Indictors in Egypt: 1995–2005," *International Journal for Equity in Health*, Vol. 8, No. 1, 2009, p. 9.

长了3倍。[1] 埃及孕产妇死亡率显著降低。1992～2000年，埃及孕产妇死亡率由十万分之一百七十四降至十万分之八十四[2]，2008年降到十万分之六十五，2009年再降到十万分之六十三。[3]

此外，计划生育工作在埃及也开展起来。2004年，埃及有5700个计划生育中心，遍布该国各地。[4] 采取计划生育的已婚育龄妇女，1998年占60%[5]，2008年提高到65.7%，2009年再升至68.4%。[6]

3. 老年人医疗卫生状况

埃及人均寿命不断提高。1980年，埃及的人均预期寿命为56.8岁[7]，1990年提升至62.5岁[8]，2000年再提升至68.6岁[9]。到2009年，埃及男性的平均寿命已达69.9岁，女性为74.4岁。[10] 随着埃及人口的增加与人均寿命的不断提高，老年人口也大量增加，如在1999年，埃及人口（不包含在国外的埃及人）6330万人，而老年人口（65岁及以上者）占3.84%，为243.07万人。[11] 埃及女性的寿命明显比男性高。1981年，埃及男性的平均寿命为56.6岁，而女性的平均寿命为60.6岁[12]，1990

① Zeinab Khadr, "Monitoring Socioeconomic Inequity in Maternal Health Indictors in Egypt: 1995-2005," *International Journal for Equity in Health*, Vol. 8, No. 1, 2009, p. 5.
② Morsi Mansour, Joan Mansour, Abdo Swesy, "Scaling up Proven Public Health Interventions Through A Locally Owned and Sustained Leadership Development Programme in Rural Upper Egypt," *Human Resources for Health*, Vol. 8, No. 1, 2010, p. 1.
③ 阿拉伯埃及共和国新闻部新闻总署：《埃及年鉴（2009）》，第184页。
④ 阿拉伯埃及共和国新闻部新闻总署：《埃及年鉴（2005）》，第259页。
⑤ 阿拉伯埃及共和国新闻部新闻总署：《埃及年鉴（2000）》，第188页。
⑥ 阿拉伯埃及共和国新闻部新闻总署：《埃及年鉴（2009）》，第184页。
⑦ "Egypt 1988: Results from the Demographic and Health Survey," *Studies in Family Planning*, Vol. 21, No. 6, 1990, p. 347.
⑧ "Egypt 2000: Results from the Demographic and Health Survey," *Studies in Family Planning*, Vol. 33, No. 3, 2002, p. 274.
⑨ "Democratic Republic of Egypt 2008: Results from the Demographic and Health Survey," *Studies in Family Planning*, Vol. 41, No. 2, 2010, p. 153.
⑩ 阿拉伯埃及共和国新闻部新闻总署：《埃及年鉴（2009）》，第119页。
⑪ 阿拉伯埃及共和国新闻部新闻总署：《埃及年鉴（2000）》，第17页。
⑫ 阿拉伯埃及共和国信息部国家新闻总署：《埃及二十一年成就（1981-2002）》，第72页。

年男性和女性的平均寿命分别为 62 岁、65 岁[1]，2001 年男性和女性的平均寿命分别为 65.3 岁、67.4 岁[2]，2009 年男性和女性的平均寿命分别为 69.9 岁、74.4 岁[3]。

女性老年人的身体健康状况要比男性老年人差，这是埃及的一个突出情况。据 1998 年的数据，埃及男女性老年人身体不健康的比例为 5.6 : 5.7。[4] 在报道中，很少有埃及女性老年人感觉自己相当健康，更多的是感到行走困难。

在看医生和服用处方药方面，埃及女性老年人比男性老年人多。[5] 在埃及，与男性相比，年轻女性更少使用医疗服务，更少接受私人治疗，但在女性老年人中却恰恰相反。1990 年的一项调查显示，埃及女性老年人经常看医生的比例为 43%，而男性老年人为 37%。在服用处方药方面，女性老年人与男性老年人的比例为 57% 与 47%；在 70 岁以上的女性老年人中，服用处方药的比例高达 64%。[6]但值得注意的是，在身体有功能性障碍的老年人当中，女性使用医疗服务和服用处方药的比例与男性相比没有太大差别。[7]

---

[1] Kathryn M. Yount, Emily M. Agree, Cesar Rebellon, "Gender and Use of Health Care among Older Adults in Egypt and Tunisia," *Social Science & Medicine*, Vol. 59, No. 12, 2004, p. 2481.

[2] 阿拉伯埃及共和国信息部国家新闻总署：《埃及二十一年成就（1981 - 2002）》，第 72 页。

[3] 阿拉伯埃及共和国新闻部新闻总署：《埃及年鉴（2009）》，第 119 页。

[4] Kathryn M. Yount, Emily M. Agree, Cesar Rebellon, "Gender and Use of Health Care among Older Adults in Egypt and Tunisia," *Social Science & Medicine*, Vol. 59, No. 12, 2004, p. 2482.

[5] Kathryn M. Yount, Emily M. Agree, Cesar Rebellon, "Gender and Use of Health Care among Older Adults in Egypt and Tunisia," *Social Science & Nedicine*, Vol. 59, No. 12, 2004, p. 2479.

[6] Kathryn M. Yount, Emily M. Agree, Cesar Rebellon, "Gender and Use of Health Care among Older Adults in Egypt and Tunisia," *Social Science & Nedicine*, Vol. 59, No. 12, 2004, p. 2485.

[7] KathrynM. Yount, Emily M. Agree, Cesar Rebellon, "Gender and Use of Health Care among Older Adults in Egypt and Tunisia," *Social Science & Nedicine*, Vol. 59, No. 12, 2004, p. 2492.

第二节　当代埃及医疗卫生基本制度与医疗卫生改革

一　埃及医疗卫生管理体制[①]

卫生与人口部是埃及管理全国医疗机构和科技力量的国家机构。埃及对医疗机构和科技力量的管理通过四级政府体制即中央一级、省级医疗总监级、医疗区级和保健院级加以指导。中央一级的卫生与人口部机构庞大，领导核心是部长，政府雇员多达5000人，既有专业医生，也有支持团队，承担着全国医疗卫生事业的规划、监督、项目管理以及正常的维护工作。卫生与人口部下设部长办公厅、培训研究司、保健与护理司、预防事务与流行病司、医疗司、医疗区域司。该部还下设23个中央机构和73个普通机构。省级医疗卫生部门的状况基本与中央相同，省级医疗总监只对卫生与人口部负技术上的责任，省级医疗业务的日常工作向以省长为首脑的行政理事会负责。各省医疗总监主要监督各区医疗总监。各区的医疗组织的架构基本上照搬省级架构，只是任务范围较小。各区医疗总监下设医疗区若干，各医疗区设主任岗位，此人又通常是区医院主管。各保健院的任务与职能相对灵活。

埃及对医疗机构的行业管理有着较为严格的规定，体制上也比较健全，主要有五大组织负责：埃及医疗协会、最高卫生理事会、埃及人民议会卫生委员会、协商会议卫生委员会和医疗系统改革督导委员会。

埃及医疗协会是本国医生协会组织，也是埃及医疗系统最为强大的组织，对埃及的医疗体制改革有重要影响。该协会下设医师协会、牙医协会、药师协会和兽医协会4个分协会。埃及最高卫生理事会的基本职责是制定全国卫生政策指针，并与主要医疗机构进行合作。最高卫生理事会根据总统政令成立，理事会主席由埃及卫生与人口部部长担任，下

---

① "埃及医疗卫生管理体制"部分主要参阅李超民编著《埃及社会保障制度》，第173~175页。

设 18 个组，职责包括制定与基本保健、计划生育、健康保险、私营医疗等有关的政策，开发和培训医疗卫生人力资源，推广与研究健康教育，草拟医疗卫生法律，管理药物开发与审批和国外医疗事务。埃及人民议会卫生委员会依法作为全国医疗系统的代表，对埃及卫生与人口部进行监督。该委员会的首要职能是负责涉及社会保险的各项事务，任何涉及医疗卫生领域的立法、政令等都必须经该委员会批准，任何涉及医疗卫生事务的国际协议也都须经该委员会审议通过。协商会议卫生委员会吸收了许多医疗卫生方面的专家，为埃及制定医疗卫生政策提供咨询，但该委员会并无制定基本政策的权力。医疗系统改革督导委员会根据 1997年第 256 号政令建立，主席为卫生与人口部部长，由 10～15 人组成，成员来自卫生与人口部、财政部、计划部、高等教育部、埃及医疗协会等，主要职能是督办埃及的医疗体制改革事务。

二 公费医疗与药品管理

1. 公费医疗

公费医疗是埃及医疗卫生领域的基本制度，其服务大致可分为以下几类①。（1）政府医疗服务。主要由卫生与人口部所属的中央医院和省级医院以及大学医院等机构承担，埃及全体公民都能享受医院的免费医疗服务，包括基本预防与医疗服务、住院治疗、抓药、化验诊断、牙科治疗、慢性疾病治疗、三期转诊、有限海外治疗等，其主要资金来源于卫生与人口部的中央预算资金、财政部转移支付、高等教育部预算转移和患者付费等。卫生与人口部所属医院为埃及最主要的医疗渠道，在全国有 4000 多家医院，150 多万张床位。部属医院的组织与医疗工作都自成系统，或者按城乡划分，或者按结构划分成不同的医疗单位、保健中心以及医院等，或者按照不同功能划分为新生儿保健中心等，或者按照项目划分成免疫医院、腹泻控制中心等。②

---

① WHO, *Health Systems Profile：Egypt*, Cairo：WHO EMRO, 2006, pp. 31 - 32；李超民编著《埃及社会保障制度》，第 167 页。

② 李超民编著《埃及社会保障制度》，第 175 页。

（2）社会医疗保险。根据埃及医疗保险制度，埃及医疗保险总局下属的机构也提供公费医疗服务。该总局下属的医院、各种诊所、医疗保险机构合同专科医生、专家等，为正规公司与企业职工提供包括家庭门诊、牙科治疗、抓药、住院治疗、安装假肢和理疗等在内的一般医疗服务，资金来源于雇主和职工缴费、家庭缴费、共同支付以及财政部一般预算等。在 2007 年，埃及医疗保险总局下属的医院有 38 家，有床位 9827 张，综合专家诊所有 338 家，机构内诊所有 826 家，学校卫生室有 8078 个，家庭计划中心有 188 个，乡村合同单位有 3609 个，医院内肾透析中心有 31 家，工伤中心有 59 家。①

（3）医疗保健组织医疗服务。医疗保健组织网络下的医院为签约企业、事故人员、个别穷人（卫生与人口部支付）提供各项医疗服务，主要资金来源于政府为穷人提供的资助、医疗保健组织医疗费收入、签约企业医疗费、健康保险机构支付的费用等。

（4）军人医疗。军队医院与设施为武装部队、内政部、运输部人员提供医疗服务，资金来源于政府预算。在埃及军官退役后，国家和军队在医疗、社会保险等方面继续给予其特殊照顾，其所需的医疗费用基本上由国家支付。如法律规定，退役军官本人及其家属可享受军队医院的免费医疗，住院时只需交少量生活费用。有资格领取社会保险基金计划中的医疗保险金的退役军官及其家属，就不再享受免费医疗，但仍可在军队医院就医。②

埃及政府也关注农村的医疗卫生事业。1952 年七月革命后，埃及政府采取了一些措施发展农村医疗卫生事业。如卫生与人口部下设农村卫生局，约有 10 人，负责农村医疗卫生工作，各省卫生局也有主管农村医疗卫生工作的机构；每个农村医院有专门负责农村医疗卫生工作的卫生室。到 1984 年，农村的初级卫生保健组织已基本形成。埃及最基层的农村医疗卫生组织是卫生站，一般是在 2000～5000 人的地区设一个卫生站，医务人员数量不等，在 10 人左右。病人在工作时间来看病不收费，下班以后来看病则要收费。医务人员的工资全由国家负担，农民看病基本免费，但仅能在卫生站有的百十种药品和检查手段范围内免费。

埃及对医疗卫生事业投入了不少资金，公费医疗是投入的重点。1952～1981 年，埃及用于医疗部门的支出为 3 亿埃镑，1982～2002 年达到 69 亿埃镑。[1] 之后，埃及对医疗卫生领域的投资或支出继续增加。2002 年，埃及卫生服务投资约为 22 亿埃镑，其中 65% 为政府部门投资，其余为私人部门投资。[2] 2004 年，卫生与人口领域投资额总计 24 亿埃镑，其中 17 亿埃镑由政府和经济部门投资，占 70.8%。[3] 2005 年，埃及为医疗卫生事业投入资金 25 亿埃镑。[4] 2008 年，卫生部门共投资 50 亿埃镑，其中 26 亿埃镑为公共投资。[5] 2009 年，埃及年度医疗总支出为 614 亿埃镑，占 GDP 的 5.8%；人均年卫生总费用 740 埃镑；中央预算的 19% 划拨给埃及卫生与人口部用于公费医疗，其中 46% 用于治疗，13% 用于预防，33% 用于行政管理，8% 用于家庭保健。[6] 埃及医疗总支出占 GDP 的比重逐年提高。1995 年，埃及医疗总支出占 GDP 的 3.7%，2001 年提升至 3.9%[7]，2009 年再提高到 5.8%。

从公费医疗获益的埃及民众也在不断增加。1999 年，根据埃及卫生与人口部的规定，国家向 42.87 万人次无力承担医疗费用者提供治疗，开支为 8 亿埃镑，同时提供给肾病患者的医疗费用为 2.16 亿埃镑，有 600 名患者在埃及得到外国专家的治疗。[8] 1986～2001 年，埃及享受公费医疗者由 6.2 万人增至 75.2 万人，增长 11 倍多；日均治疗人数由

① 阿拉伯埃及共和国信息部国家新闻总署：《埃及二十一年成就（1981–2002）》，第 7 页。

② 阿拉伯埃及共和国新闻部新闻总署：《埃及年鉴（2003）》，第 129 页。

③ 阿拉伯埃及共和国新闻部新闻总署：《埃及年鉴（2005）》，第 152 页。

④ 阿拉伯埃及共和国新闻部新闻总署：《埃及年鉴（2006）》，第 172 页。

⑤ 阿拉伯埃及共和国新闻部新闻总署：《埃及年鉴（2009）》，第 118 页。

⑥ 刘晓莺：《发展中国家医疗体制述评》，《中共山西省委党校学报》2006 年第 2 期，第 75 页。

⑦ Christian A. Gericke, "Financing Health Care in Egypt: Current Issues and Options for Reform," *Journal of Public Health*, Vol. 14, No. 1, 2006, p. 30.

⑧ 阿拉伯埃及共和国新闻部新闻总署：《埃及年鉴（2000）》，第 184 页。

2000 人增加到 4000 人。① 2002 ~ 2003 年，埃及公费医疗拨款由 1.19 亿埃镑增至 1.27 亿埃镑，治疗病例由 106.9 万个增至近 120 万个。② 2004 年，由埃及政府负担医疗费的协议数量增至 132.3 万份，政府负担的医疗费用增加到 16.3 亿埃镑，政府负担的药费达到 6.5 亿埃镑。③ 2005 年，由政府负担医疗费的病案数量与 2004 年相比增长了 5%，全年病案数增加到 13.97 万份，平均每天出具 5000 份由政府负担医疗费的病案，政府负担的医疗费用为 15.68 亿埃镑。④ 在 2008 年，埃及在国内为 170 万名低收入家庭患者支付了约 25 亿埃镑的治疗费用，接受公费医疗的国外患者人数为 245 人，治疗费用为 3300 万埃镑（2005 年为 149 人、1200 万埃镑）。⑤

埃及对工伤医疗和职业病医疗以及预防医疗有专门规定。埃及的工伤医疗和职业病医疗归社会事务部下属的全国社会保险总局管理，埃及医疗保险监督局对全国的工伤和职业病的治疗和护理机构进行监督。埃及医疗保险总局下属的业务部门和各省的医疗委员会，在董事会主席和医疗委员会专家形成决议的基础上，处理与工伤和职业病相关的上岗前体检、批假、鉴定等事宜。到穆巴拉克晚期，埃及有治疗工伤的公立医疗中心 59 个。职业病患者，都要在埃及医疗保险总局下属的医院进行定期治疗。据埃及医疗保险总局的调查，在 2007 年，埃及全国职业病的发病率平均为 14%，其中慢性磷中毒发病率最高，达82%，发病率较高的还有矽肺症（25%）、丙型肝炎（24%）、职业性失聪（13%）等。⑥ 在 2007 年的埃及职业病检查中，门诊检查 47.72 万人，完成计划目标的 96.8%；放射检查 1.64 万人，完成计划目标的29.7%；听力检查 4.08 万人，完成计划目标的 57.5%；化验检查 4.28

① 阿拉伯埃及共和国新闻部新闻总署：《埃及年鉴（2002）》，第 117 页。
② 阿拉伯埃及共和国新闻部新闻总署：《埃及年鉴（2004）》，第 180 页。
③ 阿拉伯埃及共和国新闻部新闻总署：《埃及年鉴（2005）》，第 153 页。
④ 阿拉伯埃及共和国新闻部新闻总署：《埃及年鉴（2006）》，第 173 页。
⑤ 阿拉伯埃及共和国新闻部新闻总署：《埃及年鉴（2009）》，第 120 页。
⑥ 李超民编著《埃及社会保障制度》，第 193 页。

万人，完成计划目标的 86.8%；眼底镜检查 3 万人，完成计划目标的
98.2%。① 在预防医疗方面，埃及所有中小学在校学生每年都要进行包
括血液病检查、风湿热及风湿性心脏病检查、血吸虫控制检查、牙科
检查在内的综合性体检，埃及也对幼儿园学生和小学生进行脑膜炎疫
苗接种和白喉与破伤风复合疫苗接种。在 2007 年，埃及对中小学所有
年级的学生进行的综合性体检的完成率为 95.6%；对幼儿园学生和小
学生进行的脑膜炎疫苗接种的完成率为 94.9%，白喉与破伤风复合疫
苗接种的完成率为 97.8%。②

　　除了公费医疗，埃及的私立医院也兴起，医疗卫生领域的私人投资
也不断增加。

　　2. 医疗资金

　　埃及全国的医疗资金主要有四大来源：政府部委、公共部门（最重
要的是埃及医疗保险组织和埃及医疗保健组织）、私营机构和家庭。

　　从表 5-4 中可以看出，埃及财政部拨付的资金为埃及医疗资金重要
来源，1990～2002 年，基本占 29% 以上，1995 年达到 35%，2000 年、
2002 年均达到 29%。外部捐助也占一席之地。患者自付医疗费占 51%～
61%，是埃及医疗领域的最大资金来源。对医疗机构来说，来自家庭的
医疗资金非常重要，这笔资金的 90% 以上直接流入私立医疗机构，所有
医疗花费的 50% 以上直接流入私立医院。③

表 5-4　埃及医疗资金来源

单位：%

		1990 年	1995 年	2000 年	2002 年
政府部门	埃及财政部	28.98	35	29	29
	各省的公共公司基金	2.04	5	3	3
各地	社会保障基金	8.90	6	—	—

① 李超民编著《埃及社会保障制度》，第 194 页。
② 李超民编著《埃及社会保障制度》，第 194 页。
③ 李超民编著《埃及社会保障制度》，第 185 页。

续表

私人部门		1990 年	1995 年	2000 年	2002 年
	私营社会保险	—	—	6	6
	其他社会保险	—	—	—	—
	患者自付医疗费	55.73	51	61	61
	非营利组织	—	—	<1	—
	私营工商业机构	—	—	—	—
	外部捐助	4.35	3	1	1

资料来源：WHO，*Health Systems Profile：Egypt*，pp. 29 – 30；李超民编著《埃及社会保障制度》，第 182 页。

从医疗资金的使用情况来看，埃及财政部支出的医疗资金中，有近60%用于卫生与人口部的医疗机构，但财政部资金只占卫生与人口部接收的全部资金的19%。而用于私立医疗保健机构的资金占全部资金的56%，这笔资金的63%用于购买药品，17%用于紧急救护，不足10%用于门诊治疗。[1]

政府补贴也是埃及医疗机构的重要资金来源。埃及政府对各类医疗机构的补贴额度不同。如在2004年，埃及政府对各类医院每张床位的平均补贴分别是：卫生与人口部所属医院为5800埃镑，占其支出的97%；教学医院与机构为13500埃镑，占其支出的94%；大学医院为19100埃镑，占其支出的86%；健康保险机构为6600埃镑，占其支出的27%；开罗市医疗组织为500埃镑，占其支出的3%；而对私立医院不补贴。[2]可见，埃及政府对卫生与人口部所属医院、教学医院与机构的补贴比例很高，都在94%以上。

3. 药品管理

埃及政府对药品市场实施较为严格的控制。1957年，埃及出台了

---

[1]　李超民编著《埃及社会保障制度》，第 186 页。

[2]　WHO，*Health Systems Profile：Egypt*，p. 40.

国家药品监督管理条例。埃及的药品法规对药品的注册、制造、进口、推广和分配都有相关规定。① 为使普通人能够享受到基本医药服务，埃及政府对某些当地生产的基本药品（国际卫生组织规定用于心脏病、癌症和肝病等严重疾病的药品）每年给予一定的政府补贴。埃及政府还采取"成本加利润"的定价方法规定药品的价格，规定基本药品的利润率为 15%，非基本药品（用于治疗无生命威胁如咳嗽和感冒等疾病的药品）的利润率为 25%，非处方药的利润率为 40%。②

对药品经营，埃及政府采取经营许可证制进行管理。根据 1955 年制定的有关法律，不具有药品经营许可证的公司或个人，不得经营药品，否则将被处以 5000 埃镑的罚款和 1 年监禁。③

对药品销售，埃及政府采用药品注册制和进口药品审批制进行管理，凡要上市销售的药品必须经过注册，进口的药品还必须得到审批，具体的主管机构是药品政策及计划中心、中央药品事务局和国家药品控制与研究局。埃及药品局是埃及卫生与人口部的药品监督管理机构。尽管如此，埃及市场上的未注册药品依然大量存在。

为了进一步加强对药品的管理，1998 年 6 月，穆巴拉克签署新的法律，对生产及销售未注册药品的药店，处以 2 万～5 万埃镑的罚款，累犯处以 4 万～10 万埃镑的罚款；对出口政府补贴药品的则处以 3 万埃镑的罚款和 1 年监禁。④

---

① Heba Wanis, "Agreement on Trade-Related Aspects of Intellectual Property Rights and Access to Medication: Does Egypt Have Sufficient Safeguards against Potential Public Health Implications of the Agreement," *The Journal of World Intellectual Property*, Vol. 13, No. 1, 2010, p. 27.

② 刘建军:《浅谈埃及的医药市场及管理》,《全球经济瞭望》2001 年第 5 期, 第 41 页。

③ 刘建军:《浅谈埃及的医药市场及管理》,《全球经济瞭望》2001 年第 5 期, 第 41 页。

④ 刘建军:《浅谈埃及的医药市场及管理》,《全球经济瞭望》2001 年第 5 期, 第 41 页。

三 埃及医疗保险制度①

1. 埃及医疗保险管理体制

埃及的医疗保险体系非常复杂，主要由政府医疗体系、公共医疗体系和私营医疗体系构成，其中政府医疗体系依靠埃及财政部预算资金维持正常运作，公共医疗体系依靠埃及财政部的转移支付资金和其他资金维持正常运作。

埃及的社会医疗保险由埃及社会事务部下属的全国社会保险总局负责，同时在埃及政府中也有相应的机构参与其中，专门负责根据特别协议实行的医疗保险计划。埃及社会事务部下属的全国社会保险总局依法执行全国性的医疗保险政策，其法律依据是 1975 年第 32 号法、1975 年第 79 号法、1981 年第 1 号法令、1992 年第 99 号法、1997 年第 380 号法令，具体的医疗保险业务则由埃及健康保险机构下属的医院负责。埃及政府还设立了家庭保险基金，为参加医疗保险的埃及民众提供医疗费报销服务。②

埃及医疗保险计划的办理机构是健康保险机构。该机构建立于 1964 年，是埃及卫生与人口部下属的政府实体。自 1964 年成立以来，该机构一直作为埃及全国医疗保险系统的医疗费用的报销者和医疗服务的提供者，行使着双重角色的职能，其组织结构是三重性的，包括管理框架、服务提供框架以及转诊服务。埃及健康保险机构在总部之下设有 8 个区域性管理机构，分部的主要职责是：监督管理该机构下属的医院；管理与私立医院的合同医疗；管理特殊医疗程序和高难度外科手术的相关事宜。健康保险机构主要通过预付费方式，向受益对象提供医疗保健服务，并借助机构下属的医疗设施和雇用的医护人员为受益人提供综合治疗和预防医疗项目。在学校医疗保险计划出台后大量

---

① "埃及医疗保险制度"部分主要参阅李超民编著《埃及社会保障制度》第五章。

② Donald Robert Haley and Sama A. Bég, "The Road to Recovery: Egypt's Healthcare Reform," *The International Journal of Health Planning and Management*, Vol. 27, No. 1, 2012, p. e85.

学校儿童加入埃及医疗保险计划，埃及健康保险机构也逐渐开始与私立医疗设施签约，主要通过付费方式和就医后报销的方式解决医疗保险机构压力过大的问题。据 2005 年的统计资料，埃及健康保险机构下有 808 家配有专业医师的工厂内外诊所、601 家专家综合诊疗所、7117 个校卫生室和 27 家医院。随着埃及医疗保险范围扩大，埃及健康保险机构的职能扩展，由 20 世纪 60 年代的医疗提供者、报销者逐渐转变为既是医疗提供者、报销者，又是服务购买者，也具备学生和新生儿医疗保险管理功能。[①]

除了健康保险机构提供的保障计划，埃及还有国家税收组织的医疗保障计划。该计划涵盖公共部门，主要包括由埃及卫生与人口部所属医院提供的医疗服务，还包括特别税收计划资助的公费医疗项目。

除公立的医疗保险之外，埃及还存在私营医疗保险市场，但发展缓慢。由于埃及的医疗保险体制，埃及私营医疗保险对民众的吸引力很小，小型的私营医疗保险公司很难赚到钱。造成这种局面的主要原因有两方面。一方面，埃及医疗保险的保费受到严格限制，私营保险公司很难通过医疗保险收费来弥补不断增加的医疗成本。另一方面，埃及医疗保险立法给予工人拒绝共同支付办法的权利。据统计，埃及针对医疗保险公司的管制立法达 30 余项。这两方面原因严重制约了埃及私营医疗保险市场的发展。到 1995 年，埃及共有 11 家私营保险公司，其中只有 3 家经营医疗保险业务，但这 3 家医疗保险公司的运营状况都不容乐观。[②] 此外，外国保险公司也进入埃及的私营医疗保险市场。随着埃及经济体制改革的进行，埃及政府逐渐放宽了对私营保险公司运营环境的管制，通过立法允许外国保险公司在埃及从事医疗保险业务。

2. 埃及医疗保险基本政策

埃及宪法为埃及社会保障体制中的医疗保险体制构建了基本原则，提出国家将保障公民的健康与健康保险服务。1965 年以来，埃及颁布了

---

① 李超民编著《埃及社会保障制度》，第 161 页。
② 李超民编著《埃及社会保障制度》，第 179 页。

一系列医疗保险法律，从而建立起医疗保险制度。主要有以下 5 部法律：1975 年第 32 号法、1975 年第 79 号法、1981 年第 1 号法令、1992 年第 99 号法和 1997 年第 380 号法令。

根据上述法律，埃及对国民实行不同的医疗保险政策①。政府部门雇员和国有企业职工，必须参加医疗保险计划，具体执行 1975 年第 32 号法。该法规定，每月扣除职工工资额的 0.5%，雇主需配套缴纳每月职工工资额的 1.5% 用于职工医疗保险计划，双方共同支付以下项目：普通门诊 0.05 埃镑、专家门诊 0.1 埃镑、化验最高 1 埃镑、50% 的药物费用。

对私人企业和半国有企业的职工、养老金领取者、寡妇，执行 1975 年第 79 号法。该法规定，缴费标准是职工每月缴纳工资额的 1%，雇主缴纳职工每月工资额的 3%，寡妇缴相当于其每月收入的 2%；该法允许企业选择埃及健康保险机构以外的私营机构为职工办理医疗保险，但企业需要向医疗保险机构每月缴纳职工工资额的 1% 作为保费。该法对参加医疗保险者没有规定相应的共同支付条款。

对在校生，执行 1992 年第 99 号法。该法将医疗保险的对象范围扩大至所有的学校儿童，要求所有公立和私立的幼儿园与中小学在校学生必须参加医疗保险，规定每人每年缴纳保费 4 埃镑，与政府共同支付药物费用的 33%。埃及财政补贴每个学生 10 埃镑，每包香烟征税 0.01 埃镑作为此项财政支出的来源。该法规定私立幼儿园和学校需缴纳每个学生的入学费（入园费）的 10% 作为其保费，每个学生最多不超过 50 埃镑。享受政府财政补贴的公立幼儿园和学校每年每个学生需缴纳保费 12 埃镑。该法规定，为执行学校医疗保险计划，健康保险机构需设立特别账户，既用于财政赤字的清算，也用于本年度经费结余转入下一年度。该法还规定在埃及健康保险机构内设立一个强化对话的分支机构，即除

---

① International Labour Organization, *ILO Considerations on the Social Health Insurance Reform Project in Egypt*, ILO/RB/ARE/R. 15（Confidential），Geneva：International Labour Office, 2009, p. 14；李超民编著《埃及社会保障制度》，第 158 ~ 159、163 页。

了原有的 3 名内阁部级代表，学生父母代表作为必要成员，进入健康保险机构董事会。

对学前儿童，执行 1997 年第 380 号法令。该法令规定，埃及儿童的监护人必须每年缴纳 4 埃镑保费参加医疗保险，与政府共同支付以下项目：门诊 0.5 埃镑/次；药物费用的 33%（慢性病除外）。

此外，1981 年第 1 号法令规定养老金领取者可申请医疗保险，其需缴纳个人领取的养老金的 2% 作为医疗保险费，这笔费用将直接从个人养老金中扣除。

埃及健康保险机构提供的医疗保险待遇属于综合性的，甚至包括器官移植、海外医疗项目等，对医疗的次数和花费金额不做限制。健康保险机构的医疗保险计划仅面向受益人，即职工本人，家庭成员并不享受医疗保险计划提供的医疗服务。针对不同群体，埃及健康保险机构提供的保障待遇也有差别。如对 1975 年第 32 号法和 1975 年第 79 号法覆盖的医疗保障对象，医疗项目包括专家治疗、牙科治疗、上门医疗、门诊护理、外科与内科治疗、放射检验与其他检查、买药、产前产中产后护理、假体和物理治疗、海外治疗、预防性护理，但不包括年度体检、定期体检、健康教育、营养监督。对 1975 年第 79 号法覆盖的寡妇，除不包括年度体检、定期体检、健康教育、营养监督外，假体和物理治疗、预防性护理也不包括在内。对 1992 年第 99 号法覆盖的在校生，以上所有项目都包含在内。[①]

3. 埃及医疗保险概况

埃及参加医疗保险的人数逐步增加，医疗保险计划的覆盖面不断扩大。在医疗保险开始的 1964 年，埃及大约有 14 万人投保。到 1995 年，埃及参加医疗保险的人数达到了 2000 多万人。埃及参加医疗保险的人数在 1999 年升至 2500 万人[②]，2001 年增加到 2980 万人[③]，2003 年突破

① International Labour Organization, *ILO Considerations on the Social Health Insurance Reform Project in Egypt*, pp. 16 – 17；李超民编著《埃及社会保障制度》，第 169 页。
② 阿拉伯埃及共和国新闻部新闻总署：《埃及年鉴（2000）》，第 184 页。
③ 阿拉伯埃及共和国新闻部新闻总署：《埃及年鉴（2002）》，第 115 页。

3000 万人，达到约 3064 万人①，2007 年已达到约 4200 万人②。到 2009 年，埃及的医疗保险覆盖率为 56%。③ 埃及医疗保险的覆盖群体较广。1999 年，覆盖在校学生的 100%、养老金领取者的 86%、寡妇的 70%。④ 2001 年，共有 40% 的人口参加了医疗保险，在校学生为 1700 万人，新生儿 550 万人，职工 670 万人，养老金领取者和寡妇 160 万人。⑤ 到 2007 年，参加医疗保险的养老金领取者增加到 200 多万人。⑥

在埃及医疗保险计划中，学生医保尤为引人注目。在学校引入医疗保险计划之前，学生的医疗服务由卫生与人口部的学校健康部门提供，但由于预算约束和员工动力低，服务质量不高。20 世纪 70 年代，扩大学校医疗保险的想法被提出。1975 年，时任埃及卫生与人口部部长建议使用捐助资金帮助 800 万名在校学生建立一个医疗保险计划。1986 年，新的卫生与人口部部长上台，决定推动实施新的学校健康保险政策。1992 年 6 月，埃及人民议会通过了 1992 年第 99 号法，规定向全国所有的在校学生提供医疗保险。该法设计了一套使所有学生受益的治疗和预防方案。如该法第 4 条规定参加学校医疗保险计划者享受如下待遇：一是预防和初级卫生保健服务，如周期体检、接种疫苗、在紧急情况下的医疗检查、健康教育；二是治疗服务，如包括牙科治疗、住院治疗和手术等在内的全科门诊服务；三是包括提供设备修复等在内的其他服务。⑦ 该法通过后，埃及卫生与人口部对健康保险机构进行改组，埃及政府也采取了许多措施以实施学校医疗保险计划。如在 2001 年，埃及政府就装备了 3216 个学校医务室，维修 3000 个学校医务室。⑧ 该法在实施的第一

---

① 阿拉伯埃及共和国新闻部新闻总署：《埃及年鉴（2003）》，第 130 页。
② 李超民编著《埃及社会保障制度》，第 164 页。
③ 阿拉伯埃及共和国新闻部新闻总署：《埃及年鉴（2009）》，第 119 页。
④ 阿拉伯埃及共和国新闻部新闻总署：《埃及年鉴（2000）》，第 184 页。
⑤ 李超民编著《埃及社会保障制度》，第 167 页。
⑥ 李超民编著《埃及社会保障制度》，第 161 页。
⑦ A. K. Nandakumar, Michael R. Reich, Mukesh Chawla, Peter Berman, Winnie Yip, "Health Reform for Children: The Egyptian Experience with School Health Insurance," *Health Policy*, Vol. 50, No. 3, 2000, p. 162.
⑧ 阿拉伯埃及共和国新闻部新闻总署：《埃及年鉴（2001）》，第 162 页。

年就使埃及的医疗保险覆盖率由5%提高到了25%。受益人数从1988年的375万人增加到了1993年的1400万人。[1] 1995年，该计划覆盖了1500万名在校学生，占适龄学校儿童的71%。开罗等地的学校儿童参保率高，而以农村为主的中部三角洲地区和埃及南部地区参保率低。[2] 到1999年，该计划覆盖学生1600万名，占在校学生的100%。[3] 到2008年，覆盖1700多万名学生。[4]

四 埃及医疗卫生改革

为提高医疗卫生服务与保障水平，满足埃及国民的医疗卫生需求，埃及政府推行了医疗卫生改革，其中最典型的改革是20世纪90年代推出的"医疗系统改革计划"与21世纪初推行的电子健康计划。

1. "医疗系统改革计划"

1997年，埃及政府推出了"医疗系统改革计划"（Health Sector Reform Program）。该计划提出的主要原因是随着人口急剧增长，埃及医疗卫生领域投入不足，卫生健康状况低下，亟须改善。在20世纪90年代，埃及推行经济结构改革，从美国等发达国家获得大量外援，这也为医疗卫生系统的改革提供了条件。

"医疗系统改革计划"的目的是解决埃及医疗卫生保健服务效率低下的问题，改变埃及卫生保健服务的融资、组织等模式。[5] 从整体看，该计划旨在实现两个方面的发展：一是建立一套高质量的、提供基本医

---

[1] Winnie Yip and Peter Berman, "Targeted Health Insurance in a Low Income Country and Its Impact on Access and Equity in Access: Egypt's School Health Insurance," *Health Economics*, Vol. 10, No. 3, 2001, p. 208.

[2] A. K. Nandakumar, Michael R. Reich, Mukesh Chawla, Peter Berman, Winnie Yip, "Health Reform for Children: The Egyptian Experience with School Health Insurance," *Health Ploicy*, Vol. 50, No. 3, 2000, p. 160.

[3] 阿拉伯埃及共和国新闻部新闻总署：《埃及年鉴（2000）》，第184页。

[4] 阿拉伯埃及共和国新闻部新闻总署：《埃及年鉴（2001）》，第162页。

[5] Donald Robert Haley and Sama A. Bég, "The Road to Recovery: Egypt's Healthcare Reform," *The International Journal of Health Planning and Management*, Vol. 27, No. 1, 2012, p. e85.

疗服务的医疗保障计划，建立以地区为中心的医疗体制，改善就医难的状况；二是依据分散采购与分散提供的概念和埃及卫生与人口部统一调控的手段，进行埃及的医疗体制改革。此次改革的主要内容如下：（1）改革服务，模式是"家庭医疗模板"；（2）加强政府作用，即强化埃及卫生与人口部的强制力与功能；（3）建设新医疗体系，即建成可持续而全覆盖的医疗保险体系。要实现这三方面的改革，着眼点就是建成"地区统一医疗体系"。该体系的主要特点是：全面建成地区医院组织；实现医疗保障资金可持续；资金流与医疗分离；实行地区覆盖的就医计划；通过公立、私立医院和非政府组织提供基础医疗福利和辅助医疗；进行季度检查考核。① 这一改革计划希望通过聚焦于初级医疗保健服务，总体改善人口健康状况，降低婴儿、5 岁以下儿童和产妇的死亡率和人口增长率，减轻传染病负担。

"医疗系统改革计划"提出采用渐进方式分步实施改革。第一步是试点，推出基本医疗福利计划；第二步是建立统一的全国健康保险基金，实现医疗保险全覆盖；第三步是在医院改革取得一定成效后，开始转向地区医疗体系建设。据埃及卫生与人口部的计划，这一改革计划在以下6 个层面进行。（1）减少政府预算为医疗服务提供的融资支持，增加用于预防和初级医疗的政府预算。这项改革措施将把卫生与人口部不必要的医院转移到健康保险机构下面。（2）扩大卫生与人口部在提供初级卫生保健服务及融资中发挥的作用，吸引医疗专业人员专门从事基础医疗和家庭医疗服务，增加妇幼卫生项目资源，进行成本效果分析以帮助建立可行的基本福利项目。（3）重新制定埃及卫生与人口部的员工政策。包括停止所有医学院毕业生的就业保障，减少卫生与人口部的员工总数，改变员工分配方式，鼓励员工去缺医少药的边远地区工作。（4）提高埃及卫生与人口部的国民健康评估、行业战略规划和政策发展的能力，升级国家卫生信息系统，以更好地进行规划和决策。（5）通过创建国家卫生标准和进行卫生设施认证，建立医学再教育机制，实行医生许可证制，

---

① 李超民编著《埃及社会保障制度》，第 199～200 页。

增强卫生与人口部在规划监管和质量保证方面发挥的作用。（6）将健康保险机构转变为纯粹的融资机构，扩大社会医疗保险的覆盖范围。

"医疗系统改革计划"于1998年在亚历山大等3个省进行试点。1999年，美国、欧盟加入该计划。后非洲开发银行、奥地利政府也加入。美国国际开发署、世界银行、欧盟、非洲开发银行和奥地利政府共同为该计划提供资金支持。①

"医疗系统改革计划"基于社会保险模式，试图整合埃及政府医疗部门各自为政的融资机构，形成一个单一的国家健康保险基金（National Health Insurance Fund），其最主要的举措和目标是设立一个新的社会保险模式——家庭健康基金（Family Health Funds）。②根据埃及1999年294号政令，埃及政府批准建立家庭健康基金并设立专有银行账户。2001年第160号政令追认家庭健康基金为政府实体。该基金通过与政府、公共和私营组织/非政府组织医疗服务提供者订立合同，向注册的受益人提供基本医疗服务。参保者的医疗服务来自家庭健康单位或家庭健康中心（两者通常属于公共部门或埃及健康保险机构的附属医院）。2003年11月，"医疗系统改革计划"已经有66个运行中的家庭健康单位，16个在亚历山大省，25个在曼努菲亚省，25个在索哈杰省。到2008年，埃及共建立643个家庭健康单位。据埃及卫生与人口部的估计，约有2.5亿埃镑资金用于扩大在埃及所有省份的"医疗系统改革计划"。③

"医疗系统改革计划"的实施，对埃及的医疗卫生状况产生了显著影响。该计划实施后，埃及的健康指标明显改善，埃及的一些医疗卫生状况有所改善。随着穆巴拉克政府的倒台，该计划的推进遇阻。

---

① 李超民编著《埃及社会保障制度》，第198页。

② Christian A. Gericke, "Financing Health Care in Egypt: Current Issues and Options for Reform," *Journal of Public Health*, Vol. 14, No. 1, 2006, p. 29.

③ Donald Robert Haley and Sama A. Bég, "The Road to Recovery: Egypt's Healthcare Reform," *The International Journal of Health Planning and Management*, Vol. 27, No. 1, 2012, p. e85.

2. 电子健康计划

埃及政府积极推行的另一项医疗卫生改革是电子健康（E-Health）计划。2003 年 12 月日内瓦信息社会世界峰会（World Summit on the Information Society）之后，电子健康在世界范围内已逐渐被公认为是一个信息社会的基本要求，埃及政府也开始发展电子健康计划。电子健康指的是运用信息和通信技术来提高社会的卫生服务水平。信息和通信技术在医疗卫生领域的应用可以提高公民生活质量，为医生和其他医疗工作者提供一个更便捷的工作环境。[1] 它除了涉及患者和医疗服务提供商之间、机构对机构的数据传输或者患者之间或医疗专业人士之间的互动，还包括健康信息网络、电子健康记录、远程医学服务以及患者监控系统等。

在埃及，信息和通信技术是埃及实现减少贫困、消除文盲、提高医疗服务的可访问性等社会发展目标的一种有效工具。埃及电子健康计划的主要目标有：（1）通过卫生与人口部和高校的专业医疗中心的专家和顾问的援助提高省级和边远地区的诊断服务；（2）建立一个诊断服务系统以连接埃及的医疗中心与全球、非洲和阿拉伯国家的医疗中心；（3）为非洲和阿拉伯国家的病人提供诊断服务；（4）建立病人信息数据库，其信息在各医疗中心共享；（5）缩短事故呼叫的响应时间；（6）为医护人员和医院管理人员提供继续教育；（7）提供一个在线健康信息数据库，供民众查询。[2]

埃及卫生与人口部发起了在医疗卫生领域应用信息和通信技术的行动，如采取适当的电子信息技术作为医疗卫生行政管理和临床咨询的方法，在偏远和不发达地区进行医学再教育等。

---

[1] Samir I. Shaheen, "E-Health in Egypt: Challenges and Opportunities," in *Proceeding of 2004 International Conference on Information and Communication Technologies: From Theory to Applications*, New York: IEEE, 2004.

[2] Samir I. Shaheen, "E-Health in Egypt: Challenges and Opportunities," in *Proceedings of 2004 International Conference on Information and Communication Technologies: Form Theory to Applications*.

第三节 当代埃及医疗卫生困境及其成因

一 当代埃及医疗卫生困境

客观而言，1952 年以来，特别是在穆巴拉克时期，埃及在医疗卫生领域取得了一系列进展，但仍遭遇一系列困境，突出表现在以下三个方面。

1. 医疗卫生资源分布不均，效率低下

首先，地域差别严重。埃及全国大多数的医疗设施、医护人员等医疗资源分布在下埃及地区，特别是尼罗河三角洲地区，而上埃及和尼罗河谷地的医疗资源较为短缺。据 2004 年的一项抽样调查，埃及全国 60% 以上的公立医院分布在尼罗河三角洲地区，而上埃及地区的公立医院数还不到全国总量的 1/3。[①] 在门诊就诊率和住院率方面，上、下埃及也存在显著差异。以在校生为例，根据 1995 年的数据，开罗在校生的门诊就诊率是上埃及南部和运河地区在校生的 2.5 倍。在住院率方面，开罗等地的在校生住院率达到 30%，开罗在校生住院率分别是上埃及南部地区、运河地区和上埃及北部地区的 6.75 倍、4.8 倍和 4.1 倍。健康保险机构花在开罗学生身上的钱是花在上埃及南部地区学生身上的 4.58 倍。[②]

其次，城乡差别大。埃及的城市集中了更多的医疗设施，大多数农村地区缺乏基本医疗设施。医疗中心、计划生育中心、政府医院和救护中心等都主要集中在大城市。1997 年的数据显示，大约 90% 的大型住院

---

① Emily J. Cherlin, Adel A. Allam, Erika L. Linnander, Rex Wong, Essam El-Toukhy, Heather Sipsma, Harlan M. Krumholz, Leslie A. Curry, Elizabeth H. Bradley, "Inputs to Quality: Supervision, Management, and Community Involvement in Health Facilities in Egypt in 2004," *BMC Health Services Research*, Vol. 11, No. 282, 2011, p. 2.

② A. K. Nandakumar, Michael R. Reich, Mukesh Chawla, Peter Berman, Winnie Yip, "Health Reform for Children: The Egyptian Experience with School Health Insurance," *Health Policy*, Vol. 50, No. 3, 2000, p. 162.

设施位于城市，占埃及全国总人口44%的城市居民占用全部医生81%的工作时间。① 农村地区的医院床位数也远低于城市地区。以1999/2000年为例，埃及城市的公立医院与中心医院的床位数为42000张，而乡村卫生所和乡村医院的床位数分别为8400张和12000张。② 在医护人员方面，城市拥有各领域的专业医生，而农村地区的医学专家非常少。如在下埃及的农村地区，缺乏心脏病专家、眼科专家和骨科专家，而在上埃及农村地区缺乏神经学家、皮肤病专家和精神病专家。尽管埃及农村地区的乡村医生数量较多，但许多医生的从医经验、资历都比较缺乏。在医疗设施管理方面，城乡之间也有着明显差距。

再次，埃及医疗支出绩效不佳。据2007年国际货币基金组织的报告，如果埃及能更加有效利用医疗支出，埃及人的预期寿命可提高10%，婴儿和产妇的死亡率也将下降60%~70%。按照这两项指标的排名，埃及在全世界的排位分别是第50位和第41位，而这样的医疗绩效，根据国际货币基金组织的计算，埃及只需要现有医疗支出的30%就可以实现。③

又次，埃及医疗系统的成本收益率低。根据国际货币基金组织2007年的研究，如果用医疗支出的产出分值来衡量，埃及医疗体系把投入资源转化为中间投入的能力，在全世界仅处于第53位；在所有的抽样国家中，埃及医疗体系的生产绩效只居第30位；从每千人医院平均床位拥有率指标看，埃及估计只有25%~35%，而国际标准则通常要达到80%。④

最后，医疗保险利用率低。从参保人数看，埃及医疗保险数十年来增长很快。1964年，埃及大约有14万人投保，1995年达到了2000多万人，1999年增至2500万人⑤，2004年达到约3542.1万人⑥。2007年，

①　杨善发：《埃及的医疗卫生改革与民主化困境》，《中国农村卫生事业管理》2013年第2期，第152页。
②　阿拉伯埃及共和国新闻部新闻总署：《埃及年鉴（2000）》，第191页。
③　李超民编著《埃及社会保障制度》，第189页。
④　李超民编著《埃及社会保障制度》，第190页。
⑤　阿拉伯埃及共和国新闻部新闻总署：《埃及年鉴（2000）》，第184页。
⑥　阿拉伯埃及共和国新闻部新闻总署：《埃及年鉴（2004）》，第180页。

所有医疗保险的受益人数约4200万人。① 但与埃及飞速增长的总人口相比，埃及的医疗保险覆盖率偏低，2009 年才达到56%。② 实际上，埃及医疗保险的使用率也不高。据2005 年埃及健康保险机构的报告，在2001年，埃及全国只有45% 的人参加了医疗保险，所使用的医疗支出占所有支出的10%。③ 埃及医疗保险受益人在选择医疗保健服务时，只有41.3% 的人使用医疗保险计划。在拥有职工医疗保险计划的埃及人群中，只有43.5% 的人使用该计划并获益，非工作人群中仅有32.9% 的受益人使用医疗保险计划购买医疗保健服务。④

2. 青年医疗卫生问题突出

埃及有大量青年。据2006 年的埃及人口普查，15 ~ 24 岁的青年占埃及总人口的1/4。⑤ 在穆巴拉克时期，青年问题是政府遇到的棘手问题之一，青年的健康状况也不容乐观，这主要表现在性与生殖健康、吸毒等问题上。有调查显示，大约70% 以上的埃及青年从来不与父母交流与青春期相关的话题，10 ~ 29 岁女性中超过34% 的从未听说过艾滋病，而大多数农村女性对艾滋病的传播方式没有正确的认识。⑥ 埃及青年在面对自身的性与生殖健康问题时显得茫然无知，他们对避孕、生育健康等知识知之甚少。

在性与生殖健康方面，埃及青年还面临早婚和早育的问题，这在女性青年中表现得尤为突出。据1995 年、2000 年和2005 年对埃及妇女健康的跟踪调查，埃及妇女初婚年龄的中位数分别为18 岁、18 岁和19 岁，而16岁以前结婚的比例分别为24%、20.1% 和15.4%；首次怀孕年龄的中位数

---

① 李超民编著《埃及社会保障制度》，第 164 页。

② 阿拉伯埃及共和国新闻部新闻总署：《埃及年鉴（2009）》，第 119 页。

③ 李超民：《碎片化低覆盖的埃及医保》，《中国医院院长》2014 年第 13 期，第 76 页。

④ 李超民：《碎片化低覆盖的埃及医保》，《中国医院院长》2014 年第 13 期，第 77 页。

⑤ Doaa M. Oraby, "Sexual and Reproductive Health among Young People in Egypt: The Role and Contribution of Youth-Friendly Services," *Sex Education: Sexuality, Society and Learning*, Vol. 13, No. 4, 2013, p. 470.

⑥ Doaa M. Oraby, "Sexual and Reproductive Health among Young People in Egypt: The Role and Contribution of Youth-Friendly Services," *Sex Education: Sexuality, Society and Learning*, Vol. 13, No. 4, 2013, p. 470.

为 20 岁、20 岁和 21 岁，20 岁以前就怀孕的比例分别为 35.2%、30.8% 和 26.2%。① 另据 2008 年的埃及人口和健康调查，女性平均结婚年龄为 20.6 岁，首次生育平均年龄为 22.4 岁。② 早婚和早育在上埃及农村地区的青年中更为明显。据 2000 年的一次调查，上埃及农村地区至少人工流产一次的妇女中，早于 18 岁结婚的就高达 71.2%，首次怀孕早于 18 岁的也达 57.3%。③

为解决青年的性与生殖健康问题，埃及建立了许多青年关爱诊所（youth-friendly clinics），既有政府建立的，也有非政府组织建立的。政府建立的青年关爱诊所主要设立于公立医疗设施当中，主要提供营养与生殖健康咨询、青春期问题咨询等服务。非政府组织建立的青年关爱诊所主要提供咨询、性与生殖健康信息教育以及已婚妇女的产科服务等。④

吸毒现象在埃及青年中也较为普遍。20 世纪 80 年代以来，埃及吸毒问题日趋严重。埃及的鸦片与大麻基本已实现了生产的本土化，吸食毒品现象严重。据统计，埃及国内全年的毒品作物和毒品的买卖的总金额在 2003 年已超过 180 亿埃镑，其中不少青年学生成了瘾君子。据埃及卫生与人口部与联合国相关机构的联合调查，2003 年就有大约 30% 的学生吸食毒品。⑤高中生主要吸食大麻制品，青年工人主要使用麻醉品和鸦片等。吸食毒品使得埃及青年的身体健康状况下降，变得体弱多病。

① Zeinab Khadr, "Monitoring Socioeconomic Inequity in Maternal Health Indicators in Egypt: 1995 - 2005," *International Journal for Equity in Health*, Vol. 8, No. 1, 2009, p. 43.

② "Democratic Republic of Egypt 2008: Results from the Demographic and Health Survey," *Studies in Family Planning*, Vol. 41, No. 2, 2010, p. 154.

③ K. M. Yassin, "Incidence and Socioeconomic Determinants of Abortion in Rural Upper Egypt," *Public Health*, Vol. 114, No. 4, 2000, p. 271.

④ Doaa M. Oraby, "Sexual and Reproductive Health among Young People in Egypt: The Role and Contribution of Youth-Friendly Services," *Sex Education: Sexuality, Society and Learning*, Vol. 13, No. 4, 2013, p. 473.

⑤ 刘海军：《冷战后埃及青年问题初探》，《当代青年研究》2013 年第 3 期，第 124 页。

3. 女性医疗卫生状况不容乐观

尽管有不小的改善，但埃及女性的医疗卫生状况仍难言乐观。穆巴拉克晚期的临床调查和实验调查发现，埃及女性特别是青年女性的主要健康问题有缺铁性贫血（占67.4%）、寄生虫感染（31.1%）、超重（7.3%）、高血压（4.9%）、偏瘦（3.5%）和糖尿病（1.6%）。① 缺铁性贫血在埃及孕产妇中非常普遍。据统计，埃及孕妇缺铁性贫血的比例为22.1%。在当了母亲的女性中，几乎2/3的人没有吸收足够的铁元素。② 另据1995年、2000年和2005年对埃及女性健康的跟踪调查，产妇在家分娩的比例分别为64.5%、49.1%和33.6%。③ 患病后，埃及女性接受门诊服务的比例不高。上述调查显示，在患病的情况下，45.6%的青年女性寻求医护人员的医疗建议，而48.4的青年女性偶尔这样做，6%的青年女性从不寻求医生的医疗建议（而是咨询药师或自我治疗）。④ 此外，肥胖对埃及女性的健康状况的影响也很大。据2014年一项对全球50个国家的统计，阿拉伯女性的体重超重现象最严重，位居第一的是埃及女性，平均体重为78公斤。⑤ 埃及女性乳腺癌发病率较高。2017年11月，埃及巴赫雅乳腺癌早期发现及治疗基金会主任对当地媒体表示，埃及34%的妇女受到乳腺癌困扰。⑥

---

① A. El Nouman, D. El Derwi, R. Abdel Hai and H. Abou Zeina, "Female Youth Health Promotion Model in Primary Health Care: A Community-Based Study in Rural Upper Egypt," *Eastern Mediterranean Health Journal*, Vol. 15, No. 6, 2009, p. 1519.

② 陈静：《当代埃及妇女发展问题研究》，《西北民族研究》2004年第4期，第195页。

③ Zeinab Khadr, "Monitoring Socioeconomic Inequity in Maternal Health Indicators in Egypt: 1995 - 2005," *International Journal for Equity in Health*, Vol. 8, No. 1, 2009, p. 47.

④ A. El Nouman, D. El Derwi, R. Abdel Hai and H. Abou Zeina, "Female Youth Health Promotion Model in Primary Health Care: A Community-Based Study in Rural Upper Egypt," *Eastern Mediterranean Health Journal*, Vol. 15, No. 6, 2009, p. 1518.

⑤ 《埃及妇女平均体重78公斤 排世界第一》，人民网，2014年4月9日，http://world. people. com. cn/n/2014/0409/c1002 - 24856735. html。

⑥ 曲翔宇：《中埃名校"结对子"做抗癌研究》，《人民日报》2018年3月22日，第22版。

高比例的剖宫产对埃及女性的健康状况产生了严重影响。在21世纪初，埃及孕妇的剖宫产率达到21.9%，是中东地区最高的。[①] 高龄产妇和初产妇更容易接受剖宫产。据统计，埃及所有的剖宫产产妇中，40岁以上的占34.4%，而20岁以下的占15.1%。[②]

不安全的人工流产也是影响埃及女性医疗卫生状况的公共卫生问题。在埃及，女性几乎每生育四次就会有一次人工流产，大约1/5的妊娠因人工流产而提前终止。埃及的人工流产状况在上埃及农村地区尤为严重。据2000年一项在上埃及农村地区的调查，大约有40.6%的女性有过至少一次流产，24.6%的女性甚至有不止一次的流产或复发性流产，复发性流产的终生患病率在这一地区估计为25%。[③] 绝大多数的流产（4/5）是在没有医疗照顾的情况下发生的。该调查显示，女性中的大多数从传统和家庭资源中寻求帮助，主要向助产士（59.9%）、亲戚或邻居（29.8%）和传统从业者（10.4%）寻求帮助；寻求医疗帮助的情况主要包括严重或长期阴道出血（60.4%）、高热（29.7%）、严重腹痛（20.9%）和严重疲劳（12.1%）。[④] 埃及女性人工流产时不愿意寻求医疗帮助的原因是女性自身对流产的错误认知和较低的社会经济地位。上述同一调查还显示，48.8%的女性认为阴道出血会自行停止；34.8%的人因为没有足够的钱购买与人工流产相关的医疗保健服务而不寻求医疗帮助；22.4%的人不想让丈夫知道自己曾经人工流产；8.1%的人认为医疗机构禁止人工流产，11.7%的人认为用埃及国内的传统方法应对人工流产已经足够；7%的人甚至表示她们不知道自己是

① Marwan Khawaja, Tamar Kabakian-Khasholian, Rozzet Jurdi, "Determinants of Caesarean Section in Egypt: Evidence from the Demographic and Health Survey," *Health Policy*, Vol. 69, No. 3, 2004, p. 274.

② Marwan Khawaja, Tamar Kabakian-Khasholian, Rozzet Jurdi, "Determinants of Caesarean Section in Egypt: Evidence from the Demographic and Health Survey," *Health Policy*, Vol. 69, No. 3, 2004, p. 275.

③ K. M. Yassin, "Incidence and Socioeconomic Determinants of Abortion in Rural Upper Egypt," *Public Health*, Vol. 114, No. 4, 2000, p. 270.

④ K. M. Yassin, "Incidence and Socioeconomic Determinants of Abortion in Rural Upper Egypt," *Public Health*, Vol. 114, No. 4, 2000, p. 270.

在进行人工流产。①

　　女性割礼仍在埃及存在，对女性健康产生极大负面影响。1996年，埃及政府颁布了《禁止割礼法》，随后卫生与人口部部长也颁布禁止在公立、私立医院和诊所实施割礼的规定，但女性割礼仍很普遍，估计在埃及15~49岁的女性人群中有超过95%的女性实施过割礼。② 1994年，在开罗召开的关于人口和发展的国际会议曾专门讨论这一问题。但由于反割礼运动的阻挠，禁止割礼的规定很难执行。

　　埃及男性与女性在医疗待遇上不平等。"20/20计划"在2011年发布的《国家卫生账户报告》指出，埃及男女性在医疗待遇上有差异，由于临近的医疗资源缺乏和在接受公共医疗服务时对需要的身份证明的误解，生活在农村地区的女性尤其成为现行体制下的弱势群体。③

　　此外，埃及在医疗卫生管理与药品方面也存在问题。如在埃及卫生与人口部下辖的医疗卫生机构中，能够每月至少召开一次正规管理委员会会议的还不到一半，不到1/3的医疗卫生机构没有任何形式的质量保证系统。④ 埃及政府的医疗卫生机构特别是农村地区的政府医疗卫生机构缺乏医疗卫生资源和医疗卫生人力培训。因公立医疗卫生机构的工资比私立医疗卫生机构低得多，埃及政府医疗卫生机构的医生私自行医的现象普遍，这导致政府医疗卫生机构中的旷工和腐败行为多发，服务质量每况愈下。埃及存在较为严重的药物过度使用问题，是世界上人均使

① K. M. Yassin, "Incidence and Socioeconomic Determinants of Abortion in Rural Upper Egypt," *Public Health*, Vol. 114, No. 4, 2000, p. 272.

② Ronan Van Rossem, Dominique Meekers and Anastasia J. Gage, "Women's Position and Attitudes towards Female Genital Mutilation in Egypt: A Secondary Analysis of the Egypt Demographic and Health Surveys, 1995 – 2014," *BMC Public Health*, Vol. 15, No. 874, 2015, p. 1.

③ 李金秋：《埃及的20/20医疗健康计划》，《中国保险报》2013年3月18日，第5版。

④ Emily J. Cherlin, Adel A. Allam, Erika L. Linnander, Rex Wong, Essam El-Toukhy, Heather Sipsma, Harlan M. Krumholz, Leslie A. Curry, Elizabeth H. Bradley, "Inputs to Quality: Supervision, Management, and Community Involvement in Health Facilities in Egypt in 2004," *BMC Health Services Research*, Vol. 11, No. 282, 2011, p. 2.

用处方药最高的国家之一，自我处方也很常见。埃及药品还存在研发资金不足的问题。埃及的专利法规定医药产品不受专利保护，生产工艺只有10年的保护时间，这在很大程度上降低了埃及医药企业进行专利药品研发的积极性。埃及的医药企业只将企业收入的不到2%用于新产品研发，导致埃及缺乏许多专利药品。为此，埃及每年在向其他国家出口药品的同时，仍大量进口药品。

二　当代埃及医疗卫生困境成因

埃及医疗卫生领域面临的诸多困境，有非常复杂的成因。

1. 人口过快增长

前已述及，近代以来，埃及人口增长迅猛。穆巴拉克末期，埃及人口已超过8000万人。人口的快速增长，导致埃及医疗设施和医护人员明显不足。尽管埃及许多医疗资源在中东地区和发展中国家中排名靠前，但其人均水平却相对较低。如在药品支出方面，2001年埃及的人均药品支出额为21美元，而同期的全球人均支出额为72美元。[1] 在医院床位数上，尽管穆巴拉克时期埃及的医院床位数显著增加，但人均床位数增加有限，甚至出现下降的情况。1981/1982年，埃及总床位数为8.4万张，平均约每510人一张。[2] 1996/1997年，病床数量为11.9万张，平均每536人一张，与1981/1982年相比，人均病床数有所下降。2000/2001年与1996/1997年相比，埃及总床位数增加了1.7万张，增幅为14%，而人均床位数增幅仅为5.2%，远低于总床位数的增幅。到2009/2010年，埃及的人均床位数为每496人一张。[3] 在医生数量方面，1981/1982年，埃及共有医生5.2万人，平均每827人拥有一名医生；1996/1997年，共

---

[1] Heba Wanis, "Agreement on Trade-Related Aspects of Intellectual Property Rights and Access to Medication: Does Egypt Have Sufficient Safeguards against Potential Public Health Implications of the Agreement," *The Journal of World Inctellectual Property*, Vol. 13, No. 1, 2010, p. 27.

[2] 阿拉伯埃及共和国新闻部新闻总署：《埃及年鉴（2000）》，第185页。

[3] 阿拉伯埃及共和国新闻部新闻总署：《埃及年鉴（2009）》，第118页。

有医生12.5万人，平均每492人拥有一名医生，15年间医生总数增加了
7.3万人，增幅为140.4%，人均拥有医生的数量增幅则为68.1%，同样
远低于医生总数的增幅。到2000/2001年，医生总数为14.3万人，与
1996/1997年相比增加了1.8万人，增幅为14.4%，而人均拥有医生数
量为平均每462人拥有一名医生，与1996年相比增幅为6.5%。[①] 2009
年，埃及医疗总支出达614亿埃镑，但人均年医疗卫生费用仅为740埃
镑。[②] 由此可见，尽管埃及的各项医疗资源的总体数量呈不断增长态势，
但由于人口的快速增长，这些发展成果都被新增的大量人口所抵消。

2. 投入不足，医疗卫生制度存在缺陷

其一，政府支出不足。埃及政府还是重视医疗卫生事业的，在医疗
卫生领域的投资逐年递增。1952～1981年，埃及医疗卫生支出为3亿埃
镑。[③] 1994年，埃及医疗卫生支出为12亿美元，2001年为32亿美元，
2007年为45亿美元，2009年为63亿美元，2011年达到68亿美元；
1995～2012年，埃及人均医疗卫生支出由37.4美元增加到152美元。[④]
但同时也应看到，埃及的医疗卫生支出水平还比较低，增长也不快。埃
及医疗卫生支出占GDP的比重，1995年为3.86%，2002年为6.13%，
2012年降为5%。[⑤] 对医疗卫生领域的投资也是如此。1982～2000年，
埃及对卫生部门投资186亿埃镑，但仅占执行投资总额的2.5%。[⑥] 若与

---

① 阿拉伯埃及共和国新闻部新闻总署：《埃及年鉴（2000）》，第185页。

② 刘晓莺：《发展中国家医疗体制述评》，《中共山西省委党校学报》2006年第2
期，第75页。

③ 阿拉伯埃及共和国信息部国家新闻总署：《埃及二十一年成就（1981－2002）》，第7页。

④ Amal Ramadan and Mohamed Abed, The Directional Relationship between Health
Expenditure and Economic Growth in Egypt（1980－2010）, paper represented at the
International Conference on Business, Economics and Management（ICBEM'15）,
Phuket, Thailand, April 9－10, 2015, p. 30.

⑤ Amal Ramadan and Mohamed Abed, The Directional Relationship between Health
Expenditure and Economic Growth in Egypt（1980－2010）, paper represented at the
International Conference on Business, Economics and Management（ICBEM'15）, Phuket,
Thailand, April 9－10, 2015, p. 30.

⑥ 阿拉伯埃及共和国信息部国家新闻总署：《在埃及投资：稳定与发展》，第20页。

发达国家相比，则差距相当大。以 2009 年为例，埃及的医疗卫生支出仅占 GDP 的 5.8%，而美国同年的医疗卫生支出占 GDP 的比重高达17.6%，美国人均医疗卫生支出达到 8086 美元。[①]

值得指出的是，埃及有大量医疗卫生经费并未进入公共卫生体系。以 2004 年为例，有 57% 的医疗卫生经费流入私人医疗服务提供者手中，而只有 43% 的医疗卫生经费投入公共卫生体系。更有甚者，接近一半的公立医疗卫生机构缺少医疗设备和医务人员。这或许是埃及的血吸虫病等传染病高发的主要原因。[②]

埃及的医疗卫生经费的使用也不合理。据世界卫生组织提供的数据，在 1992 年，治疗费占埃及公共医疗资金的 51.33%，管理支出占27.83%，预防性治疗支出占 14.6%；而在具体开支明细中，人员成本高达 65.45%，药品及其消耗占 9.26%，投资占 11.45%。[③] 在 1995 年，埃及健康保险机构为学校医疗保险计划花费 3.47 亿埃镑，剩余 1.23 亿埃镑，其中总经费的 27% 是药物经费，薪金占 39%。[④] 可见，人员成本、管理支出明显过高。

其二，埃及医疗卫生制度的顶层设计存在缺陷。埃及实行公费医疗制度和医疗保险制度。公费医疗制度是在纳赛尔时期基本形成的。到穆巴拉克时期，埃及享受公费医疗的人数与政府在该领域的支出不断增加。但总体上，公费医疗依然是小部分人在受益。1986 年，埃及享受公费医疗者只有 6.2 万人，2001 年为 75.2 万人。[⑤] 2005 年埃及享受公费医疗者有 130 万人，2008 年也才有 170 万人。[⑥] "20/20 计划" 于 2011 年发布的埃及《国家卫生账户报告》也发现，埃及太多的医疗保健支出是由私人

---

① 李超民编著《埃及社会保障制度》，第 181 页。
② 杨善发：《埃及的医疗卫生改革与民主化困境》，《中国农村卫生事业管理》2013年第 2 期，第 152 页。
③ WHO, *Health Systems Profile：Egypt*, p. 29.
④ 金宝相：《埃及学校健康保险的经验》，《国外医学》（卫生经济分册）2002 年第1 期，第 49 页。
⑤ 阿拉伯埃及共和国新闻部新闻总署：《埃及年鉴（2002）》，第 117 页。
⑥ 阿拉伯埃及共和国新闻部新闻总署：《埃及年鉴（2009）》，第 120 页。

而非公共部门承担的，而且现款支付导致消费者尤其是低收入者耗尽所有。① 可见，与庞大的总人口相比，埃及的公费医疗可谓微不足道。

医疗保险是医疗卫生保障体系的重要组成部分，但在医疗保险的制度设计上，埃及存在覆盖率低与碎片化的突出问题。埃及医疗保险主要面向政府部门雇员、国有企业职工、隶属于劳动法调整的私人部门的员工等有工作的群体，而无工作的群体就无法享受医疗保险服务，也难以负担高昂的医疗费。埃及医疗保险的主要缴费方式是雇主缴纳，失业者、临时工和农民等非工作人员不能缴纳保费，也无法被纳入医疗保险覆盖范围。到2009年，埃及医疗保险的覆盖率也仅为56%。② 即使在有工作的群体当中，医疗保险的覆盖率也不高。2000年的一项调查显示，有工作的群体中享受医疗保险的比例仅为39.3%，而无工作群体仅为8.7%。③ 埃及医疗保险的覆盖率还有性别差异，有工作的女性群体的医疗保险覆盖率明显高于男性，但在无工作群体医疗保险的覆盖率方面，男性则远高于女性，但总体水平极低。埃及的学校医疗保险计划也存在一些问题。该计划面向在校学生，参加者也仅限在校学生，适龄而未上学的儿童则无法享受该项计划规定的医疗保险待遇。调查显示，在1995年，该计划只覆盖了6～18岁儿童的61%。④ 对适龄未上学儿童的调查显示，他们大多是贫穷家庭的孩子，70%属于最低收入水平家庭，这提升了埃及医疗保险计划的不公平性。该计划还存在较为严重的融资能力问题。⑤ 可见，埃及医疗保险的制度设计本身就不是覆盖全体国民的。

---

① 李金秋：《埃及的20/20医疗健康计划》，《中国保险报》2013年3月18日，第5版。
② 阿拉伯埃及共和国新闻部新闻总署：《埃及年鉴（2009）》，第119页。
③ S. Shawky, "Could the Employment-Based Targeting Approach Serve Egypt in Moving towards A Social Health Insurance Model," *Eastern Mediterranean Health Journal*, Vol. 16, No. 6, 2000, p. 666.
④ Winnie Yip and Peter Berman, "Targeted Health Insurance in a Low Income Country and Its Impact on Access and Equity in Access: Egypt's School Health Insurance," *Health Economics*, Vol. 10, No. 3, 2001, p. 212.
⑤ Winnie Yip and Peter Berman, "Targeted Health Insurance in a Low Income Country and Its Impact on Access and Equity in Access: Egypt's School Health Insurance," *Health Economics*, Vol. 10, No. 3, 2001, p. 212.

"20/20 计划"于 2011 年发布的《国家卫生账户报告》也指出，埃及缺乏能接触到的医疗保险，虽然越来越多的家庭在使用保险，但被保险的埃及人数量仍远低于中东地区的平均标准。该报告还显示，妇女和穷人在医疗保险方面处于不利的地位。许多妇女由于没有工作而无法被纳入医疗保险的覆盖范围，没有保险的低收入家庭会因突发的医疗紧急事件而被置于严重的财政困境中。①

碎片化是埃及医疗保险制度的主要特征，也是其存在的主要问题之一。根据埃及医疗保险计划，不同身份的社会群体参加医疗保险的缴费方式和金额都不相同，埃及医疗保险的参保对象被分成政府雇员和国有企业职工、私人企业和半国有企业的职工、养老金领取者、寡妇、在校生等类别。其中埃及政府为政府雇员缴纳医疗保险费的比例是个人缴费的 3 倍；私人企业和半国有企业的职工缴纳的保险费相当于政府雇员的两倍，雇主缴纳部分也相当于政府部门的两倍，而寡妇需个人缴纳收入的 2% 参加医疗保险，且政府不补贴；学校医疗保险计划是针对在校生的医疗保险，每个学生每年缴费 4 埃镑，政府补贴 10 埃镑，共同支付比例为 33%；对于学前儿童的医疗保险，每个儿童每年缴费 4 埃镑，并享受一定的共同支付比例。在此基础上，参加不同类型的医疗保险的埃及人享受不同的医疗保险待遇，不同群体享受的医疗保险的待遇有着较大的差别。资金不足造成医药短缺、良好的医务人员不足、先进的医疗手段短缺，而社会保险又严格限制适用对象，以职工、养老金领取者、寡妇群体和学童为对象，埃及医疗保健组织仅面向签约企业提供医疗服务。② 碎片化给埃及医疗保障体系带来了诸多难题。

3. 经济、传统文化与教育因素

穆巴拉克时期，从数值上说，埃及经济总量、增长速度都有显著增加，这为埃及政府不断增加在医疗卫生领域的支出提供了条件，这是该时期埃及医疗卫生事业取得一些发展的重要因素。但埃及经济长期存在

---

① 李金秋：《埃及的 20/20 医疗健康计划》，《中国保险报》2013 年 3 月 18 日，第 5 版。
② 李超民：《碎片化低覆盖的埃及医保》，《中国医院院长》2014 年第 13 期，第 75 ~ 77 页。

高通货膨胀率、高物价、高失业率等问题，这些经济问题也严重影响着医疗卫生事业的发展。埃及通货膨胀率的居高不下，物价的持续上涨，使得埃及医疗资源的价格不断上涨。以药品为例，随着埃及通货膨胀率的提升，医药企业的生产成本增加，从而使埃及药品的价格也在不断上涨。高失业率也对埃及的医疗卫生状况产生重要影响。埃及的医疗保险主要是面向有工作的人员的，失业者是无法享受到埃及政府规定的医疗保险待遇，而埃及居高不下的失业率严重影响着埃及医疗保险的覆盖率。大量的失业人口没有工作，也就无法参加医疗保险。到 2004 年，埃及的医疗保险总覆盖率仅为埃及总人口的 50.6%①，未被医疗保险覆盖的人群中就有大量的失业者。

穆巴拉克时期，埃及的青年和妇女的失业率更高，这严重影响了青年和妇女的健康水平。据 2008 年联合国家庭收入与消费调查，21.6% 的埃及人处于贫困，而处于贫困的青年占到 23.1%。②贫困问题严重影响了埃及青年的健康状况，导致他们营养不良，有病时无钱医治。贫富悬殊对埃及的医疗卫生状况也有着较大的影响，穷人越来越看不起病，甚至因病更加贫困。如在生活着埃及全国 41% 的贫困人口的上埃及地区，2003 年的婴儿死亡率达到 53.3‰，要高于下埃及地区的44.3‰。③

传统文化对医疗卫生领域的影响不可忽视。埃及政府采取的许多改善妇女和青年医疗卫生状况的措施都受到了传统势力不小的阻挠。如埃及政府积极推行计划生育政策，降低女性的生育率，但遭到传统势力的阻挠。传统势力反对女性使用避孕措施，反对对未婚青年特别是青年女性进行生殖健康教育，这使得埃及女性的生育率长期居高不下，同时也造成了埃及女性较高的生育死亡率。此外，在埃及传统文化中，女性地位较低，这使得她们在接受医疗卫生服务方面处于相对弱势的地位。埃及女性的不安全

---

① 阿拉伯埃及共和国新闻部新闻总署：《埃及年鉴（2004）》，第 180 页。

② *Egypt Human Development Report 2010*，p. 76

③ United Nations Development Programme, *Egypt Human Development Report 2005, Choosing Our Future：Towards A New Social Contract*, p. 73.

人工流产就是受此影响。在埃及不少地方，人工流产对女性来说是一件耻辱的事，这导致埃及女性流产时不愿接受正规的医疗卫生服务。严重影响女性健康的割礼风俗依然在延续，这主要因为许多人认为它是宗教传统所要求的。在2003年，已婚埃及女性中只有23.3%的女性支持不再延续割礼风俗，而60.8%的女性认为它是自己信仰的宗教所要求的。[1] 尽管埃及政府制定了反对割礼的法律，但实施效果不佳，割礼风俗仍很流行，特别是在农村地区。

受教育水平对埃及医疗卫生事业发展也有很大的影响。以女性为例，受教育水平越高，其越多使用医疗设施。埃及人口与卫生调查显示，受教育水平越高的女性，生育孩子的数量越少，生育年龄也相对较晚，而早孕和过多生育是埃及女性患病和死亡的重要原因。受教育水平对埃及女性的剖宫产选择情况也有着很大的影响，受教育水平高的女性更容易选择剖宫产。是否支持割礼，也与埃及女性的受教育水平有关。据对1995～2014年埃及人口与卫生调查结果的分析，受教育水平越高的就业的埃及女性，越有可能反对割礼。[2] 受教育水平还影响着埃及城乡医疗卫生情况。埃及农村地区，特别是上埃及农村地区的文盲率非常高，大量的文盲人口不愿意寻求或忽视医护人员的医疗建议，这使得这些人缺乏必要的医疗卫生服务和相应的治疗，这也是上埃及农村地区医疗卫生水平低下的原因之一。[3]

---

[1] Ronan Van Rossem, Dominique Meekers and Anastasia J. Gage, "Women's Position and Attitudes towards Female Genital Mutilation in Egypt: A Secondary Analysis of the Egypt Demographic and Health Surveys, 1995 – 2014," *BMC Public Health*, Vol. 15, No. 874, 2015, p. 1.

[2] Ronan Van Rossem, Dominique Meekers and Anastasia J. Gage, "Women's Position and Attitudes towards Female Genital Mutilation in Egypt: A Secondary Analysis of the Egypt Demographic and Health Surveys, 1995 – 2014," *BMC Public Health*, Vol. 15, No. 874, 2015, p. 1.

[3] Heba Wanis, "Agreement on Trade-Related Aspects of Intellectual Property Rights and Access to Medication: Does Egypt Have Sufficient Safeguards against Potential Public Health Implications of the Agreement," *The Journal of World Intellectual Property*, Vol. 13, No. 1, 2010, p. 31.

综上所述，埃及政府重视医疗卫生工作，也取得了不小的进展，但也遭遇了一系列突出问题。这些问题的存在，虽然不能全部归因于埃及当政者特别是穆巴拉克政权及其政策，但反映了埃及推动现代化进程的困境。此外，医疗卫生领域存在的突出问题，加大了埃及社会不同群体之间的裂痕，加深了埃及普通民众的生活痛苦，深深地影响了普通民众对穆巴拉克政权的容忍程度，是民众对穆巴拉克政权不满的深层次因素之一。

通过探究埃及的医疗卫生问题，本章对发展中国家解决医疗卫生问题提供了一些有益借鉴。一是医疗卫生为基本民生范畴之一，关系到民心向背，需要以中央政府为主导，加强顶层设计，形成国家统一的、行之有效的政策与机制。二是普惠性与针对性相统一。除了扩大覆盖面，对妇女、儿童、青年和老年这些特殊群体要予以重点关注。三是注重平衡发展，要注重减小地区之间、城乡之间以及贫富之间的差距。四是要消除传统文化的负面影响。

结　论

通过以上研究，可以得出以下几点结论。

1. 1952年以来，埃及的历届政府非常重视民生领域，出台了一系列政策，实施了许多举措，取得了不小的进展，但总体上成效不佳，面临一系列困境

1952年七月革命以来，埃及的演变历程大致可分为纳赛尔时期、萨达特时期、穆巴拉克时期和穆巴拉克时期之后四个阶段，其中纳赛尔时期奠定了当代埃及发展的基本制度，萨达特时期对埃及内外政策进行了重大调整，穆巴拉克执政长达30年，但在总体上是延续了萨达特的内外政策，并予以调整。穆巴拉克政权倒台后，埃及一度动荡不已，但自2014年塞西上台后，埃及基本恢复了稳定与发展。尽管在不同时期，不同的当政者施政的重点不同，但民生领域都是其关注的重点之一。如在纳赛尔时期，埃及面临的首要任务是实现和维护国家的独立，国家发展的重心是国防与工业化，但依然实施了补贴制度、免费教育政策。在萨达特时期，特别是十月战争后，发展经济成为埃及的重中之重，埃及在就业、补贴、教育、住房等民生领域也出台了许多政策和规定。穆巴拉克时期，埃及继续推行外向型经济发展战略，高度重视就业、补贴、教育、住房、医疗卫生等工作，并进行了一系列改革。2011年之后，就业、补贴、教育等领域的民生困境仍是当政者牵挂的心头之事。

客观而言，经过几十年的发展，埃及在就业、补贴、教育、住房、医疗卫生等民生领域取得长足发展，前述各章对此有大量数据可以说明，

此处不再一一列举。整体来看，埃及在民生各领域取得的显著进展可简要概括如下。在就业方面，埃及就业总量大幅度增加，就业结构不断调整，其中私人部门成为就业主渠道。在补贴方面，埃及形成和实施了以食品补贴为主、涵盖能源等方面的基本补贴制度，这已成为覆盖埃及全体国民、关乎国民生计的基本国策。在教育方面，埃及形成了世俗教育与宗教教育并行的二元格局。一方面，确立了包括学前教育、小学教育、预备教育、高中教育、高等教育、职业技术教育等在内的完整的现代教育体制，国民文盲率显著下降，高等教育在阿拉伯世界居于领先地位。另一方面，爱资哈尔教育体系也持续发展，形成爱资哈尔小学、预备学校、高中、大学的完整教育体制，突出伊斯兰传统文化教育。世界伊斯兰教育最高学府爱资哈尔大学、1988年诺贝尔文学奖获得者纳吉布·马哈福兹、1999年诺贝尔化学奖获得者艾哈迈德·H.泽维尔（Ahmed H. Zewail），成为埃及高等教育发展的名片。在住房方面，埃及已形成政府主导、以照顾中低收入群体、建设新城镇为主的住房机制。在医疗卫生方面，埃及人口平均寿命大幅度提高，已建立起以职工、在校生为主的基本医疗保险制度。可以说，数十年来埃及民生领域取得的发展令人瞩目，特别是，不能因为穆巴拉克政权的倒台，就否定穆巴拉克时期埃及民生事业取得的成就。

尽管取得不小的进展，埃及在民生领域还是遭遇了一系列问题与困境，这突出体现在以下四个方面。一是整体水平不高。尽管埃及政府做出了许多努力，但埃及民生各领域发展的整体水平不高。如在教育方面，教育设施落后，师资缺乏，仍存在大量的文盲人口，教育质量在世界上排名靠后，职业技术教育质量也不高。在就业方面，就业结构不合理，如在埃及政府部门就业的人数仍一路攀升（尽管占比呈下降趋势），农业领域就业人口居高不下，而工业领域容纳劳动力的占比低。埃及的医疗卫生水平也不是很高，能够享受到公费医疗的民众不多，医疗保险覆盖率比较低。二是发展不平衡。在埃及民生各领域，普遍存在城乡、地区之间发展不平衡的问题，如尼罗河三角洲地区的民生事业发展要超过上埃及地区，而开罗、亚历山大等大城市的发展要超过其他城市以及广大乡村地区。此外，不同社会阶层的民生事业发展也不均衡。如在教育方面，富裕阶层子弟在私立学校、名牌大学就读的比例远远超过其他阶层，而最下层子弟普遍只能就读于质量不高的公立学校。在住房方面，大量的贫困人口居住在建筑质量无保证、生活条件十分差的非正规住房中，而富裕阶层往往拥有数套住房甚至豪宅，大量房屋空置。三是普通民众特别是低收入者、贫困阶层的民生问题突出。如在补贴方面，巴拉迪面包补贴是埃及贫民维持生计的主要来源，因补贴制度没有设计为主要针对贫困群体，富裕阶层实际上获得更多的补贴利益。在住房和医疗卫生方面，低收入者、贫困者多栖居于非正规住房乃至墓地，也无法享受到公共医疗卫生资源，许多人有病只能自己硬抗。四是女性、青年的民生问题突出。埃及民生事业发展呈现性别失衡现象。以就业为例，埃及长期存在就业难问题，其中女性在就业总量中的占比不高，而其失业人数多于男性，失业率也普遍高于男性。青年特别是高校毕业生就业困难，失业人数多，成为埃及就业最困难的群体。在医疗卫生方面，埃及青年也面临许多健康问题，女性还面临割礼、不安全人工流产等问题，农村女青年更甚。

2. 埃及民生困境是多种因素综合作用的结果

1952 年以来，尽管历届政府采取了许多措施，但埃及依然面临诸多民生困境。每个不同的民生领域的困境形成的因素不一，但从整体看，主要因素有四个。

一是人口增长过快。自 19 世纪末以来，埃及人口快速增长，由不到1000 万人已经猛增到目前的近亿人，每增加 1000 万人口的时间间隔越来越短。尽管埃及政府在民生各领域的投入不断增加，但由于人口的快速膨胀，人均投入额变化不大，甚至呈下降态势，这也使埃及政府解决民生问题的努力成效大减。可以说，飞涨的人口"吞噬"了埃及经济发展的成果，使民生问题日益严重，使埃及不堪重负。从某种意义来说，不是埃及政府不努力解决民生问题，而是政府的投入与努力赶不上人口增长的速度以及民生问题累积的速度，使得各类民生问题不仅没有缓解，反而呈恶化的趋势。

二是埃及经济发展困难重重。民生问题在本质上是个经济问题。几十年来，埃及实践了不同的经济发展战略。不可否认，埃及经济取得了长足发展，但一直面临严峻困境与挑战。在纳赛尔时期，埃及奉行经济国有化战略，大力发展国有经济，但到20世纪60年代末70年代初，埃及经济陷入困境。1974年起，萨达特推行开放政策，大力推行外向型经济战略，埃及经济得到快速发展，但也面临经济结构失衡、外债过多的困境。穆巴拉克时期，埃及继续推行外向型经济战略，经济发展虽然在数据上并不慢，但长期存在的经济发展不平衡、财政赤字、通货膨胀率高、失业率高、外债高企等固有问题并未解决，甚至还不断恶化。就是在穆巴拉克政权倒台后，这些问题依旧存在。

纵观埃及这几十年的经济发展战略，存在的一个突出问题是民生事业的边缘化。尽管不能说埃及政府不重视民生事业，但在国家发展战略，特别是经济发展战略中，民生事业还是居于次要地位的。在纳赛尔时期，工业尤其是重工业受到高度重视。1974年以后，埃及经济发展战略是主要发展四大创汇产业，但这与解决民生问题没有多少直接关系，民生领域也不是国家经济发展战略的重心。尽管经济发展的数据不错，但这实际上掩盖了诸多经济矛盾。埃及经济的发展水平，制约着埃及对民生领域的投入。从埃及民生各领域来看，都存在投入不足的问题，这进而影响到民生发展。此外，埃及经济成果的分配不公加剧了民生困境。埃及经济发展的成果，更多的是被既得利益者获得。在萨达特时期，出现了因开放政策获利的"肥猫阶层"。在穆巴拉克时期，执政党、官僚集团、军人成为主要获利者，而普通民众民生艰难。

三是埃及政府施政的困境。1952年七月革命以来，埃及实现了政治独立，在中东与国际舞台上发挥了重要作用。但在国内，埃及历届政府都面临严峻挑战，巩固政权、维护政治稳定成为其首要的任务。纳赛尔时期，穆斯林兄弟会反目，成为纳赛尔政权的敌手，而阿以冲突的屡战屡败，特别是1967年六五战争中埃及的惨败、陷入也门内战、阿联的失败等，都在不断削弱纳赛尔政权的威望，甚至其合法性，这也导致六五战争后纳赛尔本人的请辞。萨达特在执政之初本就被视为过渡人物，萨布里集团虎视眈眈，萨达特能否稳住政权一度成为问题。在萨达特执政末期，伊斯兰反对势力与各反对党势力大增，民众不满情绪爆棚，萨达特政权面临空前挑战，最终导致萨达特本人被刺杀。穆巴拉克上任之时，埃及国内外形势异常复杂，国内各种势力跃跃欲试，埃及被阿拉伯世界所孤立，埃以和平存疑，政局不稳。到 20 世纪 90 年代，极端势力抬头，屡屡发生恐怖事件，稳定成了穆巴拉克政权的头等大事。进入 21 世纪以来，埃及反对党活跃，民心思变，穆巴拉克政权苦苦支撑，但仍未摆脱被推翻的命运。穆巴拉克政权被推翻后，埃及政局不稳，直到 2014 年塞西执政后才得以稳定，但依然面临种种不稳定因素。可以说，埃及历届政府最迫切的任务是保住政权，维持其统治的合法性，所有的政策都是以此为出发点的，这也制约着埃及民生问题的解决。

四是外部因素。1952 年以来埃及的变化常常受制于外部因素。在纳赛尔时期，特别是 1955 年之后，苏联成为埃及的主要依靠。在为埃及提供巨额援助的同时，苏联也处处阻挠埃及的发展，最终导致萨达特时期埃及与苏联关系的彻底破裂。萨达特时期，特别是十月战争后，埃及调整发展战略与对外政策，美国成为埃及的新依靠对象。在获得巨额美国援助后，埃及也被纳入美国的中东战略轨道。这一状况延续至穆巴拉克时期，2011 年埃及剧变之后也没有实质性改变。外部因素也对埃及民生领域产生了许多不可忽视的影响。如埃及经济发展依赖外资，但外资的投资重点并非民生领域，而是石油、金融等行业，这些行业对解决就业问题没有多大帮助。随着埃及教育国际化的发展，一些外国机构在埃及开办国际学校，但受惠者主要是富人，反而进一步加大了埃及教育的阶层差距。国际货币基金组织主导的埃及经济改革，常常是以削减补贴为代价的，而这损害了埃及普通民众特别是低收入者与贫困阶层的利益。食品补贴是影响埃及民众日常生活的重要民生问题，补贴的粮食主要来自进口，而国际粮食市场的波动对埃及补贴影响很大。

埃及的民生困境，反映了埃及现代化道路探索的局限性。自穆罕默德·阿里时期以来，埃及探索并实践了多个现代化模式，但埃及依然处在如何实现现代化的探索阶段。纵观埃及的现代化探索，有两个显著特点：一是强人当政，有鲜明的个人印记；二是常常被武装冲突所打断。从穆罕默德·阿里到纳赛尔，从萨达特到穆巴拉克，乃至当前的塞西，都是军事强人主政，在其当政时期都大力进行改革，为埃及发展深深打上了自己的烙印，但其政策的出发点首先是维护自己的权威与政权合法性，在解决民生问题时也不例外。近代以来，埃及屡屡陷入战事。穆罕默德·阿里时期的对外扩张，在西方国家的压力下被迫终止。1948 年以后，埃及成为阿以冲突的关键角色，是阿拉伯阵营的主力军。穆巴拉克时期以来，虽然没有激烈的武装冲突，但反恐又成为埃及的重要任务。频繁的战事与维稳行动，使埃及把大量的资源投向军事与安全部门，这严重影响到埃及的经济发展，也影响到政府对民生事业的投入。

3. 民生困境是穆巴拉克政权倒台的深层次因素之一

2011 年 2 月 11 日，穆巴拉克在国内愈演愈烈的抗议运动中被迫辞职，执政 30 年的穆巴拉克政权轰然倒塌。穆巴拉克政权的倒台，因素众多，而民生问题是重要因素之一。其实，在穆巴拉克执政的前期，穆巴拉克政权还是得到埃及民众大力支持的，他本人多次高票连任总统，执政党民族民主党也在人民议会选举中连连获胜。但进入 21 世纪后，穆巴拉克政权越来越显示出不断失去民心的迹象。除了穆巴拉克试图传位于其次子所带来的隐忧，民生困境也是关键因素之一。

穆巴拉克时期，如果单从数据看，埃及在各方面都取得了不错的发展，但在这些不错的数据背后，却是不断累积的民生问题。2011 年初到 2014 年塞西上台前，埃及政局与社会动荡。在爆发的政治运动中，参与者众多，但青年是主要的推动者和参与者，而青年之所以走上前台，这与其教育、就业等民生领域的困境有关。前已述及，埃及高等教育发展的一个特点是发展规模超前，尤其是文科教育发展过快，这造成大量高学历青年就业困难、失业严重。这些高学历青年生计艰难，对现状日益不满，成为埃及社会变革的重要推手。因此，在推翻穆巴拉克政权的浪潮中，乃至 2011 年埃及剧变之后的社会运动中，青年特别是受过高等教育的文科青年，成为活跃分子。有学者对此有精辟分析："埃及来自农村与小城镇的文科生毕业后不大可能回自己家乡，主要滞留在大中城市，可埃及大中城市又不能给这些文科大学生提供多少就业机会。……他们的就业问题长期得不到解决，最终成为'三无愤青'。……不少失业文科生利用互联网'脸谱'、'推特'等网络 2.0 技术兴风作浪，在网上联络、组织和煽动更多的人'闹革命'，……是'阿拉伯之春'与'网络革命'最积极的参与者与组织者。"[1] 总之，一系列民生困境使得普通民众生计艰难，对穆巴拉克政府的不满日益剧增，穆巴拉克政权逐渐失去了民众信任，这最终演变为倒穆浪潮，看似稳固的穆巴拉克政权几乎在一夜之间倒台。

4. 埃及应对民生问题的启示

民生是各国当政者普遍关注的领域，特别是对广大发展中国家来说，突出的民生问题是许多当政者苦苦应对的难题之一。本书通过对埃及民生政策、困境及其成因、改革的探讨，为广大发展中国家解决民生问题提供有益借鉴。

其一，民生问题关乎国家政权与社会稳定，民生问题的解决应以人民福祉为根本出发点。民生问题事关普通民众生计，其能否解决是民众能否安居乐业的关键，也是影响政权稳定的关键因素之一。埃及当政者特别是穆巴拉克，在解决民生问题方面不能说没有下力气，但实际效果并不佳，其政权最终还是被民众所抛弃，关键原因就是其首要出发点是维护政权稳定。因此，对当政者而言，解决民生问题，必须以民众生计、人民福祉为根本出发点。

其二，民生问题的解决，除了要发挥政府的主导作用，也应该充分发挥市场的作用。民生领域广泛，其问题纷繁复杂，任何单一力量都无法解决，需要政府的宏观把控与顶层设计，政府无疑要起主导作用。但受制于经济发展水平及财政能力，政府难以大包大揽，也无力解决每个问题。因此，必须充分发挥市场的调节作用，充分发挥民营资本的作用。在埃及解决民生问题的过程中，民营资本也发挥了一些作用，但仍不够，

---

[1] 刘卿新：《从"三无青年"膨胀解析埃及的工业滞后及教育失衡》，《中国青年研究》2012 年第 10 期，第 17 页。

需要民营资本更多地投入民生事业。

其三，民生问题的解决，应该在各阶层利益中找到合适的平衡点。底层、穷人的民生问题更为突出，其解决更为迫切，但民生问题不仅仅限于社会下层，也涉及各个阶层的利益。客观而言，埃及非常重视下层民众的民生问题，但对中层民众的关注与利益考虑不够。民生问题的解决，要实现各阶层的共同发展，需要保护各阶层的利益，需要在不同阶层利益中寻求一个最佳平衡点。

其四，经济发展是民生问题解决的前提。民生问题是个社会问题，也是个政治问题，但说到底是个经济发展问题。解决民生问题，需要巨额的财政支出与资本投入，这从根本上说需要经济发展。只有经济快速、稳定、持续发展，政府才能够有足够的财力投入解决民生困境。

其五，民生问题的解决程度需要与经济社会发展阶段相适应。民生是个永续、没有止境的事业，一个民族与国家的发展阶段决定了其民生事业的基本状况与发展程度。对埃及而言，大量的补贴、免费教育、高等教育的发展水平以及政府主导的住房工程，明显超越了其发展阶段，造成政府财政负担沉重，又因牵扯利益面极广，难以有效改革，激起民众的不满，进而对政局与社会稳定产生消极影响。因此，民生问题的解决需要与国家的发展水平相适应，如果超越其发展阶段与实际需要，就会产生负面后果。

中英文词汇对照表

A

Abdel Hamid Hassaballa El Kafrawy　阿卜德尔·哈米德·哈萨巴拉·卡夫雷维

Ahmed Darwish　艾哈迈德·达维什

A. K. Nandakumar　A. K. 南达库玛尔

Akhter U. Ahmed　阿克赫特·U. 艾赫迈德

Atef Amin　阿提夫·阿明

B

Barbara K. Larson　巴巴拉·K. 拉尔森

Bent Hansen　本特·汉森

C

Caroline Krafft　卡洛林·克拉夫特

Central Agency for Public Mobilization and Statistics（Egypt）　中央公共动员与统计局（埃及）

Christian A. Gericke　克里斯丁·A. 哲里科

D

David Sims　戴维·希姆斯

Hazem Abd-El Fattah　哈兹姆·阿卜德·法塔赫

Heba Handoussa　希巴·汉都萨

Heba Nassar　希巴·纳赛尔

Hilwan　赫勒万

Housing Survey of Urban in Egypt　埃及城市住房调查委员会

Hubert Humphrey　胡伯特·汉弗莱

Hubert H. Humphrey School of Public Affairs　胡伯特·H. 哈姆弗雷公共事务学院

I

Informal Settlements Development Fund　非正规居住区发展基金

International Bank for Reconstruction and Development　国际复兴开发银行

International Food Policy Research Institute　国际食物政策研究所

J

James Toth　詹姆斯·托斯

Judith Cochran　朱迪斯·科奇兰

K

Karima Korayem　卡利玛·库雷叶姆

Kathryn M. Yount　卡思瑞因·M. 扬特

Keith Sutton　凯斯·萨顿

L

Larbi Sadiki　拉尔比·萨迪克

Laverne Kuhnke　拉文·库赫恩克

Law for the Family Insurance Fund　《家庭保险基金法》

M

M. A. Faksh　　M. A. 费克什

M. El-Shazly　　M. 沙兹利

Mahmoud Abd-Fadil　　马赫茂德·阿卜德－法迪尔

Menia　　米尼亚省

Menoufiya　　曼努菲亚省

Moataz El-Said　　莫阿塔兹·赛义德

Mona Said　　莫纳·萨义德

Mostafa Madbouli　　穆斯塔法·马德布利

Moustafa Abdel Khalek Mourad　　穆斯塔法·阿卜德尔·哈立克·穆拉德

Mubarak Program for Social Integration　　穆巴拉克社会融合计划

Mubarak Youth Housing Project　　"穆巴拉克青年住房工程"

N

N. Abdel-Kader　　N. 阿卜德尔－卡德

O

Organization for Economic Co-operation and Development　　经济合作与发展组织

R

Rachel Trego　　雷切尔·特里古

Ragui Assaad　　拉贵·阿萨阿德

Richard H. Adams, JR　　理查德·H. 亚当斯

S

S. Ettouney　　S. 埃托尼

Salma B. Galal　　萨尔玛·B. 加拉勒

Sama A. Bég　萨玛·A. 拜格

Samia Abou El Fetouh Tolba Sakr　萨米亚·阿布·费图·托尔巴·萨克尔

Samiha El Katsha　萨米哈·卡特沙

Samir Radwan　萨米尔·拉德万

Shlomo Yitzhaki　施洛姆·以扎基

Sonia N. Ali　索尼娅·N. 阿里

Susan Watts　苏珊·瓦茨

T

Tamar Gutner　塔玛尔·古特纳

the informal housing　非正规住房

the formal sector　正规住房体系

the informal sector　非正规住房体系

The National Housing Program　国家住房工程

The World Bank　世界银行

U

United Nations Human Settlements Programme　联合国人居署

United Nations Industrial Development Organization　联合国工业发展组织

W

Wael Fahmi　瓦埃勒·法赫米

Wagida A. Anwar　瓦吉达·A. 安瓦尔

World Food Programme　世界粮食计划署

Z

Zainub Ibrahim　宰纳卜·易卜拉欣

Zagazig University　扎加齐格大学

主要参考文献

（一）中文参考文献

1. 中文著作、研究报告与年鉴

〔埃〕侯赛因·卡迈勒·巴哈丁：《教育与未来》，王道余等译，人民教育出版社，1999。

〔美〕迈克·戴维斯：《布满贫民窟的星球》，潘纯林译，新星出版社，2009。

阿拉伯埃及共和国新闻部新闻总署：《埃及年鉴》，埃及驻华使馆新闻处，2000~2009。

阿拉伯埃及共和国信息部国家新闻总署：《埃及二十一年成就（1981－2002）》，埃及驻华使馆新闻处，2002。

毕健康：《埃及现代化与政治稳定》，社会科学文献出版社，2005。

财政部《财政制度国际比较》课题组编著《埃及财政制度》，中国财政经济出版社，1999。

戴晓琦：《阿拉伯社会分层研究：以埃及为例》，宁夏人民出版社，2013。

季诚钧、徐少君、李旭：《埃及高等教育研究》，中国社会科学出版社，2010。

李超民编著《埃及社会保障制度》，上海人民出版社，2011。

李乾正、陈克勤：《当代埃及教育概览》，河南教育出版社，1994。

瞿葆奎主编《印度、埃及、巴西教育改革》，人民教育出版社，

1991。

世界银行：《2010 年世界发展指标》，中国财政经济出版社，2010。

世界银行：《2013 年世界发展报告·就业》，胡光宗、赵冰译，清华大学出版社，2013。

世界知识年鉴编委会编《世界知识年鉴（1982）》，世界知识出版社，1982。

杨光、温伯友主编《当代西亚非洲国家社会保障制度》，法律出版社，2001。

杨光主编《中东发展报告 No. 14（2011~2012）》，社会科学文献出版社，2012。

杨光主编《中东非洲发展报告 No. 13（2010~2011）》，社会科学文献出版社，2011。

杨灏城、江淳：《纳赛尔和萨达特时代的埃及》，商务印书馆，1997。

2. 中文论文

毕健康、陈勇：《当代埃及国内劳工移民与工业化问题评析》，《阿拉伯世界研究》2017 年第 6 期。

毕健康、陈勇：《当代埃及教育发展与社会流动问题评析》，《西亚非洲》2015 年第 5 期。

蔡英鹄、徐昌强：《阿拉伯国家的劳动力状况》，《阿拉伯世界》1998 年第 3 期。

陈静：《当代埃及妇女发展问题研究》，《西北民族研究》2004 年第 4 期。

邓宝双：《埃及军官退役保障制度》，《中国人才》2005 年第 22 期。

顾尧臣：《埃及有关粮食生产、贸易、加工、综合利用和消费情况》，《粮食与饲料工业》2006 年第 6 期。

韩继云：《埃及穆巴拉克政府经济改革分析》，《改革与战略》1993 年第 5 期。

韩小兴：《埃及国内关于政府补贴问题的争论》，《西亚非洲》1983

年第 3 期。

季诚钧、徐少君：《埃及高等教育的问题及应对措施》，《教育发展研究》2007 年第 17 期。

李超民：《碎片化低覆盖的埃及医保》，《中国医院院长》2014 年第 13 期。

李晶、党榕：《开罗城市化进程中的贫民窟问题研究》，《都市文化研究》2016 年第 1 期。

刘建军：《浅谈埃及的医药市场及管理》，《全球经济瞭望》2001 年第 5 期。

刘卿新：《从"三无青年"膨胀解析埃及的工业滞后及教育失衡》，《中国青年研究》2012 年第 10 期。

刘晓莺：《发展中国家医疗体制述评》，《中共山西省委党校学报》2006 年第 2 期。

刘志华：《1952—2011 年埃及粮食问题研究》，《世界农业》2014 年第 2 期。

钱艾琳：《小议埃及的补贴问题》，《亚非纵横》2002 年第 2 期。

秦征、于梦、杨爱花：《埃及的房地产业及房地产金融》，《中国房地产金融》2002 年第 5 期。

佟应芬：《中东妇女就业状况喜与忧》，《西亚非洲》2001 年第 4 期。

王宝孚：《埃及经济改革开放的成就、难题和前景》，《现代国际关系》1996 年第 5 期。

吴亚琴：《埃及的房地产开发及住宅建设》，《中国房地信息》2003 年第 6 期。

杨光：《埃及的人口、失业与工业化》，《西亚非洲》2015 年第 6 期。

杨善发：《埃及的医疗卫生改革与民主化困境》，《中国农村卫生事业管理》2013 年第 2 期。

詹小洪：《战后埃及经济体制的沿革》，《经济社会体制比较》1991 年第 1 期。

张小建：《埃及的就业与职业培训》，《中国培训》1997 年第 3 期。

（二）英文参考文献

1. 著作

Abd-Fadil, Mahmoud, *The Political Economy of Nasserism: A Study in Employment and Income Distribution Policies in Urban Egypt, 1952 – 72*, New York: Cambridge University Press, 1980.

Abdel-Khalek, Gouda, and Karima Korayem, *Fiscal Policy Measures in Egypt: Public Debt and Food Subsidy*, Cairo: The American University in Cairo Press, 2000.

Assaad, Ragui, ed., *The Egyptian Labor Market Revisited*, Cairo: The American University in Cairo Press, 2009.

Assaad, Ragui, and Caroline Krafft, eds., *The Egyptian Labor Market in an Era of Revolution*, Oxford: Oxford University Press, 2015.

Cochran, Judith, *Educational Roots of Political Crisis in Egypt*, Lanham, MD: Lexington Books, 2008.

El-Haddad, Amirah, *Labor Market Gender Discrimination under Structural Adjustment: The Case of Egypt*, Cairo: The American University in Cairo Press, 2009.

Erlich, Haggai, *Students and University in Twentieth Century Egyptian Politics*, London: Frank Cass & Co., 1989.

Handoussa, Heba, and Gillian Potter, eds., *Employment and Structural Adjustment, Egypt in the 1990s*, Cairo: The American University in Cairo Press, 1991.

Harrigan, J., and Hamed El-Said, *Economic Liberalisation, Social Capital and Islamic Welfare Provision*, London: Palgrave Macmillan, 2009.

Hyde, Georgie D. M., *Education in Modern Egypt: Ideals and Realities*, London: Routledge & Kegan Paul, 1978.

Ikram, Khalid, *The Egyptian Economy, 1952 – 2000: Performance, Polices, and Issue*, London and New York: Routledge, 2007.

Jabbour, Samer, Rita Giacaman, Marwan Khawaja and Iman

Nuwayhid, eds. , *Public Health in the Arab World*, New York: Cambridge University Press, 2012.

Karam, Azza M. , *Women, Islamisms and the State: Contemporary Feminisms in Egypt*, London: Palgrave Macmillan, 1998.

Katsha, Samiha El, and Susan Watts, *Gender, Behavior, and Health: Schistosomiasis Transmission and Control in Rural Egypt*, Cairo: The American University in Cairo Press, 2002.

Kuhnke, Laverne, *Lives at Risk: Public Health in Nineteenth-Century Egypt*, Berkeley and Los Angeles: University of California Press, 1990.

Mabro, Robert, *The Egyptian Economy, 1952 – 1972*, Oxford: Clarendon Press, 1974.

Megahed, Nagwa, ed. , *Education during the Time of the Revolution in Egypt: Dialectics of Education in Conflict*, Rotterdam: Sense Publishers, 2017.

Reid, Donald Malcolm, *Cairo University and the Making of Modern Egypt*, New York: Cambridge University Press, 1990.

Sanyal, Bikas C. , *University Education and the Labour Market in the Arab Republic of Egypt*, Oxford & New York: Pergamon, 1982.

Sayed, Fatma H. , *Transforming Education in Egypt: Western Influence and Domestic Policy Reform*, Cairo: The American University in Cairo Press, 2006.

Soliman, Ahmed M. , *A Possible Way Out: Formalizing Housing Informality in Egyptian Cities*, Dallas · Lanham · Boulder · New York · Oxford: University Press of America, 2003.

Walter, Lynn, *Women's Rights: A Global View*, Westport: Greenwood Press, 2000.

Wickham, Carrie R. , *Mobilizing Islam: Religion, Activism and Political Change in Egypt*, New York: Columbia University Press, 2002.

2. 研究报告、统计报告与官方文件

Ahmed, Akhter U. , Howarth E. Bouis, Tamar Gutner, Hans Löfgren, *The Egyptian Food Subsidy System: Structure, Performance, and Options for Reform*, Research Report 119, International Food Policy Research Institute, 2001.

Alderman, Harold, Joachim Von Braun and Sakr Ahmed Sakr, *Egypt's Food Subsidy and Rationing System: A Description*, Washington, D. C. : International Food Policy Research Institute, 1982.

Assaad, Ragui, Caroline Krafft, Dominique J. Rolando, *The Role of Housing Markets in the Timing of Marriage in Egypt, Jordan, and Tunisia*, Working Paper No. 1081, Giza: The Economic Research Forum, 2017.

Brown, Nathan J. , *Post-Revolutionary Al-Azhar*, Washington, D. C. : Carnegie Endowment for International Peace, 2011.

Central Agency for Public Mobilization and Statistics (Egypt), *Statistical Yearbook*, 2011 –2018.

"Democratic Republic of Egypt 2008: Results from the Demographic and Health Survey," *Studies in Family Planning*, Vol. 41, No. 2, 2010.

"Egypt 1988: Results from the Demographic and Health Survey," *Studies in Family Planning*, Vol. 21, No. 6, 1990.

"Egypt 1992: Results from the Demographic and Health Survey," *Studies in Family Planning*, Vol. 25, No. 4, 1994.

"Egypt 1995: Results from the Demographic and Health Survey," *Studies in Family Planning*, Vol. 28, No. 3, 1997.

"Egypt 2000: Results from the Demographic and Health Survey," *Studies in Family Planning*, Vol. 33, No. 3, 2002.

"Egypt 2005: Results from the Demographic and Health Survey," *Studies in Family Planning*, Vol. 37, No. 4, 2006.

El-Zanaty and Associates, *School-to-Work Transition: Evidence from Egypt*, Geneva: International Labour Office, 2007.

Gutner, Tamar, *The Political Economy of Food Subsidy Reform in Egypt*, FCND Discussion Paper No. 77, Washington, D. C. : International Food Policy Research Institute, 1999.

Handoussa, Heba, ed. , *Egypt Human Development-Report Youth in Egypt: Building Our Future*, Cairo: The Institute of National Planning, Egypt, UNDP, 2010.

Hansen, Bent, *A Full Employment Economy and its Responses to the External Shocks: The Labor Market in Egypt from World War II* , Report No. DRD253, Washington, D. C. : The World Bank, 1986.

Hansen, Bent, and Samir Radwan, *Employment Opportunities and Equity in A Changing Economy: Egypt in the 1980s, A Labour Market Approach*, Geneva: International Labour Office, 1982.

Hansen, Bent, *The Egyptian Labor Market: An Overview*, Report No. DRD160, Washington, D. C. : The World Bank, 1985.

Nassar, Heba, *Growth, Employment Policies and Economic Linkages: Egypt*, Employment Sector Employment Working Paper No. 85, Geneva: International Labour Office, 2011.

Organisation for Economic Co-operation and Development and International Bank for Reconstruction and Development / The World Bank, *Higher Education in Egypt*, Paris: OECD Publishing, 2010.

Sachs, Ram, *On Bread and Circuses : Food Subsidy Reform and Popular Opposition in Egypt*, California: Center for International Security and Cooperation, Stanford University, 2012.

Sadowski, Y. M. , *Political Vegetables? Businessman and Bureaucrat in the Development of Egyptian Agriculture*, Washington, D. C. : The Brookings Institution, 1991.

Scobie, Grant M. , *Food Subsidies in Egypt: Their Impact on Foreign Exchange and Trade*, Research Report 40, Washington, D. C. : International Food Policies Research Institute, 1983.

Sims, David, and Hazem Abd-El Fattah, *Egypt Housing Profile*, Nairobi: United Nations Human Settlements Programme, 2016.

The Ministry of Health(Egypt) and World Health Organization, *Egypt Pharmaceutical Country Profile*, Egypt: World Health Organization Egypt Country Office, 2011.

The World Bank, *Arab Republic of Egypt: Analysis of Housing Supply Mechanisms, Final Note*, Report No. 41180, Washington, D. C. : Sustainable Development Department, Middle East and North Africa, The World Bank, 2007.

The World Bank, *Arab Republic of Egypt-Next Step Recommendations for Affordable Housing Policy and the National Housing Program: Mortgaged-Link Subsidies and Housing Supply Considerations*, Report No. 45113 – EG, Washington, D. C. : Sustainable Development Department, Middle East and North Africa, The World Bank, 2008.

The World Bank, *Egypt's Food Subsidies: Benefit Incidence and Leakages*, Report No. 57446 – EG, Washington, D. C. : Social and Economic Development Group, Middle East and North Africa, The World Bank, 2010.

The World Bank, *Arab Republic of Egypt, Reshaping Egypt's Economic Geography: Domestic Integration as A Development Platform*, Report No. 71289 – EG, Washington, D. C. : The World Bank, 2012.

The World Bank, *Egypt-Toward A More Effective Social Policy: Subsidies and Social Safety Net*, Report No. 33550 – EG, Washington, D. C. : Social and Economic Development Group, Middle East and North Africa, The World Bank, 2005.

World Food Programme, *Vulnerability Analysis and Review of Food Subsidy in Egypt*, Egypt: WFP, 2005.

3. 论文

Abdel-Kader, N. , and S. Ettouney, "Developing Incremental Housing Developments: A Critique of the Process and Products," *International Journal for Housing Science*, Vol. 39, No. 1, 2015.

Aboulenein, Soheir, Heba El Laithy, Omneia Helmy, Hanaa Kheir-El-Din, Liudmyla Kotusenko, Maryla Maliszewska, Dina Mandour, Wojciech Paczyński, "Global Food Price Shock and the Poor in Egypt and Ukraine," *CASE Network Studies & Analyses*, No. 403, 2010.

Ahmed, Akhter U. , & Howarth E. Bouis, "Weighing What's Practical: Proxy Means Tests for Targeting Food Subsidies in Egypt," *Food Policy*, Vol. 27, No. 5 – 6, 2002.

Ali, Sonia N. , & Richard H. Adams, JR, "The Egyptian Food Subsidy System: Operation and Effects on Income Distribution," *World Development*, Vol. 24, No. 11, 1996.

Aly, Hassan Y. , and Michael P. Shields, "A Model of Temporary Migration: The Egyptian Case," *International Migration*, Vol. 34, No. 3, 1996.

Assaad, Ragui, "Formal and Informal Institutions in the Labor Market, with Applications to the Construction Sector in Egypt," *World Development*, Vol. 21, No. 6, 1993.

Assaad, Ragui, "The Effects of Public Sector Hiring and Compensation Policies on the Egyptian Labor Market," *The World Bank Economic Review*, Vol. 11, No. 1, 1997.

Awadalla, Hala Ibrahim, Emad Girgis Kamel, Eman Mohamed Mahfouz, Tahany Mahmoud Refaat, "Evaluation of Maternal and Child Health Services in El-Minia City, Egypt," *Journal of Public Health*, Vol. 17, No. 5, 2009.

Barsoum, Ghada, "The Public Sector as the Employer of Choice among Youth in Egypt: The Relevance of Public Service Motivation Theory," *International Journal of Public Administration*, Vol. 39, No. 3, 2016.

Biltagy, Marwa, "Quality of Education, Earnings and Demand Function for Schooling in Egypt: An Economic Analysis," *Procedia-Social and*

Behavioral Sciences, Vol. 69, 2012.

Binzel, Christine, and Ragui Assaad, "Egyptian Men Working Abroad: Labour Supply Responses by the Women Left Behind," *Labour Economics*, Vol. 18, Suppl. 1, 2011, p. 100.

Bluhm, Harry, "The Place of Guidance in Egypt," *International Journal for the Advancement of Counselling*, Vol. 6, No. 1, 1983.

Bush, Ray, "Crisis in Egypt: Structural Adjustment, Food Security and the Politics of USAID," *Capital & Class*, Vol. 18, No. 2, 1994.

Chapman, David, and Suzanne Miric, "Education Quality in the Middle East," *International Review of Education*, Vol. 55, No. 4, 2009, p. 321.

Cherlin, Emily J., Adel A. Allam, Erika L. Linnander, Rex Wong, Essam El-Toukhy, Heather Sipsma, Harlan M. Krumholz, Leslie A. Curry, Elizabeth H. Bradley, "Inputs to Quality: Supervision, Management, and Community Involvement in Health Facilities in Egypt in 2004," *BMC Health Services Research*, Vol. 11, No. 282, 2011.

Cook, Bradley J., "Egypt's National Education Debate," *Comparative Education*, Vol. 36, No. 4, 2000.

Cook, Bradley J., "Islam and Egyptian Higher Education: Student Attitudes," *Comparative Education Review*, Vol. 45, No. 3, 2001.

Cupito, Emily, and Ray Langsten, "Inclusiveness in Higher Education in Egypt," *High Education*, Vol. 62, No. 2, 2011.

Dethier, Jean-Jacques, and Kathy Funk, "The Language of Food: PL 480 in Egypt," *MERIP Middle East Report*, No. 145, 1987.

El Nouman, A., D. El Derwi, R. Abdel Hai and H. Abou Zeina, "Female Youth Health Promotion Model in Primary Health Care: A Community-Based Study in Rural Upper Egypt," *Eastern Mediterranean Health Journal*, Vol. 15, No. 6, 2009.

El-Shazly, M., M. Abdel-Fattah, A. Zaki, R. Bedwani, S. Assad, G. Tognoni and A. Nicolucci, "Health Care for Diabetic Patients in Developing

Countries: a Case from Egypt," *Public Health*, Vol. 114, No. 4, 2000.

Fahmi, Wael, & Keith Sutton, "Greater Cairo's Housing Crisis: Contested Spaces from Inner City Areas to New Communities," *Cities*, Vol. 5, No. 5, 2008.

Faksh, M. A. , "An Historical Survey of the Educational System in Egypt," *International Review of Education*, Vol. 22, No. 2, 1976.

Feiler, Gil, "Housing Policy in Egypt," *Middle Eastern Studies*, Vol. 28, No. 2, 1992.

Galal, Salma B. , and Nageya Al-Gamal, "Health Problems and the Health Care Provider Choices: A Comparative Study of Urban and Rural Households in Egypt," *Journal of Epidemiology and Global Health*, Vol. 4, No. 2, 2000.

Gericke, Christian A. , "Comparison of Health Care Financing in Egypt and Cuba: Lessons for Health Reform in Egypt," *Eastern Mediterranean Health Journal*, Vol. 11, No. 5 - 6, 2005.

Gericke, Christian A. , "Financing Health Care in Egypt: Current Issues and Options for Reform," *Journal of Public Health*, Vol. 14, No. 1, 2006.

Gutner, Tamar, "The Political Economy of Food Subsidy Reform: The Case of Egypt," *Food Policy*, Vol. 27, No. 5 - 6, 2002.

Haley, Donald Robert, and Sama A. Bég, "The Road to Recovery: Egypt's Healthcare Reform," *The International Journal of Health Planning and Management*, Vol. 27, No. 1, 2012.

Harby, M. K. , and E. H. Affifi, "Education in Modern Egypt," *International Review of Education*, Vol. 4, No. 4, 1958.

Harik, Iliya, "Subsidization Policies in Egypt: Neither Economic Growth nor Distribution," *International Journal of Middle East Studies*, Vol. 24, No. 3, 1992.

Hassan, Ghada Farouk, "The Enabling Approach for Housing Supply: Drawbacks & Prerequisites—Egyptian Experiences," *Alexandria Engineering*

Journal, Vol. 50, No. 4, 2011.

Ibrahim, Ali S. , "The Politics of Educational Transfer and Policymaking in Egypt," *Prospects*, Vol. 40, No. 4, 2010.

Kandil, Rania, "The Egyptian Education System & Public Participation," *Social Policy*, Vol. 41, Issue 2, 2011.

Khadr, Zeinab, "Monitoring Socioeconomic Inequity in Maternal Health Indictors in Egypt: 1995 – 2005," *International Journal for Equity in Health*, Vol. 8, No. 1, 2009.

Khawaja, Marwan, Tamar Kabakian-Khasholian, Rozzet Jurdi, "Determinants of Caesarean Section in Egypt: Evidence from the Demographic and Health Survey," *Health Policy*, Vol. 69, No. 3, 2004.

Korayem, Karima, "Food Subsidy and Social Assistance Programmes in Egypt: Assessment and Policy Options," *CROP Poverty Brief*, March 2011.

Korotayev, Andrey V. , Julia V. Zinkina, "Egyptian Revolution: A Demographic Structural Analysis," *Middle East Studies Online Journal*, Vol. 2, No. 5, 2011.

Larson, Barbara K. , "Women's Work and Status in Rural Egypt," *NWSA Journal*, Vol. 3, No. 1, 1991.

Löfgren, Hans, and Moataz El-Said, "Food Subsidies in Egypt: Reform Options, Distribution and Welfare," *Food Policy*, Vol. 26, No. 1, 2001.

Mansour, Morsi, Joan Mansour, Abdo Swesy, "Scaling up Proven Public Health Interventions Through A Locally Owned and Sustained Leadership Development Programme in Rural Upper Egypt," *Human Resources for Health*, Vol. 8, No. 1, 2010.

Mahmoud, Khaled Salah Hanafy, "The Development of the Egyptian Technical Secondary Education Considering Some Contemporary Global Trends: An Analytical Study," *European Journal of Social Science Education and Research*, Vol. 5, No. 3, 2018.

Nandakumar, A. K. , Mukesh Chawla, and Maryam Khan, "Utilization of Outpatient Care in Egypt and its Implications for the Role of Government in Health Care Provision," *World Development*, Vol. 28, No. 1, 2000.

Neill, Charlotte M. , "Islam in Egyptian Education: Grades K – 12," *Religious Education*, Vol. 101, No. 4, 2006.

Oraby, Doaa M. , "Sexual and Reproductive Health among Young People in Egypt: The Role and Contribution of Youth-Friendly Services," *Sex Education: Sexuality, Society and Learning*, Vol. 13, No. 4, 2013.

Ramadan, Racha, and Alban Thomas, "Evaluating the Impact of Reforming the Food Subsidy Program in Egypt: A Mixed Demand Approach," *Food Policy*, Vol. 36, No. 5, 2011.

Rossem, Ronan Van, Dominique Meekers and Anastasia J. Gage, "Women's Position and Attitudes towards Female Genital Mutilation in Egypt: A Secondary Analysis of the Egypt Demographic and Health Surveys, 1995 – 2014," *BMC Public Health*, Vol. 15, No. 874, 2015.

Said, Mona, "Trade Reform, Job Quality and Wages of the Working Poor in Egypt: Evidence from Manufacturing Panel Date," *The Journal of Developing Areas*, Vol. 46, No. 2, 2012.

Salevurakis, John William, and Sahar Mohamed Abdel-Haleim, "Bread Subsidies in Egypt: Choosing Social Stability or Fiscal Responsibility," *Review of Radical Political Economics*, Vol. 40, No. 1, 2008.

Shalaby, Ahmed M. , "Implications from Recent Experience of An Incremental Housing Project in Egypt," *Open House International*, Vol. 39, No. 4, 2014.

Sobhy, Hania, "The De-facto Privatization of Secondary Education in Egypt: A Study of Private Tutoring in Technical and General Schools," *Compare: A Journal of Comparative and International Education*, Vol. 42, No. 1, 2012.

Soliman, Ahmed M. , "Building Bridges with the Grassroots: Housing Formalization Process in Egyptian Cities," *Journal of Housing and the Built*

Environment, Vol. 27, No. 2, 2012.

Soliman, Ahmed M. , "Housing Mechanisms in Egypt: A Critique," *The Netherlands Journal of Housing and Environmental Research*, Vol. 4, No. 1, 1989.

Soliman, Ahmed M. , "Housing the Urban Poor in Egypt: A Critique of Present Policies," *International Journal of Urban and Regional Research*, Vol. 12, No. 1, 1988.

Soliman, Ahmed M. , "The Egyptian Episode of Self-build Housing," *Habitat International*, Vol. 36, No. 2, 2012.

Thomson, Anne M. , "Egypt: Food Security and Food Aid," *Food Policy*, Vol. 8, No. 3, 1983.

Toth, James, "Pride, Purdah, or Paychecks: What Maintains the Gender Division of Labor in Rural Egypt?" *International Journal of Middle East Studies*, Vol. 23, No. 2, 1991.

Trego, Rachel, "The Functioning of the Egyptian Food-Subsidy System during Food-Price Shocks," *Development in Practice*, Vol. 21, No. 4 – 5, 2011.

Wanis, Heba, "Agreement on Trade-Related Aspects of Intellectual Property Rights and Access to Medication: Does Egypt Have Sufficient Safeguards against Potential Public Health Implications of the Agreement," *The Journal of World Intellectual Property*, Vol. 13, No. 1, 2010.

Wardany, Youssef, "The Mubarak Regime's Failed Youth Policies and the January Uprising," *IDS Bulletin*, Vol. 43, No. 1, 2012.

Yassin, K. M. , "Diarrhoeal Disease Morbidity and Home Treatment Practices in Egypt," *Public Health*, Vol. 111, No. 1, 1997.

Yip, Winnie, and Peter Berman, "Targeted Health Insurance in a Low Income Country and Its Impact on Access and Equity in Access: Egypt's School Health Insurance," *Health Economics*, Vol. 10, No. 3, 2001.

Yount, Kathryn M. , Emily M. Agree, Cesar Rebellon, "Gender and Use of Health Care among Older Adults in Egypt and Tunisia," *Social Science &*

Medicine, Vol. 59, No. 12, 2004.

4. 学位论文

El Kafrawy, Abdel Hamid Hassaballa, Housing Policy and Finance in Egypt: Extending the Reach of Mortgage Credit, Dissertation for Degree of Doctor of Philosophy, University of Glasgow, 2012.

Mourad, Moustafa Abdel Khalek, The Need for A New Approach: Analysis of the Built Environment of Informal Settlements and Housing Policy in Egypt, Dissertation for Degree of Master of Science, Columbia University, 1983.

Sakr, Samia Abou El Fetouh Tolba, In-use Modification of Existing Public Housing in Cairo, Egypt, Dissertation for Degree of Master of Science, Massachusetts Institute of Technology, 1983.

（三）主要网站

埃及中央公共动员与统计局：https://www.capmas.gov.eg/。

埃及中央银行：http://www.cbe.org.eg/。

人民网：http://www.people.com.cn/。

中国驻埃及大使馆经济商务参赞处：http://www.mofcom.gov.cn/。

后　记

本书是在 2014 年度国家社科基金项目"埃及民生问题研究"（14BSS041）结项成果基础上修改而成的，系教育部国别和区域研究备案中心郑州大学埃及研究中心建设阶段性成果。初稿的编写具体分工如下。陈天社：导论、第三章、结论、中英文词汇对照表与主要参考文献；胡睿智：第一章；秦精欢：第二章；武立志：第四章；王鹏鹏：第五章。

陈天社为项目总负责人，负责项目总体设计，在初稿完成后，对全书统稿，并对各章进行了全面修改、补充与完善。在修改过程中，我们尽可能吸收了结项鉴定专家提出的宝贵意见。在本书出版之际，谨向支持项目立项的国家社科基金学科规划评审组专家以及项目结项鉴定专家表示真诚的谢意。

本书的出版，得到郑州大学中原历史文化一流学科、河南省优势特色学科建设工程一期建设学科"中原历史文化"特色学科群的经费支持。在此，对郑州大学历史学院院长刘庆柱先生、执行院长安国楼教授等学院领导的宝贵支持致以诚挚谢意。借此机会，衷心感谢郑州大学副校长、世界史学科带头人张倩红教授长期以来的大力支持与鼓励。本书能够得以问世，也得益于社会科学文献出版社编辑郭白歌博士与邹丹妮女士的不懈努力，对她们的精心斧正与辛勤工作，特表谢意。

受语言与学识所限，本书定有不少疏漏，恳请同行与读者不吝批评指正。

陈天社

2022 年 1 月 6 日

图书在版编目（CIP）数据

当代埃及民生研究：1952～2018 / 陈天社等著. --
北京：社会科学文献出版社，2022.12
ISBN 978 - 7 - 5228 - 0838 - 3

Ⅰ.①当… Ⅱ.①陈… Ⅲ.①人民生活 - 研究 - 埃及
- 1952 - 2018 Ⅳ.①D741.17

中国版本图书馆 CIP 数据核字（2022）第 187324 号

当代埃及民生研究（1952～2018）

著　　者 / 陈天社 等

出 版 人 / 王利民
责任编辑 / 郭白歌
文稿编辑 / 邹丹妮
责任印制 / 王京美

出　　版 / 社会科学文献出版社·国别区域分社（010）59367078
　　　　　 地址：北京市北三环中路甲 29 号院华龙大厦　邮编：100029
　　　　　 网址：www.ssap.com.cn
发　　行 / 社会科学文献出版社（010）59367028
印　　装 / 三河市龙林印务有限公司

规　　格 / 开本：787mm × 1092mm　1/16
　　　　　 印张：23　字数：343 千字
版　　次 / 2022 年 12 月第 1 版　2022 年 12 月第 1 次印刷
书　　号 / ISBN 978 - 7 - 5228 - 0838 - 3
定　　价 / 128.00 元

读者服务电话：4008918866